# 죽은 자의 정치학

프랑스·미국·한국 국립묘지의 탄생과 진화

하상복 지음

# 죽은 자의 정치학

프랑스·미국·한국 국립묘지의 탄생과 진화

모티브북

## 서문

    2009년 봄과 여름, 두 전직 대통령이 사망했다. 한국의 보수가 '잃어버린 10년'이라고 말하는 정치적 시기를 이끈 김대중 대통령과 노무현 대통령이 떠나갔다. 지지자들은 그들을 "잃어버렸다."

    모든 죽음은 슬프지만 두 전직 대통령의 죽음은 더 슬프고 더 비극적으로 보인다. 노무현 대통령은 스스로 목숨을 끊는 것으로 자신이 부딪혀야 했던 문제를 매듭지으려 했다. 그리고 그는 최고 권력자들이 영면하고 싶어 하는 국립묘지에 들어가지 않았다. 작은 묘비 하나로 만족한다고 했다.

    김대중 대통령은 정치적 동지의 갑작스런 죽음 앞에서 괴로워했고, 몇 개월 지나지 않아 죽음을 맞이했다. 그의 슬픔과 비극은 정치적 반대파들에 의해 상징적 훼손을 당했다. 불행히도 그는 모든 국민의 깊고 진심어린 애도를 받지 못했다. 한국 최초의 국립묘지인 국립 서울 현충원에 영면하고 싶어 했지만 보수는 그의 바람을 부당하다고 비판했다. 국가원수 묘역에 안장되었지만 그 과정이 매끄럽지 않았고, 안장된 이후에도 조용하지 않았다.

여기서 우리는 정치적 죽음과 그 죽음을 받아들이는 국립묘지의 모순적 관념을 본다. 노무현 대통령은 국립묘지로 들어가지 않았다. 생을 다한 뒤에도 결코 '사인私人'으로 돌아가지 못하는 역설성에 대한 거부로 해석해도 좋을까. 하지만 김대중 대통령은 국립묘지를 열망했다. 그것도 자신과 너무나도 달랐던 정치적 존재들이 잠들어 있는 국립묘지의 묘역만을 고집했다.

이념적으로 같은 두 사람이지만, 한 사람은 국립묘지를 거부하고 다른 한 사람은 그곳을 소망했다. 우리에겐 노무현 대통령이 예외로 보인다. 한국의 권력자들은 국립묘지를 열망하고 있기 때문이다. 이승만 대통령은 국장으로 들어가고 싶어 했고, 박정희 대통령은 국장으로 들어가 국립묘지의 가장 높은 곳에 영면하고 싶어 했다. 우리에게는 아직도 살아 있는 최고 권력자들이 많다.

문제는 국립묘지다. 국립묘지란 어떤 곳인가? 정치와 권력은 왜 그곳을 끊임없이 열망하는가? 그리고 왜 그 끝 지점에서 열망에 대한 거부가 자리하고 있는가?

사자는 국립묘지로 들어가는 순간, 정치적으로 결코 자유로울 수 없다는 사실을 우리는 안다. 사자는, 잠들어 있으면서 잠들어 있는 것이 아니라는 아이러니를 국립묘지는 말하고 있다. 국민적 전당에 영면하고 있는 죽은 자들은 특정한 정치적 국면 속에서, 상징적 산자로 부활할 것을 요청받는다는 뜻이다. 이 지점에서 우리는 정치와 권력의 심층심리를 관찰한다. 국립묘지의 권력적 존재들은 끊임없이 호명되고 있다. 그러나 정치적 호명과 동원의 대상은 권력적 사자만이 아니다. 정치적 미화와 정당화를 가능하게 하는 모든 사자들이 그 대상이다.

중요한 사실, 죽은 자는 조용하다. 그들을 두고 살아있는 자들이 다투고 있는 것이다. 그 속에서 죽은 자는 정치적 기호, 그것도 매우 힘 있는 기호가 된다. 칼 슈미트Karl Schmitt는 『정치적인 것의 개념』에서 정치의 본질을 말하고 있다. 도덕의 본질이 선과 악의 구별이고, 미학의 본질이 미와 추의 구별이고, 경제적인 것의 본질이 이익과 손해의 구별이라면 정치적인 것은 '적과 동지'의 구별을 본질로 한다.

슈미트의 통찰은 정치가 왜 죽음과 밀접한 관련을 맺을 운명인가를 말한다. 동지와 적, 혹은 우리와 그들 사이의 경계가 강고할수록 내적인 결속력 또한 그에 비례해 강력해진다. 그런 점에서 죽은 자는 정치적 경계와 결속을 공고히 하는 특별한 장치다. 마음 깊이 자리한 근원적 열정을 만나는 존재로서 죽은 자는 특별한 감성을 자극한다. 죽은 자를 대상으로 타협은 불가능하다. 죽은 자는 성자, 혹은 악마든지 둘 중의 하나만이 있을 뿐이다. 성스러움의 표징을 얻은 죽은 자는 '우리'의 테두리 안으로 들어와 우리를 결집시키고, 악마와 동일시된 죽은 자는 우리의 바깥에서 '그들'의 타자성과 이질성을 만들어낸다. 묘지가 최적의 상징정치 무대가 되는 이유다.

죽음의 정치학 또는 죽은 자의 정치학에 대한 필자의 관심은 18세기 말 프랑스 대혁명기, 사자를 둘러싼 상징투쟁사 분석에서 본격화되었다. 필자의 책 『빵떼옹: 성당에서 프랑스 공화국 묘지로』(2007)는 그와 같은 문제의식과 추적의 귀결이었다. 그리고 필자는 사자의 정치가 19세기 중반, 미국의 국가건설 과정에서도 적나라하게 드러났음을 보았다. 결국, 우리가 경험하고 있는 문제는 결코 우리만의 예외성이 아니라는 점을 말하는 것이고, 그 이해의 바탕 위에서 우리의 문제에 접근하려 했다.

이 책은 그와 같은 고민과 성찰의 결과다. 국립묘지의 탄생과 진화의 과정을 함께 놓고 보면서, 그곳에 퇴적되어 있는 역사와 이념의 미학을 동시에 관찰하면서 세 나라의 유사성과 고유성을 생각해볼 수 있었다.

이 연구를 2007년 한국연구재단의 지원을 받아 시작했으니 필자는 5년여 동안 죽음의 문제를 마주하고 고민하면서 살아온 것 같다. 정해진 기간을 넘겨서야 마칠 수 있었지만 여전히 아쉬움이 남는다. 여기저기 완성되지 못한 채 남아 있는 모호함과 사실과 해석의 오류에 대한 독자들의 지적과 비판을 기다려야겠다.

또한 6년 전에 출간한 프랑스 국립묘지의 정치사가 연구의 모티브가 되었다는 사실로 이 책의 한 부분을 차지하는 빵떼옹 분석은 2007년 책의 적지 않은 부분을, 그리고 한국 국립묘지에 관한 분석은 앞서 출간된 『국립묘지와 보훈』(2013)의 많은 부분을 받아왔음에 대해 독자들의 이해도 구하고자 한다.

죽음과 죽은 자에 관한 이야기를 하려니 마음이 무겁고 걱정이 앞선다. 정치, 권력, 국가라는 힘겨운 개념들과 고리를 엮으려니 더욱 그렇다. 쉽게 다가가기 불편한 주제임이 분명하다. 하지만 필자는 이 책으로 정치와 죽음의 문제를 정면에서 다루고자 한다.

관련 자료를 구하는 데 많은 도움을 주신 미국 워싱턴의 최영옥 선생님과 명지대학교 문헌정보학과 권나현 교수님께 고마움을 전하고 싶다. 여러 바쁜 일정에도 인터뷰에 참여해주신 민족문제연구소에 감사한다. 무겁고 예민한 주제임에도 출판을 결정하고 마감일을 훌쩍 넘겼음에도 참고 기다려 준 모티브북의 양미자 대표께는 미안함이 앞선다. 감사드린다.

언제나 그렇듯 이번에도 부모님들의 큰 관심과 격려와 지원으로 작업을 무사히 마칠 수 있었다. 감사하고 사랑한다는 말 이외 마음을 표현할 다른 단어가 없다는 것이 안타까울 뿐이다. 어느덧 커서 아빠가 하는 일이 무엇인지 알고 웃음으로 때로는 어른스런 '충고'로 힘을 준 딸 연재와 꼼꼼한 교정과 날카로운 비평으로 원고의 수준을 몇 단계 끌어올려 준, 가장 중요한 학문적 조력자인 아내 나양에게 고마움과 사랑을 전한다.

2013년 겨울

하상복

차례

# 국립묘지와 사자死者의 정치

　2012년 8월 21일 새누리당 대통령 후보 박근혜는 서울 동작동의 국립 현충원을 방문했다. 이승만, 박정희, 김대중 전직 대통령이 안장된 국가원수 묘역을 참배한 뒤 "호국영령들의 숭고한 뜻 받들어 국민 대통합의 새로운 시대를 열겠습니다" 라고 방명록에 적었다. 그리고 경남 봉하마을로 내려가 노무현 전 대통령의 묘소에 추모했다. 다음달 17일에는 민주통합당 대통령 후보로 선출된 문재인이, 그로부터 사흘 뒤인 20일에는 무소속 안철수 후보가 국립 서울 현충원을 방문했다.

　한국의 정치인들은 위기 상황이나 결단이 필요할 때 국립묘지를 찾는다. 그 중에서 서울 현충원은 그와 같은 정치적 행위의 대중적 호소력을 강하게 발산하는 특별한 공간이다. 검은색 정장을 갖춰 입고 현충탑에 분향하고 묵념하는 정치인의 모습은 아주 익숙한 풍경이다. 그런 면에서 세 대통령 후보의 현충원 방문과 참배 또한 자주 보는, 따라서 그다지 새롭지 않은 장면이다. 그러나 몇 가지 점에서 그들의 정치적 행태는 특별한 주목을 필요로 한다.

첫째, 그들이 참배한 사자들이 동일하지 않다는 사실이다. 이승만, 박정희, 김대중 전직 대통령을 참배한 박근혜와는 달리 문재인은 이승만과 박정희를 지나 김대중 전 대통령만을 참배했다. 그런데 현충탑에 이어 문재인이 먼저 참배한 묘역은 국가원수 묘역이 아니라 사병 묘역이었다. 베트남전에서 전사한 하사관의 묘소에 헌화한 '뒤' 김대중 전 대통령을 찾았다. 안철수 후보는 또 달랐다. 그는 이승만, 박정희, 김대중의 묘소를 '모두' 참배했다. 박근혜 후보와 같으면서 문재인 후보와 거리를 두는 것 같지만, 학도의용군 무명용사탑에서 시작해 국가유공자 묘역의 박태준 전 총리에 이어, 국가원수 묘역과 사병 묘역까지 이어지는 상당히 긴 참배 의례를 시행해서 권력자의 묘소만을 찾은 박근혜의 경우와도 동일하지 않다.[1]

둘째, 세 후보가 대동한 측근들의 규모와 면면, 전달한 메시지도 상당한 차이가 있다. 박근혜 후보는 황우여 대표, 이한구 원내대표 등 당 지도부와 전·현직 의원 60여 명을 거느리고 참배했다. 반면, 문재인 후보의 참배 형식은 매우 소박했다. 그는 경선 선대위 비서실장 윤후덕 의원과 대변인 진선미 의원만을 대동했고, 현충탑 참배 이후에는 '단독'으로 사병 묘역과 국가원수 묘역을 찾았다. 방명록에 문재인이 적은 메시지는 "사람이 먼저인 세상을 만들겠습니다"였다. 박근혜 후보의 메시지가 공동체 차원의 가치를 지향하는 이념이었다면, 문재인 후보는 전체에 맞선 개별자, 국가에 맞선 개인의 가치를 우선하는 이념을 보여주고 있었다. 안철수 무소속 후보도 박선숙 공동 선대위 본부장을

---

1) 『한국일보』 2012년 9월 21일.

비롯해 소수의 측근만을 대동하고 현충원을 방문했다. 국가원수 묘역 참배를 마친 안 후보는 "대한민국의 새로운 변화를 위해 노력하겠습니다"라는 메시지로 방명록을 채웠다. 그가 말한 "새로운 변화"는 보수와 진보를 대표하는 두 대통령 후보와는 다른, '제3의 길'의 의지를 발현하는 정치언어로 해석할 수 있다.

여러 부분에서 다른, 혹은 상호 대립적인 '참배의 정치'는 각 진영에서 해석의 갈등으로 이어졌다. 새누리당은 안철수 후보에 대해 "새로운 정치 구현"을 향하고 있고 "박근혜 후보가 천명한 '국민 대통합'과 궤를 같이 한다는 점에서 긍정적"이라고 평가했다. 반면 문재인 후보의 참배 형식과 관련해서는 비판적인 논평을 냈다. "현충원 방문에서 김대중 전 대통령 묘역만 참배한 후 이승만·박정희 전 대통령 묘역을 찾지 않고 조건부 참배 의사만 밝힌 편협하고 옹졸한 역사관을 스스로 드러냈다."[2] 안철수 후보 측은 "고통스럽고 괴로운 역사도 우리의 역사"라고 하면서 "지난 역사를 정면으로 마주하겠다는 생각으로 전직 대통령 묘소를 모두 다녀왔다"고 말했다. 문 후보는 그와 같은 비판을 미리 예견한 듯, "권위주의 체제로 고통을 주고 인권을 유린한 정치세력이 과거에 대해 진정한 반성을 하면 박 전 대통령 묘역을 참배할 것"이라며 입장을 명확히 했다.[3] 박정희 전 대통령을 배제한 것은 자신의 뚜렷한 정치적 소신이라는 뜻이다.

세 사람의 정치적 차이는 '10월 26일'을 계기로 다시 모습을 드러냈다. 그날은 박정희 대통령이 암살된 날이자 안중근 의사가 이토 히로부미를 저격한 날이라는 두 차원의 정치적 시간이었다. 세 후보는 각각 다른 곳을 찾았다. 박근혜는 국립 현충원에서 열린

2) 『중앙일보』 2012년 9월 21일.
3) 『한국일보』 2012년 9월 21일.

박정희 전 대통령 추도식에 참석하고, 문재인은 효창공원의 애국
지사 묘역을 찾아 김구, 안중근, 윤봉길 의사의 묘소를 참배했다.
그리고 안철수는 창원의 국립 3·15민주묘지를 방문했다. 문재인
후보는 친일 청산의 문제를 언급하면서 역사적 정통성을 확립하
기 위해 노력하지 못한 지난 시기들을 비판했다. 박정희 전 대통
령 또한 친일 반민족주의자로 규정된 인물이라는 점에서 문재인
후보의 역사 인식은 결코 과거사에 대한 의례적인 성찰로 국한될
성질의 것이 아니었다. 박근혜 후보는 박정희에 관한 사회적 논
쟁을 의식하면서 아버지의 통치시기를 가난을 해결하기 위한 노
력으로 정당화하고 동시에 "그 과정에서 마음의 상처와 피해를
입은 분들에게 진심으로 사과드린다"는 반성의 메시지를 잊지
않았다. 상대적으로 안철수는 국가원수 묘역의 방문록에 적은 것
처럼, 정치적 논쟁에서 일정 정도 비껴나 있는 것으로 보였다.
3·15민주묘지는 이승만 정권의 문제이기 때문이다. 안철수는 방
명록에 '민주주의를 위해 희생한 분들의 마음, 잊지 않겠습니다.
새로운 미래를 열겠습니다'란 글을 남겼다.[4]

　2011년 8월 6일 오전 11시 전두환 전 대통령의 경호실장이었던
안현태가 국립 대전 현충원 장군 제2묘역에 묻혔다. 그는 그해 6
월 25일에 사망했지만 바로 안장되지는 못했다. 사망한지 40일이
지나서야 안장이 가능했던 것은, 안장 자격을 둘러싼 합의가 이
루어지지 못했기 때문이다. 그는 국가보훈처에서 안장을 결정한
다음 날 서둘러 국립묘지로 들어갔다. 그렇지만 그는 안장 이후
에도 그를 이장해야 한다는 목소리 때문에 경건한 사자의 대우를
받지 못했다.

<hr>

[4] 『미디어뉴스』 2012년 10월 26일.

안현태는 육군사관학교를 졸업한 뒤 수도경비사령부 30경비단 장과 공수여단장을 지냈다. 1985년 1월 소장으로 예편한 뒤 그해 부터 1988년까지 대통령 경호실장을 지냈다. '국립묘지의 설치 및 운영에 관한 법률' 제5조(국립묘지별 안장대상자)는 국립 서울 현충원과 국립 대전 현충원에 안장될 자격 중 "장관급 장교 또는 20년 이상 군에 복무한 사람 중 전역·퇴역 또는 면역된 후 사망한 사람"을 포함하고 있다. 이때 "장관급 장교"는 장군을 의미하기 때문에 소장으로 전역한 안현태는 법률적으로는 국립묘지에 안장될 자격이 있다. 그러나 법률은 대한민국 국적을 상실했거나 탄핵이나 징계처분에 따라 파면이나 해임된 사람 등은 국립묘지에 안장될 수 없다고 규정하고 있는데, 그 금지 규정에는 '국가 유공자 등 예우 및 지원에 관한 법률 제79조 1항 제1호부터 제4호까지의 어느 하나에 해당되는 사람'이 포함되어 있다. 법률 제79조는 국가 유공자 예우 및 지원을 받을 수 없는 사람들로, 국가보안법을 위반해 실형을 선고받고 형이 확정된 사람을 필두로 '특정범죄가중처벌 등에 관한 법률'을 위반해 금고 1년 이상의 실형을 선고 받아 형이 확정된 사람을 포함하고 있다.

이와 같은 법률적 기준에 비춰볼 때 안현태는 안장 자격을 상실한다. 5공화국 비자금 조성에 개입한 혐의로 '특정범죄가중처벌 등에 관한 법률'(뇌물 수수 및 방조죄)에 근거해 1997년에 2년 6개월의 실형을 받았기 때문이다.[5] 그런데 '국립묘지의 설치 및 운영에 관한 법률' 제10조는 안장 대상자의 안장 여부를 심의하기 위한 '안장대상심의위원회'의 설치와 운영을 규정하고 있다. 그리고 '국립묘지의 설치 및 운영에 관한 법률 시행령'은 심의위원회의 심의사항을 명시하고 있는데 제13조(심의위원회의 심의)

---

5) 『경향신문』 2012년 5월 25일.

제3항은 "국립묘지 안장 신청을 받은 국가보훈처장 또는 국방부 장관은 안장 등의 대상으로 신청된 사람이 다음 각 호의 어느 하나에 해당되는 경우에는 심의위원회에 심의를 의뢰" 할 수 있음을 명시하고 있다. "다음 각 호" 중 3호의 내용이다. "금고 1년 이상의 실형을 선고받은 경우와 국가보훈처장과 국방부장관이 협의하여 정하는 바에 따라 법 제5조 제4항 제5호에 해당하는지 여부에 대한 판단이 필요하다고 인정되는 경우"다. "법 제5조 제4항 제5호"는 국립묘지의 영예성 훼손 여부에 관한 규정이다.

유족이 국립 대전 현충원 안장을 신청한 안현태는 1년 이상의 실형을 선고받았지만, 그의 안장이 국립묘지의 영예성을 훼손하는가의 여부를 판단하기 위해 심의위원회의 심의 대상이 될 수 있다. 안장 신청을 받은 국립 대전 현충원은 2011년 6월 30일 국립묘지안장대상심의위원회에 심사를 의뢰했다. 국립묘지의 설치 및 운영에 관한 법률 시행령 제8조를 근거로 구성된 심의위원회는 2011년 7월 8일과 7월 29일에 회의를 소집해 안현태의 국립묘지 안장대상 여부를 심의했으나 위원들 간의 이견으로 결정을 못했다. 의결이 보류된 상태에서 심의위원회는 "회의에 부치는 안건의 내용이 경미하거나 회의를 소집할 시간적 여유가 없는 경우에는 서면으로 의결할 수 있다"는 시행령 제9조를 근거로 같은 해 8월 4일 서면심의를 개최했다.

2011년 8월 5일 국가보훈처는 "국립묘지안장대상심의위원회가 서류심사를 통해 안씨를 국립묘지 안장대상자로 심의·의결했음"을 밝혔다. 전체 15명의 심의위원들 중 9명이 표결해 참여해 정부위원 6명과 민간위원 2명이 찬성하고 1명이 반대했으며, 민간위원 3명은 서면심의에 반발해 사퇴의사를 밝힌 것으로 알려졌다. 언론 보도를 보면, 다음과 같은 점들이 안장

의결의 이유였다. 첫째, 1998년 특별 복권되었다는 점, 둘째, 베트남에 파병돼 국위를 선양한 점, 셋째, 1968년 1·21 사태 때 청와대 침투 무장공비를 사살해 화랑무공훈장을 받은 점, 넷째, 대통령 경호실장을 지내며 국가안보에 기여한 점 등이다.[6] 또한 안장심의 회의록 내용에 관한 언론 보도에 따르면 심의위원들은 "대통령 경호실장으로서 저지른 범죄가 아니었다면 훌륭한 군인으로 남았을 것"이라는 의견을 들어 안장을 승인했다.[7]

위의 언론보도에 비춰볼 때, 안현태의 안장을 의결한 심의위원회는 그가 국가를 위해 봉사하고 희생한 '군인' 나아가 '반공'을 실천한 군인이라는 점에 판단의 무게를 두었던 것으로 보인다. "파병"과 "공비 사살"로 표상되는 "훌륭한 군인"이라는 것이 안현태에 대한 심의위원회의 주된 평가였다. 그와 같은 국가적·이념적 경력이 그가 특정범죄가중처벌법에 따라 실형을 선고받았다는 사실보다 더 중요했다고 해석해도 크게 틀리지 않을 것으로 보인다.[8]

국가보훈처의 안장 의결이 발표되자 반대 목소리도 커졌다. 5·18 관련 단체, 민주화 운동 단체, 민주당이 움직였다. 그들은 전두환, 노태우 등 5공화국의 핵심적 인물들을 국립묘지에 안장

---

6) 『서울신문』 2011년 8월 6일.
7) 『한겨레』 2012년 9월 20일.
8) 안현태의 안장문제에 관한 국회 정무위원회 회의에서 박승춘 국가보훈처장의 발언이 그 판단을 지지해준다. "반면 군 관련 7개 단체는 고 안현태 장군이 국군의 특수전 전력 양성에 크게 공헌한 공로가 있으며, 1961년 김신조 일당의 청와대 침투기도 시 이를 차단하여 화랑무공훈장을 수훈한 바 있고, 월남전에도 참전하였으며, 특가법 위반에 대해서도 참작할 만한 사정이 있고 수수한 금원의 대부분을 부하직원의 격려금으로 사용한 사정을 감안하여 국립묘지 안장을 건의하는 의견을 전달해 왔습니다." 「제 310회 국회(임시회) 정무위원회 회의록 제1호」, www.namgu21.com/upload/assembly/310tb0001b.pdf.

18

하기 위한 준비절차로 판단하고 안현태 안장철회운동을 추진해 나갈 것이라고 밝혔다.[9] 그들은 "1980년 민주화의 요구를 피로 짓밟은 전두환 정권의 핵심 인사이면서 천문학적 액수의 비자금 조성 책임자"와 국립묘지는 어울리지 않는다고 말했다. 그들은 안현태의 안장 결정에 관한 진상조사와 책임자 처벌과 "군사독재정권 시절 중대 인권침해사건, 국가폭력에 의한 인권침해사건, 권력형 비리사건과 관련하여 사법 처리된 자의 국립묘지 안장을 금지하는 법률의 제정"을 요구했다.[10] 단체들은 '(가칭) 안현태 등 국립묘지 안장반대 국민위원회' 결성에 합의하면서 법률 제정, 국민서명운동 등 다양한 방법으로 안장 무효를 위해 노력할 것임을 밝혔다.

앞의 두 정치적 에피소드는 모두 국립 현충원이라는 공간에서 벌어졌다. 한국의 유력 정치가들은 현충원에 영면하고 있는 죽은 자들을 불러내어 그들과 대화함으로써 자신의 역사관과 정치철학을 대중에게 전달했다. 각자 다른 방식으로 죽은 자를 불러냈다. 그들에게는 꼭 만나야 할, 그리고 만나서는 안 될 죽은 자들이 있었다. 만나야 할 죽은 자와 만나는 형식을 선택하고 대화 내용을 결정할 고도의 상징정치가 필요했다. 그들은 왜 대통령 후보로 선출된 이후 예외 없이 국립묘지에서 자신의 정치적 존재성을 드러내야 했을까? 참배의 정치가 필요한 이유는 무엇인가?

한 개인의 죽음은 경건한 추모의 예를 받아야 하지만 안현태는 그렇지 못했다. 만약 국립묘지에 안장되는 것이 아니었다면 그는 깊은 애도 속에서 이 세상과 작별할 수 있었을 것이다. 문제는

---

9) 『한겨레』 2011년 8월 5일.
10) 『뉴스와이어』 2011년 8월 10일.

그의 시신을 국가적 묘지에 안장하려는 데 있었다. 안현태의 안장을 지지하는 쪽에서는 그가 국립묘지에 안장될 자격이 있다고 생각했지만, 반대하는 사람들은 그의 자격을 인정하지 않았다. 그는 국립 현충원에 안장되어도 좋은가, 그렇지 않은가? 2011년 여름에 벌어진 '사자의 정치'는 그 물음에 대한 국민적 합의가 존재하지 않음을 드러낸다.

국민적 추앙을 받는 애국의 존재들이 안장되어 있어 절대적 숭고함과 신성함의 장소이어야 할 국립묘지가 왜 정치적 연출과 갈등의 공간이 되는가? 그것은 예외적 현상인가, 보편적 현상인가? 권력과 정치를 열망하는 살아있는 자들은 왜 죽은 자들을 만나 그들과 대화하고자 하는가? 참배의 정치와 사자의 정치가 필요한 이유는 어디에 있는가?

죽은 자와 산 자가 만나고 그 죽은 자를 놓고 벌이는 투쟁은 정치적 의지와 열정이 국가라는 무대 위에서 운동해 온 시간만큼 오래된 현상이다. 여기서 말하려는 것은 '죽음의 정치인류학'이다. 과거로부터 현재에 이르기까지 그리고 지구적 공간의 동과 서를 막론하고 죽은 자와 그를 담고 있는 공간은 정치적 욕망이 표출되는 가장 중요한 자리로 기능해왔다. 죽음은 인간의 가장 심층적인 정념과 감성을 자극하는 것이기에 늘 정치의 중심에 서 있을 수밖에 없었다.[11] 묘지가 정치적 연출이 펼쳐지는 무대로 끊임없이 존재해 온 이유인 것이다. 또한 육체의 사멸을 거슬러 영원한 기억의 존재로 남고자 하는 존재론적 열망은 인류가 단절 없이 그리고 예외 없이 지속해 오고 있는 정치적 현상이다.

우리는 '국민의 묘지national cemetery'인 국립묘지의 정치를 그와 같은 인류학적 관점에서 살펴볼 수 있다. 그렇지만 국립묘지

---

11) 올라프 라더, 김희상 역, 『사자와 권력』 (작가정신, 2004).

가 '근대'라는 특정한 정치적 시간 속에서 기획되고 탄생하고 운동하는 제도적 공간이라는 사실을 고려한다면, 그곳이 만들어내는 정치적 대결은 근대성 위에서 관찰하고 추적해야 한다. 그렇다면 '근대국가와 죽음'의 상관관계란 무엇인가? 근대국가의 존재론적 특수성은 죽음과 정치의 연결을 강하게 요구하고 있다. 근대국가는 군주라는 정치적 인격체에 토대를 두고 움직이는 전통국가와는 근본적으로 다르다. 근대국가에는 국가를 표상하는 인격적 존재가 없고 국민nation이라는 추상적인 집단적 인격에 의해 대표된다. 주권을 표상하는 인격적 실체가 없는 국가를 향한 애국의 심리를 창출하기 위해서는 국민의 존재와 가치를 감각적으로 재현해내는 일이 필요하다. 근대의 국립묘지는 그와 같은 정치적 원리의 귀결이다.

다른 나라와 마찬가지로 한국의 국립묘지 또한 특정한 역사적 사건과 국가적 이념을 바탕으로 탄생했다. 한국에서 국립묘지는 1948년 여순사건과 1950년 한국전쟁을 배경으로, 그 두 '반공주의' 사건에서 희생된 군인과 경찰관들을 안장하기 위해 1956년에 창설되었다. 한국 국립묘지(지금의 국립 서울 현충원)의 본래 명칭이 '국군묘지'인 것은 그와 같은 역사적 연원에 기인한다. 탄생 이후 한국의 국립묘지는 '반공군사주의'라는 이념을 재생산하는 공간으로 기능해왔고, 애국이란 곧 반공을 실천한 군인과 경찰관으로 등치되는 사회적 인식을 만들어냈다. 반공주의에 충실한 군경이었다면 큰 문제없이 국립묘지 안장이 가능했고, 그 결과 안장 공간의 부족은 불가피했다. 박정희 정권이 대전에 또 하나의 국립묘지를 건립해야 했던 것은 그와 같은 필요 때문이었다. 그 때문에 국립 서울 현충원과 국립 대전 현충원은 안장 원리와 공간 구성과 상징 조형물 등에서 크게 다르지 않다. 하지만 서울 현충원의 '아류'라는 역사적 인식은 대전 현충원이 권력의 상징정치와는 거리가 먼 공간이게 만들었다. 반공군사주의가 응축된 국립 서울 현충원은 이승만과 박정희라는 두 권력자가 묻히면서 새로운 정치적 운명을 맞았다. 권력을 중심으로 엄격한 위계질서의 공간으로 변형된 것이다. 이는 서울 현충원에서 참배의 정치가 일상적으로 연출되는 이유다.

국립 현충원은 반공군사주의를 표방하는 권력의 공간으로서 한국 국립묘지의 절대적 기준과 위상을 수십 년 동안 유지해왔다. 결과적으로 국립묘지는 반공군사주의를 체현한 인물들이 영면하는 곳이라는 인식이 오랫동안 자리 잡게 된 것이다. 하지만 1990년대 이후 민주화 과정이 시작되고 민주묘지로 불리는 새로운 국립묘지(국립 3·15민주묘지, 국립 4·19민주묘지, 국립 5·18민주묘지)가 탄생하면서 국립 현충원은 더 이상 유일하고 절대적인 국립묘지가 아니게 되었다. 역사적 불가피성을 지니는 그 과정 속에서 한국의 국립묘지는 두 개의 상이한 정치적 범주로 나뉘게 되었고, 남남갈등으로 불리는 이념적 대결에 연루되기에 이르렀다.

현대 한국의 국립묘지 지형은 정치적으로 대단히 복잡하다. 지난 2012년 대통령 선거 후보들의 참배는 국립 서울 현충원의 이념적 긴장과 균열을 보여주고 있다. 정치철학과 가치관을 달리하고 끊임없는 적대성 속에서 공존했던 두 전직 대통령, 박정희와 김대중이 함께 영면하고 있는 모순을 세 정치인이 정확하게 재현하고 있었다. 문재인은 이승만과 박정희를 참배하지 않았다. 아직까지 박정희를 진정한 애국자로 받아들일 수 없다는 역사의식의 발로다. 하지만 안철수는 그들을 끌어안아야 한다고 말했다. 박근혜와 같은 행보인 것 같지만 박정희 정권을 자랑스러운 역사로 보지 않는다는 면에서 결코 같은 상징성으로 연결되어 있지 않다.

대전의 국립 현충원 또한 그 국면에서 자유롭지 못하다는 사실을 안현태의 안장 스캔들이 말해준다. 국립 현충원에서 반공군사주의의 기원을 보려는 사람들은 안현태의 안장이 무슨 결정적 흠결이 있는가를 반문하지만, 민주주의의 공간으로 국립묘지를 정립해야 한다는 측에게 안현태는 국립묘지와 결코 어울리지 않는다. 그런 차원에서 그들은 민주묘지들이 진정한 국립묘지 모델이라고 주장할 수도 있지만 한국의 보수주의는 그에 전혀 동의하지 않는다.

국립 현충원과 국립 민주묘지에는 서로 화해하기 힘들어 보이는 보수와 진보의 정치적 대결이 벌어지고 있다. 우리는 2011년과 2012년의 사례를 관찰했지만, 사자를 놓고 벌인 대결의 정치는 훨씬 이전으로 거슬러 올라간다. 2003년 한 민간인 연구원의 안장논쟁과 2005년 민족축전의 일환으로 기획된 북한 방문단의 국립 현충원 참배 스캔들, 그리고 2009년 김대중 전 대통령의 안장을 둘러싼 대결의 정치가 그것이다.

프랑스와 미국이 근대를 조형해가는 역사적 과정에서 발현된 국립묘지의 정치사에서 알 수 있듯이 국립묘지를 둘러싼 참배와 죽은 자의 정치는 한국만의 예외적 현상이 아니다. 프랑스에는 대표 국립묘지로 '빵떼옹Panthéon de Paris'이 있다. '만신전萬神殿'으로 불리는 빵떼옹은 대혁명 이후 프랑스 근대의 조형 과정에서 태동했다. 대혁명의 격동을 거치면서 근대국가의 제도와 상징을 확립한 프랑스는 그 과정에서 죽은 자를 둘러싼 극단의 대립을 겪어야 했다. 근 100년 동안 지속된 그 싸움은 혁명의 대의를 위해 자신을 희생한 사자들의 인정과 거부를 둘러싸고 벌어졌다. 그것은 '반동 대 혁명', '군주제 대 공화제', '종교성 대 세속성'이라는 거대한 이념의 축들을 관통하는 대결이었다.

19세기 중반부터 시작된 미국 국립묘지의 역사 또한 정치와 죽음이 밀접한 관련을 맺고 있음을 명확히 보여준다. 미국은 이념과 가치와 이해관계를 달리하는 두 지역의 내전을 경험해야 했는데, 그 과정에서 무수한 군인들의 희생이 발생했으며 남과 북은 그 죽은 자들을 매개로 치열한 대결을 벌였다. 30년 이상 지속된 사자의 정치는 '연합주의 대 연방주의', '분리주의 대 통합주의', '친 노예제 대 반 노예제'라는 상이한 정치경제적 가치관이 얽힌 것이었다. 그 싸움의 중심에 '알링턴 국립묘지Arlington National Cemetery'가 있었다.

서구의 두 나라, 미국과 프랑스는 사자와 국립묘지를 놓고 치열한 이념 갈등을 겪었지만, 궁극적으로 그 속에서 화해와 통합을 실천했다. 프랑스는 19세기 후반 한 위대한 정치가의 장례식을 계기로 국민적 화합의 가능성을 창출해냈으며, 미국은 19세기 말 남부의 대의를 위해 사망한 전몰병사들의 시신을 연방주의의 상징적 공간인 알링턴 국립묘지 안으로 수용함으로써 그 목표를 달성할 수 있었다.

여기서 묘지와 죽은 자, 그 속에 담긴 아이러니를 본다. 그것은 대결의 대상이고 갈등의 표상이면서, 동시에 화합의 장치이고 통합의 상징일 수 있다. 지금 한국은 묘지와 사자를 놓고 긴장과 대립의 길을 가고 있다. 프랑스와 미국이 19세기에 부딪히고 통과해 나간 그 정치적 길이다. 그런 면에서 한국의 경험은 프랑스 그리고 미국과 근본적으로 같아 보인다. 하지만 대서양을 사이에 둔 두 나라가 보인 대결의 정치가 많은 부분에서 달랐던 것처럼 한국 또한 역사적 상이함을 보인다.

이러한 문제의식에서 한국이 겪고 있는 국립묘지와 사자의 정치를 프랑스 그리고 미국의 사례와 비교를 통해 관찰하려고 한다. 그리고 그 속에서 한국의 경험을 인류학적, 근대국가적 일반성과 함께 역사적 고유성과 특수성으로 파악하고자 한다. 이 접근법을 '사자의 비교정치학' 으로 명명하고자 한다.

한국 국립묘지의 정치사와 정치과정에 대한 분석에서 프랑스와 미국을 비교 사례로 선택한 데에는 몇 가지 이유가 있다. 첫째, 프랑스의 빵떼옹은 근대 국립묘지의 원형으로, 정치적 죽음을 다루는 근대의 철학적 원리와 방식이 최초로 가시화된 곳이다. 그런 점에서 프랑스는 근대국가와 국립묘지의 관련성을 조명하는 데 매우 중요한 사례가 된다. 둘째, 미국은 국립묘지의 군사주의적 기원을 설명하는 데 매우 적절한 역사적 양상을 우리에게 제시한다. 특히 알링턴 국립묘지는 미국이 국가 수립 이후 벌인 전쟁의 기억을 하나도 남김없이 기록하고 있는 유일한 국립묘지다.

궁극적으로 한국 국립묘지의 탄생과 운동의 역사를 프랑스와 미국의 사례에 투영해 봄으로써 한국 국립묘지의 보편성과 특수성을 이해하려는 것이다.

제 1 부

# 사자의 정치학

### — 전통에서 근대로

# 사자의 정치학

## —전통에서 근대로

## 1. '사자와 권력', 인류학적 발현

중국 고대 유교 경전인 『서경書經』의 「고명顧命」편은 주나라 성왕成王의 사망과 아들 강왕康王의 왕위 계승 의례를 기록하고 있다. 의식은 상징성으로 채워진 정교한 절차에 맞추어 구성되고 진행되었다.

왕이 서거하고 이틀 후, 그 아들이 그를 상속하도록 하라는 유언장이 만들어졌다. 성왕은 죽은 지 7일 후에 입관되었다. [⋯] 이날 지명된 왕은 삼으로 된 모자와 왕의 권위의 상징으로 장식된 예복을 입고 왕의 두루마기를 물려받기 위하여 그 부왕의 시신이 있는 건물의 전殿으로 들어간다. 특정한 의례적인 물건을 지니고 있는 고위관리들 또한 제후들과 함께 그 전에 있다. 태사太史가 유언장을 가지고 와서, 지명된 왕이 그것을 받아들이도록 간청한다. 왕은 거듭 자신이 그러한 엄청난 짐을 질 만한 자격이 없다고 선언하고 절한다. 그러고 나서 그는 의례의 물건들을 받아 그것들을 들고 삼배한다. 이것은 그가 그 중책을 맡겠다고 양해한 것을 의미한다. 그는 이제 왕이 된 것이며 또한 천자가 된 것이다.[1]

여기서 흥미로운 부분은 부왕의 시신이 안치된 전에서 권력의 승계가 이루어지고 있다는 점이다. 신비스런 정치적 메커니즘이 작동하고 있다. '죽은' 왕이 살아있는 왕의 권력에 정통성을 부여하는 것이다. 이는 하나의 역설이 아닐 수 없는데 초점은 부왕의 존재성이다. 육신은 이미 생명을 다하고 소멸로 향하고 있지만 그는 새롭게 등장할 군주의 정치적 정통성을 보증하는 상징적 실체로 여전히 살아있다.

사자와 그가 놓여 있는 공간을 권력 승계의 무대로 삼은 주나라의 즉위 의식은 이후로도 이어졌다. 전한시대와 후한시대 공히 새로운 황제의 즉위식은 "전 황제의 매장에 앞서 행해졌"는데 "전한 초기에는 즉위 의례가 창업자인 한고조의 묘에서 행해졌으나, 소제昭帝(BC 94-74, 중국 전한의 8대 황제) 때부터 죽은 황제의 관 앞에서 행해지기 시작했던" 것으로 추정되고 있다.[2] 사자를 매개로 이루어지는 권력의 승계식과 그 과정 속에서 등장하는 죽은 권력자의 상징적 부활은 고대 중국의 시공간을 넘어선다. 예컨대 그것은 근세조선의 왕위 계승 과정에서도 동일하게 관찰되고 있다. 새로운 국왕의 즉위 과정은 사망한 국왕의 장례를 치르는 과정과 분리되지 않았다. 세자의 즉위식도 전왕의 시신을 모신 빈전殯殿에서 이루어져, 그곳에서 옥새를 전달하는 의식이 치러졌다.[3]

1) 하워드 J. 웨슬러, 임대희 옮김, 『비단같고 주옥같은 정치』(고즈윈, 2005), 195-196.
2) 웨슬러, 『비단같고 주옥같은 정치』, 197-198.

사자의 정치적 이용은 동서양을 아우르는 공통의 현상이다. 백년전쟁이 정점을 향해 치달을 무렵인 1413년 영국의 헨리 5세는 프랑스의 혼란을 틈타 북프랑스의 여러 도시를 점령하고 결국 프랑스와 트루아 조약을 체결(1420년)했다. 조약을 통해 헨리 5세는 프랑스 왕위 계승권을 인정받았다. 그는 프랑스 군주 샤를 6세의 딸 카트린과 혼인했다. 하지만 프랑스의 황태자 샤를 7세는 영국의 프랑스 지배와 왕위 계승을 인정하지 않았고 적국에 대한 호전적 태도를 포기하지 않았다. 그러한 국면에서 중대한 정치적 상황이 등장했다. 샤를 6세와 헨리 5세가 거의 같은 시점에 사망한 것이다.[4]

예상하지 못한 정치적 사태 앞에서, 남부 프랑스에 주둔하고 있던 샤를 7세는 프랑스 발루아 왕실의 깃발이 나부끼는 가운데 프랑스를 통치할 새로운 군주의 존재와 위엄을 선포하는 스펙터클을 연출했다. 황태자 헨리 6세의 섭정을 담당하고 있던 베드포드 공작은 이러한 잠재적 위기를 타개할 정치적 이벤트를 기획했다. 그것은 곧, 죽은 왕을 정치적으로 이용하는 상징행위였다. 헨리 5세가 영국의 웨스트민스터 사원Westminster Abbey에 매장된 지 4일 뒤인 11월 11일에 샤를 6세의 시신이 생드니 수도원Abbaye de Saint-Denis에 안치되었다. 매우 신속하게 이루어진 프랑스 군주의 장례식에서 샤를 6세를 위한 간략하고 조용한 기도문에 이어, 그와는 대조적으로 웅장한 목소리로 헨리 6세의 프랑스 왕위 계승의 정통성을 알리는 기도문이 낭독되었다. "주님의 은총으로, 프랑스와 영국의 왕이신 헨리 6세에게 영광을". 곧이어 "군주 헨리 만세!"라는 환호가 터져 나왔다.[5] 수도원에 안치되어 있

---

3) 정재훈, 『조선의 국왕과 의례』(지식산업사, 2010), 23-24.
4) 샤를 6세는 1422년 8월 31일에, 헨리 5세는 같은 해 10월 21일에 사망했다.

는, 육신을 벗어난 영혼이 새롭게 부상하는 산 자의 정치적 권력을 정당화해준 것이다.

위의 역사적 사례는 살아있는 권력에게 죽은 권력이 어떠한 정치적 필요성이 있는지 잘 보여준다. 사자가 정치권력의 세계 속에서 산 자와 호흡하는 일은 결코 죽은 자의 의지일 수 없다. 그것은 오히려 살아있는 권력자의 정치적 의지와 열정의 소산일 것이다. 살아있는 권력은 죽은 자를 활용해 자신의 정치적 토대를 구축하거나 확고히 하려 한다. 여기서 사자의 미학이 탄생한다. 죽은 권력자를 대상으로 수행하는 미학의 본질적 목적은 그들을 물리적 생명의 세계에서 정치적 생명의 세계로 옮겨 놓는데 있다. 정치인류학자 칸토로비치E. Kantorowicz의 개념을 차용하면 사자의 존재성을 "자연적 육체body natural"의 영역에서 "정치적 육체body politic"의 영역으로 전환해내는 일이다.6)

자연적 육체의 세계가 유한성과 소멸을 본질로 한다면, 정치적 육체의 세계는 무한성과 영원을 본질로 한다. 살아있는 자는 자신에게 권력을 내려준 죽은 자를 정치적 육체를 지닌 존재로 시각화한다. 여기서 죽은 권력자를 생생한 생명의 이미지로 전환해내는 예술적 장치들의 고안과 적용이 이루어지며, 그것은 궁극적으로 새로운 권력자의 정치적 이해관계에 봉사한다. 그에게는 자신이 보유한 권력의 정통성 토대를 단단히 하려는 욕망이 자리하고 있다. 새로운 군주는 권력을 승계해준 선왕들이 결코 사멸한 존재들이 아니라 영원히 자신과 함께 살아서 움직이는 존재임을 시각적으로 구현함으로써 자신의 권력을 둘러싸고 있는

---

5) Ernst H. Kantorowicz, *The King's Two Bodies: Study in Mediaeval Political Theology*(Princeton University Press, 1997), 410-411.
6) Kantorowicz, *The King's Two Bodies*, 7.

범접할 수 없는 후광을 주조한다.

그러한 전환에 구체적으로 어떠한 미학적 전략이 동원되는가는 중·근세 프랑스 군주들의 장례식과 그들이 안치된 무덤의 관찰에서 실마리를 찾을 수 있다.

생성과 소멸의 자연법칙에 따라 부패할 군주의 물리적 신체 너머 영원히 존재할 또 다른 신체를 증명하는 것이 장례식의 원리다. "Dignitas nunquam perit", 즉 "존귀한 자는 결코 죽지 않는다"는 메시지를 시각적으로 표상하는 일이다.[7] 앞서 언급한 샤를 6세의 장례식으로 거슬러 올라가는 하나의 전통이 있는데, 그것은 사망한 군주의 시신을 덮는 장막의 네 모서리를 들 권리가 고등법원 네 명의 수장들에게만 배타적으로 부여되며 그들은 장례식에 참여한 여타의 사람들이 검은 색의 상복을 입은 것과는 달리, 황금 단추가 달린 붉은 색의 법복을 착용하는 전통이다. 군주의 권위를 상징하는 황금색과 붉은 색으로 치장된 예복은, 비록 신체는 사멸해가고 있지만 군주의 권위와 정의는 여전히 살아서 통치하고 있음을 상징하는 기호임에 틀림없다.[8]

> 그들의 예복에 담긴 정의正義는 군주의 정의를 표상하고 있으며, 그것은 결코 애도의 기호가 아니다. 왜냐하면 '국왕과 정의는 결코 죽지 않기 때문이다.' 그들은 결코 사멸하지 않는 존재로서 군주의 신체 일부를 재현하고 있으며, 또 군주 신체의 일부이기도 한 것이다.[9]

프랑스 군주 장례식의 또 다른 전통으로, 부패가 진행되고 있는 육체를 대신할 모형으로서 신체상effigy[10]이 등장하곤 했다. 만

---

7) Kantorowicz, *The King's Two Bodies*, 385.
8) J.-M. Apostolidès, *Roi-machine: spectacle et politique au temps de Louis XIV*(Paris: Les Editions de Minuit, 1981), 14.
9) Kantorowicz, *The King's Two Bodies*, 418.

들어진 신체는 왕관, 정의의 손, 권장權杖, scepter 등 군주의 주권을 상징하는 예술적 요소로 장식되어 마치 관 속의 왕이 살아 돌아온 것 같은 착각을 일으킨다. 그리고 신체상의 정치적 마법은 그것을 둘러싸고 있는 주변 공간의 미학으로 한층 더 배가 된다.

푸른 바탕 위에 황금빛의 백합들과 기타 문장들이 수놓인 천으로 둘러싸여 화려하게 치장된 방에는 어떠한 애도의 기호도 눈에 띄지 않는다.11)

죽음을 생명으로 바꾸어 내는 예술적 작업은 거기서 그치지 않는다. 13세기 후반으로 거슬러 올라가면 또 하나의 전통이 있는데, 그것은 메로빙거 왕조 이래 프랑스 국왕들의 묘지로 사용되어 온 생드니 수도원을 가득 채운 석관 위의 거대한 '와상臥像, gisant' 이다. 카페 왕조의 루이 9세는 생드니 수도원을 정비하면서 관 속의 인물을 연상시키는 와상을 제작했는데, 육체적 소멸의 법칙을 역류해 영원한 존재의 영역에 안착한 권력자의 모습을 보이는 데 와상만큼 탁월한 상징적 기능을 수행하는 것은 없어 보인다.

칸토로비치는 중세 유럽의 이러한 정치적 상징 메커니즘을 설명하기 위해 "불사조Phoenix"의 개념을 끌어들였다. 글자 그대로 불멸을 상징하는 새 불사조는 불타 없어지는 순간 그 자리에서 또 다른 불사조가 탄생하는 마법을 간직하고 있다. "불사조에게는 죽는 날이 곧 다시 탄생하는 날" 12)이라는 역설이 성립한다. 죽은 군주의 시신 앞에서 살아있는 자들이 더욱 더 화려한 권력의 의상으로 치장하고, 그의 시신을 화려한 모형으로 대체하

---

10) R. 드브레, 정진국 옮김, 『이미지의 삶과 죽음』 (시각과 언어, 1994), 24.
11) Kantorowicz, *The King's Two Bodies*, 435.
12) Kantorowicz, *The King's Two Bodies*, 391.

고 시신이 안치된 관을 살아서 일어날 것 같은 생생한 조각상으로 장식하는 일은 언제든 다시 태어나서 현재의 권력자에게 절대적 존재성과 권위를 부여할 정치적 원천이 작동하고 있음을 보여주는 상징적 기제다. 루이 9세가 정교하게 다듬은 생드니 수도원은 "왕조의 불멸성을 과시하는 현장" [13)]이라는 명제는 이러한 맥락에서 성립한다.

이러한 상징성의 동학은 동양에서도 뚜렷하게 관찰되고 있다. 중국 명·청대 황제 장례식의 경우, 공개적인 의식에서 죽음은 결코 '슬픈 것이 아니다.' 타악기와 관악기로 구성된 악대가 음악을 연주하고, '붉은 색' 의상을 착용한 자들이 황제의 시신을 운구하며, 장례행렬이 통과하는 길 주변의 집과 벽을 붉은 색으로 칠하는 것은 그러한 사실을 보여준다. 붉은 색의 상징성은 슬픔과는 거리가 있다. 중국의 전통에서 적색은 권력자의 장례식에서만 사용되는 것은 아니다. 예컨대 광동 지역에서 붉은 천을 두르고 장례식에 참여하는 것은 일반적이고, 다른 지역 또한 권력자가 아닌 일반인의 장례식에서도 의식을 이끄는 사람은 붉은 색과 노란 색의 예복을 입는다. 그때 동원되는 적색은 죽음의 기운이 퍼지는 것을 막는다는 의미로 해석되고 있다.

중국 명·청대 황제 장례식에 등장한 붉은 색 또한 그러한 관점으로 해석할 수 있다. 하지만 황제의 장례식을 장식하는 붉은 색은 액운을 막는다는 상징에 더해, 죽은 자를 인격의 차원에서 신격의 차원으로 이동시키는 시각적 매개물로 이해할 필요가 있다.[14)] 붉은 색은 생명의 약동을 함의하는 색깔이다.[15)] 죽은 천자

---

13) "왕들은 때가 되면 어김없이 차례로 생드니를 찾았다. 신성한 제왕들은 무덤에서조차 정연한 질서를 자랑하며 힘과 권력의 릴레이 경주를 상징적으로 보여준 것이다. 이로써 생드니는 왕들 개개인과 해당 왕조의 정통성을 보장해주었을 뿐만 아니라 왕권 전체의 신성함 그 자체를 대변했다." 라더, 『사자와 권력』, 120.

는 붉은 옷을 입은 사자使者를 매개로 신적 존재로 승격되는 절차에 참여하게 된다.

정치적 존재성의 전환과정에는 몇 가지 상징적 장치들이 추가적으로 활용된다. 죽은 황제에게 부여되는 '시호諡號'가 그 중 하나다. 새로운 권력자는 사망한 황제를 명명할 시호를 지을 것을 대신들에게 청한다. 황제의 시신을 무덤에 안치하고 무덤의 입구를 봉인하는 의식이 마무리된 뒤에 황제의 신위를 제작하는 의례가 뒤따른다. 죽은 황제의 새로운 몸이라고 할 수 있는 신위에 그의 시호가 기록된다. 이제 사망한 권력자는 시호라는 새로운 이름과 신위라는 새로운 몸— 그것은 정치적·상징적 몸이다—을 입고 인간세계를 넘어 영원성을 본질로 하는 신의 세계로 들어간다. 신위를 제작하는 의식과 관련해서 특별한 움직임을 관찰할 수 있는데, 참석자들이 상복을 벗고 궁중예복으로 갈아입는 일이다. 이러한 교체의 본질적 의미는 죽은 황제가 유한성의 육체를 벗고 영속성을 얻어 새로운 정치적 존재로 부활하는 것을 축하하는 데 있다. 곧이어 황제의 신위는 종묘宗廟로 옮겨진다.16)

좌묘우사左廟右社(궁궐의 왼편에는 종묘를 세우고 오른 편에는 사직을 세운다)의 원리에 따라 왕궁의 좌측에 세워진 종묘(혹은 태묘)는 전통 동아시아 국가에서 왕궁과 더불어 가장 핵심적인 정치적 기능을 수행한 공간이었다. 전근대적 왕조국가의 정치적 근거는 권력의 현재성을 넘어 과거에서 조형된 혈연성과 신화의 영역에 깊이 연결

---

14) Evelyn S. Rawski, "The Imperial Way of Death: Ming and Ch'ing Emperors and Death Ritual," in James L. Watson and E. S. Rawski, *Death Ritual in Late Imperial and Modern China* (Berkeley, Los Angeles, London: University of California Press, 1988), 245-246.

15) 데이비드 폰태너, 최승자 옮김, 『상징의 비밀』(문학동네, 1998), 66.

16) Rawski, "The Imperial Way of Death," 247.

되어 있었는데 종묘가 바로 그런 공간이다. 종묘 속의 신주로 모시는 조상들은 국가의 존재성과 군주의 정통성을 보증하는 정치적 뿌리가 되어[17] 국가가 존속하는 한, 사라지지 않을 정치적 생명력을 부여받는다. 그러한 면에서 종묘는 신위가 연출하는 독특한 상징적 마법, 즉 자연적 육체를 정치적 육체로 전환해내는 신비의 무대다.

## 2. 사자와 권력의 재현: 근대적 원리를 향해

지금까지의 역사적 사례들은 궁극적으로 '재현再現, representa-tion'이라는 매우 흥미로운 개념으로 수렴된다. 재현이란 "실재하는 것을 감각과 의식의 영역 속에서 가공해내는 과정으로서, 개인과 집단에 연결되어 있는 상징적 차원들에 대한 이해를 이끄는"[18]

---

17) 우리는 그에 관한 명확한 사례를 조선에서 관찰할 수 있다. 1395년 10월 5일, 조선을 건국한 태조 이성계는 경복궁이 조선왕조의 정궁임을 알리는 교서 반포 의식을 치렀다. 그런데 신왕조의 정치적 출발을 알리는 그 행사가 진행되기 전에 왕은 종묘에 들려 제를 올렸다.

왕은 이르노라. 내가 외로운 몸으로 선대의 쌓은 덕을 입고 신민들이 추대하는 힘을 입어서 크나큰 터전을 마련하여 문득 동쪽의 나라를 차지하고 새 도읍을 한양에 들이게 되어 태세 올해 9월에 종묘가 낙성되고 황고조고 목왕穆王과 황고조비 효비孝妃며, 황증조고 익왕翼王과 황증조비 정비貞妃며, 황조고 도왕度王과 황조비 경비敬妃며, 황고 환왕桓王과 황비 의비懿妃의 4대 신주를 봉안하고, 10월 을미일에 삼가 몸소 재계하고 친히 희생犧牲과 규폐珪幣를 올리나니 증제烝祭를 엄하게 할 것이며 의식에 어긋남이 없도록 하라. 생각하건대 종묘의 위패는 나라의 대본이니, 종묘는 빛남이 있어야 하고, 증제와 상제는 나라의 대사이니 공명해야 한다(『태조실록』 3년 11월 3일 기해).

조상신을 불러내는 의례가 신왕조 권력의 정당성 구축을 위한 일차적인 일로 나타나는 것이다. 하상복, 『광화문과 정치권력』(서강대학교 출판부, 2010), 64.

18) Jean-Clément Martin, "Introduction: Représentation et Pouvoir à l'épo

통로다. 의미상 재현은 '다시再, re' '모습을 드러내는現, presentation' 것을 뜻한다. 여기서 '다시'는 시간과 공간의 차원을 포함하고 있다. 한 대상물이 재현되었다는 것은 그 대상물의 물리적 존재성을 규정하는 시간과 공간과는 다른 시간과 공간 속에서 자신의 모습을 드러내고 있다는 것, 즉 존재성의 '전환substitution' 19)을 의미한다.

우리가 관찰한 예들에서는 두 개의 지평에서 재현이 이루어지고 있는데 먼저, 권력자의 육체가 그 모습을 다시 드러낸다. 육체는 의상, 조각, 음악, 건축과 같은 다양한 예술적 장치들의 결합에 힘입어 물질성의 영역을 떠나 정치성과 상징성의 영역으로 진입하고 있다. 재현과정은 물질적 실재성을 의미적 실재성으로 전환해내고 있다. 다음으로, 그 과정은 새롭게 권력을 보유한 자의 정치적 존재성을 드러내는 재현으로 이어진다. 그는 사자의 육체를 재현하는 의례를 통해 자신의 존재론적 · 권력적 기반이 얼마나 깊은 생물학적 또는 계보학적 정통성을 지니는가를 드러낸다. 현재적 시간성이라는 닻에 연결되어 있을 뿐인 정치권력으로는 결코 신비로움과 경외의 심리를 창출해낼 수 없다. 정치권력은 그 시원을 알 수 없는 머나먼 정치적 과거와 그 과거를 살아간 정치적 영웅들과 존재론적으로 잇닿아 있을 때에 더욱 강한 영향력을 발휘할 수 있다. 그런 면에서 재현은 매우 중요한 권력 장치다.

재현이 권력의 존재와 행사를 위한 견고한 토대가 될 수 있음을 이해하기 위해서는 재현이 만들어내는 존재론적 · 의미론적

que révolutionnaire(1789-1830)," in *Représentation et Pouvoir: La Politiqu e Symbolique en France(1789-1830)* (Rennes: Presses Universitaires de Rennes, 2007), 13.
19) Louis Marin, *Politiques de la Représentation* (Paris: Editions KIME, 2005), 71-72.

양상과 효과를 살펴보아야 한다. 먼저 존재론적 측면을 보면, 앞의 예들이 보여주는 것처럼 국왕의 육체는 재현이라는 막膜을 통과함으로써 그 존재성의 전환을 보게 되는데 그 과정에서 전환된 새로운 존재성은 육체적 존재성에 머물지 않는다. 새로운 존재성은 물질적 외양을 벗는 대신, 재현과정에 동원된 다양한 언어적·예술적 장치들을 입는다. 육체성을 탈각한 새로운 존재성은 겉으로 드러나지 않는, 그렇기 때문에 다양한 해석과 상상력을 자극하는 의미체로 만들어진다. 한마디로 '상징적' 존재로 거듭나는 것이다. 여기서 말하고자 하는 바는 이미지의 힘이다. 이미지의 힘은 이미지로 둘러싸인 대상이 복합적이고 이질적인 해석과 감각의 길을 향해 열려 있기 때문에 발생한다. 명확하고 확고한 무엇인가를 잡을 수 없다는 사실, 그것이 대상에 대한 특별한 인식과 감각의 원천들을 만들어내고 있다.

> 하나의 이미지는 영원하고도 결정적으로 '최선의 독해' 가 불가능한 수수께끼이다. 그것은 (전 세계 인구 수 만큼) 50억 가지의 잠정적 이본들을 갖고 있고, 따라서 그 어떤 것도 권위 있는 것으로 볼 수 없다. [⋯] 고갈될 줄 모르는 다중적인 의미인 것이다.[20]

이러한 점에서 이미지는 자신을 탄생시킨 물리적 실재와 모순적이거나 이중적인 관계로 정립된다. 즉, 이미지는 물리적 실재와 연속성에 놓여 있으면서도 그것과는 의미상의 거리를 두고 있는 존재가 된다.

이미지의 효과는 그 내부에 존재하는 유사함과 차이 사이의 긴장에서 산출된다. 이미지는 자기 원형model과의 유사성에 의해서만 정의될

---

20) 드브레, 『이미지의 삶과 죽음』, 66.

수 있다. 지나치게 완벽한 모방은 복제물을 만들지만 이미지를 만드는 것은 아니다. 복제물은 원형과 같거나 그 원형의 개체 그리고 동일체가 될지언정 본래적인 것과 두어야할 거리를 받아들이지 않는다. 이미지가 자신의 고유한 기능성을 발견하는 것은 간극과 공백 속에서다. 이미지가 된다는 것은 일정 부분 차이를 두는 것이며, 자신의 원형을 배반하는 일이다.[21]

인식 대상의 물리적 존재성이 명확하게 인지되지 못하는 상황 속에서 재현물, 즉 이미지를 바라보는 일은 상상력의 강력한 원천이 될 수 있다.[22] 선왕은 정말 사라져버렸는가? 육체적인 것의 소멸이 모든 것의 사라짐을 의미하는가? 선왕은 오히려 육신의 옷을 벗어던짐으로써 영원한 생명의 영역과 신성성의 세계로 들어간 것은 아닐까? 그리하여 자신의 정치권력을 승계한 현세적 권력자를 보호하는 보이지 않는 존재로 영속하는 것은 아닐까? 선왕의 죽음을 둘러싸고 공개적으로 진행되는 의례와 그 의례를 구성하는 다양한 이미지들이 그러한 정치적 상상력을 가능하게 한다.

그렇다면 영속하는 신적 존재로서 선왕의 정치적 후광을 입고 있는 현재 권력자의 본질적인 정치적 힘은 무엇인가? 정치철학자 마랭Louis Marin의 권력론에서 답을 찾을 수 있을 것 같다.

> 푸부아르pouvoir, 그것은 특정한 사람 또는 대상에 행위를 가할 상태에 있음을 뜻한다. 그것은 이미 행위를 한 상태 또는 수행한 상태가 아니라 수행하거나 행위를 할 힘과 능력을 보유한 상태다. 푸부아르, 그것은 가장 일반적인 의미에서 포스force를 행할 능력이 있는 상태이며, 이미 사용한 포스가 아니라 사용할 준비가 되어 있는 유보된 포스다.[23]

21) L. Lavaud, *L'Image* (Paris: GF flammarion, 1999), 26-27.
22) L. Marin, *Des Pouvoirs de l'Image* (Paris: Editions du Seuil, 1993), 11.

그는 정치적 힘으로서 '포스'와 '푸부아르'를 구분하고 있다. 포스가 권력의 객체들을 향해 '이미' 행사된 것이라면 푸부아르는 행사를 '유보하고 있는' 잠재된 권력이다. 말하자면 푸부아르는 미래의 권력— pouvoir는 '할 수 있다'라는 뜻의 동사이기도 하다—이다. 권력주체는 정치적 힘을 실제로 행사함으로써 피치자들에게 자신의 정치적 권위와 복종 효과를 만들어내지만, 언제나 그런 것은 아니다. 그는 물리적인 방식의 힘의 행사에 의지하지 않더라도 피치자들의 저항을 무력화하는 통치 효과를 창출해낼 수 있다. 그것은 통치자가 자신과는 근본적으로 다른 존재론적 위상을 가진 인물이거나 어느 누구도 범접할 수 없는 신성한 힘, 초월적 힘을 지닌 마력적 존재라는 정치적 인식이 피치자들 내부에서 만들어져 하나의 사실로 수용되는 경우에 가능할 수 있다.

정치적 의례, 특히 선왕의 죽음을 동원함으로써 새로운 정치권력의 실체를 감각적으로 드러내는 의례는 푸부아르를 향한 권력자의 의지가 실천되는 매우 적합한 과정이다. 왜냐하면 죽음과 삶을 교차시키고 연결하는 의례는 그 자체로 관람자들이 일상에서는 느끼지 못할 매우 독특하고 예외적인 감성적 경험을 전달하는 자리이기 때문이다.

여기서 또 하나의 논의 지점에 도달한다. 앞서 언급한 재현의 의미론적 차원에 관한 것인데, 정치적 의례를 통해 피치자들 내부로부터 복종의 심리를 이끌어내기 위해서는 그들이 그 의례가 표출하고 하고 있는 정치적 메시지를 수용하고 그것에 설득되어야 한다. 그렇다면 정치적 의례는 아무렇게나 구성되고 연출되어서는 안 된다. 거기에는 피치자들을 향한 정교하고 조밀한 재현의 전략이 요청된다. 그렇기 때문에 '서사敍事, narration'의 전략에 주목한

---

23) Marin, *Politiques de la Représentation*, 73-74.

다. 서사는 일련의 사건들을 상관관계 또는 인과관계를 지닌 이야기로 구성한 것인데, 사람들은 탁월한 이야기꾼narrator, 감동적인 인물들actors, 인물들의 비범하고 극적인 삶의 과정plot 등으로 구성되는 서사를 통해 사건들을 이해하며, 그것에 자신의 삶과 정서를 투영하고 심리적 동일성을 표출할 수 있다.[24] 정치적 죽음의 의례가 지향하는 가장 궁극적인 서사는 영웅의 서사다.[25] 현세에서 위대한 삶을 살고 탁월한 통치력을 발휘한 선왕은 이제 이 세계를 떠나 '저' 세계로 들어갈 준비를 한다. 다른 세계에서 살아갈 그는 더 이상 인간이 아니다. 영원히 살아갈 신적 존재로 거듭난다. 이제 그의 위대한 존재성과 통치성은 영특한 후손에게 계승된다. 그럼에도 선왕은 이 세계와 단절되는 것이 아니다. 그는 영웅적 조상들의 영혼을 모신 신성한 집에 거주하면서 현세 군주의 삶과 통치를 보호하는 영원한 후견인으로 살아가게 될 것이다. 장례의 주재자들은 다양한 상징들의 조합으로 구성된 연출 행위를 통해 그러한 감동적인 이야기를 정치적 관객들에게 전달하고자 한다.

이미지의 형태 아래에서 이루어지는 재현은 그 이미지를 생산한 사람만이 감지한 것을 모두의 눈에, 집단적 감각과 인지경험 안으로 끌어들인다. 연극적 재현은 연극무대를 실제로 체험했거나 희곡을 직접 쓴 작가만이 감지할 수 있는 것들이 모든 청중들에게, 집단적인 무대경험으로 들어오는 것을 가능하게 한다.[26]

이렇게 새로운 권력자의 정치적 정통성은 죽음의 의례를 통해 그 뿌리를 내리기 시작한다.

---

24) 최종렬, 「뒤르케임주의 문화사회학」, 최종렬 엮고 옮김, 『뒤르케임주의 문화사회학: 이론과 방법론』(이학사, 2007), 39.
25) Georges Balandier, *Le Pouvoir sur Scènes* (Paris: Balland, 2002), 17.
26) Bernard Lamizet, *La Médiation Politique* (Paris: L'Harmattan, 1998), 252.

통치의 경제학이라는 관점에서 권력자의 죽음은 아무렇게나 처분될 수 없는 매우 효과적인 상징물이다. 한 통치자의 육체적 소멸은 새로운 통치자의 탄생을 의미하며, 과거와는 다른 통치술이 시작될 정치적 전환점에서 살아있는 권력자는 죽은 권력자를 위한 특별한 의례를 매개로 자신의 권력적 토대를 확립하는 상징정치를 수행한다.

> 권력의 정통성에 목말라하고 실제로 강화해야 할 필요가 있을 때, 실권자나 권력을 휘두르고 싶어 안달하는 인간들은 항상 사자와 그 무덤을 이용한다. 그것도 스펙터클한 연출을 위해 관 깊숙이 손을 넣어 휘저어대기까지 한다.[27]

죽은 자와 산 자, 그들이 조우하는 의례 공간과 그 공간을 구성하는 예술적 상징들은 그렇게 통치의 열정 안에서 하나로 결합하면서 권력 정통성과 정당성의 토대를 창출해낸다.

'사자숭배의 상징정치'라는 관점에서 분석한 흥미로운 몇몇 예들은 동서양의 전통적 왕조국가에서 길어 올린 것들이다. 그렇지만 정치 무대에서 죽은 권력자가 부활하고 신성화되어 통치의 새로운 주체에게 정통성의 초석을 다지는 현상은 결코 과거의 이야기가 아니다. 오늘날의 정치세계에서도 그러한 상징행위들이 단절 없이 나타나고 있기 때문이다. 죽음의 정치적 이용은 인류학적인 보편성에 속하는 일이다.

> 죽은 자를 섬기는 것이야말로 인간 문화의 일차적이고 핵심적인 부분이 아닌가. 그래서 우리는 여기서 제례와 예식의 역사를 살펴보고자 한다. 그저 단순한 절차로 끝나는 것이 아니라, 권력과 직결된 엄숙하고도 요란한 의식, 그리고 그와 결부되어 끝없이 흐르고 용틀임하면서 거듭 태어나고 있는 집단적 일체감의 산실을 들여다보기로 하자. 죽은

---

27) 라더, 『사자와 권력』, 85.

자를 경배하라! 권력구조를 다지려는 정치적 사자 숭배는 거의 모든 문화권에서 꺼지지 않는 불길로 타오르고 있다. 과거에도 그리고 바로 지금 이 순간에도 특히 구질서가 몰락함으로써 발생한 혼돈의 시기에 사자숭배는 새 질서를 만들어내는 데 강력한 효과를 발휘해 왔다.[28]

위의 입론을 수용하면 다음과 같은 물음을 던질 수 있다. "지금 이 순간" 죽음의 숭배가 어디에서 어떠한 방식으로 이루어지고 있는가? 죽은 자와 살아있는 자가 정치적으로 조우하고 전자가 후자의 정치적 정통성에 관여하는 지난날의 양상을 발견할 수 있는 오늘날의 무대는 어디일까? 육체적 소멸에도 사자가 정치적으로 화려하게 부활하는 곳, 즉 존재성의 전환이 일어나는 우리 시대의 장소는 어디인가? 정치적 동기에서 죽은 자의 미학적 재현이 일어나는 공간은 어느 곳인가?

답은 '국립묘지'다. 죽음의 정치적 관리를 위해 근대국가가 발명한 국립묘지제도는 근대가 죽은 자의 정치적 이용에 얼마나 큰 열망을 드러내고 있는지를 잘 보여주고 있다. 국가가 제도적으로 개입하는 사자의 공간인 국립묘지에는 국가를 위해, 혹은 공적 가치를 위해 자신의 생명을 바친 또는 그렇다고 인정되는 사람들이 안장되어 있다. 그곳에 영면하고 있는 존재들은 국가적 영웅으로 부활해 값지고 성스럽고 이상적인 죽음의 이념형을 사람들에게 제공하고 있다. 그러기에 그 공간은 절대적 신성함과 애국주의적 외장들로 채워져 있다. 살아있는 정치권력은 정기적으로 혹은 정치적 위기의 순간에 그곳을 찾아 영웅적 사자들을 불러냄으로써 정치적 의지와 이해관계를 투영하고 발현하려 한다. 애국주의적 이념과 가치의 설파, 공동체의 질서와 통합의 호

---

28) 라더, 『사자와 권력』, 13.

소, 권력의 정통성에 대한 설득 같은 정치적 효과가 다른 어떤 곳보다 극적으로 발생하는 무대가 바로 국립묘지다.

많은 근대국가들이 공식적 제도로 운영하고 있는 국립묘지는 그러한 점에서 사자숭배의 정치인류학적 보편성이 관철되는 공간이다. 그럼에도 근대의 국립묘지는 전근대 혹은 전통적인 사자숭배의 정치학과는 다른 모습을 지니고 있다.

앞서 관찰한 사례에서 보듯이 동서양의 전통 속에서 정치적 부활의 대상이 되는 죽음은 특정 권력자의 죽음이지만 근대 국립묘지에 안장되어 정치적으로 다시 살아나는 죽음은 '국민'으로 호명되는 존재 일반의 죽음이다. 그러한 면에서 전자가 정치적 확정성의 영역이라면, 후자는 정치적 가능성의 영역이다. 또한 그렇게 부활한 권력자가 자신의 개별적인 정치적 인격을 여전히 유지하는 전통적인 양상과는 달리, 국립묘지에 묻힌 영웅들은 모두 국민이라는 집단적·전체적 인격체로 통합 혹은 용해된다. 설령, 그곳에 안장된 자가 절대적 정치권력을 보유했던 인물이라고 하더라도 그는 국립묘지라는 공간 속에서 국민적 영웅의 한 사람으로 전환된다.

여기서 근대국가들은 왜 국립묘지라는 독특한 제도를 만들어 운영하고 있는가라는 물음이 생긴다. 그 물음은 국립묘지를 에워싸고 있는 근대국가의 정치적 의지와 열망으로 우리를 인도한다.

## 3. 국민국가nation-state와 재현의 정치: 국립묘지의 발명

프랑스의 궁정화가 리고Hyacinthe Rigaud는 1701년 '루이 14세'라는 작품을 완성했다.

붉은 휘장과 원주를 배경으로 등장한 루이 14세는 구체제의 상징인 검고 긴 가발을 쓰고 있으며, 귀족층의 실크 양말과 바지 위에 대관식의 화려하고 풍성한 외투를 걸치고 있다. 허리에 얹은 왼손과 대조적으로 당당히 내뻗은 오른손은 '카알 대제의 검'을 쥐고 있으며, 검을 받치는 탁자 위에는 왕관과 '정의의 손main de justice'이 놓여 있고, 고급 양탄자가 깔린 연단 위 오른쪽으로는 옥좌가 보인다.29)

초상화의 목적은 명백하다. 군주 루이 14세의 존재와 위엄, 그가 지니고 있는 권력의 정통성, 어느 누구도 대항할 수 없는 절대적 힘, 즉 주권을 가시화하고 있다. 국왕이 들고 있는 '카알 대제의 검'과 '정의의 손'이 그러한 정치적 의미를 구현하고 있다. 군주와 신민 사이의 지배-복종 관계가 시각적으로 표상되는 그림이다.30)

국가는 일정한 물리적 영토와 제도적 장치들로 존재하고 있지만 그 속에서 살아가는 구성원이 구체적으로 감지하기 어려운 정치적 실체이기도 하다. 그런데 국가가 생존하기 위해서는 구성원들의 정치적 복종과 충성을 이끌어내야 하는데, 바로 그 점에서 비가시적인 국가를 가시적인 형태로 전환해내는 정치적 과제가 등장한다.

루이 14세가 '짐이 곧 국가'라는 말을 했다는 사실을 역사적으로 증명할 수 없지만 그러한 정치적 사고를 했으리라고 상상하기는 어렵지 않을 것 같다. 군주가 곧 국가라는 방정식이 성립하는 속에서 국가에 대한 피치자의 충성과 복종을 창출하는 일은 본질적으로 군주라는 정치적 주체를 신민들에게 감각적으

---

29) 송혜영, 「나폴레옹(1769-1821)의 선전 초상화」, 『서양미술사학회논문집』 13집 (2000), 140.
30) 송혜영, 「나폴레옹(1769-1821)의 선전 초상화」, 144.

로 재현해내는 것이다. 앞서 살펴본 리고의 초상화는 그러한 원리에 연결되어 있다. 동서양을 막론하고 전근대의 정치사가 보여주는, 군주의 존재와 위엄을 직간접적인 방식으로 재현해내는 여러 정치예술들은 그러한 관점으로 해석할 수 있다.

근대 국민국가 역시 그와 같은 정치적 과제에서 벗어나 있지 않다. 국민국가 또한 구성원들에게 국가의 존재와 위엄을 보여주고 그들의 충성심과 복종심을 만들 임무를 안고 있다. 하지만 그러한 일반성에도 근대 국민국가에 부여되고 있는 재현의 지평은 전근대 왕조국가와는 근본적으로 다르다.

국가가 구성원들에게서 충성과 복종의 심리를 끌어내기 위해서는 몇 가지 심리적 조건들이 필요하다. 구성원 자신이 충성하고 복종해야 할 대상으로서 국가를 알거나 느낄 수 있어야 하며, 국가에 대한 자신의 희생을 정당한 것으로 받아들여야 한다.[31]

그런데 앞서 살펴본 것처럼 국가를 표상할 주체로서 특정한 인격체가 존재한다면 그리고 그 인격체가 피치자들로부터 복종과 희생의 정당함을 만들어낼 어떠한 힘을 가지고 있다면 그 지점에서 국가에 대한 피치자의 충성과 복종의 조건이 성립한다. 하지만 가령, 충성의 대상이 될 국가가 대단히 추상적이거나 관념적이어서 그 구체적인 존재성을 파악하기 어렵거나 국가를 표상할 정치적 주체가 존재한다고 하더라도 그 궁극적 주체가 군주나 황제와 같은 인격적인 외형을 갖추지 못하고 있다면 어떻게 국가에 대한 피치자의 복종을 산출할 수 있을 것인가?

이러한 질문들에서 우리는 근대 국민국가의 정치적 본성과 그 국가에 대한 충성과 복종의 원리를 파악해야 할 필요성을 인지한다. 왜냐하면 근대국가는 그 본성상 대단히 추상적이고 관념

---

31) David Beetham, *The Legitimation of Power* (Mampshire: Macmillan, 1991), 8.

적인 국가이며, 그 주체 또한 결코 가시화된 인격적 외형을 띠고 있지 않기 때문이다.

립셋S. M. Lipset은 미국의 정치적 본성과 관련해 "혁명을 통해 수립된 미국은 선한 사회의 본성에 관한 일련의 교의를 포함하는 이데올로기를 중심으로 조직되어 있는 나라다" 32)라고 했다. 근대 국민국가의 본질적 특성이 어디에 있는지를 단적으로 제시하고 있다. 근대국가는 이념 위에 성립하는 정치체이며, 그 이념은 고도의 추상성과 관념성으로 특징지어진다. 혁명을 정당화하면서 근대국가의 존재 이유로 태동한 자유, 평등, 인권과 같은 이념들이 과연 얼마만큼의 구체성을 띠고 있는가.

근대 국민국가의 관념성과 추상성은 다른 영역에서도 찾을 수 있다. 사실상 그 국가는 특정한 정치적 가치들을 구현하기 위해 엄격한 철학적·자연과학적 원리를 따라 조형된 인공적인 정치체body politic다. 그 국가는 자연권, 자연법, 계약, 동의, 의지와 같은 개념적 원리들 위에서 구성되고 작동하고 있는 실체다.

근대 국민국가 탄생의 핵심적 사상인 계몽주의에는 근대적인 정치이념들이 응축되어 있다. 정치사상가 홉스Thomas Hobbes는 계몽주의적 사상에 토대를 둔 새로운 정치적 사고의 선구자적 측면을 보여준다. 찰스 1세가 처형되고 2년 뒤에 출간된(1651년) 저서 『리바이어던Leviathan』에서 홉스는 "자연은 인간을 신체와 정신의 능력 면에서 평등하게 창조했다. […] 인간이 이와 같은 평등성을 불신하는 것은 자신의 지혜에 대해 갖는 헛된 자만심 때문이다" 33)라고 말했다. 동시대 사상가 로크John Locke에 이르러 인간에 대한 사유의 혁명성이 한층 그 폭과 깊이를 더해간다. 명예혁명

---

32) S. M. 립셋, 문지영 외 옮김, 『미국 예외주의』 (후마니타스, 2006), 33.
33) 홉스, 임명방 역, 『리바이어던』 (삼성출판사, 1986), 223-224.

이 완료된 다음해 출간된(1689) 『통치론Two Treaties of Government』에서 로크는 "인간은 완전한 자유와 자연법상의 모든 권리 및 특권을 간섭받지 않고 누릴 수 있는 자격을 어떤 사람 또는 세계의 많은 사람들과 더불어 평등하게 가지고 태어났다"고 주장했다.[34)]

두 사상가는 인간을 자유로운 존재와 권리의 주체로 묘사했다. 홉스에 따르면 모든 인간은 "자신의 본성, 즉 자기 생명을 보존하기 위해 원하는 대로 자신의 힘을 사용할 수 있는 자유"[35)]인 자연권natural right을 보유하고 있고 자신의 생명을 보호하기 위해 그 권리를 정당하게 행사할 수 있다. 로크 또한 인간 개개인을 천부적 자연권, 즉 "타인의 침해와 공격으로부터 그의 재산, 곧 생명, 자유, 자산을 보존할 권력뿐만 아니라 다른 사람들이 그 법을 위반한 것을 심판하고 그 위반행위가 의당 치러야 한다고 그가 확신하는 바에 따라 다른 사람을 처벌할 수 있는 권력"[36)]을 지닌 존재로 이해했다.

홉스와 로크는 인간 존재론에 대한 성찰을 근거로 절대군주제적 국가원리와 대척점에 서는 새로운 국가 관념을 제시했다. 국가는 군주로 불리는 권력자의 정치적 이익이 아니라 피치자의 자연권을 효과적으로 보장하기 위해 존재한다. 그들이 주장한 사회계약론은 그러한 국가관의 사상적 정당화다. 자연 상태에서 살아가는 자유롭고 평등한 인간들이 자신의 천부적 권리를 지키고 유지하기 위한 '합리적 계산'의 결과로 그들의 자연권을 양도해 정치권력체인 국가를 만들어낸다. 따라서 국가권력의 존재이유와 정당성은 절대적 존재의 의지나 명령과는 아무런 관련이 없다.

---

34) 존 로크, 강정인·문지영 옮김, 『통치론』 (까치, 1996), 83.
35) 홉스, 『리바이어던』, 228.
36) 로크, 『통치론』, 83.

오히려 그것은 국가 구성원들의 사적 이익 및 합리적 판단에 의한 동의에 근거하고 있다.

프랑스 계몽주의로 눈을 돌리면, 몽테스키외Montesquieu가 절대군주제 공격의 선두에 섰다. 그는 절대군주가 무제한적 권력을 행사하는 전제정치는 정치적 무질서와 혼란만을 초래할 뿐이라면서 정치적 안정과 균형을 꾀하고 시민적 자유를 보장하는 바람직한 제도로서, 권력분립에 기초하는 자유주의 정치제도를 옹호했다. 명백히 로크의 사회계약 사상이 제시한 권력분립이론의 발전이었다.37)

프랑스 절대주의체제 비판과 관련해서는 볼테르Voltaire와 루소 Jean-Jacques Rousseau를 언급하지 않을 수 없다. 볼테르는 프랑스 군주제 그리고 그것과 결탁해 특권을 행사한 교회권력을 공격했다. 군주제 비판의 주된 근거는 자연권이었다. 볼테르는 자신의 문학적 천재성이 온전히 발현될 수 없었던 프랑스를 떠나 영국에 체류하면서 자연권과 자연법 등 근대 정치철학적 개념을 접했다. 그는 자유, 즉 "인격과 재산의 온전한 자유, 글을 통해 국가에 대해 말할 수 있는 자유, 독립적인 개인들로 구성된 재판관에 의해서만 형사재판을 받을 수 있는 자유, 법에 명시된 조항에 따라서 재판을 받을 자유, […], 각자가 원하는 종교를 믿을 수 있는 자유"38)를 향유하기 위한 모든 형태의 권리로 자연권을 생각했다.

볼테르는 가톨릭교회가 군주제의 거대한 특권계급으로 성장해 왔다고 지적하면서 프랑스의 종교적 폐쇄성과 불관용의 원인을 그 속에서 찾으려 했다. 1762년에 일어난 비극적인 칼라스Calas 사건은 프랑스 가톨릭교회의 편견과 불관용을 보여준 가장 적나

---

37) 앙리 세, 나정원 옮김, 『18세기 프랑스 정치사상』(아카넷, 2000), 39-59.
38) 앙리 세, 『18세기 프랑스 정치사상』, 59-71.

라한 스캔들이었다. 이 문제에 깊이 관여했던 볼테르는 종교적 관용의 자연법적 정당성을 역설했다. "네가 타인에게 당하고 싶지 않은 일을 너 역시 타인에게 행하지 말라"고 명령한 자연법에 비추어볼 때 "내가 믿는 것을 믿어라. 만약 믿지 못하겠다면 너를 죽이겠다"는 논리는 부당하다는 것이다.39) 그러한 차원에서 볼테르는 교회를 국가적 통제 하에 두고, 종교적 관용을 제도적으로 보장하는 등의 개혁을 제안했는데 그것은 프랑스혁명의 본질적 내용이었다.

볼테르와 동시대를 산 루소 또한 당대 정치사회를 비판하고 공격했다. 그는 전쟁과 정복과 노예제의 부당성을 소리 높여 외치고 전제정을 비판적으로 성찰했다. 루소는 『인간 불평등 기원론 *Discours sur l'origine de l'inégalité parmi les hommes*』(1755)에서 "부자의 횡령과 가난한 자의 약탈과 만인의 방종한 정념이, 자연스러운 연민의 정과 아직은 약한 정의의 목소리를 질식시켜 사람들을 욕심쟁이와 야심가와 악한으로 만들었다"40)고 말하면서 당대의 경제적 불평등을 문제 삼았다. 루소는 그러한 부정적 상황을 해결하기 위한 방법으로 일반의지la volonté générale의 구현을 통한 민주주의 정치체제를 제시했다. 그것이 바로 『사회계약론*Du Contrat social*』(1762)의 궁극적 목표였다.

오랜 시간 변함없이 수용되고 지속적으로 작동해온 절대군주제는 이성, 자연권, 자유, 평등, 인권과 같은 계몽주의 원리 앞에서 흔들렸다. 명예혁명 다음 해에 의회가 선포한 '권리장전Bill of Rights', 미국 독립혁명의 정당성을 알린 '버지니아 권리장전Virginia Bill of Rights', 프

---

39) 볼테르, 송기형·임미경 옮김, 『관용론』(한길사, 2001), 125.
40) 장 자크 루소, 최석기 옮김, 『인간 불평등 기원론/사회계약론』(동서문화사 2012[1978]), 105.

랑스 대혁명에서 3신분 대표들이 선언한 '인간과 시민의 권리 선언 Déclaration des Droits de l'Homme et du Citoyen' 에는 공히 계몽주의의 원리와 신념이 관철되고 있었다.

정치적 근대에 관한 논의에서 스미스A. D. Smith는 "근대세계에서는 오직 한 형태의 정치공동체만이 인정되고 허용된다. 그것은 우리가 '국민국가' 라고 부르는 형태" 41)라고 말했다. 그가 근대국가의 본질이라고 말하는 국민국가Nation State는 어떤 국가인가?『근대의 사회적 상상』에서 테일러Charles Taylor는 "서구 근대성을 본질적으로 특징짓는 모종의 사회적 형식들"로서 "시장경제와 공론장 그리고 주권을 가진 인민의 도래"를 들고 있다.42) 테일러의 입론을 따르면 혁명을 통해 탄생한 정치적 근대 혹은 근대국가의 본질은 인민으로 불리는 피치자가 국가를 통치할 최고의 권리인 주권을 보유하고 행사하는 국민주권에 있다.

혁명은 새로운 국가를 탄생시켰다. 근대 국민국가의 존재론적 독특성은 그 국가의 주체를 관찰하는 데서 한층 더 명확한 양상을 드러낸다. 국민국가에는 군주국가에서와 같이 국가의 주체성을 표상하는 자연 인격적 존재가 부재하지만 그 대체물로 국민이라는 관념적 주체가 자리하고 있다. 국민국가의 주권자인 국민은 왕 또는 황제와 같은 자연적 존재가 아니다. 사실을 말하자면 국민 속에는 어떠한 물질성 혹은 육체성도 없다. 오히려 국민은 자유, 평등, 인권과 같은 근대국가의 이념들을 체현하는 정치적 의지의 개념적 집합체다. 국민은 물리적 조건들의 결합이 아니라 개별적인 정치적 의지들의 순수한 결정結晶이다. 피어슨Christopher

---

41) A. D. Smith, "State-making and nation-building," in J. A. Hall(ed.), *States in History* (Oxford: Blackwell, 1986), 228.
42) 찰스 테일러, 이상길 옮김, 『근대의 사회적 상상: 경제·공론장·인민주권』(이음, 2010), 8.

Pierson이 말한 "비인격적 권력행사"43)라는 개념은 인격적 존재성에 토대를 두지 않은 근대국가의 독특성에서 도출되는 것이다.

이러한 특성들로 인해 국민국가는 반드시 해결해야 할 정치적 과제와 마주한다. 첫째, 충성과 복종의 대상으로서 국가의 존재를 구체적으로 보여주어야 한다. 국가를 구성하는 법률적·제도적 양식들을 동원할 수 있지만 그것만으로는 충분하지 않다. 왜냐하면 국가에 대한 충성과 복종은 합리적인 인식을 넘어 감성과 정념의 영역에 속하는 것이기 때문이다. 따라서 국가를 재현할 또 다른 심리적 메커니즘이 필요하다. 여기서 국민국가가 토대하고 있는 이념들을 어떻게 구체적으로 인식하고 수용하게 할 것인가를 고민해야 한다. 정치적 불평등과 신분제의 테두리 속에서 살아온 의무의 존재들에게 자유, 평등, 인간존엄, 주권, 동의와 같은 근대적 개념들을 설득하는 일이 결코 쉽지 않기 때문이다.

둘째, 국민국가는 국민을 관념으로부터 현실로 끌어내려야 하는 숙제를 안고 있다. 국민은 국민국가의 가치와 이상에 동의하는 모든 사람들을 단일의 정치적 통합체로 묶어내는 개념이다. 하지만 그 범주 속으로 들어오게 될 구성원들은 지역, 문화, 관습, 언어, 계급 등 현실적 삶의 간극이 만들어내는 다양성과 이질성의 세계 속에 존재하고 있다. 따라서 차이의 공간 속에 존재하는 개별적 존재들이 국가와 정치의 영역 속에서는 모두가 단일의 국민으로 살아가고 있다는 인식을 만드는 것이 중요하다. 한마디로 표현하면 '국민적 정체성'을 구축하는 일이다. 그렇지 않으면 국민은 관념 속에서만 작동하는 무력한 개념에 불과하게 될 것이다.

---

43) 크리스토퍼 피어슨, 박형신·이택면 옮김, 『근대국가의 이해』(일신사, 1997), 38-39.

그러므로 근대 고유의 의미에서 국민적 정체성이란 '인민들' —그 사람들의 기본적인 특성은 바로 '국민'으로 정의된다는 데 있다— 속에 속해 있다는 성원의식으로부터 유래하는 정체성이다. 이렇게 해석되는 모든 "인민들"은 우월하고 엘리트적인 국민적 자질을 보유하고 있고, 바로 그 결과로 계층화된 국민적 구성원들이 본질적으로는 동질적인 것으로, 그리고 지위와 계급의 구분선이란 표면적인 것이라는 지각이 만들어진다.44)

셋째, 국민국가는 국가에 대한 충성과 복종이 마땅하며 자연스런 것이라는 인식을 국민들에게 전달해야 한다. 이는 국가의 존속을 위해 필수적으로 요청되는 정치적 과정이다. 국가권력이 특정한 한 사람 혹은 소수에게 속한 전근대 국가에서라면 충성과 복종은 통치자가 만들어내는 여러 정치심리학적 효과들에 의해 발생한다. 통치자는 다양한 방식으로 피치자가 자신을 존경할 만하거나, 위엄 있거나, 위압스러운 존재로 느끼도록 하고 그러한 이미지의 바탕 위에서 국가에 대한 충성과 복종의 의지를 만들어낼 수 있다.

그렇지만 근대국가는 다르다. 근대에는 정당화를 위한 매우 독특한 메커니즘이 작동하는데, 우리는 그것을 '정치적 동일화 political identification'로 명명할 수 있다. 두 정치적 존재 간에 성립하는 일체의식을 정치적 동일화로 정의한다면 국민국가는 '국가=국민'이라는 정치 방정식을 통해 충성과 복종을 만들어내려 한다. 논리적으로 볼 때 제한된 수의 사람들이 아니라 국가를 구성하는 정치적 주체로서 국민 모두가 국가의 주권자라는

---

44) L. Greenfeld, *Nationalism: Five Roads to Modernity* (Cambridge, London: Harvard University Press, 1992), 7.

명제가 성립하며, 그 지점에서 국가에 대한 충성심과 복종심 그리고 자기희생이 정당한 정치적 덕목으로 자리 잡는다. 소수 통치계급에 대한 두려움 또는 존경심이 아니라, 국가가 곧 자기 자신이기 때문에 국가를 위한 충성과 복종과 희생은 당연하고 자연스러운 것으로 수용된다. 그것은 외부에서 강제된 정치적 의무가 아니라 주체 내부에서 자발적으로 형성된 정치적 의지로서 애국주의patriotism로 불리는 근대적 덕성이다. 근대국가는 바로 그러한 정치적 동일화의 논리를 효과적으로 전파함으로써 국민들의 자발적 충성과 복종의 심리를 창출하려 한다.

앤더슨Benedict Anderson은 '상상의 공동체imagined communities'란 개념을 통해 근대 국민국가의 본질에 접근하고 있다. 상상의 공동체란 공동체를 구성하는 사람들이 직접적인 면대면 접촉보다는 다양한 문화적 장치들을 매개로 동질의식을 만들어가는 관계양식이다.45) 앤더슨은 근대 국민국가의 공동체적 본질이 그러한 상상성에 기초하고 있음을 주장하고 있다.

국민은 본래 제한되고 주권을 가진 것으로 상상되는 정치공동체다. 가장 작은 국민의 성원들도 대부분의 자기 동료들을 알지 못하고 만나지 못하며 심지어 그들에 관한 이야기를 듣지도 못하지만 구성원 각자의 마음에 서로 친교의 이미지가 살아있기 때문에 **상상**된 것이다.46)

근대의 정치공동체는 국가를 상상하고, 국민을 상상하고, 애국

---

45) 베네딕트 앤더슨, 윤형숙 역, 『상상의 공동체: 민족주의의 기원과 전파에 대한 성찰』(나남, 2002[1991]).
46) 앤더슨, 『상상의 공동체』, 25. 번역본에서는 'nation'을 국민이 아니라 민족으로 번역하고 있는데, 우리 논의의 맥락에서 볼 때 민족이 아니라 국민으로 해석하는 것이 타당하다고 판단해 여기서는 민족을 국민으로 바꾸어 쓴다.

심을 상상함으로써 고유한 정체성을 형성해낸다.

근대 국민국가의 정치적 정체성이 상상력에 기반을 둔다고 할 때 그 이유는 세 가지 차원에서 설명할 수 있다. 첫째, 앤더슨이 언급한 근대국가의 공간적 규모이고, 둘째, 국가를 표상할 인격적 존재의 부재이며, 셋째, 지역, 문화, 역사, 언어, 관습 등 구체적인 삶의 영역에서 발생하는 국민적 이질성이다. 앞서 살펴본 것처럼 국민국가는 전근대 국가와 같이 국가의 존재성을 증명해 줄 인격체가 전제되어 있지 않을 뿐만 아니라 국민들 또한 상대적으로 규모가 큰 공간에서 살기 때문에 직접 커뮤니케이션을 통한 공동체 의식을 형성하기 어렵고, 전통으로부터 물려받은 삶의 이질적 기반으로 인해 하나의 통합적 존재로서 국민이라는 주체 인식에 도달하기 어렵다.

이러한 특별한 상황 속에서 국가는 애국심의 창출이라는 정치적 임무를 수행해야 한다. 여기서 상상의 정치적 용도를 관찰할 수 있다. 상상의 영역들을 통해 근대국가의 구성원들은 애국의 대상으로서 국가가 존재하고 있음을 인지하고, 비록 실제적인 삶의 수준과 사회적 지위는 다르더라도 모두가 동일한 정치적 주체로서 국민이라는 사실을 받아들이는 것이다.

그와 같은 정치적 상상은 '문화'와 결합하고 거기서 문화정치가 작동한다. 근대국가는 다양한 감각 장치들을 통해 국가를 재현한다. 국기, 국가, 국화, 달력, 지도, 공공건물 등은 모든 근대국가들이 자신을 구체화하는 가장 일반적인 방식이다. 여기서 우리는 국가를 보여줄 매력적인 재현의 메커니즘으로 '의인화 personification'를 본다. 서구의 정치적 근대가 시작되는 시점에서부터 등장한 의인화는 많은 나라들이 이용하고 있는 국가 재현의 원리다.47)

근대국가는 그 원리상 전근대 국가와는 근본적으로 상이함에
도 자신을 재현하는 방식에서는 특정한 인격체를 동원하고 있다
는 면에서 전통의 차용을 말할 수 있다. 그 이유란 국가를 인격
적 차원으로 상상하는 것이 관습화된 사람들에게 새로운 국가를
보여주는 가장 용이하고 효과적인 방식이 의인화였기 때문이다.
새롭고 추상적인 개념을 설명하기 위해서는 이미 확립된 구체적
인 대상물을 동원하는 것이 필요할 수 있다.[48]

하지만 그럼에도 근대국가의 의인화 원리는 전근대 국가의 그
것과는 근본적으로 다르다. 우리는 무엇보다 근대적 의인화의 원
리에서 가장 주요한 모티브가 '여성' 이라는 점에 주목한다. 근
대국가는 주권의 원리를 필두로 국가의 이념적 본질에서 전통
군주국가와는 전혀 공통점이 없다는 면에서 근대국가를 표상하
는 인격체는 남성이어서는 안 된다. 일반적으로 군주국가는 남성
성으로 시각화되어 왔기 때문이다. 따라서 근대국가를 여성으로
의인화하는 일은 전통국가와의 원리적 단절성과 차이를 명확하
게 드러내줄 효과적인 장치다.

여성적 의인화의 가장 흥미로운 역사적 사례를 프랑스 공화국
의 상징 '마리안느-Marianne' 에서 찾을 수 있다. 오늘날 모든 프
랑스 국가기관의 엠블럼으로 사용되고 있는 여성인 마리안느는
프랑스 대혁명기, 특히 1792년 제1공화정이 수립되는 시점에서
공식적으로 조형되었다. 그 이유는 명확하다. 마리안느 연구의
권위자 아귈롱-Maurice Agulhon은 "의인화된 국가라고 할 군주의 안
장과 초상화가 존재했던 자리에 이름 없는 이 추상적 국가, 공화

---

47) "National Personification" , http://en.wikipedia.org/wiki/National_personification.
48) 사회계약으로 탄생한 새로운 국가와 주권의 원리를 설명하는 홉스의 저서
『리바이어던』 의 표지가 칼과 홀을 쥐고 있는 한 사람의 왕으로 그려지고 있는
것 또한 같은 맥락으로 볼 수 있다.

국의 시각적 심벌을 배치해야 했다"[49]고 주장했다. 국민공회 그레구와르Gregoire 의원이 공화국 국새에 관한 문서를 작성해 보고하면서 자유와 공화주의의 긍지를 전 세계에 전달할 수 있는 초상을 만들 필요를 강조했을 때 국민공회는 국새의 교체를 결정하고 고대풍의 의상과 장식으로 이루어진 한 여성, 즉 마리안느가 새겨진 국새를 만들었다. 초상 속 마리안느는 "오른손에 프리지아 모자 또는 자유의 모자가 걸쳐진 창을 들고 왼손은 패소faisceau에 대고 있으며, 발치에는 방향키가 있다." 그리고 마리안느 주위를 "프랑스 공화국의 이름으로"라는 글자가 둘러싸고 있다.[50] 이렇게 조형된 마리안느는 프랑스 공화국이 지향하는 이념과 가치를 재현하고 있는데, 먼저 그가 여성이라는 사실은 태양왕 이래 프랑스 절대체제를 뒷받침해온 강력한 남성성-부성父性과 대비되어 공화국의 새로운 원리를 국민들에게 제시하고 있다. 공화국은 여성성과 모성으로 등장해 자애롭고 따스하며 헌신적인 국가로 그려지고 있다. 마리안느는 18세기 프랑스, 특히 농촌에서 가장 많이 불린 친숙한 두 이름, 마리Marie와 안느Anne의 결합으로 알려져 있는데, "인민에 그 주권을 두고 있는 공화국에 어울림직한"[51] 이름이 아닐 수 없다. 또한 마리안느가 들고 있는, 혹은 머리에 쓰고 있는 프리지아 모자는 고대 로마에서 해방된 노예들이 쓴 모자라는 의미에서 구속으로부터의 해방, 즉 자유를 상징하고 있으며, 여러 개의 도끼 또는 막대기의 묶음인 패소는 분리될 수 없는 공화국을 표상한다.[52]

---

49) 모리스 아귈롱, 전수연 옮김, 『마리안느의 투쟁』 (한길사, 2001), 60.
50) 아귈롱, 『마리안느의 투쟁』, 60-61.
51) 전수연, 「역사와 상징: 프랑스 현대사 속의 마리안느」, 『창작과 비평』 (1997 여름), 360.
52) 전수연, 「역사와 상징」, 357.

근대국가의 상징 메커니즘은 여기서 끝나지 않는다. 단일한 정치적 의지의 통합체인 국민을 형성하는 것과 관련해 근대국가는 또 다른 문화적 장치를 발명했다. 축제와 박물관을 살펴볼 필요가 있다. 대부분의 근대국가들이 국민적 정체성을 위해 활용하고 있는 수단이 바로 축제와 박물관이기 때문이다.

근대국가는 국민들이 기억해야 할 역사적인 날들을 선정해 국경일로 명명하고 정기적인 의례를 거행한다. 해마다 열리는 국민적 축제의 공간을 채우거나 장식하고 있는 정치적 언설들과 국가적 상징물들은 국민을 하나로 묶어줄 매우 긴요한 매개물이다.

1790년, 프랑스 대혁명이 발명한 '연맹제Fdédération'는 오늘날의 국가들이 거행하는 국경일의 원형을 제공한다[53]는 면에서 살펴볼 만하다. 1790년 7월 14일 파리에서 개최된 연맹제의 목적은 "지방적 차이나 특권을 종식시키고 모든 프랑스인을 하나의 국민으로 통합"[54]하는 것이었다. 말하자면 "전체가 하나 되는 거대한 스펙터클을 통해 '우리는 하나다'라는 일체감과 환희를 제공"[55] 하기 위함이었다. 국민의회가 승인하고 법률로 제정되어[56] 파리에서 열린 연맹제는 그야말로 국민을 만들기 위한 거대한 이벤트였다. 행사장소로 샹드마르스Champs de mars광장이 선정된 데는 정치적인 동기가 숨어 있었다. 국민적 통합과 정체성을 구현하기 위해서는 구체제의 흔적을 볼 수 없으며 행사에 참여한 사람들이

---

53) 윤선자, 「1790년 프랑스 연맹제: 국민적 통합의 축제」, 『서양사학연구』 제7집 (2002), 48.
54) 최갑수, 「프랑스 혁명과 '국민'의 탄생」, 한국서양사학회 편, 『서양에서의 민족과 민족주의』(까치, 1999), 135.
55) 윤선자, 「1790년 프랑스 연맹제」, 48.
56) 1791년 9월 4일의 헌법은 "프랑스 혁명에 대한 기억을 보존하고 시민 간의 우애를 지켜내며 그들을 헌법, 애국심 및 법률로 결합시키기 위해 국민축제들이 조직될 것"(제1조)이라고 명문화했다.

구분되지 않을 열린 공간이 필요했다.57) '조국의 제단'에서 개최된 시민선서와 지방의 국민방위대를 위한 '조국 대순례'와 같은 프로그램은 참여한 군인과 시민들이 하나의 국민적 정체성으로 통합되는 데 중요한 역할을 수행했다. 광장 한 가운데 세워진 조국의 제단은 혁명에 대한 충성을 서약하는 시민선서를 통해 모두가 동일한 국민임을 감동 속에서 느끼게 했으며, 지방의 국민방위대원들은 연맹제에 참여하기 위해 올라오면서, 그리고 축제가 마무리된 뒤에 혁명을 표상하는 깃발을 들고 귀향해 자신들이 참여한 시민선서를 전하면서 혁명의 대의와 연맹제의 이념이 지방민들에게도 공유될 수 있도록 했으며, 그 바탕 위에서 국민의 정체성이 파리를 넘어 지방으로 확대되는 데 큰 기여를 했다.58)

국민을 통합하고 단일의 정치의식을 주조할 문화적 형식으로서 축제, 혹은 현대적 의미에서 국경일에는 이 연맹제의 원리가 투영되어 있다. 국민적 축제의 공간을 구성하는 다양한 의식들, 가령 합창과 선서와 연설 등은 그 공간에 참여한 사람들을 하나의 공동체로 묶고 국가에 대한 공통의 정치적 기억을 상기하고 공유하도록 하는 장치다. 모든 나라는 고유한 국경일 제도를 운영하고 있고, 국민적 통합을 위한 정례적인 의례를 성대하게 치르고 있을 뿐만 아니라, 국민적 혼란과 분열의 국면에서는 새로운 국가의례를 발명하거나, 전례와는 다른 장대한 정치미학의 형식을 동원해 혼란과 분열을 질서와 통합으로 이끌고자 한다. 예컨대 미국에서 남북전쟁이 종결된 지 10년이 되는 시점에 기획된 독립 100주년 기념행사를 들 수 있다.59)

---

57) 윤선자, 「1790년 프랑스 연맹제」, 50-51.
58) 윤선자, 「1790년 프랑스 연맹제」, 52-53.

국민적 축제의 날을 얘기할 때, 반드시 포함해야 하는 또 하나의 상징물이 있는데, 바로 달력이다. 근대국가의 달력은 본질적으로 정치적이다. 달력에는 모든 국가적 의례의 날들이 기록되어 있고 국민은 그 달력을 통해 국민적 축제의 날들을 일상에서 인지한다. 그런 면에서 달력은 국민이 동일한 정치적 시간의 리듬과 동일한 정치적 기억의 서사를 따라가고 있다는 동질의식을 갖는 데 매우 중요한 역할을 담당한다.60) 프랑스 혁명세력이 구체제의 달력을 없애고 공화력으로 대체한 것은 그러한 상징적 맥락과 연결되어 있다.

박물관 또한 구성원들을 하나의 국민적 범주로 통합하는 중요한 정치적 공간이다. 적어도 두 가지 측면에서 그러한데, 하나는 특정한 역사적 의미들을 간직한 문화재들을 관람하면서 동일한 집단기억을 갖게 되고 그것을 통해 정체성을 공유한다는 점이며, 다른 하나는 원리적으로 볼 때, 보관하는 문화재들의 소유 주체가 특정한 개인이 아니라 국민 모두라는 집단적 소유 개념이 구현되는 공간이 박물관이라는 점이다. 박물관은 국민주권이라는 관념적이고 추상적인 근대적 개념을 구체적으로 인지하는 공간이라는 면에서 대단히 정치적이다.

박물관이라는 용어가 처음 등장한 곳은 영국이었지만 박물관의 근대 정치적 원리와 의미와 위상을 확립한 곳은 프랑스였다.61) 프랑스 대혁명의 초기 국면인 1789년 11월 2일 국민의회

---

59) 린 스필만, 「언제 집단기억이 지속되는가?: 미국과 호주의 건국 순간들」, 제프리 K. 올릭 엮음, 최호근 외 역, 『국가와 기억: 국민국가적 관점에서 본 집단기억의 연속 · 갈등 · 변화』 (민주화운동기념사업회, 2006), 201.
60) 에비아타 체룹바벨, 「달력과 역사: 국가 기억의 사회적 조직화에 관한 비교 연구」, 『국가와 기억』, 365.
61) 정진성, 『박물관의 탄생』 (살림, 2004), 39-40.

는 "성직자의 소유물을 국민의 관리하에 둔다"는 결정을 통해 문화의 소유 주체가 특정 집단이 아니라 국민으로 불리는 전체임을 명시적으로 선언했다.[62] 이러한 선언은 이후 혁명의회 의원들의 여러 발언들로 재확인되었다. 1793년 6월 4일 '공공교육위원회Comité d'Instruction Publique'에서 한 의원이 주장했다. "공공교육위원회는 의회의 관련법령을 국가의 모든 문화적 유산으로 확대할 것을 제안하는 바입니다. 국가의 모든 문화적 유산은 모든 시민들에게 속합니다. 그것은 그들 중 특정한 몇몇에게 속한 것이 아닙니다."[63]

이러한 발언에서 보듯이 문화재는 권력자의 능력과 존귀함을 표상하는 도구가 아니라 국가 구성원 전체가 공유하는 소유물이자 국민적 원리와 가치의 표상물이다. 국민이 문화 소유의 집단적 주체인 이상 그 문화의 향유 주체 역시 국민 전체일 수밖에 없다. 프랑스 행정구역 개편에 관한 법률인 1790년 1월 24일과 25일의 법률들은 국민에 의한 문화 향유를 명시하고 있다. 이 법률들은 혁명정부가 수집하거나 몰수한 구시대의 문화적 유산들을 전국에 균등하게 분배할 것을 규정하고 있다.[64] 국민의 문화적 유산에 대한 체계적 보존과 관리 및 감상 업무를 담당하기 위해 혁명의회가 창설한 '문화재위원회Commission des Monuments'는 1790년 12월 2일의 보고서를 통해 그러한 법률적 목표를 달성하기 위한 구체적 방법을 제시했다. 모든 사람들이 문화재를 향유할 수 있도록 83개 데파르트망départements —혁명기에 수립된 프

---

62) Dominique Poulot, *Patrimoine et musée: l'institution de la culture* (Paris: Hachette, 2001), 50.
63) Philippe Poirrier, *Les Politiques culturelles en France* (Paris: La Documentation française, 2002), document 5.
64) Poulot, *Patrimoine et musée*, 50.

랑스의 최고 행정 단위—마다 각각의 문화재 보관소를 마련하고, 각 데파르트망의 문화재 보관소는 공공 교육기관이 존재하는 대도시에 설립하며, 폐쇄된 교회를 박물관으로 사용할 수 있다.[65)

문화재를 보관하고 전시하며 감상할 공간으로 박물관을 명시하고 있다는 점에 주목한다. 절대주의 군주들 역시 문화재를 보관하고 감상하는 공간을 소유하고 있었지만 그것은 사적인 갤러리였지 박물관은 아니었다. 왜냐하면 국민국가의 박물관은 국민의 공유물이자 향유물인 문화재를 보관하고 감상함으로써 국가 주권이 누구에게 존재하는가를 명확히 제시해주는 곳이기 때문이다. 그곳은 국민적 통합과 동질성 형성을 위한 상징물들이 존재하는 장소로 일종의 혁명의 정치문화학교였다. 당시 자코뱅파의 화가로 박물관 논쟁을 주도한 다비드Jacques Louis David는 다음과 같이 강조했다.

> 박물관이란 호기심을 자극하기 위해 호사스러운 물건 또는 자질구레한 물건이 아무 의미 없이 모여 있는 곳이 아니다. 박물관은 중요한 학교가 되어야 한다. 교사는 어린 학생들을, 부모는 자녀들을 그곳에 데려가야 한다.[66)

국민의 형성이라는 근대적 임무에서 박물관이 차지하는 역할의 또 다른 최근의 예를 싱가포르에서 확인한다. 1965년 말레이시아에서 독립한 싱가포르의 가장 중대한 과제는 국가 구성의 종족적 다양성과 이질성을 하나의 국민적 형식으로 통합하는 일이었다. 중국계, 이슬람계, 말레이시아계 등 혈연적·문화적·역사적 차원에서 다른 종족들을 단일한 싱가포르 국민으로 전환해

---

65) Poulot, *Patrimoine et musée*, 51.
66) Poulot, *Patrimoine et musée*, 55.

내는 일은 앞서 논의한, 근대국가의 본질적 프로젝트 이외 다른 것이 아니다. 그 목적을 위해 국가는 머라이언Merlion이라는 거대한 사자상을 통해 국가를 표상하고 박물관을 만들어 국민 통합의 문화적 토대를 구축하려 했다. 싱가포르 박물관 정책의 본질적 원리는 다양한 종족으로 구성된 국가라는 현실을 인정하면서 그들을 단일의 국민적 주체로 전환해내는 것이었다. "국가 구성원들의 기원과 출신이 다르지만 어떻게 성공적으로 하나의 나라를 만들고 그 주인이 될 수 있었는가를 보여주는" 것이었는데, 1997년 4월에 개관한 아시아문명박물관은 그러한 정치적 의지를 드러내는 대표적인 건물이다.67)

지금까지 논의한 문화적 발명들로 근대국가와 국민은 시각적 형태를 부여받고 통합체로 만들어질 수 있었다. 이제 그렇게 표상된 국가와 국민을 향한 충성, 즉 애국적 덕성의 문제가 떠오른다. 국가는 구성원들의 자기헌신과 희생 위에서 유지되고 재생산되기 때문이다.

앞서 논의한 것처럼 정치공동체를 향한 구성원들의 충성과 희생은 비단 근대국가에만 필요한 것은 아니었다. 그것은 정치공동체의 존속 메커니즘에서 보편적으로 작동하는 논리다. 그렇지만 근대 국민국가가 요청하는 애국은 전통국가의 정치적 의무와는 본질적으로 다르다. 위계적인 질서가 만들어내는 군주를 향한 일방적이고 사적인 희생이 아니라 국가의 주인, 즉 국민의 자격에서 자연스럽게 도출되는 자발적이고 공적인 의지이자 열망이다.68)

---

67) 강희정, 「머라이언과 박물관: 싱가포르의 국가 만들기」, 『동아연구』 제30권 1호 (2011), 205, 210.
68) Ernst H. Kantorowicz, "Pro Patria Mori in Medieval Political Thought," in *The American Historical Review* Vol. 56, No. 3 (1951), 477.

명예혁명으로 정치적 근대의 제도적 형식을 완성한 영국의 18세기는 국민의 담론이 활발하게 전개된 시기였다. 국민 만들기의 미시적 과정의 진행으로 담론은 정치적 주체로서 국민이 지녀야 할 덕성에 초점을 맞추고 있었는데, 당시 국민의 담론을 이끈 자유주의 사상가 샤프츠버리Shaftesbury 백작은 국민의 덕목이 애국이라는 점을 강조했다. 인간은 본래 자신이 태어나 살아가는 땅을 사랑하고 그 땅을 위해 헌신하는 덕목을 지니고 있는데, 백작은 그러한 사랑과 헌신의 대상인 땅을 '고향country'으로 이해하고, 논리를 바꿔 애국이란 고향이 아니라 '파트리아patria'를 사랑하는 것이라고 주장했다. 그렇다면 그 파트리아는 무엇인가? 그곳은 자유로운 시민들이 공동의 이익을 위해 살아가는 공동체로, 고향과 같이 지역성이나 종족성에 기반을 두는 원초적 공동체가 아니라 자유, 공동선, 공적 가치와 같은 이념을 실현하기 위해 상호동의라는 근대적 원리에 의해 조직된 공동체다.[69]

이후 영국에서는 토리파 지도자 볼링브룩Bolingbroke의 보수적 애국주의 담론에서부터 18세기 후반 윌크스Wilkes 운동으로 부상한 급진적 애국주의 담론에 이르기까지 애국에 관한 공적 논의의 스펙트럼이 확장되었고, 프랑스 대혁명의 발발을 계기로 영국의 애국주의 담론은 그 깊이와 강도를 더해갔다.[70] 예컨대 비국교도 목사이자 급진 개혁주의자였던 프라이스Richard Price는 국가를 지리적 개념으로 보는 것에 반대하고, 같은 헌정체제 안에서 같은 법의 보호를 받으며 연대하고 살아가고 있는 동료들의 집합

---

69) Shaftesbury, *Characteristics of Men, Manners, Opinions, Times*, Lawrence E. Klein (ed.) (Cambridge University Press, 1999), 399-402; 조승래, 「18세기 영국의 애국주의 담론과 국민적 정체성의 형성」, 한국서양사학회 편, 『서양에서의 민족과 민족주의』(까치, 1999), 59-60.
70) 조승래, 「18세기 영국의 애국주의 담론과 국민적 정체성의 형성」, 60-68.

체로 이해하고자 했다.[71] 입헌주의, 법치, 평등, 우애와 같이 근대의 정치적 이념과 가치들을 구현하는 공동체를 사랑하는 것이 곧 애국이라는 면에서 애국은 근대의 정치적 의지와 열정을 그 본질로 한다.

영국의 애국주의 담론이 혁명이 마무리되고 정치적 안정기로 접어드는 국면에서 생성되고 전개된 것과는 달리, 프랑스의 애국주의 담론은 혁명이 시작되기 전부터 공화주의 사상 속에서 솟아나고 혁명 속에서 작동하고 있었다. 그렇기 때문에 프랑스 대혁명기의 애국 담론은 그 사상적 토대에서나 실천적 국면에서나 한층 더 급진적인 성격을 보일 수밖에 없었다.

몽테스키외는 일찍이 애국심에 대한 통찰력을 보여주었다. 그는 공화국이 요구하는 덕성의 본질이 국가에 대한 사랑임을 강조했다. "공화국에서 덕이란 매우 명료하다. 그것은 공화국에 대한 사랑이다."[72] 중요한 사실은 그 애국심이란 자기 자신 또는 가족과 같은 원초적 유대관계에 대한 애정이 아니라는 점이다. 오히려 애국심은 자기애나 가족애와는 반대되는 덕성이다. 왜냐하면 국가를 사랑하기 위해서는 자신과 가족의 이익을 돌보거나 지킬 수 없기 때문이다.

이 사랑은 개인의 이익보다는 공익에 대한 끊임없는 선호를 요구하면서 모든 개인적인 덕들을 산출한다. 덕이란 바로 그런 선호다.[73]

몽테스키외와 같은 초기 계몽주의 사상가가 주창하기 시작한 공화주의적 애국 담론은 루소에 와서 비판적 계승과 사상적 체계

---

71) 조승래, 「18세기 영국의 애국주의 담론과 국민적 정체성의 형성」, 69-70.
72) Montesquieu, *L'Esprit de la Loi*, Tome 1 (Paris: GF-Flammarion, 1979), 167.
73) Montesquieu, *L'Esprit de la Loi*, Tome 1, 160.

화를 거치면서 종국에는 로베스피에르Maximilien Robespierre와 같은 급진주의 혁명가에 의해 정치적 실천의 장으로 진입했다.

루소는 몽테스키외처럼 공화국을 이상으로 삼고 공화국에 대한 사랑인 애국심을 고취하는 데 지적 열정을 바쳤지만, 그와는 달리 자기애와 공화국에 대한 사랑을 서로 대립적인 것으로 보지는 않았다. 오히려 루소는 자신에 대한 사랑이라는 인간의 가장 원초적이고 본능적인 의지와 감정의 연장으로 애국심을 이해하고자 한다. 인간은 타인에 대한 연민과 동정심을 가진 존재이기 때문에 "자기 자신을 사랑하듯이, 동료시민을 사랑하게 됨으로써, 덕이 있고 애국심이 충만한 시민이 될 수 있다."74) 그렇지만 루소는 몽테스키외와 마찬가지로 자기애와 조국애 사이에 존재하는 모순과 충돌의 가능성을 인식하고 있었는데, 그가 제시한 사회계약, 즉 일반의지의 형성을 통한 공화국의 수립은 그 둘 사이의 대립을 해결하기 위한 열쇠였다. 루소는 개인의 이익과 의지가 전체의 이익 및 의지와 어떻게 양립하고 조화될 수 있는가를 보여주는데, 개별적 구성원 각자의 의지가 전체의 의지로 전환되고 그 둘 사이에 어떠한 분리와 차이도 존재하지 않음으로써 생성되는 것이 일반의지다. 따라서 일반의지의 구현체로서 공화국을 따르고 사랑하는 일은 곧 자기 자신의 의지를 따르고 사랑하는 일이다.

루소, 몽테스키외와 같은 계몽주의 사상가들이 소리 높여 외친 애국적 공화주의 정신은 단순한 관념과 사색의 문제가 아니었다. 모든 국민들의 마음속에 심어야 할 정치적 덕성으로서 조국애는 실천적 목표에 연결되어 있었다. 왜냐하면 공화국 프랑스는 인근

---

74) 김용민, 「루소의 정치철학에서 있어서 일반의지와 애국심」, 『정치사상연구』, 8집 (2003), 100.

군주국들과 전쟁을 치러야 했기 때문이다.

혁명 프랑스가 이웃 적대국들과 처음으로 치른 전투는 1792년 9월 프로이센과의 발미Valmy전투였다. 프랑스는 이 전쟁에서 승리했지만 이듬해 영국과의 전쟁을 필두로, 혁명의 불길이 확산되는 것을 두려워한 주변 나라들의 침공 때문에 군사력의 강화를 꾀해야 했다. 하지만 지원군의 충원이 예상을 밑돌게 되자 혁명정부는 급기야 1793년 8월 23일 국민총동원령이라는 극단적 조치를 취하게 된다.75) 부족한 군사력을 충원하고, 혁명 프랑스에 대한 군사들의 충성과 자기희생을 위해서는 애국심에 호소하지 않을 수 없었다. 흥미로운 점은 애국심의 조장을 통해 혁명군대의 강인함을 만들어낼 수 있었던 것처럼 그 반대도 성립했다는 사실이다. 즉, 병사들은 국민의 이름으로 적국들과의 전쟁에 참여함으로써 공화국에 대한 사랑을 더 깊이 느낄 수 있었다.76)

이러한 맥락에서 우리는 폴란드 정부의 군사체제에 관한 루소의 제안을 읽을 수 있다.

나는 국가가 군대 없이 유지될 수 없다는 사실을 알고 있다. 하지만 국가의 진정한 군대는 그 구성원들이다. 각 시민들이 직업으로서가 아니라 의무로서 군인이 되어야 한다. 그것이 로마의 군사체제였으며, 오늘날 스위스의 것이기도 하다. 자유로운 모든 나라, 특히 폴란드의 군사체제는 바로 그래야 한다.77)

루소는 전쟁과 조국애의 밀접한 상관성을 인지하고 있었다.

---

75) 박상섭, 『근대국가와 전쟁: 근대국가의 군사적 기초, 1500-1900』(나남, 199 6), 199-200.
76) 박상섭, 『근대국가와 전쟁』, 194.
77) Rousseau, *Considerations on the Government of Poland and on its Proposed Reformation*, Frederick Watkins(tr.), *Jean-Jacques Rousseau, Political Writings* (The University of Wisconsin Press, 1986), 237.

만일 외국과 전쟁이 일어난다면? 시민들은 두말없이 싸우러 나갈 것이다. 그들 가운데 누구 하나 달아날 생각을 하지 않는다. 그들은 의무를 다할 것이다. […] 그들 앞에 저 영광과 열렬한 조국애가 마음 깊이 자리 잡은 씩씩한 인민들을 세워보라.[78]

루소는 조국애를 키우기 위해서는 어릴 때부터 교육이 필요하다는 점을 강조했다. 그에게 교육은 "영혼들에게 국민적 형태를 부여하고, 그들이 성향과 열정과 필연성을 따라 애국적으로 되게 하는 방식으로 그들의 의견과 취향을 인도하는 것"이며, 그 교육으로 조국만을 생각하는 국민을 육성한다. 루소는 "모든 참된 공화주의자들은 모유와 함께 조국애, 즉 법과 자유에 대한 사랑을 먹는다. 그 사랑이 바로 그의 모든 존재성"이라고 말했다.[79]

그렇다면 본능적 열정이자 정치적 의지인 애국심[80]을 만들어 낼 교육은 어떻게 이루어져야 할까? 루소 사상의 세례를 받은 혁명가들은 공식적 학교제도의 중요성을 인식했지만 거기에만 머물지 않았다. 그들은 애국적 열정을 불러일으키기 위한 감성의 정치를 기획하고 실천했다.

미술은 공화주의 애국심을 고양시키는 데 핵심적인 교육적 소재였으며 그 교육의 중심에 급진 혁명가 다비드가 있었다. 양식과 주제에서 고대 그리스와 로마를 전범으로 삼는 신고전주의 회화의 중심인물이었던 다비드는 이미 프랑스 대혁명 이전부터 공화주의 애국심을 화폭에 담는 정치적 열정을 보여 왔다. 대표적으로 가족애를 버리고 조국을 위해 자발적 희생을 감수하는

78) 루소, 『인간 불평등 기원론/사회계약론』, 287-288.
79) Rousseau, *Considerations on the Government of Poland*, 176.
80) 박의경, 「루소에 나타난 애국심과 시민의식: 민주주의를 위한 공적의지의 두 가지 조건」, 『한국정치학회보』 39집 5호 (2005), 142.

용사들의 이야기를 담고 있는 '호라티우스 형제의 맹세'(1787) 와 공화국을 수호하기 위해 아들들의 목숨을 빼앗은 아버지의 정치적 강인함을 그리고 있는 '브루투스 아들들의 시신을 운반하는 릭토르들'(1789)을 들 수 있다. 대혁명이 발발하자 다비드는 자코뱅 클럽의 지도자로 숨 가쁘게 돌아가는 혁명의 전개과정을 증언하는, 그리고 혁명을 위해 자신의 목숨을 바친 영웅들의 모습을 담은 회화들을 그려 국민적 애국심을 고양하고자 했다.[81]

그런데 조국애의 상징적 인물들은 비단 다비드의 캔버스에 머물러 있지 않았다. 그들은 혁명의 숨소리가 들리는 현실의 정치공간 안으로 들어왔다. 혁명의 지도자들은 대혁명 발발 이듬해인 1791년에 조국을 위해 몸과 마음을 바쳐 헌신한 인물들을 모시는 국민의 전당을 만들었는데, 그것은 빵떼옹으로 불리는 혁명의 묘지였다. 그런데 왜 묘지를 만들어야 하는가? 묘지에는 그야말로 애국심의 본질이 무엇인가를 말해주는 영웅들이 국민의 이름으로 안장되어 있기 때문이다. 살아있는 국민들은 그곳에서 애국이란 무엇이며, 왜 조국을 사랑해야 하며, 애국이 얼마나 값지고 아름다운 일인지를 온몸으로 느낄 수 있다. 죽음보다 더 값진 것이 애국이라는 사실을 묘지가 보여주는 것이다. 혁명으로 탄생한 국가는 이제 묘지를 매개로 국민에게 애국심과 조국을 위한 충성과 희생의 당위를 웅변한다.

프랑스 대혁명 이래 근대적 정치제제는 결코 평화적으로 수립

---

81) '인간과 시민의 권리선언'(1789), '테니스코트의 선서'(1791), '전제군주의 타도를 요구하는 프랑스 시민'(1792), '왕세자에게 헌법을 보여주는 루이 16세'(1792), '루이 16세의 죽음, 1793년 1월 21일'(1793), '르 플르티에에게 존경심을 표하다'(1793), '마라의 죽음'(1793), '젊은 바라의 영웅적 죽음'(1793) 등이다.

되지 않았다. 그 대부분은 대내외적 적들과의 전쟁국면을 통과해야 했다. 정치적 근대의 형성과정이 그럴 수밖에 없는 이유는 근대국가가 본질적으로 이념 위에 서 있기 때문이다. 단순히 일정한 영토라든가 자원을 빼앗는 일이 아니라 주권을 뜻하는 특정한 영토적 경계를 기초로 정치공동체가 지향하는 이념과 가치들을 수호하는 것이 근대국가가 마주할 문제의 핵심이라는 뜻이다. 프랑스 대혁명은 모든 희생을 감수하고라도 이념적 순결성을 지켜야 한다는, 근대국가가 조우하고 풀어내야 할 핵심적 과제를 최초로 인식시킨 계기였다. 그런데 어려움은 그 "모든 희생을 감수"한다는 데 있다. 그것은 곧 국민들의 죽음을 의미하기 때문이다.

국가로서는 그들의 죽음을 방치해서는 안 된다. 특히 국민적 충격이 너무 커서 감당하기 어려운 죽음일 경우 상황은 더 예민해진다. 죽음의 방치는 국가의 주인이 국민이라는 헌법적 조항이 아무런 의미가 없다는 것을 고백하는 일이기 때문이다. 동료 국민들의 죽음이 아무렇게나 처리되는 것을 보면서 어느 누가 국민임을 자랑스러워하고 조국애를 키울 수 있을 것인가. 따라서 국가는 국가를 위해 자신을 희생한 국민들을 고귀하고 영웅적인 존재들로 만들어내야 한다. 국가의 이름으로 건립된 묘지에서 이루어지는 '사자의 위로'는 그러한 정치적 필요성을 만족시킨다.

그 정치심리학은 살아있는 국민들로부터 이끌어내야 할 애국심의 이상적 모델을 주조해내는 일이다. 근대국가가 국민으로 불리는 정치적 주체들의 죽음을 국립묘지의 형식 속에서 아름답고 숭고하게 재현해내는 정치미학을 우리는 그 두 맥락에서 이해한다. 근대국가가 운영하고 있는 국립묘지는 그 역사적 배경은 다르지만 공통적으로 그와 같은 정치적 고민의 소산이다.

# 사자와 정치적 근대

– 프랑스·미국·한국 국립묘지의 탄생

# 사자와 정치적 근대

—프랑스 · 미국 · 한국 국립묘지의 탄생

## 1. 프랑스 대혁명, 왕의 살해 그리고 빵떼옹의 탄생

1614년 이후 단 한 차례도 열리지 않았던 신분제 의회 삼부회가 1789년 5월 5일에 개최되었다. 루이 16세는 난국에 처한 프랑스 경제를 살릴 방책을 찾기 위해 의회를 소집했다.[1] 하지만 특권계급에게도 납세의 의무를 부과하는 계획이 포함되어 있었기 때문에 의회는 계급 갈등의 무대가 될 가능성이 농후했다. 귀족계급은 국왕의 계획을 무력화하기 위해 신분별 투표권을 주장했다. 그에 맞서 제3신분 대표들은 대의원 각각이 한 표를 행사하는 방식을 요구했지만, 제3신분의 요청은 받아들여지지 않았다.

제3신분 대의원들의 불만은 거기서 끝나지 않았다. 그들은 개회식 때부터 정치적 차별로 인한 굴욕감을 온몸으로 느껴야 했

---

1) 앙드레 모로아, 신용석 옮김, 『프랑스사』 (기린원, 1998[1993]), 293.

으며2), 국왕을 비롯해 대신들의 발언 또한 분노를 자아내기에 충분했다. 국왕은 개혁정신이 사회적 혼란을 가져올 것이므로 경계해야 한다고 강조하고 대신들은 군주의 미덕을 찬양하고 국가 재정위기도 어렵지 않게 해결될 수 있을 것이라는 근거 없는 이야기로 여론을 호도했다.3) 의회는 혹세무민의 정치에 압도되고 있었다. 제3신분은 침묵으로 저항을 표시했지만 그 침묵이 정치적 행동으로 바뀌기까지는 그리 오랜 시간이 걸리지 않았다.

삼부회의 정당성을 거부한 제3신분은 자신들과 뜻을 같이 하기로 결정한 제1신분 사제 16명을 포함하는 대의원들의 압도적인 지지로 '국민의회Assemblée Nationale' 수립안을 가결했다.

국왕은 사태를 용인하지 않았다. 국민의회가 사용하던 회의장을 폐쇄하는 것으로 맞섰다. 국민의회는 회의장을 실내 테니스코트로 옮겨 회의를 진행했다. 국민의회는 절대로 해산하지 않을 것이며, 헌법의 기반이 확고히 자리 잡을 때까지 필요에 따라 아무 때나 어떤 곳에서든 소집할 것이라는 선서가 이어졌다. 6월 23일 루이 16세가 참석하면서 삼부회가 재개되었다. 하지만 국왕의 논조는 달라진 것이 없었다. "세금에 관한 토의는 할 수 있으나 특권에 대해서는 언급할 수 없다"고 발언했다. 왕을 따라 성직자와 귀족들이 퇴장하고, 남은 제3신분은 실망했다.4) 국왕의 명령을 받은 한 대신이 제3신분 대의원들을 향해 국민의회의 불법성과 의원들의 퇴장을 종용하자, 국민의회를 이끌던 미라보Mirabeau가 '인민의 의사를 따라, 총검에 의하지 않고는 떠나지 않을 것'이라는 강경한 발언으로 대응했다.

---

2) 모로아, 『프랑스사』, 295.
3) 노명식, 『프랑스 혁명에서 빠리 꼼뮨까지 1789-1871』(까치, 1987[1980]), 47.
4) 모로아, 『프랑스사』, 297.

국민의회는 국왕의 무력적 대응을 막기 위해 국민방위대를 조직했다. 군사적 대결의 소문이 횡횡하는 가운데 생활고에 시달리고 있던 파리의 민중들이 병기고를 털어 총과 대포로 무장하고 구체제의 상징 바스티유Bastille 감옥을 습격했다. 1789년 7월 14일이었다. 대혁명이 시작되었다. 대혁명의 메시지는 모든 봉건적 유재의 청산을 알리는 '1789년 8월 4일 법령' 5)에서 시작해 1789년 8월 26일에 발표한 '인권과 시민권 선언' 6)으로 구체화되었다. 인간의 존재론적 자유와 법 앞에서의 평등을 그리고 국가를 포함한 정치적 결사체의 존재 목적이 자유권, 재산권, 안전권, 저항권과 같은 일련의 권리들을 유지하는 데 있음을 선포한 이 '선언'은 구체제 정치사회 질서의 사망선고에 다름 아니었다.7)

국왕세력은 반동적 질서로의 회귀 희망을 접지 않았다. 국민의회의 결의와 '선언' 에 대한 비준을 늦추고 혁명을 저지하기 위한 전략들을 구상하고 실천했다. 1790년 6월의 바렌Varennes 사건이 그 대표적인 것이었다. 국민방위대와 시민들은 오스트리아로의 탈출을 시도한 왕과 왕비를 바렌에서 체포해 파리로 끌고 왔다.

바렌 사건은 혁명 세력 내부에 새로운 정체—입헌군주제와 공화제—의 선택을 둘러싸고 유혈 충돌을 가져왔다. 바렌 사건에 충격을 받은 급진 세력은 왕정을 폐지하고 공화정을 수립할 것을 주장했지만, 온건세력은 국왕의 존재를 부정하는 공화정의

---

5) 법령의 자세한 내용에 관해서는 "Décret du 4 août 1789," www.cercle-du-barreau.org/media/00/02/136098329.pdf와 노명식, 『프랑스 혁명에서 빠리 꼼뮨까지』, 56을 참조할 것.
6) "La Déclaration des Droits de l'Homme et du Citoyen," www.legifrance.gouv.fr/html/constitution/const01.htm.
7) G. 르페브르, 민석홍 역, 『프랑스혁명』(을유문화사, 1984), 274-275.

수립은 이웃 군주국들과의 전쟁을 의미하는 것이었기 때문에 입헌군주제가 더 현실적인 대안이라고 생각했다. 물리적 힘에서 급진파를 압도하고 있던 온건파는 그해 9월 3일 입헌군주제 헌법을 제정했다.[8] 새로운 헌법을 근거로 입법의회Assemblée législative 가 성립했다.

하지만 급진 혁명세력은 저항했다. 그들은 샹드마르스에서 벌어진 온건파에 의한 급진파의 무차별 살상을 잊지 않고 있었다. 1792년 여름, 노동자, 빈민, 영세 상인들로 구성된 상퀼로트 Sans-Culotte가 국왕이 감금되어 있던 튀를리 궁을 습격하고 온건파 장군 라파예트Lafayette 군대를 패퇴시킨 일은 급진파의 복수를 보여주는 상징적 사건이었다. 1792년 9월 20일 입법의회가 해산되고 국민공회Convention nationale가 수립되었다. 국민공회는 왕정의 폐지와 공화국의 선포를 만장일치로 가결했다. 이제 혁명 프랑스는 정체의 형식에서 구체제의 흔적을 말끔히 씻어냈다. 그런 면에서 구금되어 있던 루이 16세는 더 이상 국가를 대표하는 인물일 수 없었다. 하지만 혁명의회는 자연인으로서 그의 육체마저 없애버림으로써 구체제와의 단절을 극단적 수준으로까지 밀고 나가기로 결정했다. 그 결정은 아주 우연한 사건으로 인해 촉발되었다.

1792년 11월 20일 튀를리 궁의 비밀 벽장에서 문서상자 하나가 발견되었다. 국왕과 그의 복위를 꿈꾸는 사람들이 내외부 적들과의 내통을 통해 어떻게 내란과 반혁명을 모의했는가를 증명하는 문서였다. 국민공회는 국왕의 운명을 결정지을 회의를 개최했다. 의회는 12월 3일 프랑스에서 왕정의 재건을 제안하는 자

---

8) "Constitution du 3 septembre 1791," http://fr.wikisource.org/wiki/Constitution_du_4_septembre_1791.

는 사형에 처한다는 결의문을 채택해 왕정복고의 길을 차단한 뒤 루이 16세의 재판을 신속하게 준비해 나갔다. 12월 10일 국왕 재판이 의회에 정식으로 상정되었다. 의회 앞에 선 루이 16세는 자신의 책임을 전적으로 부정했다. 이듬해 1월 14일, 의회는 표결을 통해 왕의 재판을 진행했다. 기립 표결을 통해 이루어진 판결에서 유죄가 확정되었다. 형량을 내리는 문제가 남았다. 집행유예를 조건으로 사형에 찬성한 26표를 합해 387대 334표로 사형이 확정되었고, 1월 20일 사형 선고문이 국왕에게 전달되었으며, 사형은 지체 없이 집행되었다. 다음날 오전 콩코르드 광장 단두대에서 왕의 목이 잘렸다.

여기서 우리는 매우 흥미롭고 예외적인 '죽음의 정치학'을 본다. 국가를 대표하는 인격체의 소멸은 육체와 물질이 아니라 이념과 상징의 영역에서 이해해야 한다. 부르봉 왕조의 마지막 군주 루이 카페Louis Capet의 처형—그것도 혁명의 열정에 의한—은 곧 구체제의 영원한 종말을 알리는 극적 드라마였다. 혁명세력은 그 드라마의 정치적 효과를 극대화하기 위해 처형장을 '개방'했다. 생명을 다한 군주의 시신은 아무도 모르게 은밀한 곳에 매장되었다.

이처럼 특수한 왕좌가 먼지로 되돌아갔다는 것을 새삼 확인하기라도 하듯 절단된 국왕의 머리와 신체는 즉시 마들렌느 공동묘지의 깊은 곳에 묻혀 생석회로 덮었다. 국왕의 육체적 실존을 보여줄 모든 흔적이 깨끗이 지워져 버렸다.[9]

국왕의 자연적 육체성과 정치적 존재성을 영원한 망각의 문틈으로 밀어 넣으려는 혁명의 의지는 곧 구체제의 부활을 더 이상

9) 린 헌트, 조한욱 옮김, 『프랑스혁명의 가족 로망스』 (새물결, 1999), 18.

인정하지 않으려는 결연함의 현현이었다.

혁명의 상징정치는 국왕의 소멸로 비어버린 국가적 표상의 공간을 특정한 인격체와 상징물과 예술품들로 채워나갔다. 여기서 아귈롱의 입론은 의미심장하다.

> 국가의 형태와 그 원칙을 바꾸는 일은 곧 그것의 상징을 없애고 다른 상징을 창조하지 않으면 안 되는 것을 의미한다. 조각상 하나를 부수면 그것을 다른 것으로 대치해야만 했다. 왜냐하면 자연과 마찬가지로 정치적 열정도 빈 공간을 두려워하기 때문이다. 정치적 이상을 시각적으로 표현하는 것은 투쟁의 한 가운데에서 항상 수단이자 동시에 결과였다." 10)

여기서 우리는 비어버린 국가적 공간을 채우고 그것을 국민에게 보여주기 위한 상징전략을 묻는다. 그것은 '대비contrast'의 정치였다. 사라진 구체제를 표상하는 인물의 자리에 혁명이 만들어나갈 새로운 체제를 구현할 인물이 들어서고, 아무도 모르는 공간에 은폐된 과거의 인물과는 달리 모든 국민들이 바라볼 수 있도록 열린 공간에 새로운 인물을 세운다. 앞의 존재가 정치적 망각의 대상이라면 뒤의 존재는 정치적 기억의 대상이다.

혁명 프랑스는 왕의 죽음을 예상하기라도 한 것처럼 일찌감치 그 새로운 공간을 구축하는 일에 착수하고 있었다.

1790년 5월 30일 국민의회 의원 빌레트 후작marquis de Charles Villette은 동료의원들 앞에서 엄숙한 어조로 다음과 같이 말했다.

> 수많은 자유의 금언을 우리에게 전수한 그리스와 로마의 후예가 되고 유럽의 모범이 되고자 한다면 이 성당(생트 주느비에브 대성당 – 필자)을 종교적 성인의 공간으로 삼아서는 안 될 것입니다. 프랑스의 빵떼옹이

---

10) 아귈롱, 『마리안느의 투쟁』, 387-388.

되도록 해야 합니다. 그 성당이 우리의 위대한 인물들의 동상으로 채워지고 성당의 지하가 그들의 유해를 간직하길 바라마지 않습니다.[11]

후작이 이러한 의견을 표명한 직접적인 동기는 절친했던 벗 볼테르의 유해가 탈취되어 사라질지 모른다는 염려 때문이었다. 당시 볼테르의 유해는 지방의 한 작은 수도원에 안치되어 있었다.

볼테르는 엄청난 대중적 인기를 뒤로 하고 1778년 5월 30일에 친구 빌레트 후작의 집에서 사망했다. 그런데 살아생전 가톨릭의 불관용과 폭력성을 고발하는 데 앞장선, 반교권주의反敎權主義의 우두머리 볼테르의 장례식을 어떤 성직자도 맡고자 하지 않았다. 결국 볼테르의 시신은 그의 조카에 의해 셀리에르 수도원Abbaye de Sellières에 아무도 모르게 안치되었다. 그런데 혁명이 발발하고 혁명정부가 교회 재산의 국유화를 선언하면서 셀리에르 수도원도 매매되자 친구는 볼테르의 시신이 없어질지도 모른다는 근심을 지울 수 없었다. 그리하여 그는 의회에서 다음과 같이 역설했다.

이 땅의 어떠한 왕들보다 더 위대했던 한 사람의 시민 볼테르는 국민의 소유입니다. 여러분은 이 소중한 성유골이 한 개인의 재산이 되는 것을 참아낼 수 있겠습니까? 그것이 교회나 개인의 재산처럼 매매되는 것을 어떻게 견딜 수 있단 말입니까." [12]

빌레트의 연설은 동료의원들의 큰 관심을 얻지 못했다. 그러자 후작은 1790년 11월 21일 같은 내용의 청원서를 의회에 다시 제출

---

11) M. K. Deming, "Le Panthéon révolutionnaire," in *Le Panthéon: symbole des Révolutions* (Paris: Editions A. et J. Picard, 2000), 98-99; Jean-Claude Bonnet, *Naissance du Panthéon: Essai sur le culte des grands hommes* (Paris: Fayard, 1998), 267.
12) Alexia Lebeurre, *The Pantheon: temple of the nation* (Paris: Editions du patrimoine, 2000), 20-21.

했다. 빌레트의 이 청원은 매우 중대한 의미를 갖는다. 왜냐하면 빵떼옹을 건립하기 위한 이후의 논의들이 이 청원을 모태로 했기 때문이다.

후작의 청원이 의회의 지지를 얻기 위해서는 그로부터 몇 개월 뒤 미라보의 죽음이라는 예기치 못한 사건을 만나야 했다.

> 기분 나쁠 정도로 가느다란 겉창이 달린 창문가에 며칠 전부터 먼지들이 나부끼고 있다. 만, 이만, 십만의 파리 사람들이 트리빙 호텔 앞을 밤낮으로 서성거리고 있다. 이들 모두는 파리의 중앙시장 여자들이 '우리의 작은 어머니 미라보' 라 불렀던 사람이 죽을까봐 불안해하고 있었다.[13]

하지만 민중들의 염원을 뒤로 하고 미라보는 1791년 4월 2일 사망했다. 루이 16세의 반동적 권위에 맞서 국민의회를 수호하고 혁명의 에너지를 만들어가는 데 결정적인 역할을 한 지도자 미라보가 병석에 누운 지 1주일 만에 갑작스럽게 죽었다. 혁명세력과 국민들은 엄청난 슬픔과 충격에 휩싸였다. 미라보 없는 혁명을 상상하기란 어려웠기 때문이다.

인민들과 마찬가지로 의회에서도 엄청난 감정의 동요가 일어났다. 가장 위대했던 의원의 장례식에 참여할 것을 독려하는 목소리가 이어졌다. 이틀 뒤인 4월 4일 입법의회 의원 파스토레 후작marquis de Claude-Emmanuel de Pastoret이 의회에서 연설했다. '수플로가 새롭게 건립한 생트 주느비에브 성당을 혁명의 위대한 인물들이 안장되는 곳으로 용도 변경해야 하며 제일 먼저 미라보를 안치해야 한다'[14] 는 요지였다. 후작은 자신의 이러한 제안이 처음이 아니라 빌레트

---

13) Harold Cobert, *Mirabeau: Le fantôme du Panthéon*, Tome 1 (Paris: Séguier, 2002), 17-19.
14) Bonnet, *Naissance du Panthéon*, 100.

후작이 지난 해 5월에 이미 제기한 것이라는 사실을 알고 있었다. 하지만 빌레트의 제안은 볼테르 지지자들의 설득과 선동에 힘입어 언론의 관심을 끌긴 했어도 의회의 절대적인 지지를 받지는 못했다. 그렇다면 1년 뒤인 지금에 와서 미라보의 시신을 성당으로 옮겨야 한다는 주장이 과연 의회의 지지를 받을 수 있을 것인가?

그런데 예상과는 달리 의회의 움직임은 전과는 달랐다. 의회는 파스토레의 제안이 있던 그날 저녁 미라보의 시신을 생트 주느비에브 대성당Eglise Sainte-Geneviève에 안치하는 성대한 장례식을 치르기로 결정했다. 의회의 결정에 따라 4월 4일 저녁 미라보의 장례식이 열리고, 혁명가의 유해는 구 생트 주느비에브 성당(작은 수도원 규모였다)에 임시로 안치되었다. 새로운 생트 주느비에브 성당의 지하분묘가 완성될 때를 기다려야 했다. 이로써 미라보는 빵떼옹에 안장된 최초의 인물이 되었다.

2002년 11월 30일 작가 뒤마Alexandre Dumas의 빵떼옹 안장식을 기준으로 2백여 년의 역사를 갖는 국가적 영예를 안은 인물들의 빵떼옹 안장, 즉 '빵떼오니자시옹Panthéonisatiion'의 역사는 이렇게 시작되었다. 의회는 4월 10일 빵떼옹 건립에 관한 법률을 제정함으로써 혁명의 묘지가 탄생했음을 공포했다.

제1조: 새로운 생트 주느비에브 성당은 자유 프랑스가 시작된 날부터 위대한 인물들의 유골을 안치하는 장소로 사용될 것이다.

제2조: 의회는 그러한 영예를 받을 자격이 있는 인물을 결정하는 독자적 권한을 갖는다.

제3조: 미라보는 그러한 영예를 받을 만한 자격이 있는 인물이다.

제4조: 의회는 사망 직전에 이른 인물들에게, 앞서 그러한 영예를 부여할 수 없다. 그 결정은 차기 의회로 연기될 수 있다.

제5조: 혁명 이전에 사망한 위대한 인물들을 위한 예외 조치는 의회의

권한에 속한다.

　제6조: 파리의 디렉트와르Directoire (선출직 인사들로 구성된 행정감독기관 – 필자)는 생트 주느비에브 성당을 새로운 용도에 맞는 방향으로 신속하게 정비하고 성당의 박공벽에 다음과 같은 문구를 새겨 넣는 일을 담당한다. "위대한 이들에게 조국이 감사하는 마음으로" 15)

　제7조: 새로운 생트 주느비에브 성당이 완공될 때까지 미라보의 시신은 구 생트 주느비에브 성당의 데카르트 옆에 안치한다.16)

　이렇게 해서 생트 주느비에브 성당이 혁명의 묘지로 공식 전환되고 안장제도가 법률적 정당성을 획득했다. 그렇다면 혁명의 지도자들은 왜 그러한 일을 해야 했을까? 죽은 자들이 혁명에 어떤 도움이 될 것인가?

　빌레트와 파스토레 후작의 사자의 정치는 혁명의 상징 동학이라는 차원에서 접근해야 한다. 당시는 앞날을 예측할 수 없는 혼란 그 자체였다. 혁명이 시작되었지만 언제 종결될지, 언제 어떻게 반反혁명세력의 반발과 공격이 개시될지 모를 일이었다. 혁명은 그러한 난관을 돌파하면서 전진해야 한다. 그때 가장 중요한 것은 국민의 몸과 마음을 혁명의 대의와 애국심으로 결속하는 일이다. 이를 위해 혁명정부는 박물관을 만들고, 혁명교육을 실시하고, 축제를 개최했다. 그렇지만 그러한 문화정치만으로 혁명의 열정을 창출하기에는 뭔가 부족하다. 보다 더 근원적이고 존재론적인 심층 속에서 혁명을 의식할 심리적 자극이 필요했다. 지도자들은 죽은 자의 정치적 폭발력을 정확하게 인지하고 있었다. 혁명을 위해 자신의 목숨을 바친 인물들이 안치된 공간만큼 혁명의 정당성을 강력하게 느

---

15) 이 문구는 당시 회의를 주재한 파스토레 후작이 제안한 것이다.
16) "La Création du Panthéon," http://www.dumaspere.com/pages/oeuvre/anthologie/pantheon.html.

낄 곳은 없다. 특히 육체가 고스란히 '혁명으로 채워진' 사자를 끌어들인다면 그 정치심리학적 효과는 한층 더 커질 것이다. 그러한 사자의 상징정치에 가장 부합할 인물들이 바로 볼테르와 미라보였다. 대혁명의 이념을 표상하고 있는 인물이 볼테르였으며, 대혁명의 살과 피를 간직하고 있는 지도자가 미라보였다.

그런데 죽은 자의 정치적 이용을 단순하게 국면의 심리 전략으로만 접근할 수는 없다. 혁명의 묘지를 건설하는 일에는 보다 더 큰 이념적 논리가 깔렸었기 때문이다. 볼테르의 유해를 옮겨올 것을 제안한 빌레트는 "이 땅의 어떠한 왕들보다 더 위대했던 한 사람의 시민 볼테르는 국민의 소유입니다"라고 말했다. 그렇게 볼 때 혁명의 묘지를 세우는 일은 군주로 대표되는 구질서의 호화로움과, 볼테르로 상징되는 혁명적 질서의 위대함을 명확하게 대비시키는, 그리고 혁명의 가치와 이념에 관한 국민적 기억의 전당을 만드는 작업이다. 파리에는 구체제의 절대주의적 영웅주의를 가시화하는 '생드니 성당Basilique de Saint-Denis'이 있었기 때문에 같은 도시 안에 혁명의 묘지를 건립하는 일은 그러한 정치적 효과를 산출하는 데 매우 적절해 보인다. 한 곳에는 왕과 왕족들이, 다른 한 곳에는 혁명의 기억을 체현하고 있는 인물들이 누워 있는 구도는 그 자체로 상징적이다. 입법의회는 그와 같은 정치적 상징성을 고양하기 위해 빵떼옹에 더 많은 위대한 인물들을 안장할 기획을 실천했다.

빵떼옹은 단지 일회적 의례의 공간이 아니라 혁명의 사자들을 지속적으로 받아들이면서 혁명의 의미와 정당성을 재생산하는 장소로 기능한다.

미라보의 안장식이 열린 뒤 빌레트 후작이 바삐 움직였다. 의회가 7일 간의 논의 끝인 4월 15일, 볼테르의 유해를 빵떼옹에 안장하기로 결정했기 때문이다.[17] 볼테르는 생트 주느비에브 수도원에 안치되었다가 1791년 12월 13일 신축된 생트 주느비에브 대성당 지하로 미라보와 함께 옮겨졌다. 1793년 1월 24일에는 르플르티에Le Peletier de Saint-Fargeau가 안장되었다. 입법의회 의장으로 귀족적 특권의 폐지에 앞장서고 사형을 포함해 가혹한 형벌제도를 철폐하는 데 온 힘을 기울인 르플르티에는 1793년 1월 20일 루이 16세의 근위병 칼에 찔려 살해당했다. 시신은 나흘 뒤 빵떼옹에 안장되었다.[18]

르플르티에가 칼에 찔려 암살당한 다음날 혁명이 절정에 달했음을 알리는 사건이 발생했다. 단두대에서 루이 16세의 목을 자른 혁명세력은 곧장 생트 주느비에브 성당으로 가 혁명의 사자들과 함께 있던 생트 주느비에브 유골함을 축출했다. 이로써 빵떼옹은 종교성이 완전히 탈각된, 그리고 구시대의 흔적 역시 철저히 제거된[19] 순수한 '세속의 공간'으로서 실질적인 모습을 갖출 수 있게 되었다.[20]

희생된 사람들의 영웅 만들기 작업은 혁명에 발맞추어 계속되었다. 1793년 12월 28일 국민공회는 국민방위군의 북치는 임무를 맡은 소년 바라Joseph Bara의 시신을 대성당에 안장하는 법령을 통과시켰다. 혁명군의 일원으로 포로가 되어 국왕 만세를 외치면 풀어주겠다는 요구를 거절하고 공화국 만세를 외쳐 14세라는 어린 나이에 생을 마감해야 했던 바라를 국민공회 지도자 로베스피

17) 예정된 안장식은 바렌 사건으로 연기되어 1791년 7월 11일에야 이루어졌다. Deming, "Le Panthéon révolutionnaire," 100.
18) 하지만 그의 시신은 2년 뒤에 딸의 요구로 빵떼옹을 떠났다. Jean-François Decraene, *Petit dictionnaire des grands hommes du Panthéon* (Paris: Editions du Patrimoine, 2005).
19) John R. Gillis, "Memory and identity: the history of a relationship," in J. R. Gillis (ed.), *Commemorations: The politics of national identity* (Princeton University Press, 1984), 8.
20) 하상복, 「빵떼옹과 상징정치」, 『한국정치학회보』 39집 1호 (2005 봄), 72.

에르는 공화주의 덕성의 대중적 고양[21]을 위해 빵떼옹에 안장하기로 결정했다.[22] 1794년 9월 22일에는 로베스피에르와 함께 산악당의 거두로 활동하다가 살해된 마라Jean-Paul Marat가, 같은 해 10월 11일에는 루소가 안장되었다.

그 와중에 최초의 안장자인 미라보가 빵떼옹에서 축출―이를 '데빵떼오니자시옹depanthéonisation' 으로 부른다―되는 사건이 발생했다.[23] 1792년 11월 20일, 국민공회가 왕의 재판 문제로 논쟁하던 때 발견한 상자에는 미라보와 루이 16세 사이의 반혁명 모의가 적나라하게 기록되어 있었다. "충성, 열정, 실천, 에너지, 용기"로 군주권을 수호하기로 약속한 미라보의 서신[24]은 혁명세력이 정치적 배신을 느끼기에 충분한 것이었다. 미라보는 1794년 9월 21일, 즉 마라의 안장 전날 빵떼옹에서 축출되어 파리의 생트 카트린느 Sainte-Catherine 공동묘지에 '은밀히' 매장되었다.[25]

미라보에 이어 같은 비극을 겪은 인물은 마라였다. 마라는 1795년 2월 14일, 즉 빵떼옹에 안치된 지 6개월이 채 안되어 축출되었지만 미라보와는 다른 이유에서였다. 마라를 증오했던 왕당파 세력의 준동을 두려워한 국민공회의 온건파 세력(테르미도르 국민공회)이 마라의 빵떼옹 축출을 통해 정치적 불안정을 해소하려 했기 때문이다.[26]

---

21) 헌트, 『프랑스 혁명의 가족로망스』, 115.
22) 하지만 그 결정은 1794년 7월 27일 로베스피에르의 몰락을 가져온 테르미도르 반동으로 실현되지 못하고 만다.
23) 아이러니하게도 미라보는 빵떼옹에 안치된 최초의 인물이었지만 그와 동시에 그곳에서 축출된 최초의 인물이기도 했다.
24) Cobert, *Mirabeau*, 40-42.
25) Clémentine Portier-Kaltenbach, *Histoires d'os et autres illustres abattis* (Paris: JC Lattès, 2007), 96.
26) Alfred Bougeart, "Dépanthéonisation," in Marat, *l'Ami du peuple*, http://membres.lycos.fr/jpmarat/bougeart/marat45.html.

이 두 혁명가의 축출은 빵떼옹의 제도적 규정 변화에 중대한 영향을 미쳤다. 1795년 2월 국민공회 의원 마티유Joseph Mattieu Lambert는 다음과 같이 제안했다.

공공안녕위원회, 일반안전위원회, 입법위원회의 이름으로, 지난 번 회의에서 합의된 훈령안에 관해 의원 여러분들께 설명드릴 좋은 기회가 왔습니다. 시민들과, 국민공회 및 여타의 공공장소에 마련된 그들의 흉상에 빵떼옹의 영예를 부여하기 위해서는 적어도 사후 10년이 지나야 가능하다는 것입니다.[27]

의회는 마티유의 제안을 승인했다. 빵떼옹에 안장되려는 혁명가는 적어도 정치적 검증을 위해 10년이라는 유예시간을 기다리는 조건이 만들어지게 된 것이다.[28]


## 2. '세속적 영웅주의' 전당, 빵떼옹

1790년 6월 프랭클린Benjamin Franklin의 사망 소식을 접한 국민의회 의원 미라보는 미국의 대정치가를 위한 추모의식을 제안했다.

우리 시대의 예법은 아주 오랫동안 위선적인 인물들의 죽음을 알리는 일에 사로잡혀 있었습니다. 국민들은 자신들에게 은혜를 베푼 인물들만을 지지해야 합니다. 국민의 대표자들은 인류의 영웅들에게만 경의를 표해야 합니다. […] 계몽된 자유로운 프랑스는 철학과 자유를 위해 봉사해마지 않은 위대한 인물들 중의 한 사람에게 기억과 안타까움

---

27) Bougeart, "Dépanthéonisation".
28) 위대한 인물의 평가를 위해 시간적 유예를 두는 이 전통은 지금까지도 지속되고 있다.

의 증언을 해야 하겠습니다.[29]

6월 11일의 이 연설을 통해 미라보는 혁명의회도 미국이 마련
한 3일간의 추도 기간에 참여할 것을 역설했다.

그럼 프랭클린을 추모할 적당한 장소는 어디가 되어야 하는
가? 성당이 가장 보편적이고 엄숙한 조의의 공간이 될 테지만
청교도이자 '자유의 사도'로 추앙받았던 프랭클린을 어떻게
가톨릭의 공간 속에서 추모할 수 있겠는가. 인류의 위대한 인물
을 종교적 장소에서 추모한다는 것은 혁명세력의 대의와도 모순
된다. 그들에게 종교는 군주제와 함께 일소해야 할 구체제의 축
이었기 때문이다.

그러한 연유로 국민의회는 프랭클린에 대한 추모의 예를 갖추
기에 적당한 '세속'의 공간을 물색했다. 선택된 곡물거래소
Halle au blé는 1783년 고대의 건축양식을 본 떠 만든, 로마의 콜로
세움을 연상케 하는, 공공회합과 축제의 무대로 사용되기도 한
시민의 공간이었다.[30] 곡물거래소는 검은 천으로 장식되고 실편
백 나무 가지들—고대 서양인들이 흔히 묘지에 심었던 나무로
죽음, 애도, 슬픔의 의미를 지니고 있다—이 놓인 관 위에 프
랭클린의 흉상을 세웠다. 위대한 인물을 위한 추모제가 시작될
것임을 알리는 추도사가 들려왔다.

이 일화는 국가적으로 영예로운 죽음을 맞이한 위대한 인물들
의 추모 공간에 관한 프랑스 혁명가들의 근본적인 관념을 보여
준다. 혁명세력에게 위대한 인물을 기리는 공간은 철저하게 종교
성이 탈색된 공간이어야 했다.[31]

---

29) Bonnet, *Naissance du Panthéon*, 265.
30) 하상복, 「빵떼옹과 상징정치」, 71.
31) Deming, "Le Panthéon révolutionnaire," 97.

앞서 살펴본 것처럼, 미라보의 시신은 생트 주느비에브 성당에 안장되었고 그의 장례를 계기로 성당은 혁명묘지로 재탄생했다. 그런데 혁명의 위대한 인물을 안장할 공간으로 성당, 그 중에서도 생트 주느비에브 성당을 선택한 것은, 본래 볼테르의 유해 이장을 제안한 빌레트 후작의 아이디어였다. 후작은 혁명의 정신을 구현하고 있는 볼테르를 안치할 건물과 관련해 파리의 중심에 서 있는 대성당을 지목했다. 후작은 왜 성당을 지목했는가? 성당은 프랭클린의 추모의례를 위해 선택한 세속적 건물이 아니지 않는가. 또한 파리의 수많은 성당들 중에 왜 하필 생트 주느비에브 대성당인가?

여기서 우리는 건축물을 통해 혁명의 대의와 이념을 시각화하고자 한 정치미학적 열정을 감지할 수 있다. 혁명의 지도자들은 성당을 그 법률적 위상은 물론이거니와 외관상의 근본적인 교체를 이룸으로써 가톨릭과 왕권의 결탁으로 특징지어지는 구질서 위에 서게 될 혁명의 신질서를 표상하고자 했다. 그러한 정치적 목적에 비추어볼 때 생트 주느비에브 대성당은 대단히 매력적인 건물이었다. 그 점을 이해하기 위해서는 루이 15세와 밀접한 관련을 갖는 성당의 역사에 대한 설명이 필요하다.

루이 15세는 오스트리아 왕위계승 전쟁에 참여하던 1744년 8월, 병을 얻어 로렌 지방의 메츠Metz에서 치료를 위한 요양을 했지만 효과는 없었다. 그의 병은 생명을 염려해야 할 정도로 깊어만 갔다. 그 상황에서 군주는 자신의 병이 치료될 수 있도록, 생트 주느비에브Sainte-Geneviève에게 정성을 다해 기도를 올렸다. 주느비에브는 파리의 수호성녀로 추앙받고 있던 인물이었다. 루이 15세의 병세는 점차 차도를 보였다. 1744년 8월 21일에는 왕이 완치되었다는 소식이 파리에 전해졌다. 루이 15세는 생트 주느비에브가 외적으로부터 프랑스를 구한 것처럼 프랑스의 국왕을 위기에서 구했다고 굳건히 믿고 파리로 귀환해 생트 주느비에브 유골함이 보관되어 있는 수도원으로의 순례로 감사의 예를 올렸다.

1744년 11월 17일 루이 15세는 수도원에서 감사 의식을 거행했다. 그런데 그때 수도사들이 근 천 년을 이어 온 낡은 건물의 개축을 왕에게 요청하자 국왕은 흔쾌히 약속했다. 1758년 4월 1일 새로운 교회가 건립될 땅을 위한 축성제祝聖祭를 열고 1764년 9월 6일 교회의 첫 주춧돌을 올리는 착공식을 성대히 거행해 개축공사를 시작했다.

외견상 루이 15세는 수도사들의 요청으로 성당 재건축을 시도한 것이지만 여기에는 단지 종교적 열정이나 의지만이 아니라 매우 깊은 정치적 전략이 숨어 있었다. 우리는 태양왕의 증손자가 영국과의 식민지 전쟁에서 연패하고, 왕권에 대한 국내 정치세력들의 도전을 효과적으로 해결하지 못함으로써 통치의 위기를 맞아야 했던 역사적 사실에 주목한다. 그는 거대한 성당의 개축이라는 종교-예술 기획을 매개로 자신의 정치적 존재성과 권위의 준엄함을 신민들에게 극적으로 전파하려 했다. 한마디로 말해서 왕권회복이라는 거대한 정치적 기획의 일환이었다.[32]

생트 주느비에브 성당의 본질적 의미가 그러하다면, 그 성당을 혁명의 전사들을 안장하는 묘지로 전환하는 일은 의심할 나위 없이 구체제 군주주권의 전복이라는 혁명 의지의 발현으로 해석할 수 있다.

그와 같은 상징적 차원과 더불어 생트 주느비에브 성당은 기능과 미학적 필요에서도 매우 적합한 장소였다. 루이 15세의 명을 받아 성당건축의 총 책임자로 임명된 수플로J.-G. Soufflot는 성당 지하

---

32) Lebeurre, *The Pantheon*, 7.

에 왕족들과 생트 주느비에브 수도사들의 유해를 안치할 열십자형의 공간과 267개의 분묘를 마련했는데, 그것은 성당을 혁명의 묘지로 사용하기에 아주 적절한 조건이었다. 또한 신고전주의 건축가로 로마 건축의 영향을 깊이 받으며 성장한 수플로는 로마 판테온의 느낌이 강하게 배어나는 신고전주의 건축양식으로 성당을 건립했다는 점에서 그 건물은 혁명가들이 추구한 위대한 인물들의 신격화 효과를 산출하는 데 매우 적합한 외관적 요소를 가지고 있었다. 아울러 대혁명이 발발한 초기 시점에서 성당의 외관은 거의 완성되었지만 그 내부의 장식작업은 여전히 미완의 상태였기 때문에, 성당을 묘지의 분위기를 풍기는 공간으로 전환하기 위한 조형작업에 매우 용이했다. 이에 더해 1790년 2월 13일의 법령을 통해 혁명의회가 수도사 서약을 금지하고 구호나 교육사업 이외에 종교적 명상을 위한 종신서원의 수도회 제도를 폐지[33]함으로써 생트 주느비에브 성당의 종교적 무용성에 대한 논의가 있었다는 점을 언급할 필요가 있다.

혁명세력은 생트 주느비에브 성당에 미라보, 볼테르, 루소, 마라와 같은 혁명의 정신과 혁명의 육체를 안치함으로써 그곳을 위대한 인물의 전당으로 재탄생시켰다. 빌레트 후작이 혁명묘지의 이름을 '빵떼옹'으로 명명한 것 또한 그러한 사정과 무관하지 않다.

빵떼옹의 뿌리는 로마시대에 건립된 신전 '판테온Pantheon / Pantheum'으로 거슬러 올라간다. 그리스어 판테이온Pantheion에서 유래한 빵떼옹은 모든pan 신들theion의 거처, 즉 만신전을 뜻한다. 로마 장군 아그리파Marcus Vipsanius Agrippa가 기원전 27년부터 25년 사

---

33) 양희영, 「프랑스 혁명기 성직자들의 입헌선서에 대한 고찰」, 『서양사 연구』 17집 (1997), 44.

이에 건립한 최초의 판테온은 80년경에 화재로 소실되고 황제 하드리아누스Hadrianus가 125년경에 새롭게 건립했다. 그리스 문화의 숭배자로서 동방의 여러 지역들을 두루 여행한 황제는 판테온이 지난 시절 올림포스 신을 섬기던 신전의 기능을 넘어 우주의 모든 신들을 섬기는 만신전으로 거듭나기를 소망했다. 신전 본당 내부에 설치된 7개의 벽감壁龕, niche을 통해 추측할 수 있듯이 판테온은 고대 로마 다신교에서 최고의 위치를 차지한 일곱 지상신至上神, su-preme god 숭배를 위한 신전이었다.[34] 이러한 역사적 배경에서 빌레트 후작은 혁명의 묘지가 사자들이 신으로 승화된 존재, 즉 인신人神에 준하는 위대한 인물로 탈바꿈하는 빵떼옹이 되기를 소망했을 법하다.

그 '위대한 인물' 은 구체제의 정치적 권위를 상징하는 인물의 관념과는 근본적으로 다르다. 빵떼옹에 안장된 위대한 인물은 절대왕정이 지향하는 이념성과 단절하고 있는데, 그런 면에서 혁명의 묘지를 차지한 인물들은 새로운 프랑스가 구현해 나가야할 이념과 가치의 인격적 표상체였다. 그 사실을 이해하기 위해서는 혁명기 이전부터 조성되기 시작한 부권과 영웅성에 대한 새로운 관념을 살펴볼 필요가 있다.

가족정치학의 관점에서 프랑스혁명을 해석하면서 루이 16세의 처형을 '아버지 상' 에 대한 새로운 패러다임의 조형이라는 문화적 맥락에서 이해하고 있는 헌트의 시각을 논의에 적용하면, 프랑스에서는 혁명이 발발하기 이전부터 사상서와 문학서들 속에서 억압적인 아버지에 대한 반성과 성찰이 그 모습을 보이기 시작하고[35], 그것이 절대주의 왕권에 대한 공격으로 이어졌는데[36] 루이

---

34) 캐롤린 험프리, 피어스 비뎁스키, 김정우 옮김, 『신성한 건축』(창해, 2005), 122.

카페의 단두대 처형은 그러한 인식 패러다임 전환의 결정적 국면으로 이해할 수 있다.

그러나 아마도 가장 눈에 두드러지는 양상은 이 모든 소설들의 전개 상황 중 얼마나 많은 부분이 아버지의 부재 속에 이루어지고 있는가 하는 것일 게다. 그렇다면 어떤 의미에서 18세기의 프랑스 소설은 국왕의 운명을 예견하고 있었으며, 더 나아가 좋은 아버지라는 이상의 전파 속에서 국왕의 운명을 만들어냈고, 그 이후 아버지가 소멸된 것이 군주 체제의 절대주의적 기반을 치명적으로 잠식시켰다고까지 논할 수 있을 것이다.[37]

엄한 가부장적 아버지로부터 반가부장적인 자애로운 아버지로의 인식 전환은 절대군주의 상징 루이 14세의 권력이 정점을 지나 하강하기 시작할 때부터 서서히 등장해[38] 증손자인 루이 15세의 통치 기간에 본격화되었다.

---

35) 빵떼옹 연구자 보네J.-C. Bonnet는 다음과 같이 주장하고 있다. " […] 아버지는 테랑스Térence에서 셰익스피어와 몽테뉴Montaigne에 이르기까지 오랜 역사를 갖는 주제였다. 그 주제는 몇 번이나 사라졌다가 나타나곤 했다는 점을 지적하는 것이 좋겠다. 그렇지만 그 주제는 18세기에 한층 더 크게 부각되었고 계몽주의 이념에서 중요한 자리를 차지했다. 디드로Diderot에서 스타엘 부인Mme de Staël에 이르기까지 그리고 볼테르에서 샤또브리앙에 이르기까지 가장 저명한 작가들이 자기 아버지와의 관계를 주요한 존재론적 경험으로 환기하곤 했다. 또한 아버지와의 관계는 집단적 상상력 속에 닻을 내리면서 보편적으로 공유되기에 이르렀다. 아울러 아버지에 관한 주제는 언제 어디서나 그 당시 정치적 대립의 장과 철학적 토론의 장으로 흘러 들어갔다. 특히 연극, 미술, 소설과 같은 예술 분야들은 그 주제를 매우 강력하게 시대적 민감성의 공간으로 끌어들이는 역할을 수행했다." Bonnet, *Naissance du Panthéon*, 19.

36) 헌트, 『프랑스혁명의 가족 로망스』, 제2장.

37) 헌트, 『프랑스혁명의 가족 로망스』, 59-60.

38) 로제 샤르띠에, 백인호 옮김, 『프랑스 혁명의 문화적 기원』(일월서각, 1998), 제6장 참조; 1715년 9월 1일 루이 14세가 사망했을 때의 분위기가 다음이 같이 묘사되고 있었다. "엄청난 양의 악의적인 소책자와 풍자시는 왕의 서거를 환영했고 마시용은 태양왕의 추도사를 다음과 같이 끝맺었다. 오직 하나님만이 위대하노니 […]" 다니엘 리비에르, 최갑수 역, 『프랑스의 역사』(까치, 1995), 219.

군주제로부터 자연스레 유래한 것으로 인식되어오던 부권에 대한 문제제기는 국부인 국왕(루이 14세를 의미한다 – 필자)이 사망할 때까지 지속된 거대한 시대적 주제였다. 이미 낡아버린 자의적인 권위에 대한 끊임없는 비판과 그로부터 벗어나기 위한 보편적인 의지가 사회의 모든 부문들에서 나타나면서 이제 권리의 기초와 가장 전통적인 준거들을 재평가하고자 했다. […] 아버지의 이미지로부터 전제적 지배자의 모습을 없애기 위해서는 그 이미지를 다양화하고 가시화해야 했으며 아버지의 권력을 전유하기 위해서는 그것과 끝까지 맞서야 했다. 그렇게 선한 아버지에 대한 사색에는 태고의 원한과 새로운 희망이 중첩되었다.[39]

통치 후반기로부터 사망에 이르기까지 국내적으로 루이 14세에 대한 많은 비판이 있어왔다. 영웅이란 누구인가, 과연 군주는 국가적 영웅인가, 전쟁을 통해 국력을 키우는 일이 영웅적이고 영광스런 일인가 등의 문제가 공공연하게 제기되었다.

이러한 시대정신의 변화 속에서 생피에르Saint-Pierre 신부는 『유럽의 영구평화를 위한 기획Projet pour rendre la paix perpétuelle en Europe』(1713)을 통해 루이 14세의 정복전쟁을 비판하면서 태양왕의 권위주의적 부권에 기반을 둔 영웅 관념을 공격했다. 그는 허영심 또는 자만을 뜻하는 거짓된 영광인 '글로리콜gloricole'이란 신조어를 만들어 참된 영웅성과 영광을 뜻하는 '글루와르gloire'와 대비했다. 글루와르가 공공의 이익을 위해 봉사하고 희생한 인물들에게 부여되는 진정한 훈장이라면 글로리콜은 자신만의 사적인 욕구에 사로잡힌 사람들이 받는 가식의 훈장일 뿐이다. 바로 이 지점에서 사이비 영웅과 진정한 영웅을 구분한다.[40]

루이 14세의 왕세자를 가르치면서 당대 최고의 교육자로 추앙받

---

39) Bonnet, *Naissance du Panthéon*, 18-19.
40) Bonnet, *Naissance du Panthéon*, 34-35.

앉던 페늘롱François Fénelon의 소설에서도 같은 문제의식을 관찰할 수 있다. 페늘롱은 왕세자 교육을 위해 지은 두 소설인『텔레마크의 모험Les Aventures de Télémaque』(1699)과 『사자死者들의 대화Dialogues des morts』(1712)에서 진정한 아버지란 누구이며 참된 부자관계란 과연 어떠한 것인가를 성찰했다. 텔레마크의 스승 멘토Mentor의 입을 통해 페늘롱은 부권을 신성불가침한 힘이자 권리로 보는 기성의 사고를 비판하면서 위계질서의 중심에서 일방적인 권위를 행사하는 아버지가 아니라 친구처럼 자녀를 대하고 보호하는 이상적인 아버지의 모습을 제시했다.[41] 또한『사자들의 대화』에서는 고대 영웅들 간의 가상대화를 통해 바람직한 부자관계를 이야기했다. 다음은 코리올라누스Coriolanus와 카밀루스Camillus의 대화다.

카밀루스 : 자녀들이 아버지에게 복종하는 것은 선택(자녀가 아버지를 선택한다는 의미-필자), 무력, 인공물, 인위적인 제도 때문이 아닙니다. 그것은 자연의 결정입니다. 아버지들 전체가 조국애를 만드는 것이고 그들이 탄생시킨 자녀들에 대해 온전한 권위를 발휘하는 것이지요. 혹시 이러한 견해에 반대하시는지요?
코리올라누스 : 물론이죠, 저는 반대합니다. 제 아버지라고 하더라도 저는 그와 동일한 인간이며 인간의 본질적인 원칙에 따라 저 역시 아버지만큼 자유로운 존재입니다. 물론 저는 제 아버지를 인정하고 존중해야 합니다. 하지만 자연은 제가 그에게 종속되도록 만들지는 않았습니다.
카밀루스 : 그대는 덕성을 고양시키는 훌륭한 규칙을 정립하고 계시는군요. 모든 사람들은 각자 자신의 생각에 따라 살아갈 권리가 있다고 스스로 믿고 있습니다. 이 지상에는 무력도, 복종도, 규율 사회도,

---

41) F. Fénelon, *Les Aventures de Télémaque* (Paris: Gallimard, 1995), 제7권, 특히 156 참조.

좋은 관습의 원리들도 더 이상 존재하지 않을 것입니다.

코리올라누스 : 인간의 가슴 속에는 자연이 각인시켜준 이성과 덕성이 언제나 자리 하게 될 것입니다. 사람들이 자유를 남용한다고 해도 그건 어쩔 수 없는 일입니다. 그렇게 잘못 파악된 자유가 방종으로 변질될 수도 있겠지만 그렇다고 하더라도 확실한 사실은 그들이 본성상 자유롭다는 점입니다.[42]

절대주의 왕권을 부권의 관점에서 비판하고 새로운 아버지 상을 만들고자 했던 지적 운동들은 이후 계몽주의 사상으로 이어지게 되는데, 루소의 사상에서 그 연속성을 발견할 수 있다. 루소는『에밀*Émile ou de l'Éducation*』(1761)에서 다음과 같이 말했다.

도대체 우리는 진정으로 진리를 추구하고 있을까? 신분상의 권리나 아버지 또는 목사의 권위에 아무런 중요성도 부여하지 말아야 하네. 우리의 아이 시절부터 그들로부터 배운 모든 것을 양심과 이성으로 다시 검토해 볼 필요가 있네. [⋯] 우주의 관찰과 내 능력의 올바른 사용을 통해서 내가 스스로 얻을 수 있는 신학은 위에서 자네에게 설명한 것이 전부라네. 그것에 대해 더 많은 것을 알기 위해서는 특별한 수단을 이용할 필요가 있을 걸세. 그 수단이 인간의 권위일 수는 없을 거야. 모두가 나와 똑같은 인간이기에 어떤 인간이 자연적으로 이해하는 모든 것을 나 역시 이해할 수 있으며, 다른 사람도 나처럼 오류에 빠질 수 있기 때문이네.[43]

루소에게서 부권은 그 자체로 인정되어야 할 자연적인 권리가 아니었다. 그것은 오히려 아버지와 자녀의 상호 필요성을 따르는 약속에 의해 유효해진 권리다. 따라서 아버지와 자녀는 계약관계로 맺어진다.[44]

---

42) F. Fénelon, *Dialogues des morts* (Paris: Actes Sud, 1994), 127-128.
43) Rousseau, 김중현 옮김, 『에밀』 (한길사, 2003), 534-535.

절대군주의 반정립으로 등장한 새로운 영웅성과 부권의 관념은 강인함, 용기, 용맹성과 같은 전사戰士적 덕성보다는 안정, 평온, 평화와 같은 현자賢者적 심성을 특징으로 한다. 자신의 의지와 욕망에 사로잡혀 일방적으로 강제하고 명령하는 존재가 아니라 타인에게 관용을 베풀고 배려를 제공할 줄 아는 존재, 자신의 힘과 능력을 사적인 이익보다는 공동체 전체의 이익을 실현하는 데 사용할 수 있는 인물로 나타난다. 프랑스 계몽주의자들은 그러한 인간적·정치적 덕목을 갖춘 사람에게 '위대한 인물 grands hommes' 이란 호칭을 부여했다.45)

혁명은 이윽고 구체제의 영웅성과 부권의 대척점에 서는 위대한 인물을 만들고, 찬양하고, 추모하는 스펙터클을 통해 새로운 체제의 존재와 위엄을 가시화하려 했다. 프랑스 계몽주의 지식인들은 위대한 인물들을 위한 새로운 추도사의 개념을 구상함으로써 그들이 어떤 점에서 구체제의 영웅들과 다른가를 명쾌하게 제시하려 했다.

아카데미 프랑세즈가 개최한 웅변대회에서 1759년부터 1765년까지 연속 수상한 토마Antoine-Léonard Thomas는 위대함에 걸맞은 인물들을 제시하고 그들을 위한 새로운 추도사 개념을 정립했다. 그가 웅변을 통해 추앙해마지 않았던 인물들의 덕성은 계몽주의자들이 이야기한 위대한 인물들의 덕성에 부합하는 것이었으며, 위대한 인물을 숭배하고 추앙하기 위해 '오레종 퓌네브르oraison funèbre' 로 불리는 기존의 추도사와 근본적으로 다른, '엘로주 éloge' 로 명명되는 새로운 추도사 양식을 아카데미 프랑세즈의

44) Bonnet, *Naissance du Panthéon*, 43.
45) Jean-Claude Bonnet, "Le fantasme de l'écrivain," in *Poétique* n° 63 (198 5), 260.

공식무대에서 본격적으로 사용했다.[46)]

엘로주와 관련해서는 볼테르를 언급하지 않을 수 없는데, 볼테르는 1749년에 출간된 『1741년 전쟁에서 사망한 장교들을 위한 엘로주*Éloge funèbre des officiers qui sont morts dans la guerre de 1741*』에서 위대한 세기Grand Siècle, 즉 루이 14세 통치 시기의 추도사와 엘로주를 대비시켰다. 그가 이해하는 엘로주는 단순히 지식인들의 현학적인 추도연설이라기보다는 국민적 기억이라는 정치사회적 목적을 위한 추도연설이며, 그것의 원형을 고대 그리스에서 발견한다. 볼테르는 고대 그리스에서 조국을 위해 자신을 희생한 시민들을 기억하기 위한 추도연설에 주목했다.[47)]

엘로주는 구시대의 추도연설과 본질적으로 다른데 그것은 "기억의 세속화laïcisation de la mémoire" 기능에 연결되어 있다. 세속화를 국가로부터 모든 종교적인 요소를 일소하는 일, 즉 국가의 탈종교화를 의미하는 것으로 이해하면, 세속화라는 개념 속에서 국가에 대한 전혀 새로운 관념을 창출해낸다.

계몽주의 사상가들은 새로운 국가 관념을, 특정한 종교(기독교)가 국가를 지배했던 중세 이전의 역사, 즉 그리스와 로마 속에서 발견하고자 했다. 프랑스 혁명세력, 특히 자코뱅Jacobin 세력의 국가 이념에 절대적인 영향을 미쳤던 루소는 이상적인 국가를 다음과 같이 묘사했다.

[…] 참으로 자유로운 나라에서 시민은 자기 손으로 모든 일을 다 하지, 돈으로 대신하지 않는다. 자기 의무를 면하기 위해 돈을 내놓기는커

46) Bonnet, *Naissance du Panthéon*, 72.
47) Voltaire, "Éloge funèbre des officiers qui sont morts dans la guerre de 1741," in Voltaire Foundation, *Les OEuvres complètes de Voltaire (1746-1748)* (Oxford: Alden Press, 2004), 221.

녕 돈을 내고라도 자기 의무를 스스로 완수하려 할 것이다. […] 국가가
잘 조직될수록 시민의 마음속에서 공공의 일이 사적인 일보다 중시된
다. 사적인 일은 훨씬 적어진다고까지 말할 수 있다. 왜냐하면 공공의
행복의 합이 각 개인의 행복의 합보다 더 큰 부분을 제공하게 되므로 개
인이 개별적인 행복을 위해 구해야 하는 것은 더 적어지기 때문이다.[48]

루소는 국가에 대한 자발적 의무 수행, 사적인 가치에 대한 공적
인 가치의 우월성, 공적 업무에의 능동적 참여, 국가와 자신의 동
일시로 요약되는 덕목이 온전히 발현되는 국가를 소망했으며, 그
리스와 로마가 그와 같은 국가를 경험했다고 생각했다.[49]

그러한 국가에서 추앙받을 만한 가장 고귀한 행위는 국가적 가
치와 공공의 이익을 위한 자기희생이다. 그 국가 속에서는 국가와
공공의 가치를 능가할 어떠한 다른 가치도 존재하지 않는다. 종교
적 가치도 예외일 수 없다.

볼테르와 토마가 말한 엘로주는 바로 세속화된 국가 속에서 국
가와 공공의 이익을 위해 사적 이익을 유보하거나 초월한 위대한
인물들에게 영광을 돌리는 기능을 맡는다. 기독교적 가치관과 세
계관이 지배하고 있는 국가 속에서 사자에 대한 추도사는 궁극적
으로 그가 신 앞에서 얼마나 신실한 삶을 살았는가를 회상하고 세상의
종말이 도래했을 때 구원받을 것을 기원하는 성격을 갖는다. 그러한
유형의 추도사를 죽은 자의 종교적 삶과 구원이라는 사적이고 개별
적인 가치에 연결되어 있는 "종말론적 관점perspective eschatologique"[50]
으로 본다면, 엘로주는 사자의 국가적 삶이라는 공적이고 집단적
인 가치를 향한다. 또한 앞의 추도사가 죽은 자 그 자체에 주목한

---

48) 루소, 『인간 불평등 기원론/사회계약론』, 243.
49) 루소, 『인간 불평등 기원론/사회계약론』, 244-245.
50) Bonnet, *Naissance du Panthéon*, 54.

다면 엘로주는 사자의 애국심을 언어적으로 재현하고 청중들을 "전율하게 하고 요동치게 하며 울부짖게"[51] 함으로써 그들을 미래의 애국적 인물로 키우기 위한 것이다. 다시 말하면 엘로주는 사자 숭배의 행위이지만 그러한 목적에 매몰되지 않는다. 오히려 사자를 매개로 국가의 미래를 이끌어갈 살아있는 자들의 애국심을 견고히 다지기 위한 작업이다.

혁명의 묘지에 안장된 인물들은 공히 그러한 새로운 위대함의 가치를 재현하고 있다. 미라보는 권위적이고 억압적인 부권을 신랄하게 공격한 인물이었으며, 볼테르는 교회가 비이성과 맹신 및 불관용으로 점철되어 있다고 비판하면서 종교적 관용의 필요성을 역설한 인물이었다. 또한 루소는 절대왕정에 맞서 공화국이라는 근대적 국가원리를 정교하게 제시한 혁명의 이데올로그였다.

위대한 인물들을 안치한 혁명정부는 혁명의 묘지를 시각화하기 위한 미학 작업에 착수했다. 1791년 8월 1일 파리의 드렉트와르는 루이 15세가 구상하고 수플로가 구현하고자 했던 종교적 영원성의 모든 흔적을 성당에서 제거하고 온전히 혁명의 분위기로 채워진 정치적 공간을 구축하기 위한 예술 작업을 진행할 것을 알리는 행정문서를 공표했다.[52]

새로운 생트 주느비에브 성당은 자유 프랑스가 시작된 날부터 "위대한 인물들의 유골을 안치하는 장소로 사용될 것"을 규정한 1791년 4월 10일 법률의 집행과 관련해 생트 주느비에브 성당이 신속하게 새로운 용도에 부합하게 하는 작업을 파리의 디렉트와르가 담당할 것이며, 박공벽 위는 다음과 같은 글귀로 장식해야 한다.

---

51) A.-L. Thomas, *Essai sur les éloges* Tome Ⅱ, 32. Bonnet, Naissance du Panthéon, 85에서 재인용.
52) Deming, "Le Panthéon révolutionnaire," 104.

## 위대한 인물들에게, 조국이 감사하는 마음으로

그 일의 중심에는 혁명기의 예술이론가 카트르메르A. C. Quatremère de Quincy[53])가 있었다. 1791년 7월 19일, 생트 주느비에브 성당이 빵떼옹으로 전환되는 데 결정적인 역할을 한 파스토레 후작의 제안으로 카트르메르가 총 책임자로 임명되었다. 성당을 혁명묘지로 바꾸기 위해 카트르메르가 구상한 두 개념은 '세속성'과 '엄숙성'이었다. 종교와 정치사회의 분리를 의미하는 세속성[54])은 계몽주의 정신을 계승하는 프랑스 대혁명의 근본 원리였으므로 혁명의 주체들이 안장될 빵떼옹이 종교적 색채를 일소한 곳으로 거듭나야 한다는 것은 의문의 여지가 없는 당위였다. 그렇다면 그 원리를 구체적으로 어떻게 구현할 것인가? 여기서 카트르메르의 독창적인 미적 시각이 그 빛을 발한다.

빵떼옹의 전면에 선 그의 시선이 제일 먼저 향한 곳은 창문들이었다. 건물의 하단부에는 작은 창문들이 뚫려 있고 상층부에는 스테인드글라스가 있다. 그 창문들은 두 가지 기능을 수행한다. 성당의 외관을 화려하게 만들고 성당 내부를 빛으로 가득 채운다. 카트르메르가 볼 때 창문들은 빵떼옹 내부와 외부를 엄숙한 분위기로 연출하는 데 별로 도움이 되지 않았다. 창문들은 경쾌함과 가벼움의 이미지로 정신을 혼돈스럽게 할 뿐이었다. 엄숙함의 효과를 창출하기 위해서는 눈을 편하게 하는, 장식 없는 간결함이 필요했다. 그는 하단부의 창문들과 스테인드글라스를 모두

---

53) 1791년 4월 혁명기의 문화정책을 주도한 조직인 공공교육위원회 위원에 임명된 카트르메르는 같은 해 9월에 입법의회 의원으로 선출되면서 혁명세력의 주요 일원으로 활동했다. 그러한 정치적 경력은 그가 생트 주느비에브 성당을 혁명의 묘지로 전환하기 위한 예술 작업을 지휘할 인물로 선정된 이유를 설명해준다.
54) Guy Coq, *Laïcité et République: Le lien nécessaire* (Paris: Editions du F élin, 1995), 23.

폐쇄해버렸다. 39개의 창문 모두가 사라지면서 빵떼옹의 외벽은 대단히 밋밋하고 단조로운 모습을 띠게 된다. 외벽은 월계수와 떡갈나무 잎 모양의 화관 부조로 장식되었다.

그런데 창문들을 모두 막아버리는 일은 외벽의 효과만을 위한 것은 아니었다. 그것은 성당으로 들어오는 빛을 통제함으로써 신비스럽고 장중한 분위기를 만들어내는 일이기도 했다. 카트르메르가 볼 때 성당 내부의 빛은 엄격히 통제되어야 했다.

눈을 피로하게 만드는 대낮의 호화로움 속에서는 건축의 효과가 나타나지 않는다. 거대한 둥근 천정을 통해 위로부터 빛을 받아들이는 방식을 취하고 있는 건물에 뚫린 구멍들만큼 무익한 것이 없다. 빛은 건물 안 전역에 침투해 조각상만이 아니라 장식물과 인물상들까지 산산조각 내버린다. 공간 내부에서 경쾌함과 가벼움을 만들어내는 이 과도한 투명성은 장중하고 신성한 분위기를 연출하는 데 어떠한 도움도 되지 않는다.[55]

카트르메르는 미라보의 장례식 때 스테인드글라스를 천으로 가려 빵떼옹 내부가 장엄하고 근엄한 분위기로 연출되었음을 기억하고 있었다. 그 경험을 통해 그는 영구히 작동하는 빛의 통제 메커니즘과 그것의 필요성을 인식했던 것이다. 빵떼옹의 창문들을 없애버림으로써 경쾌함과 가벼움을 장중함과 무거움으로 바꾸고, 건물 내부로 들어오는 빛을 최소화한 작업은 물리적인 차원에서는 주목할 만한 것은 아니지만—건물의 근본 구조가 바뀐 것은 아니다— 상징적인 차원에서는 매우 중대한 의미를 함축하고 있다. 그것은 수플로가 구상한 건축 미학과의 근본적 단절을 뜻

55) Quatremère de Quincy, Rapport III, 22. Deming, "Le Panthéon révolutionnaire," 123에서 재인용.

한다.56)

하지만 아무런 빛이 없는 빵떼옹 내부를 상상할 수는 없다. 카트르메르는 돔을 받치고 있는 드럼 주위에 뚫린 창문들은 그대로 놔두었다. 그의 판단에 따르면 그곳을 통해 아래로 떨어지는 빛은 최소한의 양으로 최대의 효과를 낼 수 있는데 그 효과란 음산하고 신비스러운 공간 연출이다.57) 그러한 빛의 효과가 이미 로마의 판테온에서 시도되었다는 점은 매우 흥미롭다. 판테온의 천정 중앙에는 '오쿨루스Oculus'로 불리는 구멍이 뚫려 있어 그곳을 통해 빛이 수직으로 건물 내부로 들어온다.

빛의 통제를 통해 판테온의 엄숙함을 만들어냈다면, 세속성의 빵떼옹은 성당의 기독교적 상징물들을 제거하고 그 자리를 세속의 상징물들로 대체하는 탈기독교화로 구현되었다.

혁명의 예술가는 성당 뒷부분에 솟아 있는 두 개의 종탑을 해체했다. 빌레트 후작의 주장58)을 받아들인 카트르메르는 후면부에 불쑥 솟아오른 종탑이 건물의 전체적 균형을 깨트린다고 생각했다. 다음으로 성당 돔 꼭대기의 십자가를 제거해버렸다. 그는 그러한 기독교적 상징물들이 사람들의 영혼을 절대적 진공 상태로 퇴행시키고 종교적 광신주의로 몰아간다고 생각했다.59) 그 자리에 여론의 여신인 '파마Renommée'를 형상화한 9미터의 거대한 입상을 세웠다.60)

---

56) Lebeurre, *The Pantheon*, 17.
57) Deming, "Le Panthéon révolutionnaire," 123.
58) 1791년 5월 3일, 후작은 혁명의 묘지는 종을 필요로 하지 않으므로 주저하지 말고 종탑을 없앨 것을 제안했다.
59) Lebeurre, *The Pantheon*, 18.
60) M. Ozouf, "Le Panthéon," in Pierre Nora(dir.), *Les Lieux de mémoire* tome I: La République (Paris: Gallimard, 1984), 153; 파마의 입상을 세운 것은 두 가지 면에서 대단히 중대한 의미를 내포한다. 하늘을 관찰할 수 있는 특정한 지점을 형

탈종교성을 표상할 빵떼옹의 미적 작업은 거기서 끝나지 않았다. 건물 정면을 계몽과 혁명의 언어들로 채우는 작업이 이어졌다. 카트르메르는 성당의 소벽小壁, frise에 기록된 문구를 교체했다. 새롭게 기록될 문구는 이미 혁명의회가 1791년 4월 10일의 법률 제6조를 통해 명시한 "위대한 이들에게, 조국이 감사하는 마음으로"였다. 바꾸기 전 소벽에는 루이 15세와 성녀 주느비에브의 영광이 깃들어 있음을 알리는 아래 문구로 장식되어 있었다.

D. O. M. SUB IN. S. GENOVEAFE. LUD. XV

혁명의 조각가들은 위 문구를 다 떼어내고 혁명의 메시지가 담긴 문구를 새겼다.

AUX GRANDS HOMMES LA PATRIE RECONNAISSANTE

소벽의 문구 교체에 이어, 기독교의 권위를 상징하는 천사와 빛의 십자가가 새겨진 박공벽博栱壁, fronton의 부조도 사라졌다.[61] 카트르메르와 친분이 두터웠던 조각가인 무아트Jean-Guillaume Moitte가 1793년 가을 말엽에 완성한 부조는 계몽과 혁명의 정당성에 관한 메시지였다. 부조 중앙에는 '애국'을 상징하는 여신이 서 있다. 그녀는 양 손에 두 개의 화관을 들고 있고 양 옆의 남녀에게 화관을 씌워주려 하고 있다. 왼쪽에 있는 소녀는 '덕'을, 오른쪽의 소년은 '운명'을 상징한다. 애국에 기반을 두는 새로운 프랑스는 덕과 운명의 힘을 따라 나아감을 상징한다. 그리고 그 왼편에서는 쓰러져 있는 남자가 실린 전차가 있으며 그 전차

상화함으로써 계몽의 이념이 지향한 인간 이성과 과학의 진보를 표방함과 동시에 빵떼옹에 안장된 위대한 인물들이 하늘과 잇닿아 있음을 시각화하는 일이기 때문이다. De ming, "Le Panthéon révolutionnaire," 125.
61) 그 아이디어 또한 1790년에 빌레트 후작이 제안한 것이었다.

를 끌고 가는 사자를 천사가 어디론가 데려가고 있다. 천사는 자유, 술 취한 것처럼 보이는 남사는 전세권력의 기호다. 구체제를 무너뜨린 자유 프랑스라는 메시지를 전달하고 있다. 그 반대편에는 횃불을 들고 있는 어린 천사가 그리폰—몸은 사자, 머리와 날개는 독수리, 귀는 말, 볏은 물고기 지느러미 모양을 한 그리스 신화의 괴물—을 넘어뜨리고 있다. 어린 천사는 철학을, 그가 들고 있는 횃불은 계몽주의를 의미한다. 그리고 그리폰은 몽매와 미신을 형상화한다. 이 장면은 계몽주의 이성이 구체제의 비이성을 해체시킨 역사적 과정을 그리고 있는 것이다.62)

이러한 일련의 과정을 거쳐 빵떼옹은 명실 공히 혁명 프랑스가 추구해야 할 이념과 가치를 대표하는 '세속적 영웅'의 추모공간으로 정립되었다. 구체제의 안티테제인 인물과 이데올로기와 미학으로 성립되면서 근대세계와 죽음의 정치가 얼마나 밀접한 연관성을 갖는지를 역설하고 있었다.


## 3. 아메리카 합중국: 독립, 분열 그리고 내전

영국의 식민통치정책에 저항하는 세력들이 보스턴 근처의 콩코드에 탄약과 무기를 비치하고 전투를 준비하고 있다는 소식을 접한 영국정부는 약 7천 명의 정규군을 파견해 혁명 지도자들을 체포하고 군사시설을 파괴한다는 계획을 세웠다. 임무를 띠고 콩코드로 향하던 영국군과 식민지 민병대는 렉싱턴에서 맞붙었다. 1775년 4월이었다. 렉싱턴 전투에서 영국군은 8명의 민병대

---

62) Deming, "Le Panthéon révolutionnaire," 129-130.

를 사살하는 전과를 올리고 다음날 새벽 의기양양하게 콩코드로 진입했지만 사정은 렉싱턴에서와는 전혀 달랐다. 식민모국의 군대는, 인근지역에서 모여들어 점점 더 늘어가는 민병대의 기를 꺾을 수 없었다. 영국군이 많은 사상자를 내고 패퇴함으로써 식민지는 영국을 상대로 최초의 전과를 올렸다. 근대 민주주의 이념을 체현할 신흥공화국의 탄생을 이끌 역사적 대사건인 미국 독립혁명의 서막을 예고하는 상징성 짙은 전투였다.

식민모국 영국과 아메리카 식민지는 그로부터 1781년까지 수많은 전쟁을 치러야 했다. 영국군은 1777년 가을까지는 유리한 전세를 지켰지만 그해 9월 뉴욕 주 새러토가Saratoga 전투에서 거의 궤멸 수준에 이르면서63) 전세는 역전 불가능한 상태로 빠져들었다. 특히 프랑스와 스페인이 영국에 맞서 아메리카 식민지에 대한 전방위적 지원을 아끼지 않음으로써 식민지군은 적군을 압도할 수 있었다. 1781년 10월 17일 요크타운Yorktown에서 7천의 영국군을 완전히 포위하는 성과를 내면서64) 식민모국은 전의를 상실했다.

종전협약이 체결되는 1783년까지도 산발적인 전투가 진행되었지만 아메리카 식민지 대표들은 협약과정에서 다룰 사안들을 논의하기 시작했다. 1783년 9월 3일 종전조약인 파리조약이 체결되었다. 영국 국왕은 아메리카 식민지 13개 주의 주권과 독립을 인정하고, 그 나라의 정부, 재산, 영토 전체와 일부에 대한 어떠한 권리도 없음을 인정하는 제1조를 필두로 국경문제(제2조), 어업권(제3조), 왕당파의 재산몰수 문제(제6조), 전쟁포로 문

---

63) H. 벨렌로이터, 「미국혁명」, 페터 벤데, 권세훈 역, 『혁명의 역사』 (시아출판사, 2004), 91.
64) 벨렌로이터, 「미국혁명」, 92.

제(제7조) 등에 관한 협약을 체결했다.65)

아메리카 식민지는 국가 건설의 최초 국면을 돌파했다. 이제 1776년 7월 4일의 '독립선언서'가 표방한 가치를 구현할 새로운 국가를 건설하는 단계로 진입한다. 독립국가에 관한 최초의 제도적 청사진은 1777년 여름에 완성되어 각 나라states의 비준을 받아 그해 11월 15일 대륙회의를 통과한 '연합헌장Articles of Confederation and Perpetual Union'이었다. '헌장'은 탄생하게 될 국가를 '아메리카국가연합The United States of America'으로 명명했다(제1조).66)

국가의 명칭과 관련해 두 가지 중요한 사실이 있다. '아메리카'라는 지리적 정체성을 통해 근대국가의 영토적 원리를 제시하고 있는 것과 '여러 나라들states'의 연합체로 국가 성격을 규정하고 있는 것이다. 이러한 국가 정체성은 식민지 독립투쟁이라는 당시 상황과 직접적인 관련성을 지니고 있다. 우선, 국가의 지리적 범위를 아메리카로 설정한 것은 영국이라는 식민모국에 대한 영토적 안티테제다. 말하자면 그것은 본질적으로 식민지로부터 지리적·정치적·상징적 단절을 가시화하는 일이었다. 다음으로 국가의 성격을 독자적인 땅과 주권과 헌법과 문화를 가진 나라들의 느슨한 결합, 즉 연합confederation으로 규정한 것은 강력한 중앙집권적 왕권을 특징으로 하는 영국의 정체에 대한 비판적 성찰의 결과로 추론할 수 있다.

'연합'이란 국체의 명칭은 본질적으로 권력의 중앙 집중과는 거리가 멀다. 연합헌장 제2조에는 집중화된 국가권력에 대한 부정적 시각이 압축적으로 표현되고 있었다. "각 나라들은 주권, 자유, 독립을 보유하고 있으며, 이러한 연합 아래에서 나라

---

65) "The Paris Peace Treaty of 1783," wikipedia.
66) "Articles of Confederation and Perpetual Union," wikipedia.

의 모든 권력과 재판권과 권리는 연합의회에 의해 대표될 수 없다." 이런 점에서 연합을 "하나의 정부라기보다는 주권을 지닌 나라들 간의 동맹에" 67) 가까운 것으로 묘사해야 할지 모른다. 집중화된 권력에 대한 식민지 지도자들의 우려에는 두 가지 이유가 있었다. 첫째, 아메리카 정치지도자들은 정치사상적 차원에서 로크나 몽테스키외와 같은 근대 민주주의 사상가들의 세례를 받았다. 그들은 시민의 자유를 확보하기 위해서는 국가권력의 분산이 필수적임을 강조했다. 둘째, 식민지 정치가들은 7년 전쟁의 승자 영국이 아메리카 식민지를 대상으로 실시한 권위주의적 식민통치로 인해 강력한 권력집중이 가져올 폐해를 명확하게 인식했기 때문이다.

그렇지만 한 연구자가 지적하고 있듯이 이 연합헌장을 정치적 연대나 협력을 무시한 채 각 나라들의 개별적 주권과 자유와 독립적 존재성만을 규정한 것으로 이해해서는 안 된다.68) 영국정부의 억압적 식민통치에 대해 '무력적 저항을 하지 않을 수 없음을 변호한 선언서Declaration of the Causes and Necessity of Taking up Arms'를 통해 "우리의 대의는 정당하다. 우리의 연합은 완벽하다"고 밝힌 것에서 알 수 있듯이 13개 나라들의 연합체는 절대적이고 배타적인 정치적 자유를 보유하는 주권체인 것만이 아니라 공동의 목표를 위해 결성된 협력적 정체라는 사실을 환기할 필요가 있다. 연합헌장에 "영구적 결속perpetual union"이라는 규정이 포함되어 있다는 점이 그러한 사실을 한층 더 명확하게 보여주고 있다. 이러한 문제의식에 대한 고민과 성찰은 연합헌장 제3조에 잘 나타나 있다.

---

67) 정경희, 『미국을 만든 사상들』(살림, 2004), 257.
68) 조지형, 『대통령의 탄생』(살림, 2008), 17.

이제 각 나라들은 공동의 방어, 자유의 보호, 상호의 보편적 복지를 위해 신앙, 주권, 통상 등에 대한 외부의 위협에 대응하고 공격하기 위해 상호 결합함으로써 견고한 우호연맹에 가입한다.[69]

새로운 국체의 성격을 규정한 최초의 법률적 문서인 연합헌장은 각 나라들의 자유와 주권을 최대로 보장함과 동시에 공동체의 결속과 공동의 목적 달성을 위해 연합을 유지해야 한다는 의지의 반영으로 해석할 수 있다. 아메리카 정치공동체가 지향하는 이중의 정치적 목표를 동시에 달성하기 위한 실질적 해법이라고 볼 수 있다.

식민지 독립투쟁을 통해 영국에서 해방된 아메리카 국가연합은 이 연합헌장의 법률적 규정 위에서 운영된다. 그런데 그 연합헌장에 기초한 국가연합은 시간이 지날수록 국내외 여러 문제들을 효과적이고 실질적으로 해결하지 못하는 제도적 무능력을 드러냈다. 그리고 그것은 곧 연합체제에 대한 비판과 새로운 체제의 정당성을 강화하는 논리로 이어졌다.

아메리카 국가연합은 연합체의 대내외 정책을 총괄적으로 입안하고 집행할 수 있는 중앙결정기관을 보유하고 있지 못했는데, 그러한 중앙집권적 행정기관의 구성을 명시한 조항이 연합헌장에는 없었기 때문이다. 그것은 실수가 아니라 각 나라들의 정치적 주권과 자유를 보장하기 위한 의지의 소산이었다. 물론 그렇다고 해서 연합 전체의 문제를 다루고 집행할 기관이 전혀 없었던 것은 아니다. 연합헌장은 최고 의결기구로 기능할 '연합회의'의 구성과 연합체의 일반 업무를 관리하는 위원회의 조직과 운영을 규정하고 있었다. 그렇게 보면 아메리카 연합의 최

---

69) "Articles of Confederation and Perpetual Union".

고 행정권은 연합회의에 귀속되어 있었다.70) 그렇지만 연합회
의는 형식상으로는 최고 행정기관이면서도 연합체의 이해관계를
조율하고 통제할 권한을 실질적으로 가지고 있지 못했다. 말하
자면, 연합회의는 각 나라에 세금을 부여할 권한인 조세권과 나
라 간의 교역을 규제할 권한이 없다71)는 점이다. 이러한 한계에
더해 연합회의는 1천 명 남짓의 독자 운용 병력만을 보유하고
있을 뿐이었다.72)

  연합헌장의 반집중적 원리와 그로부터 파생된 중앙집권적 결
정기관의 부재는 이상적인 혹은 바람직한 체제에 대한 미국인들
의 정치적 관념을 반영한 것이지만 그럼에도 그것은 신생독립국
의 생존을 염려할 만큼 심각한 문제로 다가오지 않을 수 없었
다.73) 몇 가지 예를 보면, 독립전쟁이 끝난 뒤 신생국은 무역적
자에 따른 경제 불황을 겪고 있었는데, 그에 대한 대응으로 북
부의 나라들은 외국 상품들의 수입규제를 추진하고자 했으나 그
에 반대하는 다른 나라들이 자신들의 이해관계에 맞추어 적극적
인 수입정책을 펼침에 따라 무역적자를 만회하기 위한 공동 정
책을 구사하기가 어려웠다. "통상의 무정부상태"74)로 불릴
수도 있는 상황이 초래되고 있었다. 이러한 경제적 문제와 함께
외교와 군사상의 삐걱거림도 발생했는데, 영국은 서인도제도의
자국 식민지에 대한 미국 선박의 입항을 거부하고 미국의 몇몇
나라들이 파리 평화조약을 위반했다는 이유로 군대를 계속 주둔
하고 있었으며, 스페인 또한 주둔군을 동원함으로써 신생국을

---

70) 조지형, 『대통령의 탄생』, 18.
71) 정경희, 「미국 헌법의 제정과 연방공화국의 건국」, 『역사학보』 제198집 (2
008), 257.
72) 권용립, 『미국외교의 역사』(삼인, 2010), 106-107.
73) 최명·백창재, 『현대 미국정치의 이해』(서울대학교 출판부, 2000), 29.
74) 정경희, 「미국 헌법의 제정과 연방공화국의 건국」, 269.

위협하는 군사행동을 감행하기도 했다. 미국 상선을 나포하고 선원을 노예로 팔아버리는 해적활동 또한 신생국의 안전에 심각한 위협이 되지 않을 수 없었다.75) 이러한 일련의 정치경제적 위기들에 대해 연합회의는 아무런 대응능력도 보여주지 못했다.

이러한 상황에서 신생국의 영향력 있는 정치지도자들은 연합체의 한계를 지적하고 새로운 제도적 대안을 구축해야 한다는 당위성에 공감했다. 워싱턴Georges Washington, 매디슨James Madison, 제이John Jay, 해밀턴Alexander Hamilton 등이 그들이었는데, 그들은 새로운 국가형태와 권력구조를 조형할 헌법 제정의 필요성에 공감하면서 본질적 과제를 아메리카 국가연합의 극단적인 분산적 권력구조를 해체하고, 실질적인 권력과 영향력을 보유하는 중앙 권력체를 수립하는 일로 설정했다. 하지만 그들은 강력한 중앙 집권적 권력기관의 형성과 헌법적 정당화는 궁극적으로 13개 나라들의 주권과 정치적 자율권의 축소 또는 박탈을 의미한다는 분권주의자들의 정치적 반대에 부딪혔다.

1787년 2월 21일, 연합회의는 필라델피아에서 개최될 헌법제정회의를 승인하고 각 나라들의 참여를 독려했다. 그해 여름, 로드아일랜드를 제외한 12개 나라 55명의 대표들이 필라델피아에 모여 헌법제정회의를 열었다. 참석자들의 대다수는 상대적으로 강력한 권한을 보유한 중앙정부의 수립에 공감하고 있었다. 참석한 인사들의 정치적 의사가 균질할 수 있었던 이유는 제헌의회에 반대한 정치지도자들이 대표 선출과정 자체에 참여하지 않았기 때문이다. 1787년 5월 29일 전원위원회Committee of the Whole 개최를 시작으로 여러 헌법안을 둘러싸고 논의가 전개되었으며, 같은 해 9월 17일에 각 나라 대표들이 문체위원회Committee of the Style

---

75) 정경희, 「미국 헌법의 제정과 연방공화국의 건국」, 271.

를 통과한 헌법에 서명―42명 중 39명이 서명하고, 3명이 거부했다―함으로써 필라델피아 헌법제정회의의 임무가 완료되었다. 이제 각 나라의 비준 절차가 기다리고 있었지만, 헌법제정회의에의 참여를 거부한 정치적 논객들이 각 나라의 의회와 언론을 무대로 새로운 헌법에 대한 강력한 반대 논변을 펼칠 준비를 하고 있었기 때문에 비준과정이 결코 순탄하지 않을 것으로 예견되었다. 그 대논쟁의 무대에서 강력한 중앙정부의 수립을 주창하고 지지한 정치세력을 '연방주의자Federalist'로, 그 반대편에 선 이들을 '반연방주의자Anti-Federalist'로 부른다.

연방주의자들은 연합체제의 한계와 그로부터 초래되는 정치적 문제들을 제기하면서 새로운 헌정체제의 효율성을 강조했다. 그들은 현재의 국가연합이 식민지적 위기 상황에서 형성된 과도기적 정부 형태임을 환기했다. 연합체제가 노정하는 일련의 문제들은 효율성을 지니는 새로운 정부를 통해서만 해결할 수 있다는 것이 연방주의자들의 입론이었다. 13개 나라들의 입법과 행정을 통합적으로 관할할 중앙정부가 존재함으로써 가장 능력 있고 견실하며 도덕적인 인재의 활용이 가능해지고, 그럼으로써 내외부의 갈등을 효과적으로 해결할 토대를 확보할 수 있다는 논리였다.

연방주의자들은 새로운 정부 형태 또는 국가체제를 다음과 같이 정리하면서 반연방주의자들의 공격을 막아내려 했다.

연방공화국의 정의는 '사회들의 집합' 혹은 둘 또는 그 이상의 나라들이 하나의 국가로 연합하는 것이다. 중앙정부의 권한 범위, 변화와 목적은 단지 자유재량의 문제다. 구성원들의 개별적 조직이 폐지되지 않는 한, 그것이 지역적 목적을 위해 헌법적 필연성 때문에 존재하는 한, 그것이 연방체제의 일반적 권한에 완전히 종속되어 있어도 여

113

전히 사실과 이론 모두에서 나라들의 연합 또는 연방국으로 존재할 뿐이다. 제안된 헌법은 나라 정부의 폐지를 암시하기 보다는 나라 정부들이 상원을 통해 직접 대표성을 발휘하게 함으로써 그들을 국가적 통치권의 구성요소로 만들고, 주권의 독점적이며 중요한 부분을 그들 소유로 남겨둔다. 이것은 모든 합리적인 취지에서 연합정부의 구상과 완전히 일치한다.[76]

아메리카 연합의 분산적 권력구조와 제도상의 한계를 극복할 강력하고 실질적인 중앙정부의 등장을 지지한 연방주의자들에 맞서 반연방주의자들은 기존 체제의 존속에 대한 믿음을 널리 확산시키려 했다. 헨리Patrick Henry, 애덤스Samuel Adams, 리Henry Lee, 클린턴Georges Clinton 등 반연방주의자들은 필라델피아 헌법제정회의가 승인한 헌법을 근본적인 차원에서 문제 삼았다. 우선, 새로운 헌법은 인민의 의사를 거스르고 있고 연합헌장의 원칙 또한 위배하고 있다. 필라델피아 헌법제정회의가 승인한 헌법은 연합이라는 기존의 체제에서 통합이라는 전혀 이질적인 체제로의 이행을 유도하고 있는데 그것은 헌법적으로 정당하지 않다. 왜냐하면 각 나라들의 대표는 연합헌장의 수정권한만을 가지고 있을 뿐이기 때문이다. 따라서 필라델피아 헌법제정회의가 새로운 헌법을 통과시킨 것은 그 자체로 월권행위다. 그들은 연합헌장이 법률의 수정과 관련해 '모든 나라의 찬성'이라는 원칙을 명시하고 있는데 필라델피아 헌법제정회의는 만장일치가 아니라 9개 나라의 비준만으로 새로운 헌법의 발효를 승인했다는 점에서 헌장의 원칙을 명백히 거슬렀다는 논리를 표명했다.[77] 새로

---

76) 알렉산더 헤밀턴, 제임스 메디슨, 존 제이, 김동역 역, 『페더랄리스트 페이퍼』 (한울, 2009), 59.
77) 정경희, 『미국을 만든 사상들』, 31-33.

운 헌법은 미국 혁명이 추구한 정치이념에 대한 도전이라는 의미에서 문제의 심각성이 더 크다고 반연방주의자들은 판단했다. 혁명은 13개 나라들이 모든 면에서 자유롭고 평등하며 주권체로 존재하고 유지되는 제도적 형식을 실현하기 위한 과정이었으며, 그 과정은 연합헌장으로 구현되었다. 그런데 새로운 헌법은 그 연합체의 성격을 버리고 단일국가체제를 수립하려 한다. 이는 연합체의 평등한 주권체인 나라들의 위상을 파괴하거나 약화시킬 수 있다. 궁극적으로 새로운 헌법이 "미국이라는 공동체의 기초 자체를 파괴할 것"[78]이라는 판단 아래에서 반연방주의자들은 헌법제정회의와 새 헌법을 신랄하게 비판했다.

바람직한 정체에 관한 이념 논쟁의 승자는 연방주의자들이었다. 1788년 12월 7일에 델라웨어의 비준을 시작으로 같은 해 6월 21일에 뉴햄프셔가 9번째로 비준을 마침으로써 새로운 헌법이 효력을 발휘하게 되었다. 이제 아메리카합중국은 연합에서 연방federation으로 변모하게 되고, 13개의 나라들은 연방정부와 연방의회가 이끄는 미국연방공화국의 한 '주' 가 되었다.

국가 건설이 정치공동체의 특정한 제도적 양식을 구축하는 과정이라는 차원에서 연방헌법의 승인과 그에 따른 새로운 정부형태의 수립은 국가 건설의 매듭짓기가 이루어졌음을 말하지만, 그렇다고 해서 그 제도적 양식과 가치를 내면화하고 동일화하는 구성원인 연방 국민이 온전하게 만들어진 것은 아니었다. 당시 연방공화국의 국민들은 국가의 역사적 뿌리 그리고 정치적 지향과 관련해 상당 부분 이념적 공유지대를 확보하고 있었지만, 궁극적으로 내전으로 귀결될 대립적 영역들을 극복하지 못하고 있었다.

---

78) 정경희, 『미국을 만든 사상들』, 34.

그 대립 구도는 북부와 남부라는 지리, 혹은 공간상의 적대적 균열로 표상되었다. 북부의 미국인들이 "국가 지상 공화주의Nationalist Republicanism"를 소망스런 국가 이념으로 받아들였던 반면에 남부의 국민들은 "평등 지상 공화주의Egalitarian Republicanism"의 신념을 간직하고 있었다. 앞의 것이 "중앙정부의 강력한 지도 아래 세계 제국이 되어야 한다는 상업제국 이념을 지향"하는 것이라면, 뒤의 것은 지방분권적인 자율성 아래에서 개인의 자유가 보장되는 소규모 경제 공동체를 꿈꾸는 것이었다.79) 해밀턴의 연방주의와 제퍼슨의 공화주의는 그 두 이념을 대표하는 사상이었다.80)

1830년대 초반 미국을 여행하면서 그들의 삶과 제도를 관찰한 프랑스 정치사상가 토크빌Alexis de Tocqueville은 북부인과 남부인의 눈에 띄는 기질적 차이가 있다면서 다음과 같이 묘사했다.

> 남부의 아메리카인은 충동적으로 행동하는 경향이 짙다. 그는 다소 영리하고 솔직하고 온후하며 지성적이고 재치가 있다. 북부인은 활동력, 상식, 지식 및 일반적인 적응력을 좀 더 가지고 중산계급에 특징적으로 나타나는 좋은 점과 나쁜 점을 함께 가지고 있다. 남부인은 모든 귀족들의 취향, 편견, 취약성 및 관대함을 지니고 있다.81)

그러한 기질적 차이에 더해 남부와 북부는, 주지하는 것처럼, 지역경제에서 깊은 이질성을 보이고 있었다. 북부가 자유로운 노동력에 토대를 둔 산업자본주의 경제를 운용하고 있었다면, 남부는 노예제를 기반으로 하는 대농장 중심의 농업경제가 지배하고 있었다.

---

79) Greenfeld, *Nationalism*, 428.
80) 권용립, 「미국외교의 역사」, 94.
81) A. 토크빌, 임효선·박지동 옮김, 「미국의 민주주의 I」(한길사, 2011[1997]), 487.

정치이념, 기질, 경제 등을 가로지르는 일련의 지역적 차이는 미증유의 군사적 대결인 내전으로 이어졌다. 본질적으로 1860년 대의 남북전쟁은 연방공화국 체제를 수립했음에도 여전히 통일된 국민적 정체성을 형성하지 못한 상태임을 말해주는 비극적 사건이었다.

정치적 가치, 이해관계, 역사성, 감성의 차이들이 중첩되어 형성된 국민적 이질성이 단일의 연방체제와 결합된 국민적 동질성으로 전환되기 위해서 내전은 불가피하게 치러야 할 국면일 수도 있었지만, 그러한 정치적 변환은 19세기 말엽이 되어서야 가능했을 정도로 지난한 노력과 인내가 필요했다. 새로운 이상을 안고 출발한 연방공화국은 반세기가 조금 지난 시점에서 내부 분열의 극복과 국민적 통합을 향한 능력을 검증받아야 할 때를 만났다. 그 결정적 단초는 남북의 복합적 차이와 갈등을 응축하고 있던 노예제 문제였다.

미국 연방은 19세기 초반부터 노예제 폐지를 둘러싸고 정치적 분열상을 보여 왔다. 이념, 경제적 현실, 영토 확장에 따른 세력 관계, 국제사회 변화 등의 요인과 맞물려 전개되던 노예제 문제가 내전으로 터지기 위해서는 1850년대의 정치 국면을 통과해야 했다.

1852년의 대통령 선거가 초래한, 노예제를 둘러싼 휘그당의 분열은 휘그당 내 반反 노예제 세력의 탈당으로 이어졌다. 탈당파와 그에 동조하는 민주당 정치인들이 모여 신생정당 공화당 Republican Party을 결성했다. 공화당은 반 노예제 분위기가 지배적인 북부 지역을 자신들의 정치적 토대로 구축하는 데 성공하면서 그 영향력을 확대해 나갔다. 노예제를 반대하는 공화당이 영향력 있는 정당으로 부상함에 따라 미국 내 정치적 갈등의 강도가 더 높아졌다. 미국사회는 노예제 문제를 놓고 분열을 거듭했다. 사안은 지역을 가르고, 정당을 분열시키고, 여론을 대립시켰다.

1858년 의회 선거가 열렸다. 가장 주목할 만한 선거는 일리노이 주 연방 상원의원 자리를 놓고 민주당의 스티븐 더글러스Steven Douglas와 거의 무명에 가까운, 공화당 링컨Abraham Lincoln 간의 경합이었다. 성공한 변호사였던 링컨은 그동안 일리노이 주 의원으로 활동하면서 지역 내에서 정치적 유명세를 얻고 있었지만 전국적인 인물은 아니었으며 더욱이 더글러스에 필적할 수도 없었다. 1858년 6월 16일 공화당 전당대회에서 링컨은 일리노이 주 연방 상원의원 후보로 선출되자 '분열된 집 연설The House Divided Speech'로 화답했다. 링컨은 연설을 통해 노예제가 국가를 분열시킬 수 있음을 경고하면서 연방국가에 대한 자신의 소신과 신념을 강하게 표명했다.

> 둘로 나뉘어 서로 적대하는 집안은 결코 유지될 수 없습니다. 저는 이 정부가 절반은 노예제를, 절반은 자유를 주장하며 영원히 지속될 수는 없다고 믿습니다. 저는 연방이 해체되는 것을 원치 않습니다. 집이 무너지는 것도 바라지 않습니다. 다만 이 분열이 끝나기만을 바랍니다. 어떠한 방식으로든 하나가 되어야 할 것입니다.[82]

링컨과 더글러스는 총 7회의 논쟁을 벌였는데 언론과 대중의 관심은 폭발적이었다. 《뉴욕타임스》가 "전국적으로 가장 흥미로운 정치적 논쟁의 무대"라고 평가한 링컨-더글러스 토론장에 모여든 유권자들은 그들의 주장에 깊이 빠져들었다. 링컨은 선거를 "노예제를 잘못된 것으로 바라보는 계급과 잘못된 것으로

---

82) 링컨, 「분열된 집 연설」, 한국미국사학회, 『사료로 보는 미국사』 (궁리, 2006), 156.

바라보지 않는 계급" 간의 싸움으로 설정했다.[83] 그는 흑인의 자유를 인정하지 않는다면 다른 인종이나 집단들의 자유 역시 박탈당할 수 있음을 인정해야 한다며 노예제를 공격했다.[84] 선거 결과는 더글러스의 근소한 승리였지만 국가적 사안을 선명하게 부각하는 데 성공한 링컨은 정치적 유명세를 타기 시작했다. 대통령이 되기 위한 최초의 문턱을 무난하게 넘어선 것이다.

그즈음 남부 전체를 공포와 분노로 몰아넣은 존 브라운John Brown 사건이 발생했다. 캔자스에 들어가 노예제를 찬성하는 사람들을 향해 테러를 감행했던 급진적이고 전투적인 노예해방론자였던 브라운은 1859년 가을, 버지니아 산간요새의 장악을 시작으로 남부의 노예폭동을 위한 준비를 시작했다. 그는 추종자 18명을 데리고 버지니아 주 하퍼스 페리Harpers Ferry의 미국 병기고를 공격해 장악했지만, 로버트 리 장군Robert Lee이 이끄는 연방군에 의해 체포되어 반란죄로 버지니아 주 법정에서 사형 선고를 받아 6명의 동료들과 함께 교수형에 처해졌다. 이 사건을 목도한 남부 백인들은 '연방 내에서' 안전하게 살 수 없으리라는 확신을 갖게 된다. 그들의 판단은 정치적인 것이다. 즉, 브라운의 뒤에 공화당이 있어 남부에서 반 노예제 반란을 조장하는 데 앞장서고 있다고 믿었다는 뜻이다.[85]

이러한 분열과 적대의 국면 속에서 미국 역사를 결정적으로 바꿀 1860년의 대통령 선거가 다가오고 있었다. 선거를 앞두고

---

83) Michael Jay Friedman, "Path to the White House: Abraham Lincoln from 1854," in *Abraham Lincoln: a Legacy of Freedom* (http://photos.state.gov/libraries/korea/49271/dwoa_122709/lincoln.pdf), 26.
84) 프란시스 휘트니 외, 이경식 옮김, 『미국의 역사』(주한미국대사관 공보과, 2004), 209.
85) Robert Dallek et al., *The Great Republic: A history of the American people* vol. 1(D C Heath, Co, 1985), 111-112.

이번에는 민주당이 분열했다. 노예제도의 존속을 강력하게 주장하는 남부 당원들과 주민주권론을 지지하는 서부 당원들의 입장이 충돌했다. 민주당은 1860년 4월에 사우스캐롤라이나의 찰스턴Charlestown에서 전당대회를 개최했다. 전당대회가 주민주권론을 지지하자 그에 반대하는 8개 주 대표들이 대회장을 떠나고 남은 대의원들이 대회를 계속 이어갔지만 대통령 후보를 결정하지 못하고 6월 볼티모어 대회를 합의한 뒤 해산했다. 볼티모어 전당대회가 앞의 더글러스를 대통령 후보로 지명하자 이에 실망한 남부의 민주당원들이 그 사이 리치먼드에 모여 존 브레킨리지John C. Breckinridge를 또 다른 후보로 선출했다. 분열된 민주당에 맞서 공화당은 대중적 유명세를 키워나가던 링컨을 후보로 선출했다.

대통령 선거는 그해 11월에 치러졌다. 링컨이 선거인단 투표에서 과반수(180)를 확보해 당선되었다. 승자독식의 원리를 따르는 미국의 대통령 선거에서는 선거인단 지지와 유권자의 지지가 일치하지 않을 경향이 상존한다. 일반 유권자 투표에서 링컨은 39.8%인 1,865,593의 표를 얻었는데 그것은 과반수에 미치지 못하는, 주목할 만한 지지가 아니었다.[86] 그 결과는 곧 신임 대통령이 분열된 국가를 통합할 견고한 정치적 토대를 확보하지 못했음을 의미한다. 그에 더해 공화당 또한 의회 선거에서 과반수 의석을 확보하지 못했다.

남부 백인들은 노예제를 반대하는 링컨이 당선되자 연방의 일부로 남는 것에 부정적인 견해를 드러냈다. 그들은 이미 그 이전에도 링컨이 당선되면 연방을 탈퇴할 것이라는 발언을 서슴지 않았다.[87] 그들은 링컨의 지지율이 과반수에 한참 미치지 못한

---

86) Dallek et al., *The Great Republic*, 112.
87) 권상선, 「미국 남북전쟁에 대한 소고: 흑인노예제도를 중심으로」, 『역사

결과를 보면서 그의 정치적 지도력에 회의를 느끼기 시작했을 것이다. 링컨은 국민적 지지를 끌어안은 정치가는 아니었기 때문에 그의 당선은 노예제라는 예민한 문제를 정치적으로 봉합해 나가면서 불안하게 유지되고 있던 '하나의 국민'이라는 감정을 결정적으로 뒤흔든 사건으로 볼 수 있다.[88] 그런 점에서, 링컨이 취임하기도 전에 연방 탈퇴라는 사건이 벌어진 것은 비극이었지만 예상 가능한 일이었다. 사우스캐롤라이나를 시작으로 탈퇴 선언이 꼬리를 이었다. 1860년 12월 20일 사우스캐롤라이나 주 의회는 만장일치로 연방 탈퇴를 가결하고 '사우스캐롤라이나 주 연방 탈퇴 선언South Carolina Declaration of Causes of Secession'을 발표했다.

[…] 지역의 경계선이 연방을 가로질러 그어지고 그 선의 북부에 있는 모든 주가 그 의견과 목적이 노예제도를 적대시하는 어떤 사람을 미국의 대통령이라는 고위직에 선출하는 데 합의했다. […] 오는 3월 4일 이 정당이 정부를 장악할 것이다. 이 당은 남부가 미국 영토에서 제외되며, 법원은 지역적인 것으로 만들어질 것이며, 노예제도에 대한 전쟁은 미국 전역에 걸쳐서 그 제도가 없어질 때까지 수행되어야 한다고 선언하고 있다. […] 그렇다면 이제 헌법에 의한 보장은 존재하지 않을 것이다. 그리고 각 주의 평등한 권리는 상실될 것이다. 노예소유주들은 자치나 자기방위의 힘을 더는 갖지 못할 것이다. 그리고 연방정부는 그들의 적이 될 것이다. […] 그러므로 사우스캐롤라이나 주의 주민들은 대표자 회의에 모인 대표들을 통해 세계의 지식인에게 우리 취지의 정당함을 호소하면서 지금까지 이 주와 북아메리카의 다른 주들 사이에 존재해온 연방은 해체되었으며 사우스캐롤라이나 주는 전쟁 수행, 강화, 동맹체

와 경계』 4 (1980), 152.
88) Dallek et al., *The Great Republic*, 115.

결, 통상 그리고 독립국가가 정당하게 할 수 있는 다른 모든 행동과 사무를 처리하는 완전한 권한을 가지고 개별적이고 독립적인 국가로서 세계 국가들 가운데 그 지위를 되찾았음을 엄숙히 선언한다.[89]

남부 분리주의의 온상으로 비유될 만한 지역이라는 면에서 사우스캐롤라이나의 연방 탈퇴는 대단히 큰 상징성이 있었다. 국가 분열의 위기가 가시적 양상을 띠기 시작했음을 의미한다. 1860년 12월 뷰캐넌James Buchanan 대통령은 연방 의회에서 어떤 주도 연방을 탈퇴할 권리가 없지만 설령 탈퇴한다고 하더라도 연방 정부가 이를 막을 권한은 없다는 모호하고 모순적인 메시지를 전달했다.[90] 연방 탈퇴를 가속화하는 발언으로 들릴 만한 것이었다. 사우스캐롤라이나에 이어 미시시피(1861년 1월 9일), 플로리다(1861년 1월 10일), 앨라배마(1861년 1월 11일), 조지아(1861년 1월 19일), 루이지애나(1861년 1월 26일), 텍사스(1861년 2월 1일) 등이 탈퇴를 선언했다.

링컨은 그야말로 국가적 위기 앞에서 취임연설을 해야 했다. 1861년 3월 4일의 취임식에서 대통령은 우선 탈퇴한 주를 향한 화합의 메시지를 전달했다.

공화당 행정부가 들어섬으로써 남부 여러 주의 주민들 사이에 재산과 평화, 신변의 안전이 위협당하리라는 우려가 생겨난 듯합니다. 그러나 그러한 우려는 결코 근거 없는 것입니다. 오히려 그와 반대되는 가장 풍부한 증거를 [···] 지금 여러분 앞에서 연설하는 사람이 공개한 모든 연설문들에서 찾을 수 있습니다. 저는 다음과 같이 선언하면서 연설문 가운데 하나만 인용하고자 합니다. '저는 노예제가 존재하는

---

89) 「사우스캐롤라이나 주 연방탈퇴 선언」, 『사료로 읽는 미국사』, 159.
90) William A. Dunning, "The Constitution of the United States in Civil War," in *Political Science Quarterly* 1(2) (1886), 163-164.

주들 내에서 노예제도에 대해 직접적이든 간접적이든 간섭할 의도가 전혀 없습니다. 제게 그렇게 할 수 있는 법적 권한도 없을뿐더러 또 그렇게 할 의사도 없습니다.' [⋯] 이제 이러한 생각을 재천명하며, 그렇게 함으로써 의심스러운 사건에 대해 가장 결정적인 증거를 다음 과 같은 말로 대중의 뇌리에 각인하고자 합니다. 곧 이제 들어설 행정 부는 한 지역의 재산, 평화, 안전을 어떠한 방식으로든 위협하지 말아 야 한다는 것입니다.[91]

하지만 신임 대통령은 대통령 후보 수락 연설을 통해 강조해마 지 않았던 연방의 통합이라는 국가적 목표를 또 다시 역설하고 7 개의 분리 주를 향해 강력한 경고 메시지를 전달하는 것도 잊지 않았다.

[⋯] 헌법과 법률에 비추어볼 때 연방은 분리되어서는 안 되며, 저는 헌법의 분명한 명령에 따라 연방의 여러 법률이 모든 주에서 충실히 시 행되도록 돌볼 것입니다. 이 일을 하는 것만이 제게 지워진 임무라고 생각하며, 의로운 제 주인들인 미국 인민들이 필요한 수단을 앗아가지 않는다면 또는 제게 그 반대를 명령하지만 않는다면 할 수 있는 한 그 것을 수행할 것입니다. 저는 이것이 위협이 아니라 단지 연방을 합헌적 으로 수호하고 유지하기 위한 연방의 공언된 목적으로 받아들여지리라 믿습니다. [⋯] 우리는 분리될 수 없습니다. 우리는 각 지역들을 서로 떼어놓을 수 없으며 그들 사이에 넘을 수 없는 장벽을 쌓을 수도 없습 니다. 남편과 부인은 이혼할 수도 있고 면전에서 사라질 수도 있고 서 로 만날 수 없는 곳에 있을 수도 있습니다. 그러나 우리나라의 서로 다 른 지역들은 그럴 수 없습니다. 그들은 마주 대하고 있어야 합니다. [⋯][92]

---

91) 「제1차 대통령 취임연설」, 『사료로 읽는 미국사』, 163-164.
92) 「제1차 대통령 취임연설」, 164-166.

연방 해체라는 정치적 위기 앞에서 링컨 행정부의 가장 시급한 문제는 사우스캐롤라이나 주 찰스턴 항구의 한 섬에 있는 군사기지 섬터 요새Fort Sumter를 지키는 일이었다.93) 요새에 주둔한 연방 병력의 보급품이 얼마 남지 않았기 때문에 보급선이 출항해야 했다. 대통령은 사우스캐롤라이나 주 행정당국에 보급선의 항해를 군사력으로 방해하지 않는다면 병력이나 군수품은 보내지 않을 것이라는 뜻을 전달한 후에 보급품을 실은 선단을 파견했다. 그러나 사우스캐롤라이나 행정당국은 섬터 요새를 장악하라는 명령을 내렸다. 요새를 방어하고 있던 지휘관이 항복하지 않자 사우스캐롤라이나 군 병력은 1861년 4월 12일과 13일 양일간 요새에 포격을 가했고, 결국 연방 주둔군의 항복을 받아냈다. 연방정부는 군사적으로 대응했다. 남북전쟁의 시작이었다.

섬터 요새의 군사적 충돌이 있자마자 추가로 버지니아(1861년 4월 17일), 아칸소(1861년 5월 6일), 테네시(1861년 5월 7일), 노스캐롤라이나(1861년 5월 20일) 등 4개 남부 주들이 연방을 탈퇴해 앞서 분리를 선언한 7개 주와 정치적 운명을 함께 했다.94)

이렇게 연방을 떠난 11개의 주는 자신들의 공화국을 수립했다. 새로운 국가의 지도자들은 앨라배마 주 몽고메리에서 헌법제정회의를 가지고 '아메리카국가연합Confederate States of America'을 수립했다. 데이비스Jefferson Davis 대통령의 지도 아래에서 1861년부터 1865년까지 유지된 이 실험적 공화국은 노예제의 유지를 헌법에 명문화함으로써 연방 공화국과의 이념적 차이를 명확히 했다.95)

93) 권상선, 「미국 남북전쟁에 대한 소고」, 21.
94) 4개의 노예제 찬성 주인 메릴랜드, 델라웨어, 켄터키, 미주리는 연방정부의 압력을 받고 분리를 택하지 않았다.
95) "Confederate States of America," wikipedia.

'이념과 감성'의 영역에서 주조된 정치적 이질성은 이제 남부가 국가라는 제도적 형식을 갖추면서 국민적 대립과 적대감으로 변화하기 시작했다. 링컨 대통령은 취임연설에서 "하나이며 전체인 국민 여러분"[96]이라며 국민의 단일성을 강조했지만 그것은 정치적 바람 이상의 수사가 될 수 없었다.[97] '두 국민'은 자신들의 이념과 가치를 지키기 위해 상대를 절멸해야 할 존재가 된 것이다.

양적 비교의 차원에서 남부의 전쟁 수행력은 북부에 비해 많이 떨어진다고 할 수 있다. 북부 인구는 23개 주에 2천200만 명이었던 반면, 남부는 11개 주 900만 명에 불과했다. 더욱이 흑인노예가 350만 명에 달해 실질적인 병력 동원에서 남부는 열세를 면할 수 없었다. 또한 산업 생산력에서도 북부와 남부가 큰 차이를 보이고 있었고, 전쟁 수행에 필요한 광업자원 대부분이 북부에 편중되어 있었다. 농업의 경우 면화를 제외하면 대부분의 식량 생산력이 북부에 밀집되어 있었다. 물론 전쟁의 대부분이 남부를 무대로 치러졌기 때문에 병력과 물자를 동원해야만 했던 북부에 불리한 측면이 있었으며, 남부는 풍부한 군사적 경험을 지닌 지도자들이 많이 있었음을 언급할 수도 있다. 그렇지만 아메리카국가연합의 헌법이 주의 자율성과 독자성 이념에 입각해

---

96) 「제1차 대통령 취임연설」, 166.
97) 사람들이 남부와 북부를 전혀 다른 국가로 생각하고 있었다는 사실은 당시 두 약혼자에 관한 이야기를 통해 단적으로 드러난다. 버틀러는 사우스캐롤라이나 출신이었고 그의 약혼자 우드는 버지니아 사람이었다. 버틀러는 연방을 탈퇴한 자신의 고향을 위해 군복무를 하고 있었기 때문에 약혼자와 만나기 어려웠다. 버지니아가 연방 탈퇴를 아직 결정하지 못한 상태에서 그 두 사람은 서로를 각각 다른 국민으로 규정하고 있었다. 편지에는 "당신네 나라", "외국인"과 같은 호칭이 사용되었다. 드루 길핀 파우스트, 박현숙·안혜원 옮김, 『시련에 맞선 여성들: 미국 남북전쟁 시대 남부 특권계급 여성들의 이야기』 (솔과학, 2008), 26-27.

주정부에게 상당히 큰 정치적 권한을 부여했기 때문에 각 주들에 분산된 전쟁물자와 병력을 행정부가 신속하게 통합하고 동원하기 어려웠다는 사실을 환기할 필요가 있다.98)

북군과 남군은 버지니아 북부에서 처음으로 본격적인 대결을 벌였다. 1861년 7월 21일의 '제1차 불런 전투First Battle of Bull Run' 또는 '제1차 머내서스 전투First Battle of Manassas'를 말한다. 이 전투에서 북군은 남군의 전력을 결정적으로 약화시킬 뻔 했지만 남군의 반격으로 전세가 역전되었다. 남군과 북군은 전쟁이 조기에 끝나기 어려울지도 모른다는 인식을 해야 했다.99) 해군력에서 앞서 있던 북군은 해상 전투에서는 절대적 우위를 점했지만 육지에서는 남군에게 연패했다. 1862년 봄, 북군이 아메리카국가연합의 수도 리치먼드를 점령하기 위한 군사 동원을 시작했다. 밀고 밀리는 전황이 계속되는 가운데 양 진영은 9월 17일 앤티텀Antietam 에서 14만에 가까운 병력으로 대규모 전투를 벌였다. 북군은 이 전투를 통해 전쟁을 종결지을 수준의 승기는 아니지만 전세를 유리하게 조성할 수 있었다. 전쟁이 한창인 1863년 1월 1일 링컨 대통령은 '노예해방령The Emancipation 'Proclamation'을 발표했다.

현재 미국에 대해 반란 상태에 있는 주나 주 일부의 노예들은 1863년 1월 1일 이후부터 영원히 자유의 몸이 될 것이다. 육해군 당국을 포함해 미국 행정부는 그들의 자유를 인정하고 지켜줄 것이며, 그들이 진정한 자유를 얻고자 노력하는 데 어떠한 제약도 가하지 않을 것이다.100)

---

98) 권상선, 「미국 남북전쟁에 관한 소고」, 153.
99) 프란시스 휘트니 외, 『미국의 역사』, 212.
100) 「노예해방령」, 『사료로 읽는 미국사』, 171. 노예해방령은 20만 명이 넘는 해방된 흑인들이 '유색인부대'로 복무할 수 있게 함으로써 북군의 전투력 상승에 지대한 공헌을 했다.

1863년 6월, 남군의 총사령관 로버트 리 장군은 전세의 결정적 전환을 꾀하기 위해 펜실베이니아 공격을 감행했다. 주도인 해리스버그 목전까지 진격하는 데 성공했지만 게티즈버그Gettysburg라는 작은 마을에서 북군의 격렬한 저항에 부딪혀야 했다. 남군과 북군은 1863년 7월 1일부터 3일까지, 앤티텀 전투 이후 남북전쟁에서 가장 기념비적인 전투를 경험했다. 병력의 거의 1/3을 잃으면서 초토화된 남군은 전세를 되돌리기 어려운 절망적 상황에 처하게 되었다.

　　1864년 초, 북군은 총사령관 그랜트U. Grant장군의 지휘 하에 리치먼드를 장악하기 위한 군사 공격을 감행했다. 근 9개월에 달하는 기간 동안 반복된 포위와 공격을 거쳐 이듬해 4월에야 그랜트 장군 휘하의 포토맥 부대는 리치먼드를 점령할 수 있었다. 리치먼드에 머물고 있던 데이비스 대통령과 내각이 도시를 탈출하고, 남부의 총사령관 리는 약 2만 5천 명의 잔여 병력을 이끌고 서쪽으로 이동했다. 하지만 북군이 퇴로를 막아내는 데 성공한다. 1865년 4월 19일 마침내 리 장군은 버지니아의 애포메톡스Appomattox에서 그랜트 장군을 만나 항복했다. 대통령 데이비스도 조지아에서 체포되었다. 그 뒤에도 남부 강경세력들의 간헐적인 저항이 있긴 했지만 전쟁은 실질적으로 끝난 것이나 마찬가지였다.[101]

---

101) 프란시스 휘트니 외, 『미국의 역사』. 218-219.

## 4. '연방군사주의' 구현체, 알링턴 국립묘지의 창설

남북전쟁이 발발한 지 얼마 되지 않은 1861년 9월 11일, 연방
정부의 국방성Department of War은 '일반명령General Orders 75호'를
발표했다. 병참감의 책임 아래 전몰 군인들의 매장을 실시하고
그들의 신분을 확인하는 표지목을 설치하며 전사자 명부를 관리
할 것을 규정한 행정명령이었다.

전쟁 수행 능력의 제고와 관련해 희생 군인들의 관리는 매우
긴급하고도 중요한 일이 아닐 수 없다. 무엇보다 전투력을 결정
짓는 인력의 규모와 상태를 파악하는 기능적 사안이기도 하지만
죽음을 마주하며 싸워야 하는 병사들이 자신들을 돌보는 정치적
존재가 있음을 인지함으로써 국가를 위한 희생이 결코 무의미한
것이 아님을 확인할 수 있는 심리적 효과를 만들기 때문이다.

하지만 전쟁이 본격화되면서 일반명령은 본래의 정치적 기능
과 효과를 산출하지 못했다. 내전이 점차적으로 그 규모와 범위
를 넓혀나가고 격화되어감에 따라 이전과는 비교할 수 없을 만
큼 많은 전사자들이 발생함으로써 신속하고 효율적인 관리의 어
려움이 초래되었기 때문이다. 매장해야 할 시신들이 늘어남에 따
라 묘지로 사용할 부지도 더 필요하게 되었는데 그 문제를 해결
하기 위한 사유지의 점유 확대로 적지 않은 민원이 야기되었
다.[102] 또한 극단적 위기가 일상적으로 반복되는 전쟁 상황으로
인해 시신을 차분히 매장하고 관리하기가 점점 더 힘들어짐에
따라 전투지의 병사들은 그 지역에, 병원의 군인들은 근처 지역
이나 주둔지 내 일정한 지점에 '임시로' 매장될 수밖에 없었

---

102) John R. Neff, *Honoring the Civil War Dead: Commemoration and the Pr
oblem of Reconciliation* (The University Press of Kansas, 2005), 107.

다.103) 온전한 의미의 매장이 아니라는 점에서 문제를 내포하고 있었지만 한층 더 큰 고민은 임시 매장으로 인해 차후에 시신의 신원 확인이 불가능할 수도 있고 들짐승이 시신을 훼손할 수도 있다는 것이었다.

이러한 맥락에서 국방성은 다음 해 4월 3일 '일반명령 33호'로 사망한 병사들의 시신 관리가 시급히 필요함을 다시 강조했다.

[섹션 2] 전투 중에 사망한 또는 사망하게 될 병사들의 적절한 매장 가능성을 확보하기 위해 군 사령관의 책임 하에 전투지 근처 적절한 지점을 확보해 병사들의 유해를 안장하고, 무덤에는 일련번호를 붙이고, 적당한 지점에 안장자의 이름이 적힌 표지목을 세운다. 묘지 표지목의 정보를 기록한 매장지 명부들은 보관해야 하다.104)

1861년에 공표된 일반명령은 격렬해지는 전시상황에 대처하기에는 문제가 많았기 때문에 국방성은 이듬해에 일반명령 33호를 공표한 것이다. 앞의 명령과 뒤의 명령의 본질적인 차이점은 군 묘지 건립과 관리의 책임자가 병참감에서 군 사령관으로 바뀐데 있다. 아마도 정부는 병참감으로 일원화된 행정체계로는 다급하게 전개되는 전투과정에서 발생하는 전사자들을 안장하고 기록하는 일을 신속하게 추진하기 어렵다고 판단한 것으로 보이는데, 그로 말미암아 전투지에서 시신 안장과 관리가 신속하게 이루어질 수 있도록 현장 사령관들에게 그 책임을 맡긴 것이다. 하

---

103) Department of Veteran Affairs, "History and Development of the N ational Cemetery Administration," http://www.cem.va.gov/cem/docs/fact sheets/history.pdf.
104) *Proclamations and Orders(jan. 1 1945 – jan. 20. 2001)*, National Park Service(Legislative and Congressional Affairs), 595.

지만 그 군사 명령 또한 적절한 해결책을 제시하지 못했다. 전장이 점점 더 긴급해졌기 때문이다.

앤티텀과 게티즈버그의 역사적 전투를 예외로 할 때, 1864년 3월 그랜트 장군이 총사령관으로 임명되어 남군을 최종적으로 패퇴시키는 일련의 군사작전을 시작하기 전까지 연방군은 수많은 전술적 실패를 벗어나지 못했다. 연방군은 끊임없는 작전 수행과 전투 참여로 인해 적절한 병사 치료와 사망한 병사들의 효과적인 매장과 신원관리에서 매우 큰 어려움을 겪어야 했다.105)

연방군의 야전 사령관들은 전투 참여만으로도 모든 에너지를 쏟아야 했기에 전투과정에서 사망한 병사들의 안장과 관리에 대해 신경을 쓸 수 없었다.

연방의회는 이러한 문제들을 인식하면서 새로운 조치를 취해야 한다는 점에 공감했다. 묘지의 건립과 관리 권한을 국방성에서 대통령으로 이관하는 것을 골자로 하는 법률을 채택한 것이다. 의회는 1862년 7월 17일, "그(대통령-필자)가 필요하다고 판단할 때는 언제든지 묘지가 들어설 땅을 구입하고 그 주위를 둘러싸 안전을 확보하고 나서 국가를 위해 희생될 군인들을 위한 국립묘지로 사용할" 것을 규정한 법률을 승인했다.106)

그 결정에 입각해 1862년 말, 총 14개의 묘지가 창설되었다. 링컨 대통령은 그해 11월 15일 이 묘지들에 '국립묘지'라는 호칭을 부여했다. 국가를 위해 사망한 사람들이 안치되고 국가의 이름으로 그들을 관리하는 국립묘지의 개념이 미국에서 처음으

---

105) M. MacCloskey, *Hallowed Ground: our national cemeteries* (New York: Richards Rosen Press, INC, 1968), 26-27.
106) Edward Steere, "Early Growth of the National Cemetery System," in *Quartermaster Review* (March/April, 1953); *Proclamations and Orders*, 595.

로 등장한 것이다. 그런 면에서 아래의 묘지들은 미국 최초의 국립묘지들인 셈이다.

- Alexandria National Cemetery, Va.
- Annapolis National Cemetery, Md.
- Antietam Home National Cemetery, Md.
- Camp Butler Home National Cemetery, Ill.
- Cypress Hills Home National Cemetery, N. Y.
- Danville Home National Cemetery, Va.
- Fort Leavenworth Home National Cemetery, Kans.
- Fort Scott Home National Cemetery, Kans.
- Keokuk Home National Cemetery, Iowa
- Loudon Park Home National Cemetery, Md.
- Mill Springs Home National Cemetery, Ky.
- New Albany Home National Cemetery, Ind.
- Philadelphia Home National Cemetery, Pa.
- Soldiers' Home National Cemetery, Washington D. C.[107]

이 14개의 국립묘지들 중에서 연방 수도인 워싱턴 D.C.에 건립된 '국립 보훈묘지Soldiers' Home National Cemetery'에 관심을 기울일 필요가 있다. 알링턴 국립묘지 탄생의 직접적인 계기가 이 묘지와 관련되어 있기 때문이다.

국립 보훈묘지의 매장 능력은 창설된 지 3년이 채 안 되어 거의 포화상태에 이르렀고, 새로운 묘지 건립의 필요성이 제기될 수밖에 없게 된다.[108] 지리적으로 워싱턴 D.C.는 메릴랜드 주와 버

---

107) Department of Veteran Affairs, "History and Development of the National Cemetery Administration," 2.
108) Neff, *Honoring the Civil War Dead*, 107.

지니아 주의 경계에 자리하고 있는데,109) 버지니아 주에는 당시 아메리카국가연합의 수도인 리치먼드가 위치하고 있었다. 그렇게 볼 때 남군과 북군 모두에게서 버지니아는 핵심 전략 지역일 수밖에 없었다. 그러한 지정학적 사실은 남북 간 전투의 60% 이상이 버지니아를 중심으로 치러진 원인이 무엇인지를 알게 한다.

사우스캐롤라이나 주를 필두로 남부의 여러 주들이 연방 탈퇴를 선언하는 어수선한 정치적 분위기 속에서 링컨 대통령이 워싱턴 D.C.에 입성했다. 그와 연방 정치지도자들의 초미의 관심사는 국가적 위기로부터 연방의 수도를 지켜내는 데 있었다. 워싱턴 D.C. 또한 국가분열이라는 미증유의 혼란을 피해갈 수 없었던 것이다.

광활한 크기의 워싱턴은 위험, 배반, 사기, 정치적 책동, 불확실, 염려의 경계 위에 서 있는 도시로 변해가고 있었다.110)

통신과 철도 기능 또한 원활하지 못함에 따라 연방의 수도가 군사적으로 고립될지도 모른다는 위기감이 지역민들 사이에서 확산되기 시작했다. 설상가상으로 공포감을 이기지 못해 수도를 떠나는 사람들도 생기고 있었다.111) 워싱턴 D.C.는, 연방정부의 압력 때문에 탈퇴를 유보하고 있었지만 노예제를 지지하는 메릴랜드 주와 연방을 탈퇴한 버지니아 주에 둘러싸여 있었다. 한마디로 적지에 포위된 형국이었다. 연방정부로서는 수도를 보호하기 위한 실효성 있는 조치를 취하지 않을 수 없었다. 1861년 4

---

109) 연방국가의 수립과 더불어 북부는 연방정부의 수도로 뉴욕을 선호했지만 정치적 화합의 차원에서 남부 지역의 워싱턴 D.C.를 수도로 정하는 데 동의했다.
110) Benjamin F. Cooling, "Defending Washington during the Civil War," in *Records of the Columbia Historical Society* (1971/72), 316.
111) Cooling, "Defending Washington during the Civil War," 316-318.

월, 지원병으로 구성된 1개 연대가 수도를 보호하기 위해 파견된 것을 필두로 여러 군사적 조치들이 구상되고 추진되었다. 포토맥 부대The Army of the Potomac는 그러한 전략적 대응의 표상이었다. 포토맥 부대의 군사적 목표는 남군의 공격으로부터 워싱턴 D.C.를 수호함과 동시에 반란군의 심장부인 리치먼드를 공략해 주요 지휘관을 생포함으로써 남군의 저항을 무력화하는 데 있었다.[112] 그러한 이유 때문에 남군과 북군은 모두 전력을 버지니아에 집중할 수밖에 없었다. 결국 많은 전투가 그 지역을 중심으로 전개되었고 전사자의 규모 또한 예상보다 늘어났다.

1861년 7월에 치러진 불런 전투로부터 1864년 5월, 최고사령관으로 취임한 그랜트 장군이 연방군을 이끌고 리치먼드 함락을 목표로 수행한 전투에 이르기까지 버지니아 지역은 남군과 북군의 격전지였으며, 그로 인해 전사자의 숫자가 수직 상승하고 있었다. 3년 전에 세워진 국립묘지로는 감당할 수 없는 상황이 초래된 것이다. 난국을 돌파하는 데 결정적인 역할을 한 이가 병참감 메이그스Mongomery Meigs였다.

1864년 봄, 병참감은 포토맥 강 건너 워싱턴 D.C.를 한 눈에 조망할 수 있는 언덕 위에 우뚝 서 있는 1천100에이커에 달하는 '알링턴 하우스Arlington House'를 바라보았다. 그는 '오직' 그곳만을 바라보았고,[113] 그곳을 새로운 국립묘지의 적지로 생각하고 있었다. 공간적인 관점에서 알링턴 하우스는 워싱턴 D.C.의 병원들에 근접하고 있었기 때문에 새로운 국립묘지로 사용되기에 적합한 위치였다. 또한 그곳은 이미 부지 소유주 가족들의 유해가

---

112) Cooling, "Defending Washington during the Civil War," 316.
113) John C. Metzler, "Arlington National Cemetery," in *Records of the Colu mbia Historical Study* vol. 60/62 (1960/1962), 225.

안치되어 있었다는 점에서 묘지의 기능을 정당화할 측면도 지니고 있었다.[114] 하지만 병참감의 선택은 그러한 기능론적 차원을 넘어서는 것이었다. 그가 알링턴 하우스를 연방군의 국립묘지로 결정한 데에는 중대한 상징적 논리가 깔려 있었다. 그 점을 알기 위해서는 알링턴 하우스의 역사를 살펴보아야 한다.

알링턴 하우스는 연방의 수도를 한 눈에 관찰할 수 있는 곳이라는 점에서 대단히 전략적인 가치를 지닌 건물이었다. 남군과 북군 중 누가 그곳을 차지하는가에 따라 연방의 수도는 보호될 수도 있고 위험에 처할 수도 있었다. 1861년 5월, 알링턴 하우스를 점령하기 위한 연방군의 군사작전이 시도되었다. 임무를 맡은 스콧Winfield Scott 장군 부대는 5월 24일 건물을 장악하는 데 성공했다. 언덕에 도착한 북군은 남부 병력의 큰 저항을 받지 않았지만 예상치 못한 사건에 직면했다. 건물의 지붕 위에 나부끼고 있던 남군의 깃발을 떼어내고 연방군의 깃발을 걸고 내려오던 북군의 장교가 건물을 지키고 있던 관리인에 의해 살해된 것이다.[115] 연방군에서 '최초'의 사망자가 발생했다.

남북전쟁이 일어나기 이전까지 알링턴 하우스는 로버트 리 장군 부부가 소유하고 거주했던 건물이었다. 리 장군은 연방군의 핵심 지휘관으로 활약하다가 내전에서는 남군의 총사령관이 된 역설적인 인물이다.

미국 독립혁명 기간 동안 워싱턴 장군이 이끄는 부대의 장교로 활동했던 존 커스티스John Custis는 워싱턴을 존경하고 흠모해마지 않았다. 알링턴 지역, 워싱턴 장군의 저택 근처 토지를 매입한 존은

---

114) Robert M. Poole, *On Hollowed Ground: the story of Arlington National Cemetery* (New York: Walker & Company, 2009), 60.
115) E. A. Chase, "Arlington Case: George Washington Custis Lee against The United States of America," in *Virginia Law Review* 25(3) (1929), 208.

워싱턴 장군을 기념하는 건물을 건립할 계획을 품었지만 병으로 사망한다. 1781년 11월 경, 워싱턴 장군은 존의 네 자녀들 중, 아래 둘을 양자로 들여 양육하기로 약속했다. 두 자녀는 워싱턴 커스티스George Washington Parke Custis와 엘레노 커스티스Eleanor "Nelly" Custis였다. 1799년 워싱턴이 사망하자 워싱턴 커스티스는 알링턴에 도착해 양부의 영묘를 건립하기 위한 계획을 구체화했다. 그는 친부에게서 상속받은 땅에 알링턴 하우스를 건립(1818년)하고 워싱턴을 추념하기 위한 여러 예술 작업들을 수행했다. 거대한 초상화를 세우고 워싱턴의 승전을 기념하는 회화들을 제작했으며 워싱턴의 유품들을 구입해 전시했다. 워싱턴 커스티스는 4명의 자녀를 두었지만 유일하게 딸 메리Mary Anna Randolph Lee만이 살아남았다. 1857년 10월 워싱턴 커스티스가 사망함에 따라 알링턴 하우스는 딸 메리에게 상속되었다. 그녀의 남편이 로버트 리 장군이다. 알링턴 하우스에 깊은 애정을 지니고 있던 리 장군은 장인인 워싱턴 커스티스가 사망하자 알링턴으로 돌아와 저택과 자산을 관리하는 일에 열정을 바쳤다.116)

알링턴 하우스를 사랑한 리 장군은 메이그스 병참감과 웨스트 포인트West Point 시절을 지나 공병사단에서까지 함께 근무하면서 깊은 친교를 쌓았다. 그런데 남북전쟁으로 두 사람 사이의 우정은 회복 불가능한 수준으로 깨졌다. 버지니아 주 출신의 리 장군은 내전이 발발했을 때, 링컨 대통령으로부터 연방군 사령관직을 맡아줄 것을 요청받았다. 그는 고민을 거듭해야 했다. 고향 버지니아가 연방 잔류와 탈퇴 사이에서 입장을 정하지 못하고 있었기 때문이었다. 결국 버지니아가 탈퇴를 선언하자 깊은 번민 끝

---

116) George W. Dodge, *Images of America: Arlington National Cemetery* (Chicago and San Francisco: Arcadia Publishing, 2006), 8.

에 대통령의 제안을 거절하고 남부연합군의 사령관직을 맡기로 결심한다. 1861년 4월 20일, 리 장군은 알링턴 하우스에서 연방군 지휘관직을 받아들일 수 없다는 내용의 편지를 국방성 장관 앞으로 보냈다. "제가 태어난 주를 지키기 위한 일이 아니라면 결코 또 다시 무기를 들지는 않을 것입니다" 117)라는 메시지를 통해 고향 버지니아에 대한 절대적 애정을 표현하고 있었다. 그는 부인인 메리를 알링턴 하우스에 남겨두고 전선으로 향했다. 벗 메이그스 병참감은 연방군의 존경을 한 몸에 받고 있던 리 장군의 정치적 결정에 실망과 분노를 금치 못했다. 그는 조국을 등지는 배신이라고 생각하면서 친구에 대한 적대감을 키워나갔다.

알링턴 하우스의 그와 같은 역사적 배경은 병참감이 왜 그곳만을 바라보았는지를 명확하게 설명해주고 있다. 수도에 건립될 새로운 국립묘지는 그야말로 연방의 이념과 정치적 의지를 구현해내고 있는 상징물이었던 것이다.

무엇보다 그 묘지는 일반 사유지가 아니라 남군의 대표적 인물인 리 장군이 사랑한 땅 위에 건립되었다는 의미에서 상징적이다. 남부의 대의를 위해 북군과 싸운 리 장군과 가족들의 기억으로 채워진 곳에 연방의 대의를 위해 자신의 몸을 바친 병사들을 안장하는 일은 남부에 대한 북부의 승리를 의미하는 것이다.

둘째, 알링턴 하우스와 그 주위의 땅은 노예 노동을 기반으로 운영되던 대농장이었음을 상기할 필요가 있다. 따라서 농장의 기능을 폐기하고 묘지로 용도 전환한 것은 곧 남부의 경제적 토대이자 이념적 기초인 노예제를 부정하는 일로 해석할 수 있다. 말하자면 알링턴 하우스 위에 세워질 국립묘지는 남부 이념과 가치의 부정이자 북부의 그것에 대한 정당화의 시각적 구현이다. 이

---

117) Chase, "Arlington Case," 209.

와 관련해 한 가지 주목할 만한 일화가 있다. 알링턴 국립묘지 최초의 안장자인 크리스먼이란 병사의 매장작업은 알링턴 하우스의 노예였던 파크스James Parks와 그의 가족들이 담당했는데, 그는 링컨 대통령의 노예해방령으로 자유의 몸이 된 인물이었다. 남부의 경제와 이념을 떠받치는 노예가 아니라, 해방된 노동력으로서, 북부의 정신을 수호하기 위해 사망한 영웅들을 기리는 작업에 봉사하는 인물이 된 것이다.118)

셋째, 1861년 5월에 전개된 스콧 장군의 군사작전으로 알 수 있듯이, 점령한 알링턴 하우스는 연방의 수도를 지키기 위한 전략적 요충지였으며 연방군 최초의 희생자가 발생한 곳이다. 그러한 배경에서 그곳에 국립묘지를 세우는 일은 연방 이념의 수호의지를 표상하고 최초 희생자를 위로하는 의미 있는 행위가 아닐 수 없다.

알링턴 하우스를 묘지로 용도 변경하는 일이 그러한 중층적인 정치적 의미를 드러내는 과정임을 병참감이 인지하고 있었으며 절친했던 친구의 정치적 배신으로 그의 전략적 판단에 가속도가 붙게 된 것으로 생각할 수 있다. 그는 알링턴 하우스를 연방의 국립묘지로 신속하게 전환해냄으로써 리 장군과 가족들의 모든 흔적과 기억들을 없애버리고자 했다.119) 병참감은 당국의 공식 허가가 나오기도 전에 이미 새로운 국립묘지 건립을 위한 전체 계획을 입안하고 있었으며 스스로 '새로운 묘지'로 부르면서 유해들을 워싱턴 D.C.에서 알링턴으로 옮겨올 방법도 구상하고 있었다.

병참감의 열정으로 국방성은 1864년 6월 15일 알링턴 하우스

---

118) Dodge, *Images of America*, 12.
119) Poole, *On Hollowed Ground*, 60

를 국립묘지로 용도 전환하는 정식 허가서를 내려 보냈다.

> 알링턴 저택과 그 주위의 대지를 군사묘지로 전유한다. […]. 워싱
> 턴과 알렉산드리아 주변 병원들에서 사망한 병사들의 유해를 이 묘지
> 에 안장한다. 이 명령을 실행할 책임을 병참감에게 부여한다. 병참감
> 은 그 목적을 위해 200에이커를 초과하지 않는 규모의 대지를 즉시
> 검토하고 설계하면서 묘지 보호를 위한 조치를 취해야 한다.[120]

이로써 남부를 대표하는 상징적 인물인 리 장군의 저택과 농장
이 연방의 애국적 군인들의 유해가 안치되는 국립묘지로 공식 변
경되었다. 이러한 결정이 나자 연방을 지지하는 언론이 즉각 환영 기
사를 썼다. 예컨대, 《워싱턴 모닝 크로니클Washington Morning Chronicle》
은 "그 땅은 경사지이면서 훌륭하게 꾸며져 있고 모든 점에서 그 땅
이 헌신해야 할 신성한 목적에 너무나도 적합하다. 이 나라의 모든
인민은 멀지 않은 어느 날 그 일을 시작한 사람들에게 진심으로 감사
하게 될 것이다"라고 논평했다.[121]

프랑스의 빵떼옹이 그러했듯이 국립묘지의 제도적 형식은 애
국적 인물들의 유해를 안장함으로써 그 내용을 채워나갈 수 있
다. 연방군은 전몰병사의 시신을 안치하는 일에 착수하게 되는
데, 흥미로운 사실은 정부의 공식적인 승인이 이루어지기 전에
병참감의 지시로 병사들의 유해를 안장하는 일이 시작되었다는
점이다. 앞서 언급한 대로 그것은 메이그스 병참감의 전략적 계
산이었다.

알링턴 국립묘지가 공식적으로 탄생하기 한 달 전인 1864년 5
월 13일, 두 병사의 시신이 안치되었다. 크리스먼William Christman과

---

120) Poole, *On Hollowed Ground*, 61.
121) "A Great National Cemetery," in *The Washington Morning Chronicle*, June
17, 1864. Poole, *On Hollowed Ground*, 62에서 재인용.

매킨리William H. McKinley라는 병사였다. 그런 의미에서 그 둘은 알링턴 국립묘지의 실질적 탄생을 알린 최초의 인물들이라고 할 수 있다. 1864년 3월 25일 미국 육군에 입대한 크리스먼은 펜실베이니아 출신의 농부였다. 제67펜실베이니아 보병연대에 배속된 그는 기생충 감염으로 입원했는데, 병이 점점 더 깊어 그해 5월 1일 워싱턴 D.C. 국회의사당에서 그리 멀지 않은 링컨 종합병원으로 후송되었지만 10일 만에 사망했다. 매킨리는 제17펜실베이니아 기병부대의 병사로서 폐렴으로 버지니아의 알렉산드리아 병원에 후송되어 5월 12일에 사망했다.122)

크리스먼과 매킨리가 사망한 1864년 5월, 워싱턴 D.C.의 국립보훈묘지에는 이미 5천 구의 유해가 안장되어 있어 더 이상의 여유 공간이 없었다. 그런 연유로 육군 병참부는 그들의 시신을 알링턴 하우스로 옮겨 매장하기로 결정했다. 하루 뒤인 5월 14일에 또 한 병사의 시신이 알링턴 묘지에 안장되었다. 펜실베이니아 태생의 블레트William B. Blatt는 제49펜실베이니아 보병연대에 배속되어 1864년 5월 10일, 260명의 사상자를 낸 버지니아 스폿실베이니아Spotsylvania 전투에서 머리에 총탄을 맞고 병원 후송 도중 사망했다. 그는 전투 중에 사망한 최초의 병사로 알링턴 국립묘지에 안장되었다.

이와 같이 알링턴 하우스가 묘시로서의 공식적인 자격을 확보하기 '한 달' 전에 이미 여러 병사들의 안장의례가 열렸음을 알 수 있는데, 이는 앞서 살펴본 것처럼 결코 상황의 시급성에 따른 결과만은 아니었다. 전몰병사들의 시신을 신속히 안치함으로써 알링턴 하우스를 국립묘지로 전환하려는 계획의 정당성을 구축해 국방성의 결정에 압력을 넣을 계기를 만들려고 했던 것이다.

---

122) Poole, *On Hollowed Ground*, 62.

알링턴 국립묘지에 안장된 최초의 병사들은 모두 펜실베이니아 출신의 '북군'이었다. 이들이 안장된 이후 남북전쟁이 종결될 무렵까지 알링턴 국립묘지에 매장된 1만 6천 기의 유해 또한 모두 북군 소속의 병사들이었다. 그 사실이 뜻하는 바는 명확하다. 본질적으로 알링턴 국립묘지는 북군으로 표상되는 연방주의 이념의 구현 공간이라는 점이다.

물론, 알링턴 국립묘지에서 실천된 이데올로기적 공간 재현은 이미 그 이전부터 다른 곳에서 가시적인 양상을 보여 왔다. 게티즈버그 전투는 그러한 상황 전개에 결정적인 동인을 제공한 사건이었다. 앞서 살펴봤듯이, 북군과 남군은 펜실베이니아 주와 메릴랜드 주 접경에 위치하고 있는 소도시 게티즈버그에서 대격전을 벌였다. 겨우 3일간의 전투를 위해 양쪽이 동원한 병력이 무려 16만 5천 명이었고, 7천 명이 넘는 전사자를 기록한 혈전이었다. 이 전투의 희생자들을 위로하기 위해 게티즈버그에 국립묘지를 건립하고 1863년 11월 19일 헌납식을 개최했다. 링컨 대통령은 그 행사에서 유명한 게티즈버그 연설을 행했다.

이보다 더 큰 의미로 이 땅을 바칠 수는 없습니다. 이보다 더 큰 의미로 이 땅을 성스럽게, 깨끗하게 할 수는 없습니다. 여기서 싸운 용사들은 살아남은 사람이든 전사한 사람이든 다 같이 우리의 빈약한 힘으로는 더 보탤 수도 뺄 수도 없을 만큼 이 땅을 성스럽게 했습니다. 세계는 지금 우리가 여기서 말하는 것을 마음에 깊이 새기지 않을 것이며 오래 기억하지도 않을 것입니다. 그러나 세계는 여기서 쓰러진 용사들이 바로 이곳에서 한 일을 결코 잊지는 않을 것입니다. 여기서 싸운 사람들이 지금까지 그토록 훌륭히 추진한 미완의 사업에 몸을 바쳐야 할 사람들은 이제 우리 살아있는 사람들입니다. 우리 앞에 남아있는 대사업에 몸을 바쳐야 할 사람들은 바로 우리입니다. 그 대사업이란 이들 명예로운 전사자가 최후까지 온 힘을 다해 싸운 대의를 위해 더욱 헌신해야 한다는 것, 이들 전사자의 죽음을 헛되이 하지 않으리라 굳게 맹세하는 것, 이 나라를 하느님의 뜻으로 새로운 자유의 나라로 탄생시키는 것, 그리고 인민의, 인민에 의한, 인민을 위한 정부가 지상에서 사라지지 않도록 하는 것입니다.[123]

링컨은 게티즈버그 전투의 전사자들을 "여기서 싸운 용사들", "여기서 쓰러진 용사들", "여기서 싸운 사람들", "이들 명예로운 전사자" 등으로 표현했다. 그렇다면 그 용사들은 누구인가? 남군과 북군 모두의 전몰병사를 가리키는가? 링컨이 전사자들을 특정하지 않고 있기 때문에 연설의 당파적 성격을 강조하는 것은 과도하다고 생각할 수 있지만, 사실상 그가 국가적 명예를 부여하기 위해 지칭한 사람들은 북군병사들이었다.

연설 전반부에 다음과 같은 발언이 나온다. "지금 우리는 이와 같이 잉태되고 이와 같이 바쳐진 나라가 과연 영속할 수 있는지 여부를 실험하는 커다란 내전을 치르고 있습니다." 그가 말하고 있는 "나라"는 연방주의를 토대로 세워진 아메리카합중국으로서 그 정치적 가치에 동의하지 않는 적대국과 싸우고 있다. 그렇다면 그 나라를 지키기 위해 자신을 희생한, 그렇기 때문에 영예롭게 기억되어야 할 이들은 병사 일반이 아니라 오직 북군의 병사들이다. 같은 맥락에서 "이들 전사자의 죽음을 헛되이 하지 않으리라"는 구절에서 남군이 포함되리라는 것을 상상하기란 쉽지 않다.[124]

---

123) *Revised Report made to the Legislature of Pennsylvania relative to the Soldiers' National Cemetery at Gettysburg* (Harrisburg: Singerly & Myers, State printers, 1867), 233.
124) Neff, *Honoring the Civil War Dead*, 111–112.

게티즈버그 국립묘지 헌납식에서 행한 한 목사의 추도 연설 또한 그곳이 북군과 연방주의 공간임을 명확히 보여주었다. 목사는 신의 이름으로 '연방'을 축복하면서 연방을 위협하는 적으로 남부의 군인들을 비난했다.

우리의 적들, 그들은 승리감에 도취해 성공을 확신하면서 거대하고 강력한 힘으로 쳐들어왔습니다. 그들은 우리의 언덕에서 기뻐 날뛰고 우리의 계곡에서 흥청거렸습니다. 그들은 파티를 열고 휴식을 취하고 자고 일어나 더 강해지고 자신만만해지고 용감해져갔습니다. 그들은 전진했고 이곳에서 힘을 집중했습니다. 그들은 이곳을 넘어 우리의 국회의사당과 주요 도시들에서 부의 곳간과 쾌락의 소굴과 힘의 터전을 발견했습니다. 그들은 삶과 죽음을 함께 엮어, 자유 앞에 노예제의 사슬을 던질 준비를 하고 있었습니다. 그들의 이른 승리는 신과 인간의 조롱거리입니다.[125]

그가 신의 이름으로 축복을 내리고자 한, 게티즈버그 국립묘지에 안장된 군인들은 '잔인하고', '탐욕스러우며', '만용에 취해 있는' 남군에 대항해서 싸운 북군의 병사들이었다. 게티즈버그 국립묘지는 "연방병사들을 위한" 묘지로 건립된 것이다.[126] 게티즈버그 국립묘지의 사례를 통해 우리는 다음의 입론을 읽는다.

최초로 구상된 시점에서 국립묘지는 전선, 병원, 감옥에서 사망한 연방군이 매장되는 곳이었다. 어떠한 다른 매장 가능성은 고려되지 않았다. 국립묘지로서의 기능을 완벽히 갖춘 공간에 다른 추가적인 매장

---

125) "Prayer of Rev. Dr. Stockton," in *Revised Report made to the Legislature of Pennsylvania*, 195–196.
126) Meg Greene, *A History of American Cemeteries* (Menneapolis: Twenty-First Century Books, 2006), 49.

이 허락되지 않았다. 오랜 기간 동안 국민의 범주에는 국가적 충성을 다 하지 않은 사람들은 포함되지 않았다. 사람들은 남부연합 병사들을 포함하는 문제를 전혀 생각하지 않았다. 따라서 국립묘지는 연방묘지의 유사어로 고려되었던 것이다.[127]

이러한 이데올로기적 본질은 알링턴 국립묘지에도 동일하게 적용될 수 있다. 알링턴 국립묘지가 수용한 군인들은 연방군 또는 북군으로 제한되어 있었다. 그런 차원에서 알링턴 국립묘지 또한 연방정부가 내전 기간 동안 건립한 다른 국립묘지들과 본질적인 차이가 없다고 볼 수 있다. 하지만 알링턴 하우스를 둘러싼 역사적 일화에서 볼 수 있듯이, 그곳은 연방의 국립묘지들 중에서 정치적으로 가장 상징성이 큰 곳이라고 할 수 있다. 그 공간의 기억을 구성하고 있는 인물과 사건과 배경과 의지 그리고 감성은 다른 국립묘지에서는 찾아볼 수 없는, 미국 연방주의의 극적인 직조물들이기 때문이다.

알링턴이 국립묘지로 건립되었을 때, 그곳은 연방군 승리의 구현체로 등장했다. 그곳은 점차적으로 국가를 상징하는, 워싱턴 D.C.의 중심적인 구조물이 되었다. 알링턴은 국민적 내러티브 속의 위대한 인물들, 특히 미국을 수호하기 위해 죽은 사람들이 안장되어 있는 신성한 터전이라는 특별한 국가적 의미의 장소로 남아 있다.[128]

알링턴 국립묘지가 내전에 대한 회상과 그것을 통한 애국주의의 확립을 위한 집단의례의 가장 강력한 무대로 활용된 것은 그

---

127) Neff, *Honoring the Civil War Dead*, 132.
128) Bernard S. Cohn and Teri Silvio, "Race, Gender and Historical Narrative in the Reconstruction of a Nation: Remembering and Forgetting the American Civil War," in Brian Keith Axel (ed.), *From the Margins: Historical Anthropology and its Futures* (Duke University Press, 2002), 218-219.

러한 역사적 · 상징적 독특성 혹은 예외성과 무관하지 않다.


## 5. 알링턴 국립묘지, 연방주의 정념의 무대

그랜트 장군이 애포머톡스에서 남부연합군의 리 장군으로부터 항복을 받아내면서 내전이 연방의 승리로 굳어진 시점인 1865년 4월 9일, 연방정부의 병참부는 발굴과 신원 확인을 통해 전사자를 국립묘지로 이장하는 국가적 프로젝트, '연방 재매장 프로그램Federal reburial program'에 착수했다. 이 사업을 위한 준비 작업으로 국방성은 전사한 북군 병사들이 언제, 어디에 매장되었는가를 파악할 보고서 작성에 관한 '일반명령 40호'를 발표했다.

작성된 보고서에 따르면 총 10만 1천736명의 병사가 신원 확인을 거쳐 안장되었다. 내전으로 대략 34만 1천 명을 약간 상회하는 전사자가 발생했다는 사실에 비추어볼 때, 파악된 전몰자의 숫자는 전체의 1/3에 불과하다. 따라서 연방정부로서는 나머지 희생자들이 어디에 어떤 형태로 묻혀 있는가를 파악하고 발굴하는 일을 추진하지 않을 수 없었다. 그리고 그것은 대단히 시급히 추진해야 했는데, 그 이유는 두 가지였다. 첫째, 전시 상황이었기 때문에 전사자들의 시신은 천재지변이나 짐승과 같이 외부의 위협으로부터 보호될 수 있도록 견고하게 매장되지 못한 경우가 적지 않았으며, 그로 인한 시신 훼손의 우려가 있었다. 둘째, 신원을 확인해주는 표지판이 나무로 만들어졌기 때문에 부식으로 인해 사망자를 확인하지 못할 가능성도 있었다. 남북전쟁 당시에는 병사들의 신원을 알리는 인식표 제도가 없었기 때문에 전사자들을 장기간 방치하게 될 경우 신원 파악이 불가능해질 위험이 있었다. 정부는 전사자들의 유해가 훼손되기 전에, 그리고 전사자의 신원을 알리는 표지목 또는 다른 관련 증거물들이 사라지기 전에 그들을 발굴하기 위한 국가적 프로그램을 지체 없이 추진해야 했다.

1865년 10월 30일에 공표된 '일반명령 65호'를 근거로 병참부 장교들로 특별 인력을 구성해 유해 발굴 준비를 진행했다. 발굴단은 탐사 지역을 동서로 나누어 책임자의 지휘 아래 면밀한 수색을 수행했다. 주로 남부 지역에서 전쟁이 벌어졌기 때문에 병참부 발굴 인력은 남부 지역의 조사에 상대적으로 더 많이 집중되었다. 그들은 "버지니아, 메릴랜드, 펜실베이니아, 테네시, 켄터키 주의 전투지역으로 투입되어 미시시피 계곡을 수색하고 조지아 주를 지나 사우스캐롤라이나 주의 앤더슨빌과 노스캐롤라이나 주 샐리스베리의 남부연합군 포로수용소가 운영했던 묘지에서 수색작업을 했다." [129] 1865년 10월에 계획해 1870년까지 진행한 발굴은 주요 전투지만이 아니라 참호, 해안가, 병원, 포로수용소 등 전사자의 매장 가능성이 있는 모든 지점에서 이루어졌다. 병참부는 치밀한 현장조사를 통해 발굴된 전사자의 이름, 계급, 소속부대, 매장지점 등에 관한 정보를 기록한 총 27권의 전사자 명부Roll of Honor를 제작했다. 발굴 프로그램이 완료되었을 때 병참부는 전체 58%에 달하는 유해를 발굴했는데, 그것은 역설적으로 모든 전사자들을 찾아내는 일이 불가능했음을 의미한다.

시신 발굴 작업은 무엇보다도 연방의회와 행정부가 주도하고 전방위적인 지원을 아끼지 않았기 때문에 가능했다. 발굴 프로그램에 대한 연방의 큰 관심은 당시 발굴 현장을 지휘, 감독했

---

129) Poole, *On Hollowed Ground*, 71.

던 한 장교의 뇌리에 아주 인상 깊게 남아 있었다. 그는 "국가
가 이러한 정서에 힘과 자원을 제공한 것은 다른 어떤 나라에서
도 찾아보기 힘든 경우였다" 130)고 회상했다. 그는 전사자들을
위한 연방정부의 헌신적인 노력을 전무후무한 것으로 평가했다.
시신을 찾아내 매장하는 일은 죽은 자들을 국가적 명예의 전당
에 안치함으로써 그들을 영원한 기억의 존재로 삼는 것임과 동
시에, 사랑하는 사람을 잃어 슬픔과 고통에 빠져 있는 산 자들
을 위로하고 통합하는 심리학적 기제다. 연방은 그러한 정치심
리학적 의미를 갖는 재매장 프로그램이 원활히 진행될 수 있도
록 관련 법제를 만들어나갔다.

발굴 인력이 구성되어 현장으로 투입된 지 반년 가량이 지난
1866년 4월 13일 병참부가 제출한 보고서를 검토한 연방의회는
양원 합동 결의를 통해 전투지나 병원에서 사망한 군인들의 매
장지들을 보호하기 위한 즉각적 조치를 취할 권한을 국방성에
부여했다.

국방성 장관은 반란군이 일으킨 전쟁기간 동안 전투지 또는 병원에
서 사망한 군인들의 묘지가 훼손되는 것을 막고, 그 전사자들을 안장
하기에 적합한 매장지를 확보하고, 그곳을 보호할 방책을 마련함으로
써 명예로운 전사자들의 안장지가 영원히 신성함을 유지할 수 있도록
즉각적인 조치를 할 수 있으며 해야 한다.131)

그와 같은 국가적 관심과 노력의 연장선에서 일련의 중대한
법률적 후속 조치들이 만들어졌다. 1867년 2월 22일 존슨Andrew
Johnson 대통령은 상하원 합동회의가 제안한 '국립묘지 건립과

---

130) Poole, *On Hollowed Ground*, 71-72.
131) Neff, *Honoring the Civil War Dead*, 131; *Proclamations and Orders*, 595.

관리에 관한 법Act to establish and to protect National Cemeteries' 을 승인했다. 7개의 섹션으로 구성된 법률은 국립묘지 및 부대시설의 건립, 묘지의 운영과 관리와 보호 규정 등을 명시하고 있다.

상원과 하원의 결의에 의해 제정된 이 법률은 육군과 해군의 전몰병사들을 안장하기 위해 건립한 국립묘지의 운영과 관련해 묘지를 견고한 돌, 혹은 철책으로 둘러싸고 각 묘지에 작은 묘비를 마련해 번호를 붙이며 병참부가 파악한 병사의 성명, 계급, 부대, 전몰일— 신원불명의 병사라면 그대로 기록한다—에 관한 기록을 묘비 뒤편에 새기는 임무를 국방성 장관에게 부여한다(섹션 1).

이러한 업무와 더불어 국방성 장관은 국립묘지 관리사무소를 세우고 "능력 있고 신뢰할 만한" 관리책임자를 임명하며(섹션 2), 묘지의 기념비나 비석 또는 여타의 구조물들을 훼손한 사람을 경범죄로 처벌하며 그러한 범죄를 저지른 사람을 체포할 권한을 관리 책임자에게 부여한다(섹션 3). 또한 국방성 장관은 이 법률의 효과적인 시행을 위해 필요하고 적절한 부지가 있다고 판단할 때에는 부지 구매의 의무를 수행해야 한다(섹션 4). 아울러, 매입 대상이 되는 부지는 그 부지가 속한 주나 지구district의 법원에 의한 감정평가 과정을 거쳐야 하며(섹션 5), 감정평가를 마친 부지 가격을 소유자에게 제공해야 한다(섹션 6). 이 법률의 시행을 위해 75만 달러를 책정한다(섹션 7).132)

이 법률이 제정된 뒤 3년이 조금 지난 1870년 7월 1일 연방의회는 연방정부가 매입해 조성한 국립묘지에 대해 해당 주 의회가 동의할 것을 규정한 법률을, 그리고 1872년 5월 18일에는 묘지 관리책임자의 임명과 보수에 관한 법률을 제정했다. 여기서

---

132) *Proclamations and Orders*, 597-598.

특별히 주목해야 하는 부분은 책임자의 자격을 '군인'으로 제한하고 있다는 점이다.133)

일련의 법률들을 통해 연방정부는 두 가지 목적을 달성할 수 있었다. 첫째, 병참부가 주도한 발굴 작업으로 이송된 전사자 유해들을 안장할 신규 국립묘지들을 안정적으로 확보할 근거를 마련했으며, 둘째 1862년 이후 창설되어 전몰병사들을 안장함으로써 국립묘지의 기능을 수행해온, 알링턴 묘지를 포함한 여러 묘지들의 제도적 정당화를 구축한 것이다. 법률적 근거를 토대로 새로운 국립묘지들을 조성하면서 전사자의 유해가 속속 안치되었다.134)

국립묘지 조성에 관한 법률이 제정된 1867년 이후부터 발굴이 완료된 1870년까지 건립한 국립묘지들을 살펴보면 다음과 같다.

- Alexandria national cemetery(La. 1867),
- Barrancas national cemetery(Fla. 1868),
- Baton Rouge national cemetery(La. 1867),
- Chattanooga national cemetery(Tenn. 1867),
- Culpeper national cemetery(Va. 1867),
- Fayetteville national cemetery(Ark. 1867),
- Ft. Gibson national cemetery(Okla. 1868),
- Ft. Smith national cemetery(Ark. 1867),
- Grafton national cemetery(W. Va. 1867),
- Jefferson City national cemetery(Mo. 1867),
- Lebanon national cemetery(Ky. 1867),
- Little Rock national cemetery(Ark. 1868),

---

133) *Proclamations and Orders*, 599.
134) 발굴되어 신원이 확인된 전사자의 유해는 가족이 반대한 경우가 아니라면 모두 국립묘지에 매장되었다.

148

- Memphis national cemetery(Tenn. 1867),
- New Bern national cemetery(N.C. 1867),
- San Antonio national cemetery(Texas 1867),
- Springfield national cemetery(Mo. 1867),
- Wilmington national cemetery(N.C. 1867) 등이다.[135]

이 묘지들은 발굴과 안장의 효율성을 기하기 위해 전투가 벌어진 지역 인근, 혹은 전쟁 중에 마련한 임시 매장지 주위에 조성되었다.[136]

전사자를 발굴하고 안장하는 데 연방권력이 제도적 노력을 아끼지 않은 이유는 앞서 언급한 것처럼, 전몰 군인에 대한 국가적 예우와 국민적 통합의 필요 때문이었다. 하지만 그것만으로 발굴작업에 대한 정부의 지원을 다 설명할 수는 없다. 유해 발굴 프로그램은 본질적으로 남부에 대한 적대감과 증오심으로 추동된 측면이 강했다.

그러나 병참부의 작업에는 또 다른 동기가 지배적으로 작동하고 있었음을 말해준다. 메이그스 병참감의 말처럼, 우연에 따른 시신의 훼손만이 아니라 연방군의 매장지가 남부로부터 의도적으로 공격당할지 모른다는 두려움이 있었다.[137]

당시 의회와 국방성 등에는 남부의 진투지에 임시로 매장되어 있는 북군의 시신이 파헤쳐지고 있다는 소문이 나돌고 있었다. 합리적으로 생각할 때, 그 소문을 있는 그대로 믿기는 어려웠을 테지만, 남부와 북부 사이에 적대적 감정이 만연하고 있었음을

135) MacCloskey, *Hallowed Ground*, 90-92.
136) Department of Veteran Affairs, "History and Development of the National Cemetery Administration," 3.
137) Neff, *Honoring the Civil War Dead*, 125.

고려해야 한다. 소문에 매우 예민하게 반응한 연방정부는 심지어 1866년 봄에 애틀랜타 근처 지역의 연방군 무덤이 파헤쳐지고 있다는 소문의 실상을 파악하라는 명령을 내리기도 했다. 현지에 파견되어 조사를 담당한 한 장교는 "모든 연방군의 무덤은 온전하게 보존되고" 있으며 "조지아 주에 있는 우리 군인들의 무덤이 정의롭게 취급되고 있지 않은 것 같다고 우려할 필요는 없다"는 보고를 올렸다.138) 남부에 대한 적개심이 불러일으킨 근거 없는 소문이었다.

그러한 심리적 조건을 반영하듯 발굴 작업은 당파성과 이데올로기적 성격 아래에서 전개되었다. 그 점을 증명하는 극단적인 예로, 수색 과정에서 연방군으로 확인된 시신은 재매장을 위해 이송되었지만, 남부연합군으로 파악된 유골은 그 자리에 방치되었다. 남부에 대한 적나라한 적대감을 말해주고 있다. 유해발굴단의 보고는 당시 발굴과정이 얼마나 극단적인 이념적 편파성을 띠고 있었는지를 명확하게 보이고 있다.

우리가 어떻게 우리 병사들과 반역의 병사들을 구분할 수 있었는지 의문을 품을 수도 있을 것입니다. 그것은 매우 쉬운 일이었습니다. 먼저, 일반적 규칙으로 반역도는 미합중국의 외투를 입고 전투에 참여하지 않았습니다. 그들이 때때로 우리 전사자들의 전투복을 뺏어 입었을 수도 있지만 외투는 그렇지 않습니다. 회색과 갈색의 반역도 외투는 면으로 만들어졌습니다. [⋯] 우리 병사들의 외투는 비단으로 만들어진 파란색입니다. 그래서 시신을 감싸고 있는 우리의 외투로 그가 연방군임을 아주 확실하게 알 수 있었습니다. 외투가 없는 시신의 경우에는 또 다른 확실한 표지가 있습니다. 반역도의 군화는 우리의 군화와는 다른 방식으로 만들어진 것입니다. 만약 이러한 기준을 적

---

138) Neff, *Honoring the Civil War Dead*, 126.

용하기 어려운 상황이라면 내의가 그 다음의 검토대상이 됩니다. 반역도가 입은 면으로 된 내의는 그가 어떤 군대에 속하는가에 관한 증거가 됩니다.[139]

전쟁에서 승리한 연방이 의회와 행정부의 적극적인 관심과 제도적 지원을 통해 전사자들의 시신과 유해를 발굴하고 재매장하는 프로그램으로 내전의 비극적 결과들을 체계적으로 정리해가고 있었지만 패전한 남부의 사정은 사뭇 달랐다. 반란자들로 규정된 남부 병사들의 시신을 발굴해 재매장하는 일에 연방권력은 일체의 물적 · 제도적 도움을 주지 않았다.[140]

정부가 연방군 전사자들의 유해를 추모하기 위한 재원을 제공하는 동안 남부연합군 병사들의 묘지를 만드는 일은 우선적으로 개인이나 북부와 남부에서 활동하는 추모협회들이 담당했다. 그 비용을 댈 수 있는 소수의 남부 사람들이 사랑하는 병사들의 시신을 회수해 고향 땅이나 기념터에 매장하기 위한 노력을 기울였다. 몇몇 남부 주들은 남부연합군의 시신을 북부에서 가져와 재매장하는 일을 지원하기도 했다.[141]

그 일에서 가장 핵심적이고 중요한 역할을 담당한 사람들은 바로 '여성들'이었다.

전쟁이 시작된 지 얼마 지나지 않았을 때부터 애도는 절대적으로 여

---

139) "Report of Samuel Weaver," *Revised Report made to the Legislature of Pennsylvania*, 163.
140) MacCloskey, *Hallowed Ground*, 11.
141) Michelle A. Krowl, " 〈In the Spirit of Fraternity: The United States Government and the Burial of Confederate Dead at Arlington National Cemetery," in *The Virginia Magazine of History and Biography* vol. 111 No. 2 (2003), 160-161.

성들의 일이었다. 군인들은 강압적인 군사적 명령으로 정신이 없었다. 검은색 옷을 입고 슬픔 속에 고인의 장례식을 치른 사람은 여성들이었다.[142)

대표적으로 '여성추모협회Ladie's Memorial Association'를 들 수 있는데, 협회는 남부지역의 군인묘지를 관리하고 북부의 전투지에 묻혀 있는 남부 군인들의 유해를 되찾아오는 책임을 맡았다. '할리우드 여성추모협회 리치몬드 지부Ladie's Hollywood Memorial Association of Richmond'가 1871년 게티즈버그 전투에서 사망한 남부군의 리치몬드 이송을 위한 연방정부의 승인을 받기 위해 노력한 끝에 근 3천 명의 유해를 리치몬드의 할리우드 묘지Hollywood Cemetery로 옮겨 온 일도 있다.[143)

워싱턴William De Harburn Washington의 그림 '라타네의 장례The Burial of Latané'는 그러한 남부 여성의 역사를 증언하고 있다. 그가 그린 회화 속에는 묘지를 만들어 시신을 매장하는 일을 맡은 한 흑인 남성을 제외하면 장례식에 참여하고 있는 사람들 모두가 여성이다. 그와 같은 상황의 몇 가지 복합적인 이유로는 첫째, 남성들이 전선에 동원됨으로써 제반의 사회적 활동을 담당하기 어려웠기 때문에

---

142) 파우스트, 『시련에 맞선 여성들』, 306.
143) 할리우드 여성추모협회는 그와 같은 목적으로 결성된 조직이었다. 1865년 겨울, 목사 미니주로드Charles D. Minnigerode와 언론인 도손Frank W. Dauson이 바니Charles G. Barney라는 남부여성의 집에 모여 이야기를 나누던 중, 도손이 남부 전몰용사들을 기리기 위한 의례를 만들면 좋겠다는 소망을 피력하자, 미니주로드 목사가 봄날의 하루를 택해 병사들의 무덤을 꽃으로 장식하자는 아이디어를 제시했다. 바니가 주변의 여러 사람들에게 전달하면서 1866년 5월 3일 생폴 교회에서 모임이 열렸는데, 그 모임이 바로 할리우드 여성추모협회의 기원이다. 협회는 헐리우드 묘지 남부 전몰용사들의 묘역을 관리하고 미화하기 위해 필요한 기금을 마련하는 조직으로 탄생했다. *Our Confederate dead; Richmond Ladies' Hollywood Memorial Association* (1916, reprinted 2010), 7-8.

여성의 사회적 역할 증대가 불가피했을 것이다. 남성들이 부족한 상황에서 여성이 많은 일들을 주체적으로 처리해야 했으며 전사자들의 장례를 치르는 일 또한 그들의 몫이었다. 둘째, 전투가 대체로 남부 지역에서 전개되면서 상대적으로 더 큰 고통을 느껴야 했던 사람들은 남부 여성이었고, 그것이 그들의 정치의식과 지역적 충성심을 형성하는 데 큰 자극이 되었다.[144)

이러한 이유와 함께 매우 중요한 또 하나의 정치적 맥락을 살펴볼 필요가 있다. 링컨의 암살 이후 대통령 권력을 승계한 존슨 행정부가 남부의 재건 문제를 매우 온건한 방식으로 처리하는 것에 불만을 품은 공화당은 의회 권력을 장악한 뒤 행정부의 유화적인 노선에 반기를 들고 비타협적이고 승리주의적인 의지를 관철해 나갔다. 연방의회는 남부에 일정 기간의 군정을 실시했다. 군정 지휘관들은 남부를 반역도의 땅으로 규정하면서, 전사자 발굴과 매장에 관한 일 자체를 금지하지는 않았지만, 전사자들을 기리거나 미화하려는 집단적 움직임들을 엄격히 통제했다. 1866년 6월 4일 펜실베이니아 주 하원의원 윌리엄스Thomas Williams가 반역도로 간주된 남부 군인들이 명예로운 존재로 신성화되고 있다는 보고서의 진상을 파악하기 위해 결의안을 제출한 것은 그러한 맥락에서 이해할 수 있다.

그와 같은 강경한 정책적 기조 때문에 남부에서 전사자들을 다루는 일은 대단히 예민할 수밖에 없었다. 남부의 대의를 위해 희생된 군인들을 영예롭게 한다고 의심을 받을 만한 의식들을 기획하고 실천하는 것은 주의가 필요한 일이었다. 그렇게 볼 때, '비정치적인' 존재로 간주되는 여성이 전몰병사들을 매장

144) 이창신, 「남북 전쟁의 여성사적 접근: 남부 지방 여성들의 활동을 중심으로」, 『미국사연구』 제8집 (1998), 166.

153

하고 추모하는 일의 주체가 되는 것은 불필요한 정치적 갈등을 최소화하는 길이었을 것이다.

다른 지역, 다른 시기, 다른 문화의 여성들과 마찬가지로 남부의 여성들 또한 전사자를 명예롭게 하고 돌보는 일의 많은 책임을 담당했다. 그러나 그들의 일은 다른 여성들, 특히 북부 여성들과는 전혀 다른 정치적 맥락 속에서 행해졌다. 추모행위 자체는 영예로운 군인의 사망이라는 대의를 승인해주는 명백한 정치적 표현이기 때문이다. 지켜야 할 정치적 삶과 거리를 두고 있던 여성들이 남부의 참전용사들을 명예롭게 하는 임무를 맡은 것은 할 일이 없었기 때문이 아니라 전략이었다. 그들은 글자 그대로 자신들의 의무를 다했으며 그것은 복수심의 표출이었다.[145]

군정이 실시된 남부에서 전몰용사에 대해 공적 명예를 부여할 수 없었다는 사실은 곧 그들을 위한 '국민적' 묘지 건립이 불가능했음을 뜻한다. 남부 사람들은 지역, 혹은 '패배한 실험적 국가'의 대의를 지키기 위해 전사한 용사들을 매장하고 추모할 국립묘지를 가질 수 없었다. 연방정부는 남부의 국립묘지 건립을 승인하지 않았다. 국가의 이름으로 건립되고 운영되는 묘지에의 안장이란 그 자체로 영예로운 일이며, 매장된 이의 존재와 행적은 그 속에서 정치적으로 정당화하고 미화될 것이기 때문이다. 국립묘지는 연방주의 이념과 가치에 충성을 다했던 북군의 유해를 안치하는 공간이었고, 남부의 병사들이 안장되는 곳은 그저 '묘지'일 뿐이었다.

그런 차원에서 남북전쟁 중과 이후에 건립된 국립묘지는 극단적 당파성과 이념성이 지배한 공간으로 이해해야 한다. 그곳은

---

145) Neff, *Honoring the Civil War Dead*, 146.

북부와 남부를 구분하는 공간적 표상이었을 뿐만 아니라 국민과 비국민을 가르는 상징적 장소였다. 국립묘지에 안장되거나 안장될 자격이 있는 사람들을 국민으로 부른다면 남부의 정치적 대의를 지키다 사망한 이들은 국민의 범주에 포함될 수 없는 존재들이었다. 연방의 법률적 정당성에 자리하고 있는 국립묘지national cemetery에서 '국민national'이라는 용어의 의미는 명확했다. 그곳에 안장된 국민은 이념과 가치에 의해 그 자격이 결정되는 존재였다. 연방주의를 옹호하고 그것을 위해 자신의 목숨을 바친 인물들만이 국민으로서 국립묘지에서 영면할 수 있었다. 물론, 전쟁이 종결된 직후 남부의 전사자들 중 일부가 국립묘지에 북군과 함께 매장된 경우도 있었다. 하지만 그것은 신원 확인상의 오류 또는 행정상의 실수에 기인한 것이었다. 그들은 물리적으로는 국립묘지에 안장되어 있었지만 국가적 추모의 대상이 될 수 없었을 뿐만 아니라 남부의 애국주의자들에 의해 언젠가는 이장되어갈 존재로, 국립묘지에서는 주변적 존재로 연방주의의 이데올로기적 무게와 강도를 더 높이는 역설적 역할을 수행할 뿐이었다.

사자들과 그들의 안식처를 매개로 진행된 그와 같은 이데올로기적 운동은 추모의례를 통해 한층 더 강력한 양상을 띠었다. 전쟁이 끝난 뒤, 자연스럽게 전몰병사들을 위한 추모행사가 미국 전역에서 개최되었다. 내전으로 총 61만 8천222명의 군인들이 사망했는데, 1차 대전과 2차 대전 그리고 한국전쟁에서 사망한 미군의 숫자를 능가하는 엄청난 희생이었다. 이념적 차이와 대립을 해소하지 못하고 골육상쟁으로 인해 인구 1만 명당 180명 이상이 사망한 것이다.146) 쉽게 치유될 수 없는 국가적, 사회적,

---

146) Neff, *Honoring the Civil War Dead*, 21.

가족적 외상은 죽은 자와 산 자가 함께 만나 떠난 자들을 위로하고 그들을 영원한 집단적 기억의 존재로 승화해내는 상징적 경로인 추모로서만 완화될 수 있었다. 그렇지만 그러한 인도주의적 의식조차 당시의 미국에서는 철저히 이데올로기적 정념과 적대성이 내재된 채 작동하고 있었다.

묘지는 마땅히 전몰병사들을 위한 추모의례의 가장 중요한 무대로 기능해야 했다. 북부와 남부는 묘지에서 죽은 자들을 위로하고 기억하는 의식을 거행했지만, 그 묘지의 법률적 위상이 근본적으로 달랐기 때문에 추모의례의 형식과 내용 또한 동일할 수 없었다. 연방의 추모의식은 국립묘지에서 거행된 만큼 국가의 이름 아래 공식적인 행사로 정당화될 수 있었지만 남부의 의식은 그렇지 못했다. 그것은 사적이고 지역적인 행사 이상일 수 없었다. 서로 다른 대립적 공간에서 북부는 승리와 영광을 노래하고, 남부는 슬픔과 패배와 상실에 절망했다.

연방정부는 1868년 5월 30일, 전몰병사들을 위로하고 기억하기 위한 '데코레이션 데이Decoration day'를 개최했다. 그 추모행사는 장군으로 남북전쟁을 이끈 급진 공화파 의원 로건John Logan이 구상했는데, 그의 아이디어는 1868년 5월 5일 '일반명령 11호'로 실현되었다. 데코레이션 데이의 이념적 지향이 어디에 있는가를 명확하게 보여주는 행정문서다.

1868년 5월 30일을 지난 반란기간 동안 자신들의 국가를 위해 생명을 다한 우리 동료들[…]의 무덤에 꽃을 뿌리거나 장식하는 날로 정하고자 한다. 이 의례를 위한 형식은 미리 정해져 있지 않으며 재향군인회 각 지부와 회원들이 자신들의 방식대로 환경이 허락하는 선에서 행사를 거행하고 존경의 표지들을 바칠 수 있다. 우리는 우리의 규약이 말해주듯이 무엇보다 '지난 반란을 진압했던 육군과 해군들을 함

께 묶어준 우정과 애정을 유지하고 강화하기 위해' 조직되었다. 그
러한 결과를 만들어내기 위한 지지물로서, 적으로부터 우리 조국을
보호하기 위한 장벽으로 자신들의 가슴을 바친 영웅적 전사자들에 대
한 기억을 따뜻이 느끼는 일보다 더 나은 것이 있을까? 그들 용사들의
삶은 사슬에 묶여 있는 인종을 향한 자유의 나팔이었으며 그들의 죽
음은 무기를 든 반역적 폭군이 만들어낸 상처였다. 그들의 무덤을 감
시하고 지키는 일을 성스럽게 생각해야 하리라. […]147)

1868년 5월 30일의 추모 행사는 전국 27개 주 183개 묘지에
서 열렸고 다음해에는 그 규모가 더 확대되어 전체 31개 주
336개 묘지에서 거행했다. 북군 전사자들의 희생을 기리고 위로
하기 위해 조직한 국가적 행사였다. 그런 만큼 남부 사람들은
설령 자신의 가족이 국립묘지에 안장되어 있다 하더라도 그 의
례에 참여할 자격이 없었다. 데코레이션 데이는 국립묘지의 이
념적·정치적 성격과 완벽히 일치하는 방식으로 연방군의 존재
와 가치를 정당화하는, 그리고 그 반대편에서는 분리를 외친 남
부의 군인들과 그 충성파들을 적, 폭도, 반국가적 존재 등으로
구성해내는 과정이었다.

그와 같은 정치적 이분법의 스펙터클이 가장 큰 규모로 열린
곳이 바로 알링턴 국립묘지였다. 많은 정치인과 추모객이 모인
알링턴 국립묘지에는 국기 게양, 군악대 연주, 조포 발사 등으로
추모의례에 적합한 분위기가 연출되었다. 1시에 시작된 행사는
추모의례의 의미를 환기하는 조직위원장의 연설이 있은 후 데코
레이션 데이의 제도적 토대를 제공한 일반명령 11호가 낭독되었
다. 이후 목사와 참전 장군들의 추도사와 연설이 이어졌다. 추도

---

147) Headquarters Grand Army of the Republic, "General Orders No. 11,"
http://www.usmemorialday.org/order11.htm.

사와 연설은 북군의 전몰자를 위한 행사인 데코레이션 데이가 남군 용사들에 대한 정치적 거부감과 적대감을 강하게 드러내고 있었음을 명확히 보여준다. 선더랜드Byron Sunderland목사의 연설 일부다.

주님, 우리는 이 지상의 꽃들이 시들 것과 떨어진 곳에서 사라질 것을 잘 압니다. 하지만 우리는 그 꽃들이 다시 피어 배반의 폭력과 반역의 맹위에 맞서는 살아있는 방벽으로 당당하게 서 있던 사람들의 신성한 모습과 함께 어우러질 것을 잘 압니다. […] 그리고 지금 우리의 주님, 우리는 우리 기도자의 단합된 목소리로, 다가올 시대에 우리 국가의 통합과 정의로움을 위해, 우애, 평등, 박애의 축복을 위해, 우리와 이 세상 모든 사람들을 위해 당신께 기도합니다. 인류의 복지를 위한 지난 위대한 투쟁에서 승리할 수 있도록 당신께서 택하신 이들의 무덤 주위에서 당신께 외칩니다.148)

의심할 바 없이, 이 기도문은 이분법적인 정치적 대립구도를 강렬하게 드러내고 있다. 국립묘지에 안장된 이들은 "배반"과 "반역"을 기도한 이들에 맞서 싸운 정의롭고 신성한 존재들로 그려지고 있다.

기도문에 이어 남북전쟁에서 불구가 된 장군이 링컨의 게티즈버그 연설을 낭독했다.149) 링컨 동원의 상징성은 두 가지 관점에서 해석할 수 있는데, 하나는 암살의 기억을 떠올리게 함으로써 남부에 대한 적대적 태도를 강화하는 것이며, 다른 하나는 연설문의 환기를 통해 연방주의와 통합된 국가의 정당성을 참석자들에게 각인시키는 것이다.

---

148) *Memorial Ceremonies at the National Cemetery, Arlington, Virginia* (Washington, D.C.: McGill & Witherow, Printers and Stereotypers, 1868), 7.
149) Poole, *On Hollowed Ground*, 78.

이어서 거필드James A. Garfield 장군이 알링턴 저택의 주랑 현관por-tico에서 연설문을 낭독했다. 연방주의를 지키기 위해 자신을 희생한 애국적 존재들을 위한 추모연설이 알링턴 하우스를 배경으로, 같은 운명이 될 뻔했던 한 참전 용사에 의해 낭독되는 것은 대단히 상징성을 띠는 연출임에 틀림없다. 장군은 남부를 상징하는 가장 중요한 인물의 흔적이 남아 있는 공간을 무대로, 승리한 연방의 죽은 자들과 패배한 남부의 산 자를 대비시키는 수사를 통해 이념적 스펙터클의 효과를 극대화하고자 했다.

용맹함으로 구원받은 국회의사당의 그림자가 드리워져 있는 이곳보다 그들이 영면할 더 적당한 다른 곳이 있을까요? 여기에는 전쟁의 어두운 그림자가 깔려 있었습니다. 여기에는 우리 조국의 모든 희망과 근심과 염려가 집중되어 있었습니다. 그들을 국가의 심장 위에서 휴식하게 합시다. 국민의 사랑 아래에서 잠들게 합시다. [⋯] 7년 전 이곳은 자신의 칼을 조국의 생명을 향해 겨누었던, 그리고 반역도의 위대한 황제가 되었던 한 사람의 집이었습니다. [⋯] 하지만 이 반역과 노예제의 땅은 신의 가호 아래에서 더 이상 폭력과 범죄의 땅이 아닙니다! 여기는 영원히 우리 의사당의 신성한 언덕이 될 것입니다. 여기는 우리의 전당입니다. 이 전당의 바닥은 영웅적 존재들의 심장이 묻혀 있는 무덤입니다.150)

남부를 대표하는 군사적 상징인 로버트 리 장군을 직접 거명하진 않지만 그렇게 우회적으로 그를 환기시키는 일이 한층 더 강력한 정치적 인상을 남긴다. 그럼으로써 연설자는 알링턴 하우스가 연방군 전사자들의 유해를 안장하는 국립묘지로 전환된 것을 정당화하는 효과를 얻는다.

---

150) *Memorial Ceremonies at the National Cemetery*, 10–11.

평화를 기원하고 북군 병사들의 용맹성을 외치는 시 낭송과 더불어 또 하나의 흥미로운 행사가 그 뒤를 잇는다. 남북전쟁으로 고아가 된 어린이들이 알링턴 하우스의 남쪽 정원 주위를 열 지어 다니면서 무덤 주위를 꽃으로 장식하는 행사였다. 아이들은 무명 용사들의 무덤 주위에 모여 추모의 노래를 부르고 그곳을 꽃으로 장식했다.151) 전쟁고아들을 동원하는 행위의 상징성 또한 주목할 만하다. 아이들로 인해 전쟁의 비극을 한층 더 강렬하게 느낄 수 있으며, 그럼으로써 전쟁의 원인을 제공했다고 간주되는 남부에 대한 적대감 또한 상승할 수 있게 된다. 그러한 집단적 심리는 연방군 전사자들의 영웅성을 강화하는 계기가 되기도 한다. 거필드 장군의 연설은 그러한 맥락으로 읽힌다.

전쟁으로 자신의 아버지를 잃고 하나님 아버지를 바라보는 이 아이들이 있습니다. 이 아이들의 가장 신성한 권리에 비춰볼 때 오늘의 주요 행사는 바로 이 행사입니다. 이들은 승리자인 아버지에게 씌워줄 영광의 화관을 가지고 왔습니다. 저는 더 이상 영광스런 대관식을 미루고 싶지 않습니다.152)

연방의 공식적인 추모행사가 내전의 비극과 승리의 영광이라는 두 정치적 감성이 세심하게 교차되는 방식으로 진행되는 동안, 남부의 죽은 자들과 살아있는 자들은 전혀 다른 상징적·심리적 국면을 통과하고 있었다. 전쟁에서 패배한 남부는 사라진 남군을 기억하고 추모하는 의례를 공식적인 방식으로 치를 수가 없었다. 물론 그렇다고 해서 추모의식 자체가 불가능했던 것은 아니다. 남부의 군정을 담당한 행정당국은 전쟁의 기억화 과정을 불허하지는

---

151) *Memorial Ceremonies at the National Cemetery*, 16-17.
152) Poole, *On Hollowed Ground*, 79.

160

않았지만 그것의 정치적 색채를 허가하지는 않았다. 따라서 의례는 남부의 대의를 표방하는 방식을 배제하면서 조심스럽게 치러질 수밖에 없었다.

전사자를 발굴하고 안장하는 일이 여성의 몫이었던 것처럼 추모의례 또한 그들이 주도했다.

남부 여성들이 그들의 사자들을 명예롭게 하고 돌볼 적지 않은 책임을 맡았다.[153]

전사자와 그 가족에 대한 애도라는 근본적 감성을 바탕으로 하고 있었지만 그럼에도 전쟁 승리라는 희망적 메시지가 그 속에 담겨 있었던 것이 북부의 추모의례였다면, 남부 사람들은 패배라는 슬픔과 분노를 집단적으로 느끼고 승화하기 위한 차원에서 추모의례를 거행했다.[154] 남부가 제정한 추모의례일이 그러한 사실을 잘 보여준다. 일반명령을 통해 공식적인 행사로 지정한 북부와는 달리 남부는 지역마다 상이한 날을 정해 거행했다. 몇몇 주들은 존스톤Joseph E. Johnston 장군이 연방군의 셔먼 장군에게 항복한 날인 4월 26일을 추모의 날로 정했으며, 사우스캐롤라이나와 노스캐롤라이나 같은 주들은 5월 10일을 추모일로 선택했다. 그날은 로버트 리 장군과 함께 남부군을 이끌었던 전설적인 전략가 잭슨Stonewall Jackson 장군의 사망일이다.[155] 아이러니하게도 남부의 패배를 상징하는 날들이었다.

---

153) Neff, *Honoring the Civil War Dead*, 146.
154) David W. Bright, *Race and Reunion: The Civil War in American Memory* (Cambridge, Massachusetts, and London: The Belknap Press of Harvard University, 2001), 77.
155) 추모의 날을 결정하는 문제와 관련해 몇몇 기념협회들이 논쟁을 벌이기도 했는데, 1916년에 10개의 남부 주들이 공식적으로 6월 3일을 추모의 날로 정했다. 그 날은 연방탈퇴 이후 선포된 아메리카국가연합 대통령 데이비스의 생일이었다. Bright, *Race and Reunion*, 77.

반복하자면 이는 곧, 북부가 생각하고 지향한 추모의례의 방향과 남부가 고려하고 결정한 추모의식의 지향점이 근본적으로 달랐다는 것을 뜻한다. 남부에서 추모의례의 본질은 슬픔과 분노 그리고 고통을 승화하는 데 있었다.

국립묘지를 건립하고 그것을 운영하며 제도화하는 과정과 마찬가지로 전쟁의 사자들을 위로하고 기억하는 의례에도 명확한 정치적 의지가 관철되고 있었다. 연방의 대의를 위해 싸우다 희생한 북군의 전사들은 영웅적이고 애국적인 국민으로 부활했지만, 그에 맞서 싸우다 사망한 남부의 군인들은 반역을 기도한 적들일 뿐 진정한 의미의 국민이 될 수 없었다. 그들은 국가의 이름으로 수행되는 공식적 추모의 제도적 프레임 안에 들어올 수 없는 사적 존재들로 범주화되었다.

북부와 남부의 이념적 단절선이 뚜렷하게 만들어낸 국립묘지는 추모의례의 무대가 됨으로써 언어와 상징적 행위를 매개로 북부의 정치적 충성과 애국적 정당성 그리고 남부의 정치적 일탈과 반국가적 의도를 재현하고 있었다. 연방의 추모의식은 남부와 북부 사이의 이념적·정치적 "분리가 완성"되는 문화적 공간이자 행위 과정이었다.156) 남부는 연방의 정치적 의지에 대항할 상징적 무대를 만들어낼 수 없었기 때문에 그 분리는 어떠한 저항 없이 쉽게 재생산될 수 있었다. 그리고 그 대립은 남부와 북부가 동일한 추모의 날을 향해 움직이는 1870년대 중반까지 소멸되지 않았다.

---

156) Neff, *Honoring the Civil War Dead*, 133.

## 6. 한국, 국가-국민 건설과 내전의 정치

1945년 8월 15일, 히로히토(裕仁) 일본 국왕은 '대동아전쟁종결
조서'라는 제목의 라디오 연설을 통해 전쟁 패배와 항복을 인정
했다. 그렇지만 "짐은 세계의 대세와 제국의 현 상황을 감안하여
비상조치로서 시국을 수습코자 충량한 너희 신민에게 고한다"[157]
로 시작하는 항복 연설은 아이러니하게도 정당한 전쟁이었다는 강
변으로 일관할 뿐 전쟁 책임에 관한 어떠한 발언도 언급하고 있지
않았다.

어쨌든 한국은 이로써 일제의 식민 지배로부터 벗어나 새로운
국가 건설의 문을 열 수 있게 되었다. 하지만 그 과정은 전혀 순
탄하지 않았으며 결과 또한 국가권력을 손에 쥔 특정 정파를 제
외하면 결코 만족스럽지 않았다. 정치적 입장과 노선을 달리하는
국내 세력들의 대립과 갈등이 주요인이었지만 미국의 국제정치적
이해관계가 깊이 얽혀 들면서 국가 수립은 예측 불허의 복잡한 양
상으로 전개되어 갔다.

식민지 권력의 붕괴로 인한 정치적 진공 상태 속에서 한국 근
대국가 건설의 주도권은 여운형을 중심으로 하는 좌익 민족주의
세력이 장악했다. 여운형은 1945년 8월 16일 건국준비위원회
건립과 9월 6일 조선인민공화국 선언으로 이어지는 정치적 프
로세스를 밟아나갔다.

하지만 우익 또한 미군이 진주한다는 소식을 듣자 서둘러 독
자적인 정치세력화를 준비했다.[158] 송진우가 이끌던 우익 세력

---

157) 전문은 E. 베르, 유경찬 역, 『히로히토: 신화의 뒤편』(을유문화사, 2002)
을 참조할 것.
158) 심지연, 『해방정국논쟁사』(한울, 1986), 16-17.

은 조선인민공화국 선언 다음날인 9월 7일 국민대회준비회를 결성하고 중경의 대한민국 임시정부 지지를 선언했다. 송진우는 자신의 조직을 이끌고 한국민주당에 참여했는데, 한민당은 좌익 노선에 맞서고 있었다. 한민당은 여운형이 총독부의 제안을 수용한 것은 친일행위이고, 건준의 인적 구성이 이념적 편파성을 띠고 있으며, 인공을 수립한 것은 중경의 임시정부를 무시하는 정치적 반역행위라고 주장했다.159)

좌우익의 이데올로기적 대결 국면 속에서 새로운 정치적 변수가 등장했다. 미군의 진주였다. 9월 8일 인천에 상륙한 미군은 다음날 '태평양 미 육군 총사령관 포고 1호'를 공포하고 군정 실시를 알렸다. 38도선 이남의 일본군 무장해제라는 명목 아래 한국에 진주한 미군은 자신의 의지대로 해방정국을 이끌어갔으며 그 과정에서 국내 정치세력, 특히 좌익의 위상은 급속하게 흔들렸다. 미 군정청 군정장관 아놀드 소장은 10월 10일 조선인민공화국을 부인하는 성명을 발표하고 38도선 이남의 유일한 합법정부는 미군정임을 주장했다. 인공 노선에 적대감을 갖고 있던 한민당은 그에 편승해 "현재 조선 내에는 미군정 이외에는 여하한 정부도 있을 수 없다"는 미군정 정보부장의 말을 빌려 미군정의 정책노선에 지지를 표명했다.160) 이에 대해 인공은 "'자칭'이니 '참칭'이니 '연극'이니 하나, 우리는 우리에게 부여된 당연한 권리를 행사한 것이요, 조선인 자신이 자기 문제를 해결할 수 있다는 정치적 능력을 표명함에 불과하다"161)고 대응하면서 미군정의 논리를 반박했다.

159) 심지연, 『해방정국논쟁사』, 17-18.
160) 심지연, 『해방정국논쟁사』, 81-82.
161) 송남헌, 『해방3년사』(까치, 1990), 55.

미군의 개입으로 복잡하게 전개되기 시작한 해방정국은 국외 독립운동지도자들의 귀국과 더불어 본격적인 대결 국면으로 치달았다. 1945년 10월 16일 해방정국을 주도하게 될 이승만이 돌아왔다. 그리고 1945년 11월 후반부터 임시정부 요인들이 귀국하기 시작했다.

1945년 12월 모스크바 3상회의(12월 16일-26일) 결정은 해방정국을 분할하고 있던 정치세력들의 분열을 결정적으로 초래한 계기가 되었다. 주지하는 것처럼, 문제는 제3항, 즉 "공동위원회의 제안은 조선임시정부와 협의 후 5년 이내를 기한으로 하는 조선에 대한 4개국 후견의 협정을 작성하기 위하여 소, 미, 영, 중 제국 정부의 공동심의를 받아야 한다" 162)는 결정이었다. 이른바 신탁통치 결정은 해방정국을 정치적 활화산으로 질적 전환시켰다. 먼저, 김구를 중심으로 조직된 임시정부 세력은 비타협적 반탁운동을 전개해 나갔다. 그들은 신탁통치반대 국민총동원위원회를 결성하고 운동을 주도해나갔다. 민족주의 우파 세력의 반탁 논리는 다분히 민족적 자존심에 따른 것이었다. 그들의 입장에서 신탁통치는 식민통치의 또 다른 유형이었다. 163) 이승만 세력 또한 반탁에 합류했다. 164) 이에 맞서 공산주의 세력은 "모스크바 결정은 조선 독립을 보장하는 민주주의 노선" 이라고 주장하면서 찬탁을 외쳤다.

---

162) 김남식 외, 『한국현대사자료 총서: 1945-1948』 (돌베개, 1982), 37.
163) 심지연 엮음, 『해방정국 논쟁사』, 51.
164) 외견상 이 두 세력이 공히 반탁을 주장하고 있지만 본질적으로 동일한 선상에서 이해할 수는 없다. 김구의 민족주의적 반탁논리가 궁극적으로 미소 양군의 철수 후에 자주적 통일 정부를 세운다는 목표에 연결된 것이라면 이승만의 반탁 논리는 "반탁 = 반소 = 친미 = 단정"으로 이어지는 또 다른 정치적 목표를 향하는 것이었기 때문이다. 김광식, 「미군정과 분단국가의 형성」, 최장집 편, 『한국현대사 I, 1945-1950』 (열음사, 1985), 142.

신탁통치를 둘러싸고 초래된 정치세력들의 대립과 갈등은 쉽게 해소되지 않았고 정치적 분열 속에서 임시정부 수립을 위한 미소공동위원회가 개최되었지만 그 또한 두 나라의 이해관계 속에서 아무런 성과 없이 결렬되었다.

미국은 제2차 미소공동위원회가 교착 상태에 빠지자 한국 정부 수립 문제의 유엔 이관을 제안하고 구체적인 방안을 마련했다. 한국 문제를 다룰 4개국 특별회담을 개최해 그 회담에서 남북한 각각의 점령 지역에서 입법부 구성을 위한, 유엔 감시 아래 선거를 치를 것을 소련에 제안하는 방안이었다. 만약 소련이 그 제안을 거부할 경우 한국 문제를 유엔에 이관해 남한에서만이라도 선거를 실시한다는 것이었다. 당시 소련이 한국 문제를 유엔에 이관하는 것을 반대했기 때문에 그 구상은 곧 단독정부 수립을 배제하지 않겠다는 전략이 깔려 있는 것이기도 했다.[165]

남한에 단독정부가 수립될 가능성이 크다는 점, 그리고 미국이 소련의 남하를 막기 위해 친미 우익정권을 수립하려 한다는 사실을 명확하게 인식하고 있던 인물은 이승만이었다. 이승만은 한반도를 둘러싼 대결 국면 속에서 남한만의 단독정부 수립 가능성을 공개적으로 표명했다. 1946년 6월 4일의 '정읍발언'이 그것이다.

이제 우리는 무기 휴회된 공위共委가 재개될 기색을 보이지 않으며 통일정부를 고대하나 여의케 되지 않으니 우리는 남방만이라도 임시정부 혹은 위원회 같은 것을 조직하여 38 이북에서 소련이 철퇴하도록 세계 공론에 호소하여야 될 것이니 여러분도 결심하여야 될 것이다. 그리고 민족통일기관 설치에 대하여 지금까지 노력하여 왔으나 이번

---

165) 박찬표, 「남북한 단독정부의 수립」, 국사편찬위원회, 『한국사 52: 대한민국의 성립』(2002), 385.

에는 우리 민족의 대표적 통일기관을 귀경한 후 즉시 설치하게 되었으니 각 지방에 있어서도 중앙의 지시에 순응하여 조직적으로 활동하여 주기 바란다.[166]

미국과 소련은 유엔을 무대로 한국 문제 해결을 위한 외교전을 펼쳤는데 1947년 11월 14일 유엔총회는 다음과 같은 결정을 내렸다. "유엔에서의 한국 문제 토의에 투표로 선출된 한국 국민의 대표가 참여하도록 초청하며", "호주, 캐나다, 중국, 엘살바도르, 프랑스, 인도, 필리핀, 시리아, 우크라이나, 소비에트 사회주의 공화국 9개국 대표로 구성되는 유엔 한국임시위원단을 설치해 1948년 3월 31일까지 보통, 비밀선거 원칙에 따라 유엔 한국임시위원단 감시 하에 선거를 실시해 남북 인구비례에 따른 대표자들로 국회를 구성하고 중앙정부를 수립"하는 내용을 골자로 하는 결의안이었다.[167]

하지만 소련은 유엔의 결의안을 수용하지 않겠다고 말했다. 한국 문제가 유엔에 이관되긴 했지만 그것은 소련의 의지와 반대되는 것이었으며 미국이 주장하는 '남북한 인구비례에 따른 총선거' 또한 소련이 받아들이려 한 것이 아니었다. 그런 차원에서 '구속력 없는' 유엔의 결의안에 대한 소련의 거부는 이미 예견된 것이라고 해도 과언이 아니었다. 총선거를 위한 광범위한 조사 목적으로 유엔 한국임시위원단이 38도선 이북으로 들어가는 것을 소련은 거부했다.

이러한 상황에서 유엔 한국임시위원단은 총선거와 그에 이은 정부 수립 과정을 남한 지역에서만 시행할 것인지의 여부를 놓고 논쟁했다. 결국 1948년 2월 26일 유엔은 "위원단이 접근 가능한 한

---

166) 이종범·최용규 편, 『자료 한국 근현대사 입문』(혜안, 1995), 386.
167) 박찬표, 「남북한 단독정부의 수립」, 389.

국의 지역에서 11월 14일 총회 결의안에서 설정된 계획을 이행하
는 것은 유엔 한국임시위원단에 부과된 임무"라는 요지의 결의안
을 채택했다. 그 결의안의 채택은 곧 남북 단일정부의 수립이라는
역사적 과업이 실현 불가능하게 되었음을 의미하는 것이었다.[168]

남한만의 선거 실시라는 유엔 결의안은 국내 정치세력들의 분
열을 가져왔다. 이러한 정치적 상황을 정확하게 예측한 이승만과
지지 세력은 즉각적인 총선을 강력히 주장했다. 하지만 좌익세력
은 단독선거를 민족 분열을 초래하는 정치기획으로 평가했다. 그
들은 제국주의의 선동에 맞서 폭동과 파업을 위시한 무력투쟁을
전개할 것이라고 말했다.[169]

이러한 극단적 대립 속에서 분단이라는 최악의 상황을 막기 위
해 김규식, 김구, 조소앙, 홍명희 등 '남북협상' 그룹이 노력했
지만 정국은 그들의 의지를 따라가지 않았다. 남한 내 단독선거가
이미 5월 10일로 예정되어 있었고 선거전이 시작되었다. 남북협상
을 통한 통일국가 건설을 소망하는 민족주의 우파와 좌익이 선거
를 거부했지만 그럼에도 총유권자의 75%가 투표에 참여하는 등
참여한 세력으로서는 외견상 선거의 대표성과 민주성을 선전할만
했다.[170] 제헌국회는 1948년 5월 31일에 개원했으며, 헌법제정
절차에 들어갔다. 7월 12일 헌법이 제정되었고 7월 20일에는 이
승만이 초대 대통령으로 선출되었으며, 8월 15일 남한에 새로운
국가가 수립되었다.

그리고 9월 3일 북한에서 최고인민회의가 헌법을 비준하면서
김일성을 공화국의 수상으로 임명하고 9월 9일 조선민주주의인

---

168) 박찬표, 「남북한 단독정부의 수립」, 392.
169) 조순승, 『한국분단사』(형성사, 1982), 165.
170) 조순승, 『한국분단사』, 176.

민공화국 수립을 선포함에 따라 분단은 되돌릴 수 없게 되었다.

1948년 8월 38도선 이남에 수립된 새로운 국가는 38도선 이북의 국가와 역사와 문화의 차원에서는 오래전부터 만들어진 동질의 집합기억을 지니고 있었지만 근대적 정치제제를 특징짓는 요소들인 이념과 제도와 국민의식의 차원에서는 서로 어떠한 공통점도 없었다.[171] 남쪽이 자유민주주의와 자본주의를 공식적인 이념적 토대로, 반공주의를 정치적 동원의 기제로 삼아 조형되었다면, 북쪽은 인민민주주의와 공산주의를 공식적 독트린으로, 반미주의를 일상적 선전기제로 삼아 주조되었다. 이러한 구조적 조건은 두 가지 정치적 모순으로 연결되었다. 첫째는 이념적 화합 혹은 통일을 이룩하지 못한 채 국가를 수립한 남한 내에서 적대적인 대결국면이 조성된 것이고, 둘째는 종족적 순결성과 그 토대 위에서 통일국가를 만들어 왔다는 믿음을 공유하는 남과 북의 역사의식이 내전으로 폭발한 것이다.

이 두 모순은 곧 1948년의 여순사건과 1950년의 한국전쟁을 가져왔다. 그리고 그 두 비극적 사건은 남한국가가 이념적 정체성의 형식과 내용을 견고하게 구축하는 데 결정적인 요인으로 작

---

171) 바로 이 지점에서 1948년에 수립된 두 나라에 대한 근대정치사상적 평가가 달라진다. 먼저, 근대국가를 역사적·문화적 동질성을 지니는 종족ethnicity의 토대 위에서 형성되는 정치적 형식으로 이해할 때 그 두 국가는 온전하지 않은, 다른 말로 표현하면 '결손국가'가 될 수밖에 없다. 하지만 영속론적, 원초론적 관점의 종족성이 아니라 근대적 이념과 제도로 둘러싸인 국민 위에 수립되는 외적 형식으로 간주한다면 그 두 국가는 온전한 의미의 근대국가로 평가될 수 있다. 이에 대해서는 다음을 참조할 것. 박명림, 「한국의 국가형성, 1945-48: 시각과 해석」, 『한국정치학회보』 29집 1호 (1995); 서중석, 『배반당한 한국 민족주의』(성균관대학교 출판부, 2004); 오향미, 「분할 점령통치와 분단과정 속에서의 남한의 국가건설」, 『국제정치논총』 43집 4호 (2005).

용했다. 특히 두 사건은 이승만 정권의 정치적 존재이유 확립에 중요한 역할을 한 반공주의[172]라는 이념적 외연이 육화(肉化)되어 정치적 생명력을 얻는 데 큰 영향을 미쳤다. 이 두 사건을 통해 이승만 정권이 주창한 반공주의는 추상적 이념의 차원을 넘어 감성적이고 정념적인 힘을 갖는 이데올로기로 삶의 일부가 된다. 여순사건이 남한 국가체제를 부정함과 동시에 공산주의 이념을 추종하는 세력들의 폭력성과 무자비성을 고발하면서 반공주의의 실체성을 확보하는 계기로 작용했다면, 한국전쟁은 그보다 더 위협적이고 강력한 적의 존재를 구체적으로 감지할 수 있는 시간과 공간들을 제공함으로써 반공주의의 위력이 절대화되는 전환점을 마련했다. 그리고 그 두 사건의 끝자락에 한국 국립묘지 탄생의 근본적 정당성이 만들어지고 있었다.

1948년 10월에 발발한 여순사건은 남한 내 좌익과 우익의 물리적 대결이었다. 5·10 총선거를 거부하고 반정부 시위를 시작한 제주도 인민들을 무력으로 진압할 수 없다고 생각해 파병을 거부한 여수 주둔 제14연대 내 좌익 병사들을 이승만 정권이 무력으로 진압한 사건이었다. 10월 21일부터 27일까지 정부군에 의한 봉기군 진압작전이 이루어졌다.[173]

예상하지 못한 사태에 봉착한 정부는 봉기를 신속하게 진압한 뒤 그 원인들을 제거해나가는 일을 시작했다. 그 과정이란 곧 국가체제에서 좌익의 뿌리를 근절하는 것을 뜻한다. 좌익의 발본색원은 물리적 차원과 언어적 차원에서 동시에 진행되었다. 먼저, 숙군과 군대의 조직개편을 단행했다. 여순사건을 주도했거나 가

---

172) 진덕규, 『한국 현대정치사 서설』(지식산업사, 2000), 122.
173) 여순사건의 자세한 과정에 대해서는 김득중, 『'빨갱이'의 탄생: 여순사건과 반공 국가의 형성』(선인, 2009)을 참조할 것.

담한 14연대 병사들에 대한 숙청이 이루어졌다. 여순사건 직후 발표된 대통령 경고문이 숙청의 정치적 정당성을 제공했다.

[…] 정부에서는 단호한 태도를 취하야 치안을 유지하며 인명을 보호할 것이요 어데서던지 이런 반역도당이 있으면 이들은 군법을 따러 정형시위正刑視威하여 여진餘震의 만연蔓延을 절금할 것이며 […]174)

체포된 400여 명의 봉기군들은 대전으로 압송되어 처형되었다. 하지만 군 내부에서 봉기가 다시 발생할 가능성을 원천적으로 차단하기 위해서는 남아 있는 좌익계열 병사들을 색출해내야 할 필요가 있었다. 그들을 찾아내는 작업에는 "수사를 직접 담당한 군 정보국 이외에도 용의자를 연행하는 헌병대 및 미군정기 국방경비대와 관련된 정보를 수집했던 경찰 등 군경의 모든 사찰기관이"175) 참여했다. 그 규모의 방대함은 정부 의지의 강력함을 보여주는 부분이다. 1948년 10월 26일부터 이듬해 3월 12일까지 좌익으로 의심받고 있던 1천475명의 병사들이 체포되었다. 장교 214명, 사병 1천261명이었다.176) 이어서 정부는 모든 연대의 주둔지를 변경하는 조치를 취했다. 1949년 상반기, 38선 경비부대인 제1연대와 제8연대를 제외한 모든 연대가 도의 경계를 넘어 주둔지를 바꿨다. 그 이전까지는 제주도에 파병된 11연대를 제외하고는 부대 이동이 없었다는 사실을 환기할 필요가 있는데, 향토연대의 존재가 여순사건을 일으킨 문제들 가운데 하

---

174) 「이대통령의 반란경고문」, 홍영기, 『여순사건자료집 I』(선인, 2000), 531.
175) 노영기, 「여순사건과 육군의 변화」, 『역사학 연구』 22집 (2004), 271.
176) 잘 알려져 있다시피 숙군의 대상에는 박정희 전 대통령도 포함되어 있었다. 박정희의 죄목은 국방경비대법 제18조 '반란기도죄'와 제32조 '군 병력제공죄' 였으며, 1946년 7월부터 1948년 11월까지 남로당에 가입해 체제전복을 기도했다는 것이 기소 사유였다. 1949년 2월 8일 박정희는 고등군법회의에서 무기징역을 선고받았다. 노영기, 「여순사건과 육군의 변화」, 272.

나였다는 판단에 따른 것이었다.[177]

물리적 차원에서 전개된 좌익세력의 제거는 언어가 매개하는 상징 작업과 결합되면서 한층 더 확고한 토대를 구축해나갔다. 1948년 10월 19일에 발표한 이범석 국무총리의 담화는 그와 같은 전략적 언어형식의 시작이었다. 총리는 여순사건을 '공산주의자가 극우의 정객들과 결탁' 한 '반국가적 반란' 으로 규정했다. 사건은 러시아 10월혁명에 비유되었다.[178] 담론에서 총리는 두 가지 정치언어학적 전술을 꾀하고 있었다. 공산주의자에 대한 부정적 이미지를 창출하는 것과 김구를 중심으로 하는 경쟁세력들을 반란 주모자로 국민들에게 인식시킴으로써 그들의 정치적 입지를 흔드는 것이었다.[179] 하지만 김구는 담화를 통해 자신은 여순사건에 반대하며 주동자들에 동조하지 않는다는 뜻을 명확히 했다.[180] 국민들 또한 김구가 반란에 동조했다는 정부의 주장을 신뢰하지 않았다. 그 시점에서 정부의 언어 전략은 공산주의자에 초점을 맞추는 방향으로 이동했다.

그해 10월 28일, 공보처 차장은 "전남 현지에 있는 좌익분자들이 계획적, 조직적으로 소련의 10월혁명 기념일을 계기로 일대 혼란을 야기하려는 음모를 획책하고 일부 군대를 선동하여 일으킨 것"[181]이라고 말했다. 정부는 여순사건을 체제 전복을 위한 공산주의자들의 폭동으로 규정하면서 사안을 북한과 연계했다. 진압군이 여수와 순천을 완전히 장악한 뒤인 11월 3일 국

---

177) 노영기, 「여순사건과 육군의 변화」, 272.
178) 「李範奭 국무총리 겸 국방장관, 여순사건 경위와 성격을 설명」, 『자료대한민국사』 제8권(1998)(국사편찬위원회 한국사데이터베이스, http://db.history.go.kr).
179) 김득중, 『'빨갱이'의 탄생』, 205.
180) 「김구, 여순사건에 대하여 담화를 발표」, 『자료대한민국사』 제8권 (1998).
181) 「金炯元 공보처 차장, 여순사건은 현지 좌익분자들의 계획적 음모라고 주장」, 『자료대한민국사』 제8권(1998).

방부가 배포한 벽보는 그러한 정치적 선전의 도구였다. 벽보는 여순사건이 "민족적 양심을 몰각한 공산도당의 조직과 명령을 통하여 […] 대한민국 정부를 파괴"하는 것이라고 해석함과 동시에 "소련 제국주의의 태평양 진출정책을 대행하려는 공산당 괴뢰정권의 음모"[182]로 묘사했다.

여순사건을 계기로 전개된 좌익세력의 '박멸'과 공산주의 이념을 추종하는 세력에 대한 적대 이미지 형성은 새로운 국가체제를 수립한 지 얼마 안 되는 정부에게는 매우 중대한 정치적 사안이었다. 그것은 국가건설과 국민건설의 실질적 토대인 반공주의라는 이념적 틀을 확립하는 과정이었기 때문이다.

엄격히 말해 제1공화국 정부는 견고한 국가 이념을 창출하지 못한 채 출발했다. 이승만 정부 초기 국가 이념의 키워드는 민족통합이었다. "우리 민족은 죽어도 같이 죽고 살아도 같이 살아야 할 것이요, 우리 강토는 일척일촌이라도 남에게 양여하지 않을 작정이다"[183]로 시작하는 국회 개원식의 대통령 축사가 그 점을 잘 보여주고 있다.

대통령의 정치이념은 이후 '일민주의一民主義' 혹은 '한백성주의'로 구체화되었다. 일민주의는 혈연적 민족주의였다. 한민족은 단일혈통을 갖는 존재들이기 때문에 분리될 수 없으며 모든 면에서 하나로 통합되어야 한다는 말이다.[184] 이 일민주의는 내적으로는 국민적 통합과 질서를 강조하는 이념으로 작용했지만 외부적으로는 북한 공산주의를 적으로 규정함으로써 국민적 분열을 방지하는 도구로 기능했다.

---

182) 『평화일보』, 1948년 11월 5일.
183) 이승만, 「국회개원축사」, 공보처, 『대통령이승만 박사 담화집』(1953).
184) 일민주의 보급회, 『일민주의 개술』(1949), 7.

일민주의의 이데올로그 안호상에 따르면 일민주의와 반공주의는 서로 밀접한 관련을 맺고 있다. 본래 한겨레인 민족의 분열을 초래한 집단이 공산주의자들이기 때문에 북한 공산주의에 적대하는 것은 민족의 단일성과 통합을 위해 필요한 임무가 된다.[185] 이렇게 해서 초대 공화국의 토대가 될 국가적 이념인 일민주의가 반공주의와 결합했다.

그런데 이러한 이념적 연결 관계에서 문제는 민족의 단결과 통합을 저해하는 적대적 이념인 반공주의의 구체성에 대한 인식이 부족하다는 점이다. 물론, 분단으로 인해 38도선 이북에 반공주의를 주창하는 정치적 세력으로 북한이 있었지만 그 존재를 구체적으로 인식할 정치적 계기는 여전히 확보되지 않은 채로 남아 있었다. 그런 점에서 대한민국이 수립되자마자 발생한 여순사건은 적대 이념의 육화를 가능하게 한 최초의 사건이라는 위상을 갖는다. 공산주의 이념에 살을 붙이는 계기로서 여순사건의 활용에는 언론이 중대한 역할을 했다.

1948년 10월 27일자 《서울신문》 사설의 일부다.

[…] 해방 후 3년간 가진 고초를 겪다가 간신히 자주정권이 서서 자리를 잡고 일해 보려는 중대시기에 남한에 불평불만을 가졌다기로서 북한과 통모하거나 좌익분자의 사주를 받아서 상관인 장교를 죽이고 경찰관과 양민을 살해하는 등 잔혹한 행동을 감행한 그 소이는 절대로 용서될 수 없는 일이다. 반란을 일으킨 병력은 대개 20대의 청소년으로서 혈기는 많으나 사려의 분별이 적어서 대국을 보는 점에 부정하고 직접 행동으로 일을 속결하려는 생각을 가졌기 쉽고 또 이와 부

---

185) 안호상, 『일민주주의의 본바탕』(일민주의연구회, 1950), 25-26; 김수자, 「대한민국 수립직후 민족주의와 반공주의의 형성과정」, 『한국사상사학』 제25집 (2005), 376.

174

화뇌동한 자는 인심을 혼란시키고 질서를 파괴함이 큰 자랑같이 생각
되는 듯하다. […] 이유의 여하를 막론하고 살인, 방화, 파괴는 혐오
하고 증오의 대상이 되어 아무리 혁명적 동기라 할지라도 이러한 사
태가 발간할 때마다 민심은 이를 배척하고 있는 것이다.[186]

'잔혹함', '불평불만', '비이성'과 같은 심리적 특성들
을 지닌 봉기군들은 북한정권과 내통하면서 자주적인 국가건설
을 방해하는 부정적 존재들로 묘사되고 있다.

《세계일보》는 이른바 '반란지대' 답사보고 형식의 기사를
올렸다. 기자는 '반란군'이 공산이념을 추종하는 반정부세력이
라는 점을 부각하고 그들의 잔인함을 그렸다. 그들이 "순천경찰
서에 쇄도하여 정복을 입은 경찰관들은 모조리 총살"했으며,
"경찰서를 접수함과 동시에 마침 유치중인 죄수 20여 명을 즉
시로 석방"했다고 보도했다. 이어서 순천경찰서장의 총살형과
관련해 다음과 같이 이야기하고 있다.

사형집행 전 그를 시내에 끌고 다니며 동씨로 하여금 '나는 순천군
민의 고혈을 빨은 서장이요'라고 외치게 하고 만일 연속해서 외치지
않을 때에는 청년학생들이 주위에서 죽창으로 찔렀다고 한다. 그리고
그들은 당시 경찰, 우익정당·단체, 부호들의 재산을 몰수하여 부근 주
민에게 분배하여 주었다고 한다. 그들은 또한 '이승만 대통령은 일본
에 도주하고 38선은 철폐되어 인민군이 남조선 전부를 점령하였다'는
삐라를 시내에 살포하는 한편 '인민공화국 만세'와 '인민군 만세'
를 절규하였다고 한다.[187]

《조선일보》의 현지답사 기사 또한 반란군에 관한 동일한 이

186) 「반란에 대하여」, 『자료대한민국사』 제8권 (1998).
187) 「여순사건, '기자 현지답사: 계엄령 선포된 순천의 거리 표정'」, 『자료대
한민국사』 제8권 (1998).

미지 전략을 구사하고 있었다. 기사는 다음과 같이 시작한다. "반란군과 폭도가 여수를 점령한 뒤 국군이 다시 탈환할 때까지 일주일간 여수에서 어떠한 일을 저질렀는가." 기자는 '반란군들'이 경찰서를 방화하고 우익요인을 체포했으며, "인공기와 인민공화국 만세"를 강요했다고 보도했다. 또한 그들은 "체포된 여러 사람을 불러 세우고 우리 일에 협력하라고 말하고 한편으로는 경관들을 잡히는 대로 체포하여 총살"하고, "휘발유를 뿌리고 방화하기 시작"하는 잔혹함을 보였다고 전했다.[188]

이승만 대통령의 라디오 특별 연설은 언론이 지향한 정치방정식에 정확하게 부합하는 것이었다.

오늘 내가 간절히 일반 동포에게 말하려는 것은 지금 우리 정부에서 당한 실정의 대강입니다. 오늘 세계에서 당하고 있는 큰 화근은 공산당의 활동입니다. 우리나라에서는 목전의 제일 큰 화근은 공산분자들의 활동입니다. 우리가 지난 3년 동안을 두고 싸워서 인명도 많이 상했고 피도 많이 흘려서 동족상쟁의 화를 당하고 있는 중인데 지금은 우리 정부가 서서 모든 장애를 삭제하였으므로 이후부터는 공산분자를 제어하기에 순조로이 진행될 것을 바라고 정권이양에 전력하고 있는 터인데, 어찌해서 우리가 가장 신뢰하던 애국단체에서 이상한 행동을 하여 소련의 목적을 이루어 주고 우리를 해하려는 분자들로 하여금 승리를 얻게 하려는 공작을 하기에 이르렀다고 함은 누구나 경악치 않을 수 없는 바입니다. 우리가 가장 믿고 의지하던 국방군에 몇몇 반동분자들이 잠입하여 여수·순천 등지에서 혹독한 참상을 이루었으나 물론 그 중 불량분자들이 몇 명 끼어 있었던 것을 모를 바는 아니지만은 인면수심의 행동이 이 같이 심하기는 꿈에도 생각지 못한 바입니다.[189]

188) 「여수순천 현지 르포」, 『자료대한민국사』 제9권 (1998).
189) 「李承晩 대통령, 국회의 정부 강화안은 부당하다고 담화를 방송」, 『자료대한민국사』 제9권 (1998).

공산주의 이념을 추종하는 비인간적 또는 야수적 존재로 표상된 봉기군들은 정부가 주도하는 또 다른 이미지 전략을 통해 한층 더 강력한 악마화로 나아갔다. 정부는 사건이 마무리되자 문화계와 종교계 인사들을 현지에 파견했는데, 그들은 자극적인 언어의 동원을 통해 정부의 정치적 필요에 부응하고자 노력했다.[190] 그들은 현지답사를 다녀와서 언론을 통해 또는 자신들의 작품으로 봉기군에 대한 부정적 이미지를 전파했다. 박종화는 "동족의 피를 보고 이리떼처럼 날치고 누깔을 빼고 해골을 바시고 죽은 자의 시체 위에 총탄을 80여 방이나 놓은 잔인무도한 식인귀적 야만의 행동"이라고 표현했으며, 고영환은 "한 시체에 50, 60개 내지 80, 90개의 탄흔"과 "총살한 뒤에 눈알을 빼며 혹은 사지를 자르며 혹은 배를 가르고 오장을 헤쳐 버린 것" 등을 목격했음을 전했다.[191] 11월 초반 현장조사를 마치고 돌아온 11개 종교단체 합동 조사단이 보고서를 작성해 올렸다. 사건의 원인과 관련해 보고서는 "군경의 충돌이 근본적인 원인이 아니라", "국군과 경찰을 이간하려는 모략이 공산주의 선전에 작용되고 있다는 사실이 이번 사건의 성격"이라고 주장했다. 또한 사건의 진상에 대해서는 "불순한 경향이 농후해 숙군의 대상"이 된 연대가 "지방의 공산주의자와 사전에 내통해" 일으킨 것으로서, "대기하고 있던 공산주의자 수백 명이 호응해 인민위원회를 조직한 후 중요기관을 운영하면서 공포와 암흑이 초래되고 천인공노할 동족학살의 참형"이 일어났으며, "약탈, 파괴, 방화 등 모든 잔인무도한 행동"이 발생했다. "순천의 학살은 여수보

190) 유임하, 「정체성의 우화: 반공 증언수기집과 냉전의 기억 만들기」, 『겨레어문학』 vol. 39(2007), 286-289.
191) 고영환, 「여순잡감」, 전국문화단체총동맹, 『반란과 민족의 각오』(문진문화사, 1949). 김득중, 『'빨갱이'의 탄생』, 402에서 재인용.

다 더 처참" 했으며, "개인적 감정"으로 학살을 자행하기도 했다. 보고서는 이후의 대책을 제시했다. "잔악무도한 공산당의 정책을 폭로하여 그 마수에 걸리지 않도록 그 모략선전에 속지 말도록 민심을 계몽할 것이며 각 종교단체는 총궐기하여 구호금품을 모집한 후 위문대 급 계몽대를 파견할 계획을 세울 것"이다.192)

정부, 언론, 사회단체가 구사한 일련의 언어적 재현은 여순사건을 공산주의를 실천하는 반정부 행위로 채색하고, 봉기 주도자들을 폭력적이고 잔학한 비인간으로 묘사하는 것에 집중되어 있었다. 그와 같은 존재들은 같은 땅, 같은 나라에서 살 수 없는 적대적 타자들이 된다. 한마디로 그들은 "민족적 대립물"로 표상되었다.193) 이제 여순사건의 계기를 통과한 대한민국 사회에 새로운 형태의 민족과 국민 개념이 구체적인 형상을 획득한다. '반공 민족' 또는 '반공 국민'이다.

반공 민족과 국민의 등장은 이승만 정권의 유지와 재생산을 위한 매우 중요한 정치적 요소였다. 정치권력의 존속을 위해서는 물리적·제도적 차원의 장치들만이 아니라 공동체 구성원들이 정치권력에 대해 일체감과 동질의식을 형성해야 한다.

권력과 구성원 간의 정체성은 '정치적 타자'인 적의 존재를 통해 한층 더 공고하게 조형될 수 있다. 왜냐하면 적의 존재는 그 반대편에서 '우리'라는 관념이 형성되는 촉매제로 기능할 수 있기 때문이다. 특히 그 적이 심리적 차원에서 위협적인 존재로 나타나면 그 정체성 형성의 강도는 한층 더 강력해질 수 있

---

192) 「여순사건 진상조사 종교대표단, 귀환보고 내용」(『대동신문』 1948년 11월 14일), 『자료대한민국사』 제9권 (1998).
193) 임종명, 「여순사건의 재현과 공간(空間)」, 『한국사학보』 vol. 19 (2005), 177.

다.[194] 이렇게 위협적인 존재로 규정된 적이 존재하는 이상 이들을 제거하기 위해 동원되는 모든 수단은 그 자체로 정당화되며, 그 적들의 소멸이 자신의 존재이념이라고 표명하는 지도자 또한 정당성을 획득한다.

특정한 적을 공격하는 것과 관련, 사람들에게 안정감과 신뢰를 부여하기 위한 연출행위가 수행된다. 위협의 인지 속에서 어떻게 대처해야 할지 몰라 불안해하는 사람들은 자신들의 지도자가 그 해결책을 알고 있다고 믿고 싶어 하며, 이러한 심리 상황 속에서 사람들은 연출된 지도자의 능력을 수용한다.[195]

이렇게 적을 매개로 정치적 지도자와 구성원들은 하나의 견고한 정체성의 고리로 연결된다.

단일민족의 순수성과 단결을 강조하는 한백성주의의 이념적 틀로 정치권력의 안정을 꾀하고자 했던 이승만 정권은 여순사건을 통해 보다 더 강력한 통합의 이데올로기적 토대를 확보했다. 여순사건은 누가 함께 공존할 수 있는 민족과 국민이며, 누가 그러한 민족과 국민의 존재를 위협하는 적인가를 명확하게 드러내 준 사건이었으며 이승만 정권은 그와 같은 이념적 대립구도로 정권의 존재가치와 이유를 설명해냈다. 정권은 다양한 제도적·일상적 장치들을 통해 반공주의 이념을 확산하고 강화해 나갔다.

제도적 차원에서 가장 상징성을 갖는 것이 있다면 '국가보안법'을 들 수 있다. 국가보안법은 1949년 9월 말, 국회 법제사법위원회의 초안 작성이 시작된 이후 2개월이 조금 넘은 12월 1일

---

194) M. Edelman, *Constructing the Political Spectacle* (Chicago and London: The University of Chicago Press, 1988), 67.

195) M. Edelman, *The Symbolic Uses of Politics* (Urbana and Chicago: University of Illinois Press, 1985), 38.

국회를 통과했다. 이렇게 빠른 속도로 국가보안법이 제정될 수 있었던 것은 여순사건이 가져온 공산주의에 대한 적대감과 위기가 강력하게 인식되고 확산되었음을 간접적으로 보여준다.[196] 국가보안법의 제정으로 남한 사회는 법률적 차원에서 공식적으로 반공국가로 탄생했다.

여순사건이 남한 사회에 미친 충격은 그야말로 결정적이었다. 그동안 담론으로만 존재하던 반공주의 실체를 감지할 수 있는 최초의 계기였다. 하지만 그러한 이념적 충격파는 그로부터 얼마 지나지 않아 한국전쟁으로 인해 한층 더 넓고 깊게 남한 사회에 확산되기 시작했다.

한국전쟁은 북한과 남한이 통일국가를 이루지 못하고 외삽의 이념적 정체성을 토대로 분단국가를 수립한 데에서 그 구조적 원인을 찾을 수 있다. 미·소 양군이 군사 점령 분계선으로 설정한 38도선이 정치적 분계선으로 굳어지고 그 선을 기준으로 대립적인 두 체제가 수립되면서 두 체제 모두에서 통일의 실현이 국가·사회적으로 명분을 얻어갔다.

해방된 한반도의 정치세력에게 분단된 국가는 상상할 수 없는 일이었다. 종족 민족주의의 관점에서 한민족은 중세 이후로 통일국가를 이루어왔다는 역사적 이해가 보편적인 공감대를 형성하고 있었기 때문이다.

해방의 시점에서 국가형성의 단위는 두말할 필요가 없이 민족이었고 이때 상정된 한국인의 단일민족성은 의문의 여지가 없었다.[197]

그렇지만 국내외의 복잡한 정치적 변수 속에서 분단은 기정사

---

196) 김득중, 『'빨갱이'의 탄생』, 518-523.
197) 박명규, 「한국전쟁과 민족주의」, 『아시아문화』 16호 (2000), 67.

실화되었고, 그 점에서 분단 상태를 해소하려는 의지와 노력은 역사적 당위성의 차원에 놓였다. 물론, 그러한 모순이 반드시 전쟁으로 귀결되어야 했던 것은 아니었지만 현실은 내전으로 이어졌다.

1950년 6월 25일에 시작된 전쟁은 1953년 7월 27일 휴전이 성립되기까지 만 3년 1개월 2일간 계속되어 엄청난 규모의 군인 및 민간인의 희생을 초래했지만 문제는 거기서 끝나지 않았다. 내전은 제반의 영역에서 남한 사회의 근본적인 재편을 가져온 대 사건이었다. 급속한 인구증가와 기형적 도시화, 경제 구조의 대미의존도 심화, 군부 성장과 같은 변화를 들 수 있지만[198] 국립묘지 창설이란 우리의 문제의식과 관련해, 여순사건에서 동력을 얻은 반공 국민과 반공 국가 만들기가 한층 더 공고화되고 심화되었다는 사실이다.

1948년 8월에 대한민국은 권력 구조와 독트린에서 공식적인 틀을 구축하면서 국가건설을 이루어냈다. 하지만 국민 형성은 그 수준에 도달하지 못했다. 대부분의 근대국가 건설 과정이 보여주는 역사적 사실은 국가의 제도적 형식을 만드는 일에 비해 그 국가의 존재이유와 정당성에 대한 국민적 동질화를 창출하는 일이 상대적으로 더 어렵다는 것인데, 한국도 예외가 아니었다. 구성원들에게 국가의 존재이유와 제도적 외형을 내면화시키는 일, 즉 국민적 정체성을 만드는 일은 이성의 영역만이 아니기 때문이다. 거기에는 근원적인 정치적 정념의 동원이 필요하다. 그 점에서 여순사건은 국민적 정체성 형성의 최초이자 중요한

---

198) 정성호, 「한국전쟁과 인구사회학적 변화」, 장상환, 「한국전쟁과 경제구조의 변화」, 정성호 외, 『한국전쟁과 사회구조의 변화』(백산서당, 1999); 전상인, 「한국전쟁과 국가건설」, 『아시아문화』 제16호 (2000), 37-38.

토대였지만, 모든 국민들이 직접 체험한 사건은 아니었다. 하지만 한국전쟁은 달랐다. 따라서 "한국전쟁은 '국민을 창출하는' 가장 중요한 역사적 기간이었다"199)고 말할 수 있다.

한국전쟁으로 만들어진 국민은 반공주의 국민이었다. 내전은 여순사건이 주조한 반공 국민의 토대를 공고화하는 역할을 수행했다. 여순사건의 경우, 공산주의 세력의 위협이 특정한 지리적 공간으로 제한되어 있어서 많은 국민들이 그 위협을 직접 체험할 수 없었다면, 한국전쟁에서는 거의 대부분의 국민이 그 적의 존재를 일상 속에서 보고 느낄 수 있었다는 점에서 반공주의의 심화는 필연적 귀결이었다. 이제 국가와 국민은 반공주의라는 이념적 경계 아래 자리 잡는다. 북한, 중국, 소련 등의 공산주의 국가들과 맞서 싸운 남한의 국가와 국민은 자랑스러움과 신성함의 세례를 받는다.

> 전쟁을 통해 국가는 신성한 불가침의 터부로서 거듭났다. 이미 건국 과정에서 국가는 민족해방의 역사적 정통성을 이어받은 정치공동체로 자신을 정당화했지만 분단이라는 한계를 자인해야 했다. 그러나 전쟁은 이제 독자적인 정치공동체를 신성한 가치로 부상시킴으로써 그 한계로부터 자유로워졌다. 오히려 분단체제는 냉전대립이라는 세계사적 사명을 감당하는 역사적 투쟁의 공간에서 재해석되었다.200)

한국이 공식적 독트린으로 삼은 자유민주주의liberal democracy는 반공주의의 안티테제로 정립되면서 절대적 신성함의 표지를 얻고, 단순하면서도 극단적인 이데올로기적 이분법인 '반공 대 용공'의 지배를 받는다. 한국 사람들은 모든 정치적 사상과 행

---

199) 강인철, 「한국전쟁과 사회의식 및 문화의 변화」, 정성호 외, 『한국전쟁과 사회구조의 변화』, 207.
200) 박명규, 「한국전쟁과 민족주의」, 88.

위들을 거기에 맞추어 규범적으로 그리고 윤리적으로 평가했다. 한국에서 '국민'은 이념적 차원에서 자유민주주의를, 달리 말하자면 반공과 반북을 지향하는 존재들로 규정되고, 그 반대편에 존재하는 용공과 친북주의자들은 '비국민'이 된다.201)

전쟁을 통해 조형된 반공주의에 충실한 국민의식은 일상의 동원 속에서 보다 정교한 수준을 획득해나갔다. 먼저 학교는 반공주의 이념과 군사훈련을 반복적으로 교육함으로써 반공주의가 청소년들에게 일찌감치 체화될 수 있는 장으로 기능했다. 이승만 정부가 시행한 '의무교육완성 6개년 계획'(1954-1959)은 그러한 국가적 목표를 반영하는 교육정책이었다. 또한 정부는 일상화된 대중동원을 매개로 그리고 정부에 종속된 언론을 이용해 3년간의 전쟁 체험을 국가구성원들이 광범위하게 인지하고 느낄 수 있도록 했다. 각종 궐기대회, 간첩 또는 무장공비 사건에 관한 미디어의 반복적 보도, 반공 표어 및 포스터 대회, 반공 또는 승공 표어의 일상공간에로의 침투, 공적 공간에 설치된 반공 조형물202) 등을 대표적인 예로 들 수 있다. 이러한 장치들은 정치사회적 질서가 안정적으로 재생산될 수 있는 이데올로기적 기초가 된다.

반공주의의 일상적 체화 또는 내면화에서 우리가 주목해야 하는 또 다른 요소는 '영웅'의 창출이다. 그렇다면 누가 영웅인가? 국가와 국민의 생존을 위협하는 적에 맞서 자신을 희생한 군경들이다. 한국전쟁의 전사자들은 신성화된 국가와 그 이념을 표상하는 정치적 인격체로 등장한다.

정부는 전쟁 중과 이후에 그들과 가족들을 위한 원호정책을

---

201) 박명규, 『국민·인민·시민: 개념으로 본 한국의 정치주체』(소화, 2009), 111.
202) 김미정·조은정, 「1950, 60년대 한국전쟁 기념물: 전쟁의 기억과 전후 한국국가체제 이념의 형성」, 『한국근현대미술사학』 vol. 10 (2002).

광범위하게 수립하고 집행했다.203) 정부의 보훈정책은 직접적으로는 한국전쟁에서 희생된 군경들을 위한 물리적 보상과 지원을 목적으로 하는 것이지만, 상징적인 차원에서 반공주의라는 국가적 이념을 수호하기 위해 자신의 사적 이익을 초월한 '영웅적 국민'을 만들고 연출해내는 일이다. 이들의 존재를 일상 속에서 인식하고 느끼는 일은 반공주의 국민의 형성과 공고화에서 가장 강력한 심리적 추동력이다. 죽음과 맞바꾼 이념은 절대적 신성성으로 간주될 수밖에 없으며, 그와 같은 영웅적 행위를 실천한 사람들이 국민의 이상적 모델로 등장하기 때문이다. 그와 같은 맥락에서 국립묘지는 매우 중요한 정치적 실천의 공간이 된다.

정부는 한국전쟁의 희생자들을 추모하기 위해 국립묘지를 건립했다. 1948년 여순사건에서 도출된 묘지 건립의 아이디어가 내전기를 통과하면서 보다 구체적으로 구현된 것이었다. 한국의 국립묘지(지금의 국립 서울 현충원)는 여순사건과 한국전쟁의 기억이 각인된 곳인데, 그 점에서 뚜렷한 이념적 색채를 지니고 있다. 프랑스의 국립묘지 빵떼옹이 '세속주의' 이념으로, 미국의 알링턴 국립묘지가 '연방군사주의' 이념으로 채워진 공간이자 그 이념을 지키기 위해 희생된 인물들이 국가적 영웅으로 전환되는 무대라면, 남한의 국립묘지는 '반공군사주의' 이념이 응축된 공간이고 그 이념을 수호하기 위해 목숨을 바친 군경들을 영웅으로 추모하는 장소다. 그런 면에서 한국의 국립묘지는 프랑스와 미국의 국립묘지와 그 정치적 원리와 형식에서는 같으면서도 내용에서는 다르다.

---

203) 그 연대기별 세부 정책에 대해서는 강인철, 「한국전쟁과 사회의식 및 문화의 변화」, 217-218을 참조할 것.

## 7. 국립 현충원, '반공군사주의' 공간

여순사건은 국립묘지 창설 구상을 정부 차원에서 마련하고 실천한 최초의 계기였다. 여순사건으로 군과 경찰이 사망하자 정부는 전사자들을 안치할 장소를 물색하기 시작했다. 서울의 장충단獎忠壇이 선정되었다. '장충단' 선정의 이유를 알기 위해서는 대한제국 시기로 거슬러 올라가야 한다.

대한제국 광무 4년(1900년) 10월 27일 고종의 명령으로 남소영南小營 ―남소문 옆에 있던 어영청의 분영― 터에 장충단을 건립했다. '충을 장려한다' 는 뜻이 말해주듯이 장충단은 나라를 위해 목숨을 버린 사람들을 기리는 장소였다.[204] 고종은 장충단에 다음과 같은 국가적 의미를 부여했다.

> 충성스러운 사람을 표창하고 절개를 지킬 것을 장려하여 대대로 죄를 용서하고 고아를 돌봐주는 일은 나라의 떳떳한 법이다. 그런데 어떤 사람은 나랏일을 위하여 죽었으나 부모와 처자는 추위와 굶주림을 면하지 못하고 어떤 사람은 몸이 원수의 칼날에 찔려 그만 목숨을 잃었으나 돌보아주지 않는다면 착한 일을 한 사람을 무엇으로 고무해 주겠는가? 개국 503년 이후부터 장령將領, 위사衛士, 병졸, 액속掖屬 가운데서 순절하였거나 부상을 입은 사람이 없지 않았지만 표창하고 돌보아주는 은전恩典은 오늘에 이르도록 미처 베풀지 못하였다. 그러므로 매번 생각이 이에 미칠 때마다 가슴이 아파 오는 것을 금할 수 없다. 원수부元帥府에서 세록표世祿表를 만들어서 등급을 나누어 시행하도록 하라.[205]

여기서 "개국 503년" 이라는 표현에 주목할 필요가 있다. 조

---

204) 『고종실록』 1900년 10월 27일(조선왕조실록: http:sillok.history.go.kr).
205) 『고종실록』 1900년 11월 11일.

선의 개국 503년은 곧 1895년을 의미하는데 그 이후에 "순절"과 "부상"을 초래한 사건이란 곧 을미사변乙未事變이다. 대한제국의 정치적 지배권을 장악하기 위한 주변 열강들의 각축 속에서 벌어진 사건으로 고종은 부인 명성황후를 비롯해 훈련대장 홍계훈 등 여러 충신들을 잃는 슬픔을 겪어야 했지만, 그가 고백한 것처럼 정치적 비극의 희생자들을 위로할 여력을 갖지 못했다. 그런 면에서 장충단은 한 개인으로서의 아픔과 국부로서의 고통이 함께 응축된 공간이었다.

장충단에서의 제사는 봄과 가을 두 번에 걸쳐 시행되었다. 그런데 다음해인 1901년 2월에 육군법원—1900년에 설립된 군법을 관할한 사법기관—장이 황제에게 상소를 올렸다. 그는 최근에 의리를 지켜 죽은 인물들을 기리는 데 소홀함을 지적하고 그에 해당하는 인물들을 열거했다.

신이 그러한 사람을 일일이 열거해 보겠습니다. 이를테면 임오년(1882)에 절개를 지켜 죽은 고故 영의정 충익공 이최응, 고 판서 문충공 김보현, 고 판서 충숙공 민겸호, 고 참판 충정공 민창식과 갑신년(1884)에 절개를 지켜 죽은 고 찬성 충문공 민태호, 고 판서 충문공 조영하, 고 판서 문충공 민영목, 고 판서 충숙공 한규직, 고 참판 충정공 윤태준, 고 참판 충정공 이조연, 중관中官 유재현과 을미년(1895)에 절개를 지켜 죽은 고 궁내부대신宮內府大臣 충숙공 이경직, 고 시종관侍從官 충민공 임최수, 고 참령參領 충민공 이도철과 같은 사람입니다.

본래 장충단은 을미사변 희생자들을 기리기 위한 제의 공간이었지만 육군법원장은 상소를 통해 임오군란과 갑신정변에서 사망한 신료들까지 포함해야 한다고 주장한 것이다. 그는 자신의 입장을 명확히 했다.

임오군란, 갑신정변을 포함해 이들이 죽음으로 절개를 드러낸 것이 옛 충신들보다 무슨 크게 못한 점이 있다고 겨우 자기 집 사당에서 제사나 받을 뿐 따로 한 칸의 사당도 가지지 못하고 있으니, 충성에 보답하고 절개를 표창하는 은전에 있어 과연 어떠합니까? 지난날 장충단을 특별히 만들어 제사를 지낸 뒤로 군사들이 이루 형언할 수 없이 감격하고 고무되었습니다. 그런데 위의 여러 신하들이 한 목숨 바쳐 순국한 충렬은 실로 한 때의 싸움에서 죽은 장수나 군사들보다 더한 점이 있는데 단지 군사가 아니라는 이유로 유독 제단에서 제사 지내는 대상에 끼지 못하였으니 선후가 도치되었다고 할 만합니다. 따로 하나의 사당을 세우고 해마다 제사를 지내주면 저세상에 있는 충성스럽고 의로운 혼백을 위로할 수 있을 것입니다. 삼가 바라건대, 속히 유사有司에게 명하여 대책을 강구하여 시행하게 하소서.

그의 상소를 통해 우리는 장충단이 '무관들'의 넋이 안치된 곳임을 알았다. 남소영 터를 장충단 건립지로 선택한 것 또한 그러한 상징성으로 풀어낼 수 있다. 황제는 상소를 받아들였다.

충성을 표창하고 절개를 장려하는 데 어찌 문관과 무관을 구별하겠는가? 전달한 내용은 자못 일리가 있으니, 장례원掌禮院으로 하여금 품처稟處하도록 하겠다.206)

일본 제국주의의 야욕에 맞서 싸운 무관과 문관의 넋을 모신 제단이었던 만큼 일본의 대한제국 침탈 욕구가 노골화될수록 그 공간은 항일의지 고양의 숭고한 장소가 되어 왔다. 당시 널리 불린 '한양가漢陽歌'는 장충단의 상징성이 일반 백성들 사이에서도 널리 공감대를 형성하고 있었음을 말해준다. "태산 밑에 지

---

206) 『고종실록』 1901년 2월 16일. 앞의 두 인용문 출처도 같음.

어진 장충단 저 집 나라 위해 몸 바친 신령 뫼시네 / 태산 같은 의리에 목숨 보기를 터럭 같이 하도다 / 장한 그분네."

다시 여순사건으로 돌아가 보면, 정부는 국립묘지의 원초적 형태라고 할 수 있는 이 장충단을 국가적 희생자들의 추모장소로 이용하는 상징적 시각을 지니고 있었다. 1948년 합동위령제를 서울운동장에서 개최한 뒤 345명의 전사자를 장충단에 안치했다. 이들은 여순사건의 희생자들이었다. 정부는 다음해에도 102명의 전사자를 안치함으로써 국가적 추모공간으로서 장충단의 위상을 강화해 나갔다.[207] 그리고 전사자들을 위한 사당인 장충사將忠祠 개수 공사를 1950년 4월에 완료하고[208] 같은 해 6월에는 1천600여 명의 전몰군인 추도회를 개최했다.[209] 장충단은 그야말로 국가적 희생자들을 향한 전 국민적 애국주의가 모이는 공간이었다. 한 신문이 그 점을 잘 보여주고 있다.

저 멀리 남해 제주도의 한라산에서, 여순반란의 진압 작전에서, 지리산과 태백산 토벌작전에서 그리고 마의 38선에서 자기와 가족을 돌보지 않고 민국에 이바지하는 뜨거운 순정으로 '민국만세'를 부르며 넘어진 여기 영령들이 없었다면 오늘의 민국이 이와 같이 있으리라고는 누구 하나 의심하는 동포는 없다. […] 정부에서는 오늘을 '임시 장충공휴일'로 정하고 거족적으로 전몰 군인의 충성을 찬양하려는 것이다. 오전 10시를 기하여 조위 싸이렌이 일제히 울리게 되었다는데 이에 일반시민은 장충단獎忠壇을 향해서 일분 간 묵념을 하여 주시기를 바란다고 한다.[210]

---

207) 『경향신문』 1949년 6월 7일.
208) 『동아일보』 1950년 4월 16일.
209) 『동아일보』 1950년 6월 21일.
210) 『경향신문』 1950년 6월 21일.

그렇지만 장충단은 증가하는 전몰자들을 감당하기에는 역부족이었다. 따라서 정부는 육군본부 주도 하에 새로운 묘지 후보지 물색을 시작해야 했다. 그러면서 장충단의 위상은 점차적으로 퇴색해갈 수밖에 없었다. 새로운 묘지 터를 찾는 와중에 한국전쟁이 발발하게 되는데, 결국 작업은 잠정적으로 중단되었다. 주지하는 것처럼 전쟁 초기, 남한은 경상도까지 후퇴해야 했으며 그 과정에서 병사들의 대규모 희생을 피할 수 없었다. 정부로서는 비록 임시라고 하더라도 전사자들을 관리할 공간을 마련하지 않을 수 없었다. 부산의 금정사와 범어사에 마련된 '순국 전몰장병 영현 안치소'가 그 역할을 담당했다.[211]

하지만 내전이 상상 이상으로 많은 전사자를 양산하자 정부는 전몰자들을 안치할 묘지를 물색하는 데 본격적인 힘을 기울인다. 육군본부 인사참모부 주관 하에 묘지 후보지 답사반을 구성해 1차로 대구, 2차로 경주 일대를 답사했다. 육군 공병감실 주도로 조사 작업을 진행하던 중, 현지를 답사한 군 고위층은 그 지역들이 침수 우려 등 몇 가지 점에서 적합하지 않다고 결론 내렸다. 이후 1952년 5월 6일 국방부 국장급 회의에서 육군 묘지 설치 문제를 다시 논의했다. 회의는 육군에서 추진 중인 안으로 군인 묘지를 조성하면 다른 군에서도 묘지를 설치하려 할 것인데 그렇게 되면 예산과 인력 그리고 관리의 통일성 차원에서 많은 문제점이 있다고 판단했다. 결국 육군에서 추진 중인 묘지 설치 계획을 보류하는 대신 '3군 종합 묘지' 설치를 추진하되 그 명칭을 국군묘지로 하는 것으로 결의했다.[212]

그와 같은 결정에 따라 1952년 5월 26일, 국방부 주관 아래

---

211) 『주간불교』 1997년 6월 3일.
212) 국립 서울 현충원, 『민족의 얼』 제6집 (2007), 11.

국군묘지 후보지 선정을 위한 3군 합동 답사반을 편성했으며, 같은 해 11월 3일, 군 묘지 설치위원회를 구성한 후 1952년 11월부터 이듬해 9월까지 7차례에 걸쳐 10개 지역을 대상으로 답사를 진행했다. 답사 일정, 지역, 선정 기준 등은 아래와 같다.

| 답사일정 및 지역 | |
|---|---|
| 1952년 11월 15일 – 22일 | 서울 지역 일대 |
| 1952년 12월 24일 – 26일 | 서울 우이동 일대 |
| 1953년 6월 16일 – 24일 | 부평, 시흥, 안양 지역 |
| 1953년 7월 28일 | 용산, 성동구 지역 |
| 1953년 7월 30일 | 서울 우이동 일대 |
| 1953년 9월 7일 – 8일 | 남산 일대 |
| 1953년 9월 11일 – 15일 | 한강 주변 일대 |

출처: 국립 서울 현충원, 『민족의 얼』 제6집, 12.

1952년 겨울과 1953년 여름 두 차례에 걸쳐 답사한 것처럼, 국방부는 1952년 1월 9일에 올린 '국군묘지 설치에 관한 건의서'에서도 우이동 부지가 여러 면에서 가장 적지라고 추천했다. 즉, 우이동 일대를 교통, 토질, 배수, 대민 관계에서 최적의 후보지로 평가하고 있었다.[213]

| 선정기준 | |
|---|---|
| 교통관계 | – 전국 또는 남한의 중심지<br>– 전방에서 너무 멀거나 전방과 근접하지 않은 곳 |
| 면적 | – 최저 330,580 평방미터, 50000주 기준 |
| 용지종별 | – 국공유지 우선, 부득이한 경우 사유지 허용 |
| 배수관계 | – 저습지를 피하여 배수가 잘 되는 곳 |
| 대민관계 | – 가급적 민가와 부락이 없는 곳 |

출처: 국립 서울 현충원, 『민족의 얼』 제6집, 12.

하지만 최종적으로는 우이동이 아니라 동작동을 선정했다. 우

---

213) 국방부, 「국군묘지 설치에 관한 건의서」 (1952년 1월 9일).

이동 일대가 전방에 상대적으로 근접해 있다는 지리적 문제가 지적된 것으로 보인다. 동작동은 1953년 9월 29일 이승만 대통령의 재가를 받아 국군묘지 부지로 확정되었다. 이후 1953년 10월 8일부터 11월 5일까지 측량을 실시하고, 다음해 3월 1일 정지공사를 시작한 후 3년에 걸쳐 묘역 23만 8천17평방미터를 조성했다.[214)

1956년 4월 13일, 정부는 대통령령 1144호로 '군묘지령'을 제정했다. 주요 조항들을 살펴보면 다음과 같다.

> 제1조 국방부 장관 소속 하에 군 묘지(이하 묘지라 한다)를 설치한다. 전항의 묘지는 서울특별시 영등포구 동작동에 두되 그 경내의 타인 소유의 토지, 임야, 건조물, 공작물 등을 사용할 경우에는 그 타인의 동의를 얻어야하며 상당한 보상을 하여야 한다.
> 제2조 전조의 묘지에는 군인, 사관후보생 및 군속(기타 종군자를 포함한다)으로서 사망한 자 중 그 유가족이 원하거나 유가족에게 봉송할 수 없는 유골, 시체를 안장한다.[215)

여기서 국군묘지 안장 자격에 유념할 필요가 있는데 위의 제2조에 따르면 군 묘지는 그 이름에 부합하도록 '군과 군에 관계된 사람들'만을 안장하는 것으로 엄격하게 제한하고 있다. 그런데 정부는 1957년 1월 7일 개정된 '군묘지령'(대통령령 제1228호)으로 자격 기준의 외연을 넓혔다. 개정된 군묘지령은 국군묘지로서의 성격을 재확인하고 있지만 안장 대상자의 제한적 확대를 명시함으로써 국군묘지의 의미 변화 가능성을 처음으로 열어주었다. 개정된 군묘지령 제2조는 안장 대상자를 다음과 같이 명시하고 있다.

---

214) 국립 서울 현충원, 『민족의 얼』 제6집, 13.
215) 「군묘지령」(1956년 4월 13일).

전조의 묘지에는 군인, 사관후보생 및 군속(기타 종군자를 포함)으로서 사망한 자 중 그 유가족이 원하거나 유가족에게 봉송할 수 없는 유골, 시체를 안장한다. 전항의 규정에도 불구하고 묘지에는 국방부장관의 제청으로 국무회의의 의결을 거쳐 순국열사 또는 국가에 공로가 현저한 자의 유골, 시체를 안장할 수 있다.

국가적 죽음으로 기억해야 할 대상에 군인 이외에 '국가 유공자'가 추가되었다. 이와 같은 자격 기준의 확대를 어떠한 맥락에서 이해할 수 있을까? 1956년 8월 15일 제3대 대통령 취임사에서 이승만 대통령은 다음과 같은 외교상 우려를 표명했다.

우리 국제상의 둘째로 큰 문제는 일본이 공산당과 점점 친밀하여가는 것입니다. 일본이 사절단을 중공과 한국 이북에 연속 보내서 공산당들과 결속을 만들고 있는 것입니다. […] 만일 일본이 북경과 모스코의 공산당들의 뒤를 계속 따라간다면 어떠한 결과가 생길 것입니까.216)

1950년대 초반과 중반은 일본에 대한 적대감과 우려가 상승하고 있던 시기였다. 1952년 1월의 이승만 라인 선언으로 일본과의 외교적 갈등이 초래되었다. 1956년 일본이 소련과의 관계 개선 움직임을 보이는 것에 위협을 느끼지 않을 수 없었는데, 대통령 취임사가 드러낸 일본에 대한 부정적 언급은 그와 같은 정치적 상황의 반영일 것이다. 국군묘지와 관련해 이승만 정부가 건립하고 그곳을 군인들의 추모공간으로 엄격히 제한하다가 그 이듬해인 1957년에 순국열사를 비롯한 국가 유공자를 포함한 것은 그와 같은 맥락에서 해석 가능하다고 본다. 말하자면, 갈등상태

---

216) 이승만, 「제3대 대통령 취임 연설문」, 대통령기록관(www.pa.go.kr).

에 놓인 일본과의 외교적 국면을 따라 대외적 차원에서 애국주의를 강조할 필요가 있었다는 뜻이다. 당시 순국열사의 범주에는 '항일' 애국지사가 상당 부분 포함되어 있었다는 점을 떠올릴 필요가 있다. 법제적 형식에서 국군묘지를 완성한 정부는 애국적 인물들의 안장의례를 연속적으로 수행함으로써 묘지의 내용을 채워나갔다.

최초의 공식적인 안장은 1956년 1월에 이루어졌다. 국립묘지에 최초로 안장된 인물이 누구인가는 그 묘지의 근본적인 성격을 드러내는 열쇠다. 한국의 국군묘지에 최초로 안장된 인물은 프랑스 국립묘지 빵떼옹과 같이 혁명적 영웅성을 드러내는 정치적 지도자도 아니고, 미국의 알링턴 국립묘지처럼 이름이 알려진 병사도 아니었다. 그곳에는 한국전쟁의 '무명용사들'이 묻혔다. 그렇게 볼 때 한국의 국군묘지는 적어도 그 시작에서는 지금과 같은 계급적, 혹은 정치적 위계의식을 반영하고 있지 않았던 것으로 이해할 수 있다.

국군묘지의 형식에 내용을 채우는 최초의 의례로서 무명용사의 안장을 지나 1957년 4월 2일 한국전쟁 전사자 유해 191위를 안장했다. 국방부는 1956년 9월 9일 육군 전사자 200위와 해군 전사자 3위를 옮기는 것을 시작으로 각 군이 봉안하고 있던 전몰자들의 유해를 국군묘지로 옮겨 봉안했는데, 그 중에서 육군하사 강덕수를 포함 191위를 이듬해 국군묘지 묘역에 안장했다.[217]

이 의식은 1956년 1월의 무명용사 안장과 비교할 때 또 다른 의미를 지니고 있다. 앞서 언급한 것처럼 무명용사의 안장이 국군묘지의 형식에 최초의 내용을 채우는 상징성을 지니고 있다면, 신원을 확인할 수 있는 군인들의 집단적 안장은 국가적 희생자

---

217) 국립 서울 현충원, 『민족의 얼』 제6집, 196.

들의 기억이라는 국립묘지의 정치사회적 기능이 본격적인 궤도에 진입했음을 보여주는 의례다. 말하자면 국군묘지의 위상이 본격적인 틀을 갖추는 계기가 되었다는 의미다.

이처럼 이승만 정권은 군묘지령을 제정하고 두 차례의 주목할 만한 안장의례를 통해 국군묘지의 제도적·실질적 틀을 만들어 나갔다. 4·19혁명으로 정권이 붕괴되어 이후 묘지의 토대를 강화해나가는 일은 차기 권력체에 부여될 수밖에 없었는데, 제2공화국 장면 정권에서는 국군묘지를 대상으로 눈에 띨만한 행위들이 보이지 않았다.

그러나 박정희 정권은 달랐다. 국군묘지의 정치사회적 진화와 관련해서 박정희 정권을 주의 깊게 살펴봐야 하는데, 가장 중요한 점은 국군묘지에서 국립묘지로 명칭이 변화했다는 사실이다.

1961년 봄, 군사쿠데타를 통해 집권한 박정희 정권은 이듬해 12월 헌정체제 수립을 위한 헌법 개정안을 국민투표에 부쳐 통과시키고 새로운 헌법에 입각해 1963년 10월과 11월에 각각 대통령 선거와 국회의원 선거를 개최함으로써 제3공화국의 권력구조를 확정지었다.

군정체제에서 헌정체제로의 이행이 마무리되어 가는 정치적 시점에서 국군묘지 안장의례가 열렸다. 1963년 11월 21일의 재일학도의용군 안장과 1964년 4월 15일의 학도의용군 유해 안장이다. 한국전쟁에 참전해 사망한 재일한국 유학생들 50위―당시 도쿄 '대행사大行寺'에 안치되어 있었다―를 국군묘지에 안장해 달라는 재향군인회 주일 지부의 요청을 국방부가 검토한 뒤 국무회의가 최종적으로 의결했다. 그해 9월 24일에는 한국전쟁 중에 전사한 학도병들 중 포항에 함께 묻혀 있던 48위의 국군묘지 이장이 국무회의에서 의결되어 이듬해 4월 15일 안장의례를 거행했다.218) 학도의용군의 안장은 정규 군인들의 안장과는 다른 상징성을 띠었는데, 그들이 묻힘으로써 국군묘지로 가시화되는 애국적 희생이 한층 더 강력한 순결성과 고결성의 무게를 지니게 되었다.

한편 정부는 같은 해에 그 의미가 앞의 사례들과는 현격히 다른, 애국지사의 안장의례를 거행했다. 1964년 3월 7일 독립운동가 김재근이 사망했다. 국방부는 김재근의 국군묘지 안장을 제안했다. "김재근은 국가에 공로가 현저한 애국지사로서 고인과 유가족의 소원에 따라 그 유해를 묘지에 안장함으로써 고인의 공적을 기리 추모"할 필요가 있다. 국방부의 제안을 논의한 국무회의는 3월 10일 독립운동가의 안장을 승인했다. 결정은 무엇보다 개정된 군묘지령 제2조에 근거한 것이었지만 당시 국무회의록은 국무위원들이 군묘지령 이외에도 '국가유공자 및 월남귀순자 특별보호법' 219)을 근거 법률로 동원했다.220)

그런데 여기서 한 가지 모순적 상황에 직면한다. 그처럼 두 개의 관련 법령들을 끌어들이면서 애국지사의 안장을 위해 힘쓴 국무회의가 같은 날 회의에서 일관되지 못한 결정을 내렸기 때문이다. 회의록에는 "국군묘지에 군인 이외의 유해 또는 유골을 안치하는 문제는 법적으로 가능하다 할지라도 군 묘지 설치 본래의 목적에 비추어 가급적 억제하도록 유의할 것을 당부한다"고 기록되어 있었다.221) 국무회의는 정부가 국군묘지의 이념적 순수성을 지키는 데 더 큰 관심이 있었음을 말해준다. 하지만 정

---

218) 국립 서울 현충원, 『민족의 얼』 제6집, 200-201.
219) 제22조(국군묘지에의 안장) "애국지사의 유골 또는 시체는 유족이 원하는 경우에는 국군묘지에 안장할 수 있다."
220) 「국무회의록: 애국지사의 유해 군묘지 안장의 건」(1964년 3월 10일).
221) 「국무회의록」(1964년 3월 10일).

부는 그로부터 얼마 지나지 않아 추가로 두 명의 애국지사 한홍근과 김광진의 유해를 국립묘지에 안장하기로 결정했다.[222]

국군묘지의 이념적 순결성 수호를 강조한 것과 항일 독립운동가 3인의 유해 안장을 실행한 것 사이의 의미론적 비양립성은 당시 박정희 정권의 정치적 존재론을 살펴보는 것에서 그 실마리를 찾을 수 있을 것이다.

박정희 정권의 물리적·이념적 뿌리는 군부였다. 군사력으로 권력을 장악했고, 군사 통치를 오랜 시간 이어왔다. 제3공화정 헌정체제로 이행했지만 공화국이 군사 통치의 기저를 벗어날 수는 없었다. 그런 점에서 박정희 정권이 국군묘지에 "군인 이외의 유해 또는 유골을 안치"하는 것은 "가급적 억제"해야 한다는 결정을 내린 것은 충분히 이해할 수 있지만, 강렬한 민족주의 지향을 드러냈다는 점을 놓칠 수 없다.

박정희 대통령의 민족주의는 민족에 대한 부정적 평가에서 시작하고 있다. 근대의 역사와 국제정치를 민족과 민족국가의 대결로 이해한 박정희는 한민족이 그와 같은 경쟁 무대에서 실패했다고 진단했다.

우리의 역사는 어려움의 틈바구니가 되고 압박의 골목이 되고 번번이 침략을 당하기만 하는 뜰이 되었던 것이다.[223]

그는 조선왕조로부터 군사쿠데타로 붕괴된 제2공화국까지를 "퇴영과 조잡과 침체의 연쇄사"[224]로 해석했다. 왕조 패망,

---

222) 「국무회의록: 국가유공자 군묘지 안장(애국지사 김광진)」(1964년 6월 23일). 그 이전에 애국지사 한홍근이 안장되었는데 관련된 문서를 찾지 못해 정확한 날짜는 파악하지 못했다.
223) 박정희, 『한국 국민에게 고함』(동서문화사, 2006), 393.
224) 박정희, 『한국 국민에게 고함』, 625.

국토 분단, 독재 권력, 정치적 무능력으로 이어지는 시기였다는 뜻이다.[225] 박정희는 그러한 역사 위에서 제3공화정의 존재이유를 정당화했다. 새로운 공화국은 그와 같은 부정적 역사를 뒤로 하고 민족중흥의 시대를 여는 출발점이어야 한다는 것이다. 대통령 취임사는 그러한 의지를 표출했다.

　　한 핏줄기 이 민족의 가슴속에 붉은 피 용솟음치는 분발의 고동과 약진은 결코 멈추지는 않았던 것입니다. 반세기의 고된 역정은 밟았으되, 일본 제국주의에 항쟁한 3·1 독립정신은 조국의 광복을 쟁취하였고, 투철한 반공의식은 6·25동란에서 공산 침략을 분쇄하여 강토를 보위하였으며, 열화 같은 민주적 신념은 4월 혁명에서 독재를 물리쳐 민주주의를 수호하였고 이어 5월 혁명으로 부패와 부정을 배격함으로써 민족정기를 되찾아 오늘 여기에 우람한 새 공화국을 건설하기에 이른 것입니다. 그러나 오늘 우리가 당면한 현실은 결코 목적지 도달의 안도가 아니며 준험한 노정에의 새 출발인 것입니다.[226]

제3공화정은 정치적 관점에서 대단히 복잡한 성격을 띠고 있었다. 권력주체의 기준에서 여전히 군부세력을 주축으로 하고 있었다는 면에서 군정과 정치적 연속성을 지니고 있었지만 헌정질서의 복원과 그에 입각한 권력구조 창출 절차를 밟았다는 면에서 정치적으로 정상화된 체제였다. 나아가 대통령은 군부세력을 넘어 민족이라는 포괄적 주체의 이름으로 모든 구성원을 국가적 목표 앞으로 호명하려 했다.

　　그렇게 보면 박정희 정권으로서는 국군묘지에 대한 '이중적'인 접근이 필요했을 것이다. 군인들을 위한 묘지라는 태생적 원리를 지켜나가면서도 민족주의라는 이념 아래 전 국민을 국가

225) 박정희, 『한국 국민에게 고함』, 380.
226) 박정희, 「제5대 대통령 취임사」, 대통령기록관.

적 과제로 불러들이는 새로운 공화국의 정신에 부합하는 공간으로 자리매김해야 한다는 것이다. 우리가 보게 될 국립묘지 정책은 그와 같은 이중적 국면을 반영한다.

정부는 3인의 독립유공자를 안장하는 것에서 더 나아가 국군묘지의 이름을 국립묘지로 바꾸었다. 공식적인 명칭에서 군사주의 성격을 벗어난 것이다. 1965년 3월 15일, 법제처장의 이름으로 국군묘지를 국립묘지로 명칭 변경하는 안건이 국무회의에 상정되었다. 법제처가 올린 제안이유서는 다음과 같다.

> 현재 군 묘지에는 전역戰役장병과 특정한 애국지사의 영현만을 안장하고 있으나, 앞으로는 이를 국립묘지로 승격시키어 전역장병뿐만 아니라 순국선열, 애국지사, 국가유공자를 전적으로 이곳에 모시고 국립묘지로 하여금 모든 애국충렬의 영령이 잠드는 애국과 헌신 및 충의의 상징지로 하여 (1) 전 국민이 그들의 숭고한 순국정신과 위훈을 높이 찬양하고 영구히 추앙하게 하며 국민의 애국적인 도의심을 극양시키고, (2) 빈번히 내방하는 외국의 귀빈과 저명인사를 참방하게 하여 외교적 의례적인 국가 위신을 높이고 국가적 명분을 세우며, (3) 순국선열이나 애국지사, 국가유공자의 묘소를 빙자한 이권 분규의 사회적 폐단을 제거하고, (4) 허례허식적인 경조 사상에 대한 계몽적인 의례와 의식을 국민에게 시범하기 위하여 이 안을 제출하는 것입니다.227)

국무회의는 명칭 변경을 가결했다. 1965년 3월 30일 정부는 대통령령 제2092호로 국군묘지를 국립묘지로 바꾸었다. 국립묘지령 제1조는 "군인·군속으로서 사망한 자와 국가에 유공한 자의 유골 또는 시체를 안장하고, 그 충의와 위훈을 영구히 추앙하기 위하여 국방부장관 소속 하에 국립묘지(이하 "묘지"라 한다)

---

227) 법제처, 「국무회의 부의안건 제출의뢰」 (1965년 3월 15일).

를 둔다"고 규정하고 있다.

이렇게 해서 법제의 차원에서 국립묘지는 군인묘지라는 본래적 위상을 벗어나게 되었다. 하지만 국립묘지의 관할부서가 '국방부'로 명시되어 있다는 점을 고려하면 명칭 변경과 법률적 위상의 변화에도 새롭게 탄생한 국립묘지는 군인묘지로서의 본질적 성격을 넘어서지는 못한 것으로 보인다.

그런데 그와 관련해 또 하나의 흥미로운 사실을 발견할 수 있다. 1965년 3월 23일에 개최된 국무회의에 주목해 보면, 1965년 3월 15일에 법제처가 올린 제안 이유서에서 "국립묘지로 승격시키어"란 표현을 볼 수 있는데, 3월 23일의 국무회의는 "국립묘지로 개칭하여"란 표현으로 바뀐 내용을 의결했다.228) 그와 같은 수정의결이 무엇을 의미하는가?

군부 권력체라는 본질을 갖는 정부로서 국군묘지가 그 위상에서 국립묘지보다 낮은 것을 인정하고 싶지 않았을 것으로 판단한다. 어떤 것에서 다른 것으로의 승격이란 곧 그 이전 것의 위상이 낮음을 의미하기 때문이다. 정부는 '승격'이라는 표현을 버리고 '개칭'이라는 단어를 사용함으로써 국군묘지가 국립묘지의 범주로 포섭되는 의미를 주조하고 싶지 않았을 것으로 보인다.

개칭되고 그 법률적 위상이 달라졌지만 국립묘지가 여전히 군인들을 위한 묘지의 위상을 지니고 있는 것처럼 보이는 것은 그곳을 무대로 이루어지는 현충일의 추념사 분석을 통해 설득력을 얻을 수 있다.

앞서 논의한 것처럼, 근대국가는 구성원들이 국가 이념과 가치를 공유하고 내면화하는 문화정치적 실천으로서 국경일을 제정해 주기적인 의례를 수행하고 있다. 국경일은 "일상성, 규칙성, 공

---

228) 「국무회의록 (안건 227호)」(1965년 3월 23일).

동체성을 기반으로 국가 이념의 국민적 전파와 정당성의 창출"[229]을 지향하고 있는데, 그와 같은 차원에서 '꼬메모라시옹 commémoration', 즉 '함께 기억하기'를 말한다.

꼬메모라시옹은 단순히 과거의 재현이 아니다. 그것은 미래의 재현이기도 하다. 꼬메모라시옹은 단순히 자기 자신을 되돌아보는 일이 아니다. 나아가 과거에 대한 회상도 상기도 아니다. 그것은 담론과 연출을 통해 과거를 드러내는 일이지만 그러한 드러냄을 통해 현재를 살아가는 사람들에게 그들 공동의 미래를 제시해주고 그들의 공동 운명을 표출하는 일이다. 따라서 꼬메모라시옹은 역사성과 사회적 시간 인식의 안내자이며 정체성이라는 그물이 짜이는 공간이다.[230]

그러한 이론적 맥락에서 현충일을 검토할 수 있다. 반공군사주의의 국민적 확산을 목표로 하는 국가적 추모일로서 현충일의 무대가 국립묘지인 것은 지극히 자연스러워 보인다.

현충일은 1956년 4월 19일에 제정되었다. 국립묘지령이 제정된 지 일주일만이다. 대통령령 제1145호로 '관공서의 공휴일에 관한 규정'을 개정하고 6월 6일을 현충기념일로 지정해[231] 공휴일로 정하면서 기념행사를 거행하기 시작했다.

그렇다면 이전에는 현충일에 준하는 추모일이 없었을까? 육해공군 합동으로 진행된 전몰군경 추모의례가 1948년부터 시행되었다. 1948년 12월 1일 제1차 전몰장병 합동위령제를 시작으로

---

229) 하상복, 「이명박 정부와 '8·15' 기념일의 해석: 보수의 위기의식과 담론정치」, 『현대정치연구』 제5권 제2호 (2012), 113.
230) Patrick Garcia, "Exercices de mémoire? Les pratiques commémoratives dans la France contemporaine," *Cahiers français: la mémoire entre histoire et politique* n° 303 (2001), 33.
231) 지영임, 「한국 국립묘지 전사자 제사에 관한 일고찰」, 『비교민속학』 27집 (2004), 487.

1949년 6월 6일 순국장병 합동위령제, 1951년 9월 28일 제1차 육해공군 합동위령제가 이어졌다. 현충일의 전사라고 할 수 있다. 따라서 현충일은 "주로 군대 내부의 행사로 치러졌던 3군 합동 위령제가 전 국민적 행사로 전환되기 시작"[232]한 것이라는 의미를 지닌다.

현충일이 제정된 1956년 봄은 이미 국군묘지가 완공되어 한국전쟁에서 사망한 무명용사의 안장이 이루어진 상태였기 때문에 전몰군인들의 추모공간과 추모의례 사이에는 정치논리학적 조응 관계가 공식적으로 형성되어 있었다. 따라서 국가적 전몰자 유해의 국군묘지 안장이 반복되고 그에 맞추어 추모의례를 매해 주기적으로 개최함으로써 국가적 사자와 이념의 '함께 기억하기'는 자연스럽게 작동한다. 그러한 관점에서 현충일의 주기적 개최는 제도로서 국립묘지가 대중적 차원에서 그 이념을 확산해가며 안착하고 있음을 보여주는 지표이며, 대통령의 현충일 추념사는 곧 국립묘지가 표방하는 이념과 가치를 표상하는 언어체다.

현충일 제정 첫해인 1956년의 추념사에서 이승만은 현충일을 미국의 메모리얼 데이에 비유하면서 다음과 같이 말했다.

> [⋯] 우리 국군이 앞장서서 싸움을 했던 것이며 우리 청년들이 만일 애국심이 없어서 다른 위성국가 사람 모양으로 다 두려워서 전선에 나가기를 원치 않았더라면 누가 나라를 위해서 싸움을 했을 것인가. 우리는 군기도 없고 준비도 없이 적수공권으로 우리 청년들이 나서서 싸움을 한 까닭에 우방들이 우리를 도와서 지금 이만치 되고 있으며 우리 국군이 반공전선에 막강한 군사의 이름을 들고 있는 것이다.

---

232) 김현선, 「'현충일' 추념사의 내용과 상징화 의미 분석: 1961-1979」, 『청계논총』 제2집 15호 (2000), 210.

추념사는 "이날에 우리 국군장병 전체에 치하하며 금년부터 시작되는 이 현충절에 모든 민중이 열정적으로 기념하기 바라며 동시에 군인들의 유가족에 대해서 말로나마 위로하는 바이다"233)는 말로 끝나고 있다. 현충일은 한국전쟁에서 희생된 군인들을 위한 추모일임을 밝히고 있다.

이듬해 현충일 추모사도 같은 논리를 지향하고 있었다. 추모 대상자들은 "반공전선에서 민족의 영원한 자유를 지키기 위해 스스로 제물이 된 고귀한 희생"을 마다하지 않은 존재들로 묘사되었으며, 그 이듬해에도 그들은 "의미 없는 죽음이 아니라 국가의 장래를 위해 외적으로부터 나라를 지켜 호국 충혼이" 된 인물들로 추앙되었다.234) "반공전선", "제물", "희생", "외적", "충혼"과 같은 표현들은 의심할 나위 없이 한국전쟁을 염두에 둔 것이고, 그 과정에서 사망한 군인들을 지칭하는 것이다. 반공군인 묘지로서의 성격과 현충일의 이념적 지향성이 서로 명확하게 조응하고 있음을 인지할 수 있다.

이와 같은 담론 양상은 박정희 정권의 현충일 추념사에서도 큰 변화 없이 재생산되었다. 즉, 반공군사주의가 다른 어떤 가치보다 중요하게 부각된 것이다. 1962년 추념사를 살펴보기로 하자.

> 건국의 초석이 된 여러분의 공훈에 보답하고 조국 장래의 육성을 위해 목숨을 바친 여러분의 유지를 계승하며 자유민주주의와 멸공통일을 달성하지 않으면 안 됩니다. [⋯] 여러분들의 유지를 계승한 우리의 방위력이 강화되고, 겨레의 반공의식이 굳어짐에 따라 그네들은 집요한 간첩침략의 간책을 농하고 있습니다. [⋯] 전 세계 자유민주국민의 불타는 반공의식은 그네들의 침략야욕을 기어코 분쇄하고야 말 것입

---

233) 이승만, 「제1회 현충기념일을 마지하여」 (1956년 6월 5일)(대통령 기록관).
234) 지영임, 「한국 국립묘지 전사자 제사에 관한 일고찰」, 487.

니다."[235]

이때 언급된 "여러분"은 명백히 한국전쟁으로 사망한 군인이다. 다음 두 해의 현충일 추념사에서도 이러한 추론이 가능하다. 대통령은 제8회 현충일 추념사에서 "공산침략의 환난", "멸공을 위한 구국전선", "포화와 전란"[236]과 같은 용어를 통해 한국전쟁을 강조했으며, 그 이듬해에서도 "6·25의 전화", "공산주의의 검은 물결", "침략과 적화의 호기"[237]와 같은 낱말로 역시 반공의 가치를 강조했다.

위의 사실들이 일관되게 말해주듯이 현충일은 '자유민주주의'와 '반공주의'로 압축되는 국가 이념을 수호하다 희생된 군인들을 기리는 날의 의미를 내재하고 있으며 그러한 의미에서 국립묘지는 그 명칭 변경 이전과 이후를 막론하고 본질적으로 반공군인의 추모공간으로 유지되어왔다.

여기에 1964년과 그 이후의 추념사를 비교하면 추모 대상자들의 호명에서 순국선열이 추가되는 것을 알 수 있다. 예컨대, 1966년 추념사는 "이곳에는 조국의 광복을 위해서 순절하신 선열들과 [···] 이 강산을 지켜보며 고이 잠들고 계십니다"[238]는 말로 시작하고 있다. 순국선열에 대한 언급은 그 이후의 추념사들에서도 지속적으로 이어졌다. 1965년 국군묘지가 국립묘지로 명칭 변경된 것을 반영하는 것으로 해석된다. 하지만 그럼에도 강조점은 언제나 반공군사주의에 놓여 있었다. 1968년과 1969년의 현충일 추념사를 보면 순국선열과 반공군인을 동시에 언급하

---

235) 박정희, 「제7회 현충일 추념사」 (1962년 6월 6일)(대통령 기록관).
236) 박정희, 「제8회 현충일 추념사」 (1963년 6월 6일)(대통령 기록관).
237) 박정희, 「제9회 현충일」 (1964년 6월 6일)(대통령 기록관).
238) 박정희, 「제11회 현충일 추념사」 (1966년 6월 6일)(대통령 기록관).

면서도 그 이후의 연설 내용은 대부분 반공군사주의를 강조하는 것이었다.

우리는 북괴의 준동을 좌시할 수 없습니다. 그들의 만행을 절대로 묵과할 수 없습니다. 목숨을 건 투쟁을 각오하고 내 조국, 내 향토를 내 힘으로 지키겠다는 자주국방의 태세와 역량을 비축해야 합니다.[239)

[…] 악랄한 공산주의의 북한 괴뢰는 최근 또 다시 도발적인 만행을 감행하고 있습니다. 가통 가중한 일입니다. 그들은 무력 통일을 공언하면서 침략의 흉계를 행동화하고 있는 이상, 우리의 평화로운 강토와 안전한 낙토에 대하여 크나큰 도전이요, 불쾌한 시련이 아닐 수 없습니다. 우리는 북괴의 만행을 앉아서 바라볼 수 없습니다. 그들의 준동을 절대적 묵과할 수 없습니다. 목숨을 내걸고 내 향토를 내 힘으로 지키겠다는 자주적 국방의 태세를 가져야 할 것입니다.[240)

나라를 빼앗긴 것은 과거의 일이지만 북한 공산주의의 위협은 현재진행형이다. 그와 같은 논리에서 부각되는 존재는 반공군인일 수밖에 없다. 그 지점에서 1974년의 현충일 추념사가 북한 공산주의의 위협을 언급하는 것으로 시작하고 있는 점에 주목한다.

오늘 우리는 공산주의자들의 침략 위협이 그 어느 때보다도 고조되고 있는 가운데 열아홉 번째의 현충일을 맞이하였습니다. 나는 이 엄숙한 날에 즈음하여, 우리에게 부과된 반공 구국의 과제는 실로 중차대하다는 것을 모든 국민과 더불어 다시 한 번 절감하면서, 호국의 귀감이신 영령들의 충절을 우러러 추모하고 경건한 마음으로 명복을 비는 바입니다.[241)

239) 박정희, 「제13회 현충일 추념사」 (1968년 6월 6일)(대통령 기록관).
240) 박정희, 「제14회 현충일 추념사」 (1969년 6월 6일)(대통령 기록관).
241) 박정희, 「제19회 현충일 추념사」 (1974년 6월 6일)(대통령 기록관).

현충일 추념사 분석은 다음과 같은 사실을 말해준다. 이승만 정권은 군묘지령을 개정해 전몰군인만이 아니라 순국열사와 국가유공자의 안장을 승인했고, 박정희 정권은 국립묘지령 제정을 통해 국군묘지를 국립묘지로 명칭 변경함으로써 제도적 차원에서 군인묘지의 기능과 위상을 넘어서려했을 뿐만 아니라, 김재근을 비롯한 항일애국지사의 안장을 통해 국립묘지의 실질적 내용을 채워나가고자 했다. 그럼에도 국립묘지의 관리 주체가 국방부로 유지되고 있으며, 국립묘지를 배경으로 열린 현충일 추모의례의 메시지가 반공군사주의를 지향하고 있었다는 사실은 국립묘지가 여전히 군인묘지로서의 원초성을 유지하고 있었다는 것이다. "현충일은 실제로는 전몰장병(한국전쟁의 전사자)만을 추모하는 기념일로서 제정되어 있었다" [242]는 입론은 그와 같은 논리의 연장선에서 읽을 수 있다.

---

242) 지영임, 「현충일의 창출과정: 순국선열과 전몰장병을 중심으로」, 『비교민속학』 제25집 (2003), 598.

제
3
부

# 사자와 국립묘지

## – 분열과 화해의 정치동학

# 사자와 국립묘지

—분열과 화해의 정치동학

## 1. 빵떼옹의 정체성 투쟁, '성당인가 묘지인가'

프랑스 대혁명이 순탄한 길을 가지 않았듯 혁명의 소산인 빵떼옹의 정치적 운명 또한 평탄할 수 없었다. 종교성을 부정하면서 세속의 묘지로 탄생한 빵떼옹은 황제 나폴레옹Napoléon Banaparte의 등장과 그의 정치적 이해관계에 따라 기이한 형태와 기능의 공간으로 변질되었다. 1799년 11월 9일 새벽, 의사당을 점령한 무장군인들이 국회인 5백인회 의원들을 축출하고 임시통령정부 수립을 선언했다. '브뤼메르 18일18 Brumaire' 쿠데타가 발생했다. 정변의 중심에는 나폴레옹이 있었다. 나폴레옹은 그해 12월 15일에 제정된 헌법에 따라 통령정부의 제1통령으로 임명되면서 정치의 전면에 등장했다.

통령정부의 수장 나폴레옹은 1801년 7월 16일, 근 3개월의 협상 끝에 프랑스와 적대하던 교황 피우스 7세Pius VII와 '화친조약Concordat'을 맺었다. 조약의 주요 내용은 첫째, 가톨릭은 더 이상 프랑스의 국교가 아니지만 프랑스 대다수 국민의 종교임을 공화국 정부가 인정하고, 둘째, 교황은 주교 해임권을 보유하며, 셋째, 국가가 사제들의 급료를 지불하는 대신 그들은 국가에 대한 충성서약을 이행해야 한다, 넷째, 가톨릭교회는 1790년 이후 몰수된 일체의 교회 토지에 대해 소유권을 주장하지 못한다, 다섯째, 가톨릭 종교축제로서 안식일을 부활한다.[1]

사실 나폴레옹은 종교에 아무런 관심이 없었다. 그럼에도 그와 같은 종교적 화해를 이끌어낸 데에는 중요한 정치 전략이 깔려 있었다. 국가가 가톨릭을 공식적으로 승인한다는 사실을 보여줌으로써 대부분 가톨릭교도였던 왕당파 세력이 공화국을 받아들이게 하고 자신이 종교를 수용하는 인물임을 알림으로써 무신론으로 무장한 과격 혁명세력의 일원이라는 달갑지 않은 이미지를 해소하기 위해서였다.[2]

나폴레옹의 이와 같은 이중적 걸음은 빵떼옹에 그대로 반영되었다. 1804년 12월 제정이 수립되고 나폴레옹은 황제가 되었다. 1806년 2월 20일의 제국 칙령은 빵떼옹이 성당으로 회귀할 것임을 예측하게 했다.[3] 하지만 제국은 새로운 체제였던 만큼 구체제의 가톨릭과는 다른 이념적·상징적 토대 위에 자리 잡아야 했다. 빵떼옹은 그러한 필요에 반응했다. 그곳은 성당의 기능과 함께 제국의 존경을 받을 만한 인물들을 안장하는 묘지로 이용된다. 1804년 7월 15일의 칙령과 1806년 2월 20일의 칙령이 그

---

1) "Concordat of 1801," Wikipedia; "The French Concordat of 1801," Catholic Encyclopedia(http://www.newadvent.org/cathen/04204a.htm).
2) 노명식, 『프랑스 혁명에서 파리꼼뮨까지』, 150.
3) Decraene, *Petit Dictionnaire des Grands Hommes du Panthéon*, 13.

법률적 토대였다.

　제국의 칙령으로 빵떼옹은 궁극적으로 종교와 정치라는 이중의 기능을 수행하는 공간이 되었다. 빵떼옹 지상부는 노트르담 성당 신부들이 주관하는 미사 장소로, 지하분묘는 제국 관리들의 안장소로 사용되었다. 황제 나폴레옹은 빵떼옹을 교회와 세속의 묘지라는 상호 양립하기 어려운 공간으로 정립함으로써 자신의 정치적 목표를 향한 정당성의 이미지를 창출하려 했다. 하지만 빵떼옹과 관련해 나폴레옹의 본질적 관심은 상층부가 아니라 지하, 즉 제국을 위한 영웅적 사자들을 안장하는 기능에 있었다. 그런 면에서 그의 정치적 열정이 빵떼옹을 통해 제국의 정치미학을 어떻게 주조할 것인가로 향하고 있었던 것은 지극히 당연했다.

　1806년 2월 황제는 파리의 예산 책정에 관여했는데 정치적 상징성이 가장 높은 건축물의 미화작업에 막대한 예산을 배정했다. 그 두 건물은 생드니 대성당4)과 빵떼옹이었다.5) 빵떼옹의 성역화는 롱들레Rondelé가 맡았다. 생트 주느비에브 성당 개축의 책임 건축가 수플로의 제자로서 성당 공사의 마무리를 이끌었다는 점에서 적합한 임명이었다. 롱들레는 종교적 의례를 거행하는 성당과 제국의 위대한 인물들을 기리는 묘지 사이에 존재하는 모순적이고 대립적인 두 기능이 한 건물에서 어떻게 공존할 수 있을까를 고민해야 했다. 그는 성당 안을 거치지 않고 곧바로 지하분묘로 내려갈 수 있는 현관을 빵떼옹 동쪽 측면에 만드는 독창적 아

---

4) 생드니 대성당은 프랑스 왕조 묘지의 위엄을 지닌 장소로 나폴레옹이 사후에 묻히기를 소망한 곳이었다. 나폴레옹은 혁명으로 초토화된 구체제의 성지를 복원함으로써 국왕의 처형을 가져온 미증유의 치욕스런 역사를 치유할 수 있다고 믿었다.
5) Bergdoll, "Le Panthéon/Sainte-Geneviève au XIXe Siècle," *Le Panthéon: symbole des révolutions*, 186.

이디어로 문제를 해결했다. 통로에는 소위 '제국의 양식'으로 불린 이중 계단을 건립했다. 성당과 묘지의 기능 분리를 표상하는 작업을 완성한 롱들레는 혁명의 기운이 남아 있는 지하분묘를 제국의 고위관리들을 안장하는 데 적합한 분위기로 바꾸었다. 그는 빵떼옹이 혁명의 묘명임을 말해주는 "AUX GRANDS HOMMES LA PATRIE RECONNAISSANTE"라는 소벽 문구를 제거하고, 지하분묘의 천정을 새롭게 채색하고 벽감들을 제작했으며, 시신이 안치될 석관에 1802년 나폴레옹이 제정한 레지옹 도뇌르Légion d'honneur 훈장에 새겨진 십자가, 별, 독수리를 조각했다. 그 뒤 나폴레옹은 빵떼옹 주변을 새롭게 바꿀 것을 주문했다. 롱들레는 1807년 6월 13일의 제국 칙령을 근거로 빵떼옹 옆 생트 주느비에브 수도원을 헐어버리고 거기에 안치되어 있던 유해들을 정리했으며 빵떼옹으로 진입하는 주요 도로들을 확장했다.

건물과 주변이 제국의 미학에 부합하게 탈바꿈했다. 하지만 나폴레옹은 거기서 만족하지 않았다. 빵떼옹 지상부에도 자신과 제국의 위용을 재현할 예술적 장치를 원했다. 황제는 혁명과 나폴레옹의 화가 다비드의 제자 그로Antoine-Jean Gros를 선택했다. 롱들레가 빵떼옹 구조 변경을 마무리할 즈음 그로는 빵떼옹의 원형 천정화를 제작했다. 18세기 초반에 제작된 베르사유 궁 천정화 이후 가장 큰 규모로 평가되는 빵떼옹의 천정화 제작을 통해 나폴레옹은 황제 권력의 정통성을 역사 이야기로 가시화하려 했다.

그로는 천정 중앙에 천사들이 생트 주느비에브의 성골함을 하늘로 실어 나르고 있고 그 주변은 네 그룹 인물들 즉, 끌로비스와 왕후 끌로틸드, 샤를르마뉴 대제와 왕후 힐드가르드, 생루이와 왕후 마르그리트, 나폴레옹과 황후 마리-루이즈 그리고 아들 로마왕이 둘러싸고 있는 구도를 택했다. 종교와 역사의 차원에서 나폴레옹 권력의 정통성을 이야기하고 있다. 황제는 프랑스의 다른 왕 및 왕족들과 마찬가지로 성녀 주느비에브의 후광을 받고 있으며, 그의 권력은 프랑스 군주들의 계보를 계승하고 있다는 메시지의 전달이었다.6)

재탄생한 빵떼옹은 제국 권력의 연출 무대였다. 빵떼옹은 종교 축일과 제국의 중요 의례가 열리는 장소이자 제국 주요 인사들의 유해가 안치되는 곳이었다. 생트 주느비에브 축일, 성모승천일, 교황과의 화친협약, 황제 대관식, 오스테를리츠 전투 등 나폴레옹의 주요한 정치적 성과를 기념하고, 마리-루이즈와의 결혼식 및 아들 로마왕의 출생을 축하하는 자리였다.7) 나폴레옹은 프랑스 혁명세력이 고안한 위대한 인물의 신성화 의례가 갖고 있는 정치심리학을 인식하고 있었다. 제국이 몰락할 때까지 총 43회의 빵떼옹 안장식이 거행되었다. 1806년 3월 17일 의 안장을 시작으로 1815년까지 총 43명이 안장되었다.

유럽의 절대강자로 군림한 프랑스 제국은 1814년 봄, 몰락의 운명을 맞았다. 러시아, 오스트리아, 프로이센, 영국군으로 구성된 연합군의 공세로 황제 권력은 종말을 맞았다. 나폴레옹은 엘바 섬에 갇히고, 1814년 9월부터 다음해 6월까지 오스트리아 빈에서 군주국 회의(빈회의)가 열렸다. 오스트리아 외무장관 메테르니히Klemens von Metternich의 주도 아래 유럽의 영토 지도를 프랑스혁명과 나폴레옹 전쟁 이전의 모습으로 되돌리고 루이 18세를 프랑스의 새로운 군주로 결정했다. 1793년 1월 이후 영원히 사라진 것으로 보였던 부르봉 왕가가 복귀했다. 이 사건을 '제1차

---

6) David O'Brien, *Antoine-Jean Gros: peintre de Napoléon*, Jeanne Bouniort(tr.) (Paris: Gallimard, 2006), 176.

7) Bergdoll, "Le Panthéon/Sainte-Geneviève au XIXe Siècle," 190.

왕정복고王政復古'라 부른다. 루이 16세의 아우 루이 18세는 기질
적으로 소심하고 무능한 인물이었다. 1815년 3월 엘바 섬에 유
배되어 있던 나폴레옹이 탈출해 파리에 입성한다는 소식이 전해
지자 왕위를 버리고 벨기에로 떠났다. 유럽의 군주국들이 군대를
동원해 1815년 6월 워털루 전투에서 나폴레옹을 패퇴시키고 세
인트헬레나 섬에 유배하고서야 다시 귀국해 왕위를 이어나갔다.
제2차 왕정복고가 이루어졌다.

　부르봉 왕가의 복귀는 프랑스가 혁명 이전으로 급속히 회귀할
것임을 짐작케 한다. 루이 18세는 왕권신수설에 기초한 절대군주
제를 희망했으나 현실적으로 어렵다는 것을 인식하고는 마지못
해 입헌군주제를 받아들였다. 국왕과 함께 운명을 같이한 구체제
의 귀족들은 과거의 특권의식에 사로잡혀 있었고 의회는 그들이
지배하고 있었다. 그들은 자신들의 특권을 법률적으로 보장하는
조치들을 시행하고 반 왕당파 세력을 처단하는 데 물불을 가리
지 않았다.8)

　전면적인 반혁명의 파도는 빵떼옹까지 집어 삼켰다. 건물이 간
직하고 있던 혁명과 제국의 기억이 뿌리 뽑혔다. 국왕은 빵떼옹을
지난 모습으로 되돌렸다. 1814년 4월 4일 칙령을 발표해 보나파
르트 정부를 상징하는 모든 문양과 숫자들을 없앴다. 공교롭게도
그날은 파스토레 후작이 생트 주느비에브 성당을 혁명의 묘지로
용도 변경할 것을 의회에서 제안하고 미라보의 안장식을 거행한
날이었다. 나폴레옹의 복수가 실패로 돌아간 뒤 국왕은 다음과 같
은 내용으로 시작하는 칙령을 1816년 4월 12일 공포했다.

　　생트 주느비에브 성당을 가톨릭 숭배의 장소로 헌정한다. 우리 위대.

---

8) 모로아, 『프랑스사』, 394-395.

한 선조들의 경건함을 기리기 위한 이 기념물의 완성을 위해 필요하다고 판단되는 작업들을 내무대신이 담당하게 할 것이다.[9]

칙령의 연장선에서 군주는 1821년 12월 성당을 사제들에게 헌정하는 결정을 내렸다. 성당 관할권을 접수한 파리의 주교단장은 같은 해 12월 29일 루소와 볼테르의 관을 주랑 현관 아래 소분묘로 비밀스레 옮겼다.[10] 또한 미사에 방해되지 않도록 혁명과 제국의 기억을 상기하는 기념물들을 지하분묘로 옮기고 입구를 막아버렸다. 그와 같은 조치는 이듬해 1월 21일 파리 대주교의 주관 아래 열린 성당 봉헌 의례 준비 작업이었다. 이로써 혁명의 묘지 또는 성당과 묘지의 이중 공간으로서 빵떼옹은 본래의 모습으로 되돌아갔다.

루이 18세가 내린 조치의 목적은 명백하다. 혁명과 제국의 모든 표상들을 없애고 생트 주느비에브 성당의 모습을 재건함으로써 복고 왕정의 정당성을 상징화하는 것이었다. 제국의 영광을 위해 나폴레옹이 개조작업을 진행하다 중단한 마들렌느 성당을 원래대로 복원하고, 가톨릭 성당들을 전국적으로 건립하고, 부르봉가 군주들의 동상을 광장에 세우는 예술작업을 추진했다. 혁명과 제국을 부정하고 부르봉 왕가의 정통성을 복원하기 위한 상징전쟁이었다.

빵떼옹을 복원하기 위한 복고 왕정의 노력은 법률과 제도만이 아니라 미학이 동원되었다. 혁명과 제국권력이 실천한 상징정치가 군주권력 속에서 반복되었다. 복고 왕정의 성당 복원작업의 중심에는 제국의 예술가로 활동했던 발타르Louis Pierre Baltard가 있었다. 복고 왕정은 나폴레옹이 제거해 빈 상태로 남아 있던 소벽을 아래

---

9) Bergdoll, "Le Panthéon/Sainte-Geneviève au XIXe Siècle," 194-195.
10) Decraene, *Petit Dictionnaire des Grands Hommes du Panthéon*, 14.

문구로 채울 것을 명령했다.

D.O.M. SUB INVOCAT. S. GENOVEFAE. L. XV
DICAVIT. LUD. XVIII RESTITUIT

혁명 이전의 문구와 거의 같지만 루이 18세가 개축했다는 의미
(LUD. XVIII RESTITUIT)를 덧붙임으로써 정통성을 향한 복고 왕정
의 열정을 가시화했다. 생트 주느비에브 성당을 혁명의 묘지로
바꾸기 위해 돔 위의 십자가를 제거하고 거대한 파마상으로 대체
하며, 십자가와 천사의 부조가 떨어져나간 박공벽을 혁명의 이념
과 가치를 상징하는 부조들로 채운 카트르메르의 작업이 거꾸로
진행되었다. 파마의 입상이 제거된 자리를 십자가가 차지하고 므
와트의 부조상이 사라진 박공벽을 구름과 십자가의 종교적 알레
고리로 채웠다.

성당의 얼굴에 해당하는 돔과 박공벽과 소벽을 종교적 신성성
과 군주의 권위를 상징하는 기호들로 장식한 복고 왕정은 성당
내부도 바꿨다. 가장 주목할 만한 것은 돔의 천정화 교체 작업으
로 그로가 맡았다. 제국의 몰락 이후 스승 다비드가 벨기에로 망
명해 그곳에서 생을 마감함으로써 나폴레옹과 운명을 같이 한
것과는 달리 그로는 복고 왕정의 후견 아래에서 궁정화가로 새
롭게 태어났다. 그로는 제국의 영광을 위해 자신이 직접 제작한
천정화를 자기 손으로 다시 그리는 대담함을 보였다. 나폴레옹
가족들을 루이 18세와 질녀 앙굴렘 공작부인으로 교체하고, 벽화
의 중앙을 루이 16세, 루이 17세, 마리 앙투아네트로 채우고 생
트 주느비에브를 그려 넣었다. 루이 18세 옆에 복고 왕정의 헌장
을 들고 있는 어린 천사들을 추가했다. 동생 샤를르 10세가
'천재적'이라고 칭찬해 마지않았던 이 작품으로 그로는 남작

의 작위를 받았다.11)

형과 함께 프랑스를 떠나 있던 샤를르 10세는 훨씬 더 반동적인 군주였다. 랭스에서 거행된 대관식은 샤를르 10세의 반동성을 잘 보여준다. 파리에서 북동쪽으로 약 150km 떨어진 도시 랭스의 노트르담 성당(랭스 대성당)은 기독교를 수용한 최초의 왕 클로비스Clovis의 세례식(496년)이 거행된 이래 1825년 샤를르 10세의 대관식까지 총 25회에 걸쳐 군주의 대관식이 거행된 곳이다. 나폴레옹이 황제 대관식의 장소로 랭스의 노트르담 성당을 거부하고 파리의 노트르담 성당을 택했다는 사실은 역설적으로 랭스 대관식의 정치적 무게를 느끼게 한다. 그것은 "구체제 전통과의 결합뿐만 아니라 왕실과 교회 간의 밀접한 연결 표시"12)로 이해되는 것이다. 루이 18세가 구체제의 온건하고 겁 많은 인물이었다면 샤를르 10세는 구체제로의 복귀를 갈구해 마지않은 초과격파였다. 종교의식을 부활하고, 교육을 교회에 위임하고, 반왕당파를 탄압하고, 신성모독죄를 제정했다.13)

샤를르 10세는 생트 주느비에브 성당을 부르봉 왕조를 위한 상징적 건물로 만들려는 야심찬 계획을 세웠다. "골 족의 바티칸Vatican des Gaulles"으로 건립한다는 프로젝트였다.14) 왕정의 붕괴로 실현되지는 못했지만 군주의 반동적 이념을 표상하는 중대한 프로젝트였다.

국왕은 1829년 2월 19일 수플로를 성당 지하분묘에 안치했다. 수플로는 왕권 강화라는 루이 15세의 정치적 의지를 표상하는

11) Gérard Auguier, "La coupole du baron Gros," *Le Panthéon: symbole des révolutions*, 248-251.
12) 악셀 쾨르너, 「1830년 7월혁명: 프랑스와 유럽」, 『혁명의 역사』, 137.
13) 노명식, 『프랑스 혁명에서 파리꼼뮨까지』, 207.
14) Bergdoll, "Le Panthéon/Sainte-Geneviève au XIXe Siècle," 199.

건축가였다. 군주는 그 외 단 한 차례의 안장식도 거행하지 않았다. 복고 왕정의 눈으로 볼 때 생트 주느비에브 성당 지하에 위대한 인물을 안장하는 의례는 혁명과 제국이 발명한 형식에 불과한 것이다. 왕과 왕족 이외 다른 위대한 인물은 없으며, 생드니 성당 이외 위대한 인물이 안장되는 다른 장소는 없다는 의지의 표출이었다.

군주의 정치적 반동성은 결국 반정부 세력의 저항을 야기했다. 반왕정 세력들은 혁명과 제국을 노래했다. 삼색기를 게양하고 혁명의 노래, 라마르세예즈를 부르고 베랑제Pierre-Jean de Béranger의 시를 읊조렸다.15)

정부는 언론 탄압법 제정을 포함해 정치적 억압으로 맞섰다. 1827년 11월 3개조의 칙령을 발표했다.16) 칙령의 목적은 하원의 지배력을 강화하고 상원까지 장악하는 것이었다. 하지만 하원 선거에서 정부는 패배했다. 수상 빌레르가 1828년 1월 선거 패배의 책임을 지고 사임했지만 7개월 후 개각이 문제였다. 새 내각에 극우 왕당파 인물이자 샤를르 10세의 절친한 친구 폴리냐크Jules de Polignac를 비롯해 국민의 지탄을 받는 인물들이 다수 입각했다. 반정부세력들은 개각의 불법성과 반동성을 폭로했다. 야당이 다수인 하원이 내각 불신임을 결의했지만 국왕과 수상은 의회 해산으로 맞대응했다. 1830년 7월에 하원 선거가 다시 실시되었는데 야당은 전보다 더 많은 의석을 확보했다. 두 번 치른 하원 선거 결과는 민심이 어디에 있는가를 명확히 보여주었다.

---

15) 민중적인 멜로디를 통해 공화국과 보나파르트의 이상을 노래하고, 그로 인해 두 번이나 감옥에 갇힌 음유시인 베랑제는 왕정에 대한 대중적 저항의 상징이었다. 악셀 쾨르너, 「1830년 7월 혁명」, 138.
16) 하원을 해산하고 총선거를 실시한다, 상원의 의석을 76석 더 늘린다, 언론 검열을 철회한다.

하지만 샤를르 10세는 여론을 존중하지 않았다. 불리한 국면을 타개하기 위해 1830년 7월 26일, 4개조의 긴급 칙령을 공포했다.[17] 모든 조항에 심각한 정치적 문제가 있었지만 특히 새 선거법 조항은 더 심각했다. 도시 부르주아 계급의 선거권을 박탈하고 농촌 지주계급에게만 부여함으로써 유권자의 규모를 2만 5천 명 정도로 줄이는 장치였기 때문이다. 어떤 수단을 써서라도 권력을 지키고 정국을 주도하겠다는 군주의 야망이 드러났다. 그는 긴급칙령에 서명하고 사냥을 떠날 만큼 사태의 심각성을 깨닫지 못했다. 반정부 세력은 왕정을 타도하고 새로운 정권을 수립하기 위해 일어났다. 1830년 7월 27일부터 7월 29일까지 3일간 전개된 '영광의 3일Trois Glorieuses'의 저항으로 왕정은 무너지고 자유주의 지향 루이 필립Louis Philippe의 '7월 왕정'이 수립되었다.

반동주의 왕정에 적대적인 자유주의 세력의 지지를 받아 왕위에 오른 루이 필립[18]의 7월 왕정은 1830년 8월 26일, 정권이

---

17) 의회를 소집 없이 해산한다, 새 선거법을 제정한다, 새 선거법에 의거해 선거를 실시한다, 언론 규제를 강화한다.
18) '평등의 필립Philippe Égalité'으로 불릴 만큼 혁명의 정신에 충실했던 아버지 조제프의 맏아들로 태어난 루이 필립은 계몽주의 철학과 자유주의 사상의 영향 아래에서 성장했다. 오를레앙Orléans 가로 불린 그의 집안은 부르봉 왕가와 별로 사이가 좋지 않았는데 아버지 조제프가 루이 16세 처형에 찬성표를 던지면서 사이는 더욱 벌어졌다. 자유주의 사상의 세례를 받은 루이 필립은 혁명을 지지했지만 국왕의 처형을 계기로 혁명이 점점 더 과격해지는 데에 불만을 품고 프랑스를 떠났다. 스위스와 오스트리아에서 은둔하는 동안 루이 필립은 혁명세력과 왕정세력의 동시 협공을 받았다. 혁명세력은 루이 필립이 프랑스를 떠나기 전에 반혁명의 음모에 가담했다고 주장했으며 왕정세력은 루이 16세를 처형한 조제프의 아들임을 알고 있었다. 아버지가 자기 때문에 재판을 받아 단두대에서 처형되었다는 소식을 듣고도 루이 필립은 귀국하지 못한 채 유럽 각지와 미국을 떠돌아다녀야 했다. 1793년 망명을 떠난 루이 필립은 그로부터 21년이 지난 1814년, 사촌 루이 18세가 왕위에 오르자 귀국했다. 귀국 후 복고 왕정의 정치적 반동성이 점점 더 심해지자 역으로 루이 필립의 대중적 인기도가 급상승했다. "Louis-Philippe of France," Wikipedia.

수립된 지 꼭 한 달 만에 국왕의 이름으로 빵떼옹에 관한 칙령을 발표했다.

빵떼옹은 원래의 법률적 지위를 획득한다. [⋯] '위대한 인물에게 조국이 감사하는 마음으로' 라는 문구를 소벽에 다시 장식하고 위대한 인물들의 유해 역시 다시 안장한다.[19]

복고 왕정에서 성당으로 복귀한 빵떼옹은 이렇게 해서 다시 혁명의 묘지가 되었다. 소벽의 복고 왕정 문구가 제거되고 혁명의 문구인 'AUX GRANDS HOMMES LA PATRIE RECONNAISSANTE'가 다시 조각되었다. 복고 왕정이 세운 돔 위의 청동 십자가도 끌어내리고 혁명을 상징하는 삼색기를 꽂았다. 혁명의 묘지를 향한 미학 작업이 시작되었다. 내무부장관 기조François Guizot는 복고 왕정의 부조를 떼어내고 혁명의 메시지를 담은 부조를 구상했다. 다비드 당제Pierre Jean David d'Angers가 맡아 높이 6.30m, 길이 1.28m의 박공벽 부조를 완성했다. '위대한 시민과 군인들에게, 자유의 여신이 전해주는 왕관을 수여하는 애국의 신과 그들의 이름을 기록하는 역사의 신La Patrie distribute aux grands hommes, civils et militaires, des couronnes que lui tend la liberté tandis que l'histoire inscrit leur nom' 이란 제목의 부조였다.[20]

정부는 왕정복고기에 파괴된 빵떼옹 정면벽frontispice의 부조들도 다시 조각했다. '애국적 희생을 치른 영웅들의 숭배L'Apothéose du héros mort pour la patrie' 와 '학문과 예술Les Sciences et les Arts', '사법

---

19) Bergdoll, "Le Panthéon/Sainte-Geneviève au XIXe Siècle," 201.
20) 부조는 다음과 같은 구성이다. 이마에 별을 두르고 있는 애국의 여신이 부조 중앙을 차지하고 있다. 그녀는 양 옆의 인물들에게 화관을 수여하려 하고 자유의 여신이 수여할 화관들을 애국의 여신에게 건네주고 있으며 역사의 여신은 석판 위에 저명한 프랑스인들의 이름을 적고 있다.

관La Magistrature' 이란 제목의 부조들을 제작했다. 국가를 위해 자신의 몸을 바친 영웅을 애국, 역사, 영광의 이름으로 추모하고, 과학과 예술의 발전을 국가의 이름으로 찬미하며 정의와 법치를 호소하는 메시지를 담고 있다.[21]

루이 필립은 1830년 8월 26일의 칙령을 공포하면서 묘소의 수를 확대하고 복고 왕정이 옮긴 볼테르와 루소의 유해를 본래대로 복구했다. 그로부터 1년이 지난 1831년 7월 29일, 7월 왕정 수립 1주년 기념행사로 영광의 3일에서 봉기한 시민들을 기리기 위해 빵떼옹 지하에 그들의 이름을 기록한 4개의 동판을 부착했다.[22]

7월 왕정은 빵떼옹을 개조함으로써 혁명정부와 제국이 지향한 의미를 복원하고자 했다. 하지만 그와 같은 노력에도 왕정은 혁명정부와 나폴레옹 제국이 수십 차례 거행한 빵떼옹 안장식을 단 한 번도 열지 않았다. 심지어 1831년 영광의 3일을 위해 희생된 용사들의 추모행사를 제외하고는 빵떼옹 지하로 연결된 모든 통로를 완전히 폐쇄하고 공공의 출입을 금지했다. 그 이유는 무엇일까? 혁명을 계승한 정부라면 빵떼오니자시옹의 전통을 다시 회복해야 하지 않았을까?

두 시각으로 그 문제에 접근할 수 있다. 첫째, 빵떼옹에 안장될 위대한 인물의 기준과 조건을 다룬 위원회가 명확한 합의를 도출하지 못했다는 점이다. 위원회는 위대한 인물의 기준을 놓고 혁명 이전과 이후로 대립했다. 복고 왕정에 맞서 이름 없이 죽어간 인물들 역시 위대한 인물이 되어야 한다는 급진적 여론이 사태를 더 어렵게 했다. 둘째, 보다 중요한 사안인데 7월 왕정은

---

21) François Macé de Lépinay, *Peintures et Sculptures du Panthéon* (Paris: Editions du patrimoine, 1997), 48-50.
22) 이들의 유해는 바스티유 광장에 솟아있는 혁명 기념탑 지하에 안장되어 있다.

빵떼옹의 혁명적 성격에 대한 근본적인 두려움이 있었다. 사정은 정부 주요 인사들이 사망했을 때 그들의 유해를 빵떼옹이 아니라 나폴레옹이 조성한 페르 라셰즈Père Lachaise 묘지에 안장한 것과 무관하지 않다. 정부 인사들을 안장하는 공식적 묘지의 위상을 확보하지 못함에 따라 빵떼옹은 한층 더 혁명적인 성격을 띠게 되고 정부는 그곳과의 정치적 연관성을 가능하면 피하려 했다.[23] 결국 7월 왕정의 빵떼옹은 단 한 건의 안장식도 거행되지 못한 "텅 빈 사원Temple du vide" [24]으로 마감되어야 했다. 결론적으로 루이 필립 정부는 정치적 반대파와 인민의 감정을 자극함으로써 사회적 혼란이 초래되지 않는 정도까지만 빵떼옹의 혁명성을 인정한 정부였다.[25]

부르봉 복고 왕정을 타도하는 데 공화주의자들과 함께 했던 자유주의자들은 7월 왕정에서 정권을 장악하면서 급속히 보수화되어 갔다. 민중들의 정치적 권리에 반하는 선거법 변화를 밀어붙이고 노동자들의 경제적 권리에도 적대적으로 대응했다. 1834년에 도입된 결사금지법이 단적인 예다. 반동으로 기울어가는 정부에 맞서 보통선거권과 노동자 자유를 외치는 공화파와 노동세력이 연합했다. 1846년의 선거는 정부에 대한 불만이 커지고 있

---

23) 예컨대, 1830년 12월 8일에 사망한 자유주의 정치사상가 꽁스탕Benjamin Constant의 장례와 관련해 빵떼옹과 페르 라셰즈 안장을 둘러싸고 보수와 진보가 갈등했다.
24) Bergdoll, "Le Panthéon/Sainte-Geneviève au XIXe Siècle," 202-206.
25) 왕정이 드라크루와Eugene Deracroix의 '민중을 이끄는 자유의 여신'을 구입하고서도 단 한 차례도 일반에게 공개하지 않은 일화 역시 이 맥락에서 읽을 수 있다. 정부는 복고 왕정을 무너뜨리기 위해 궐기한 민중들과 그들의 지도자를 여신화한 드라크루와의 그림이 너무 자극적이라고 판단했다. 아멜리아 아레나스, 정선이 옮김, 『명화는 왜? 유명할까』 (다빈치, 2002), 110; 7월 왕정의 모호한 정치적 성격에 대해서는 최갑수, 「1830년의 7월 혁명: '잊혀졌던 혁명'의 발견?」, 『서양사론』 33권 (1989)을 참조할 것.

는 증거였지만 기조 내각의 정치적 촉수는 무뎌질 대로 무뎌졌다. 반대파들의 선거개혁 요구를 받아들이지 않았으며 반정부 운동에 대해서도 물리적 대응으로 맞섰다.[26] 학생, 노동자, 공화주의 정치가가 연합한 반정부세력은 1848년 2월 22일부터 거리로 나오기 시작했다. 국왕은 '기조 타도'를 외치는 민중들을 달래기 위해 기조를 파면하고 몰레Louis Mathieu Molé에게 조각을 제의했다. 하지만 몰레가 국왕의 제의를 거절하면서 사태는 더 악화되었다. 이틀 뒤인 2월 24일, 대규모 봉기로 정부와 반정부의 무력이 전면적으로 충돌했다.

루이 필립은 왕좌를 손자 파리 백작에게 양위한다는 성명을 남긴 뒤 망명을 떠났다. 왕위의 보존을 원한 세력들은 파리 백작의 어머니 오를레앙 공작부인의 섭정을 희망했다. 오를레앙 공작부인이 아들과 함께 의사당에서 의원들의 환영을 받으려는 순간 공화파 의원 레르뒤 롤랭Alexandre-Auguste Lerdu-Rollin이 공화국과 임시정부의 수립을 선포하면서 새로운 공화국의 길이 열렸다.[27] 선포된 공화국의 임시정부 인사들은 2월 혁명이 정치혁명인가 사회혁명인가로 대립했지만[28] 자유, 평등, 우애라는 프랑스 혁명의 이념을 계승하는 공화국이라는 데에는 합의했다. 공화국은 보통선거권을 필두로 언론 출판의 자유, 노동권 보장, 노예제 폐지, 사형과 신체의 구속 및 체형의 폐지 등 민주주의적이고 평등주의적인 개혁조치들을 실천해나갔다.[29]

---

26) Maurice Agulhon, *Coup d'État et République* (Paris: Presses de Sciences Po, 1997), 45.
27) 모로아, 『프랑스사』, 417.
28) 임시정부 인사들의 이념성에 대해서는 조르주 뒤보, 김인중 역, 『1848년 프랑스 2월 혁명』(탐구당, 1993), 197-216을 참조.
29) 노명식, 『프랑스 혁명에서 파리꼼뮨까지』, 231-233.

새로운 공화국의 임시정부는 시민의 덕성을 증진하기 위해 위대한 인물을 기리는 예술이 필요함을 인식하고 있었고, 당대의 저명한 예술가들은 명시적이든 암묵적이든 작업이 자신들에게 부여된 임무라고 생각했다. 시대적 과제에 가장 능동적으로 다가서려 했던 사람은 다비드 당제였다. 하지만 빵떼옹 작업과 관련해 정부는 다비드가 아니라 슈나바르Paul Chenavard의 아이디어를 선택했다. 슈나바르는 역사에 대한 철학적 성찰이 담긴 벽화들로 빵떼옹 벽면을 채우는 계획을 제출하면서 발언했다.

　　그것은 빵떼옹을 위대한 인물로 채우는 다비드 당제의 구상과는 전적으로 다릅니다. 오히려 프랑스의 위대한 인물들을 인류의 보편적 역사 속으로 통합하는 작업이며 태초 이래 인류를 이끌었던 수많은 신화와 종교들을 종합하는 기획입니다.30)

　　평등주의와 민주주의를 지향한 제2공화정에서 슈나바르는 빵떼옹을 '인류의 사원Temple de l'humanité' 으로 재탄생시킬 작업을 기획한 것이다.

　　정부는 슈나바르의 설명에 매력을 느끼고 그를 지명했다. 우애, 인류애, 인본주의, 화해를 지향하는 1848년의 혁명 이념이 슈나바르의 벽화 속에서 가장 잘 드러날 것으로 판단했다.31) 슈나바르는 역사의 진보와 보편성을 보여줄 그림들의 파노라마를 한층 더 구체적으로 구상했다. 그 벽화들의 전체 테마는 '노아의 대홍수' 로부터 '나폴레옹 몰락' 까지의 역사적 시기를 아

---

30) Marie-Claude Chaudonneret, "Le décor inachevé pour le Panthéon," in M.-C. Chaudonneret (dir.), *Paul Chenavard (1807-1895): le peintre et le prophète* (Paris: Musée des Beaux-Arts de Lyon, 2000), 67.
31) Chaudonneret, "Le décor inachevé pour le Panthéon," 67.

우르는 '고난, 그리고 파괴와 재생의 교체를 통해 미래로 나아가는 인류의 발걸음'이었다.[32)]

하지만 빵떼옹의 벽면과 바닥을 인류의 중요한 역사적 사건과 종교적 알레고리를 담은 벽화로 장식하려는 계획은 슈나바르에 불만을 가진 보수세력의 반대로 원활히 진행되지 못했다. 1848년 4월 선거에서 승리한 보수세력은 가톨릭 성직자들을 필두로 슈나바르의 벽화 기획을 비방했다. 많은 시간에도 작업을 완성하지 못한다고 비판했지만[33)] 사실은 그의 작업이 기독교를 중심으로 한 인류사의 통합이 아니라 인류 역사의 한 흐름 속에 기독교를 위치 지우려 한다는 사실을 용납하기 어려웠기 때문이다.

인류의 사원 빵떼옹을 세우기 위한 슈나바르의 노력이 내외부적인 어려움으로 지체되고 있는 상황에서 그의 의지를 북돋우는 중요한 계기가 생겼다. 1851년 2월 19일 갈릴레이의 정신적 상속자로 칭송받던 물리학자 푸코Léon Foucault가 푸코의 진자Pendule de Foucault라는 실험기구를 빵떼옹 중앙에 설치한 것이다. 이를 통해 푸코는 지구의 자전을 증명하려 했다.[34)] 과학아카데미의 사무국장인 공화주의자 아라고François Arago가 과학의 진보를 알리는 대단한 실험이라고 극찬한 푸코의 진자는 슈나바르가 빵떼옹의 벽화에서 표상하려 한 인류의 진보를 증명하는 상징적 기구였다.[35)] 그러나 가톨릭 세력의 눈에는 슈나바르의 기획도 푸코의 진자도 반종교적이었다. 신이 아니라 인간의 이성과 능력을 찬미하는 발명품이라는 이유로 사제들은 푸코의 진자를 비판했다.

루이 나폴레옹Louis Napoléon Bonarparte은 임기 4년의 단임제로 2

---

32) Chaudonneret, "Le décor inachevé pour le Panthéon," 80-105.
33) Chaudonneret, "Le décor inachevé pour le Panthéon," 70-71.
34) "Pendule de Foucault," Wikipedia.
35) Decranene, *Petit Dictionnaire des Grands Hommes du Panthéon*, 15.

공화정의 대통령에 당선되었다. 그는 우호적인 정치적 이미지와 처음으로 선거권을 얻은 농민층의 절대적 지지36)에 힘입어 대권을 장악했다. 그의 당선으로 보수파에 유리한 국면이 조성되었다. 대통령은 왕당파가 주류이고 일부 보수 공화파가 포함된 질서당Parti de l'ordre 인사들을 내각에 대거 포진시켰다. 그러한 정치적 국면에서 의회 선거가 열렸다. 1849년 5월 13일의 선거에서 사회주의를 지향하는 급진 공화파는 보수화되어 가는 정국을 반전시키기 위한 선거운동을 전개했던 반면 우파 보수주의자들은 급진 좌파들의 공세를 막아내기 위한 전략에 힘을 기울였다. 사회주의 좌파는 약진했지만 다수파를 점하는 데에는 실패했다.

그렇지만 보수파는 경기 침체 국면을 효과적으로 돌파하지 못하면서 점차적으로 여론의 저항에 부딪혔다. 정부는 반동적으로 대응했다. 보통선거제 제한에 관한 1850년 5월 31일의 법률을 통과시켜 빈곤층 유권자 1/3의 투표권을 박탈하고 좌익 신문과 조직을 탄압했다. 1852년에 들어서면서 사회주의 좌파에 대한 보수주의 우파의 두려움이 커갔다. 보궐선거에서 좌파의 약진이 두드러짐에 따라, 군주제의 재확립을 둘러싸고 분열을 보인 보수주의 세력은 그해 치러질 대통령선거와 의회선거에서 좌파의 집권을 배제할 수 없었기 때문이다. 더욱이 루이 나폴레옹은 출마자격이 없었다. 보수파는 정치적 열세를 일찌감치 예측하고 헌법개정안을 의회에 제출했지만 과반수를 얻지 못해 대통령 연임제한 규정을 삭제하지 못했다.

상황이야 어떻든 보수주의자들은 좌파의 정치적 승리를 용납할 수 없었다. 급기야 1851년 12월 2일 새벽 공화국 대통령

---

36) Pierre Ansart, *La Gestion des Passions Politiques* (Lausanne: Editions L'Age d'Homme, 1983), 75~76.

루이 나폴레옹은 쿠데타를 일으켰다. 의회가 해산되고 거리는 무장군대가 점령했다. 쿠데타 세력은 공화국 폐지와 제국의 수립(1852년 11월 20일)을 선언했다.

빵떼옹은 쿠데타와 제국의 성립으로 이어지는 일련의 정치과정에서 결코 자유롭지 않았다. 쿠데타 전날에는 푸코의 진자 실험을 금지하는 명령이 발표되었고, 쿠데타가 발발한 당일에는 혼란을 방지한다는 이유로 빵떼옹의 문을 닫았다.[37] 쿠데타가 발발한 지 4일 뒤인 1851년 12월 6일 루이 나폴레옹은 "생트 주느비에브 성당은 성당 건축가의 소망에 따라 파리의 수호성녀인 생트 주느비에브의 기원 아래 종교적 공간으로 복원될 것"이라는 칙령을 발표했다.[38] 동시에 '위대한 인물에게 조국이 감사하는 마음으로'라는 소벽 문구를 제거했다.[39] 빵떼옹은 혁명의 묘지가 아니라 생트 주느비에브를 기리는 가톨릭교회가 되었다. 탈종교적 공간을 확립하려는 공화주의 세력에 맞서 생트 주느비에브 성당을 복원하려던 가톨릭 세력의 꿈이 실현되었다.

1853년 1월 3일 제2제정의 황제는 가톨릭을 국가 종교로 제정하는 칙령을 발표했다. 가톨릭이 프랑스의 국교로 돌아온 날, 생트 주느비에브 성당의 종교적 기능이 부활할 것을 알리는 의례가 열렸다. 가톨릭 참사회장參事會長은 생트 주느비에브 성당에서 축원을 올렸다.

존엄하고 활력이 넘치는 의지가 우리들에게 안겨준 이 장엄한 성당은 지난 70여 년 동안 교회의 성쇠와 승리를 알리는 신실한 이미지를

---

37) Bergdoll, "Le Panthéon/Sainte-Geneviève au XIXe Siècle," 219.
38) Bergdoll, "Le Panthéon/Sainte-Geneviève au XIXe Siècle," 221.
39) Ozouf, "Le Panthéon," 153. 소벽이 다시 이 문구로 장식되는 것을 보기 위해서는 35년(1885년)을 기다려야 했다.

담고 있습니다. 이 성당의 운명은 종교 그 자체의 운명이었으며, 종교가 능욕을 당할 때 그와 함께 능욕을 당한 이 성당은 종교와 함께 부활했습니다. 위기의 시간이 다 사라져가는 이때 성당은 자신의 고통이 환희로 뒤바뀌고 있음을 보고 있는 것입니다.[40]

1853년 1월 21일, 파리 전역의 교회 종소리가 울려 퍼지는 가운데 주느비에브 성녀의 유골함이 성당 안에 안치되었다.[41] 이 사건은 매우 큰 상징성을 갖는다. 앞서 살펴보았듯이 혁명세력이 루이 16세를 처형한 날 생트 주느비에브의 유골함을 성당에서 축출한 것이 종교성을 완전히 탈각한 순수한 세속의 혁명공간으로서 빵떼옹의 완성을 의미하는 것이라면 주느비에브 성녀 유골함의 귀환은 황제가 혁명의 묘지 빵떼옹의 역사를 전면적으로 부인한 것을 뜻한다.

반동화는 빵떼옹 내부 변화도 가져왔다. 제2공화정의 후원 하에 시작된 슈나바르의 벽화 작업이 공식적으로 중단되었다. 그와 관련해서 중요한 역할을 한 인물은 국가의 교회 통제를 거부하고 교회의 자율을 주장했던 몽탈랑베르Charles Forbes René de Montalembert였다. 제2공화정의 보수주의 정당인 가톨릭 자유당Parti libéral catholique을 대표했던 몽탈랑베르는 생트 주느비에브 성당의 정당성을 변호하고 종교가 철학과 혼재되어 있는 슈나바르의 벽화를 맹렬히 비난했다. 당대 대표적인 풍자 미술가 도미에Honoré Daumier[42] 등이 그림으로 빵떼옹에 대한 몽탈랑베르의 적대적 태도를 비판했지만, 빵떼옹이 성당으로 복귀하는 것을 막을 수는

---

40) Bergdoll, "Le Panthéon/Sainte-Geneviève au XIXe Siècle," 222.
41) Decranene, *Petit Dictionnaire des Grands Hommes du Panthéon*, 15.
42) 정금희, 「근대미술에 나타난 프랑스 혁명 이미지 분석」, 『한국프랑스학 논집』 제47집 (2004).

없었다. 제국에 충성하기 위해 성당의 복원에 앞장선 예술가는 콩스탕-뒤푀Simon-Claude Constant-Dufeux였다.

수플로 아래에서 생트 주느비에브 성당 건축에 참여했던 석공장의 손자인 건축가 콩스탕-뒤푀에게 맡겨진 작업의 핵심은 명확했다. 성당에 제국의 기독교화를 구체적으로 표상하는 일이었다. 그는 최초 성당 건립 당시 수플로가 구상한 아이디어를 창조적으로 계승하고자 했다. 수플로는 성당을 생트 주느비에브를 기리는 공간으로 만들고자 했지만 궁극적으로는 그 건물을 통해 기독교의 전체 역사를 표현하려 했다. 그는 성당의 박공벽과 내부 벽면에 생트 주느비에브를 포함한 기독교 성인들의 삶을 재현하고자 했다.

콩스탕-뒤푀 역시 성당 내부 벽면을 생트 주느비에브의 삶을 기록한 그림(성당의 내부)과 부조(성당의 외부)로 채우는 구상을 기획함으로써 수플로의 아이디어를 따랐다. 하지만 그는 생트 주느비에브를 기리는 성당의 의미를 돔 꼭대기와 내진에서 한층 더 극적으로 표현하려 했다. 돔 상층부를 거대한 생트 주느비에브 입상들로 장식하고 천개天蓋로 덮인 생트 주느비에브의 유골함을 내진 중앙에 안치하고 성녀를 위한 제단을 설치한다는 것이었다. 또한 그는 성당 후진을 베드로, 바울, 제르맹, 주느비에브 등 여러 성인들과 함께 있는 예수의 벽화로 채움으로써 성당을 기독교의 역사 일반에 위치시키고자 했다.[43]

---

43) Bergdoll, "Le Panthéon/Sainte-Geneviève au XIXe Siècle," 224-227. 하지만 제2제국의 재정적인 어려움 때문에 꽁스탕-뒤푀의 이러한 구상들은 실제로 구현되지는 못했다. Lebeurre, *The pantheon*, 34.

## 2. 빵떼옹, 공화국의 묘지를 향해

1870년 7월 프랑스와 프로이센의 전쟁은 2제국 붕괴에 결정적인 영향을 미쳤다. 공석 중인 스페인 국왕의 자리를 차지하려는 양국의 갈등이 급기야 전쟁으로 이어졌다. 1870년 7월 초 스페인 왕에 프로이센 호헨촐레른 가 레오폴드 공이 즉위할 가능성이 높다는 소식이 프랑스에 전해졌다. 프랑스의 입장에선 매우 충격적인 소식이었다.

프로이센은 비스마르크Otto von Bismarck의 지도력으로 1866년 오스트리아와의 전쟁에 승리하면서 유럽의 신흥강국이 되었다. 프로이센은 프랑스의 정치적 영향력 아래 있던 남부 독일 소국들을 점령해 독일 통일을 완수하려는 야심이 있었다. 그것만으로도 프랑스에 충분히 위협적인데 스페인까지 적국의 영향권에 들게 되면 지정학상 프랑스는 프로이센의 정치군사적 압력을 받을 것이 분명했다.[44]

소식을 접한 프랑스의 우익 언론들은 신경질적인 반응으로 전쟁 여론을 자극했다. 프랑스 정부 또한 레오폴드의 즉위 철회를 강력히 요청했고, 원하는 결과를 얻을 수 있었다. 프로이센이 요구에 응했을 뿐만 아니라 레오폴드 역시 스스로 사의를 표명했기 때문이다.

여기서 프랑스가 만족했더라면 사태는 달라졌겠지만 보다 확실한 보장책을 얻어야 한다는 보수파 의원들의 요구로 정부는 향후에도 호헨촐레른 왕족이 스페인 왕위에 오르지 않겠다는 약속을 베를린 주재 공사에게 받으라고 지시했다. 공사는 온천에 휴양

---

44) 노명식. 『프랑스 혁명에서 파리꼼문까지』, 257.

중인 프로이센 왕을 찾아가 프랑스의 요구를 전달했는데 왕은
단호히 거절하고 그 사실을 비스마르크에게 알렸다. 비스마르크
는 프랑스와 전쟁을 할 좋은 명분을 얻었다고 판단하면서 분위
기 조성에 주력했다. 프로이센 언론에는 프랑스 공사가 왕에게
매우 무례한 언행을 저질렀다는 소문을 흘리는 반면, 프랑스 언
론에는 프로이센의 왕이 프랑스 공사에게 모욕을 주었다는 정보
를 전달하면서 양국의 적대감을 자극했다.[45] 비스마르크의 예견
대로 프랑스 의회는 서둘러 전쟁을 선포했다. 그러나 이 전쟁은
프랑스의 패배로 귀결될 가능성이 대단히 높은 것이었다. 내부적
으로 동원할 수 있는 병력이 부족했을 뿐만 아니라 프랑스를 지
원할 동맹국 역시 없었기 때문이다. 그럼에도 프랑스의 애국주의
는 전쟁으로 뛰어들었고, 패전이 잇따르면서 곧 고통으로 바뀌었
다.[46]

계속되는 패배로 프랑스는 내부 갈등을 겪었다. 국민들은 제
국에 대한 불신을 감추지 않았고 거리에서는 반정부 시위가 전
개되었고 의회 안에서는 공화파 의원을 중심으로 정부 비난의
움직임이 확산되고 있었다. 혼란의 와중에서 프랑스에 결정적으
로 불리한 사건이 발생하는데 황제가 벨기에 국경 근처의 세당
Sédan 전투에서 포로가 되었다. 장군 39명, 장교 2천700명, 사병
8만 4천 명이 고스란히 프로이센의 포로가 된 9월 2일의 사건은
그 유래를 찾아볼 수 없는 굴욕적 참패였다. 세당 전투의 패배는
프로이센과의 전쟁이 루이 나폴레옹의 오판이었음을 의미했다.

프랑스의 마지막 제국이 붕괴될 순간이 다가오고 있었다.[47]

45) 노명식, 『프랑스 혁명에서 파리꼼문까지』, 257-258.
46) 로저 프라이스, 김경근·서이자 옮김, 『혁명과 반동의 프랑스사』 (개마고원, 2001), 245.
47) Agulhon, *Coup d'État et République*, 56.

패배 소식이 파리에 전해지자 제국에 대한 불신감과 체제 교체 여론이 팽배해졌다. 1870년 9월 4일 강베타Léon Gambetta를 중심으로 27명의 공화파 의원들은 제국의회 의원들을 몰아내고 파리 시청에서 공화국(제3공화국)을 선포하고 임시정부 조직을 발표했다.[48)]

온건 공화파 의원들로 구성된 임시정부는 새로운 공화국 의회를 구성할 총선거를 10월 중에 실시한다고 공표했다. 공화국이 선포되긴 했지만, 의회에서 합법적 절차를 따라야 했기 때문이다. 외무장관 파브르Jules Favre는 총선거 실시를 위한 휴전을 프로이센에 제안했지만 비스마르크는 거절했다. 임시정부의 정당성을 인정할 수 없다는 것이 이유였다. 프랑스 임시정부에 대한 반대 표시로 프로이센군이 개선문을 지나 파리로 진격했다. 수도는 완전히 포위되었다. 프로이센군에 둘러싸인 파리 시민들의 삶은 처절하기 그지없었다.[49)] 이 상황을 타개하기 위해 정부 안에서는 임시휴전의 가능성이 조심스레 타진되고 있었지만 문제는 결사항전을 주장하는 급진파 세력이었다. 사태의 심각함을 인지한 파브르는 1871년 1월 23일부터 27일까지 극비리에 비스마르크와 휴전회담을 진행했다. 3주일의 임시휴전을 대가로 비스마르크는 정부 구성을 위한 총선거 실시를 강요했다. 그해 2월 8일 프로이센군 점령 하에 총선거가 열려 768석 중 약 400석을 왕정복고를 바라는 왕당파가 차지했다. 이는 향후 전쟁이 휴전으로 마무리될 가능성이 매우 클 것을 예견케 하는 결과였다. 2월 12일 보르도Bordeaux에서 개원한 의회는 가장 먼저 휴전을 결의했다.[50)]

---

48) 3공화정 선포과정에 대한 자세한 설명으로는 Vive la République(1792-1992) (Paris: Archives nationales, 1992), 52-53을 참조할 것.
49) 리비에르, 『프랑스의 역사』, 331.
50) 노명식, 『프랑스 혁명에서 파리꼼뮨까지』, 270.

이미 예견된 일이었지만 공화국 보호와 프로이센에 대한 결사 항전을 주장하는 파리의 민중들은 의회의 결정에 분노했다. 임시정부의 수반으로 임명된 티에르Louis-Adolphe Thiers가 그들의 저항감을 더욱 자극했다. 왜냐하면 티에르는 샤를르 10세 이래 왕당파 정치가로서 언제나 하층계급에 적대적이었기 때문이다.

티에르가 2월 26일 프랑크푸르트에서 비스마르크와 맺은 평화조약은 프랑스인들의 입장에선 수용하기 어려웠다. 알사스와 로렌 지방 대부분의 독일 할양, 60억 프랑의 배상금을 지불하되 완전히 지불될 때까지 독일군의 프랑스 주둔, 독일군 승리의 상징으로 이틀 동안 파리 진주 등이었다.[51] 공화파 의원들과 민중들은 경악과 분노에 사로잡혔다. 그러나 의회는 평화 조약을 인준했다.

정부와 의회를 장악한 정치세력의 반동성이 명백해지고 있다고 판단한 파리 민중과 국민방위대는 평화조약 반대와 반정부 투쟁을 위해 상호 연대를 강화하는 데 합의했다. 각 구마다 조직되어 있던 자율적 민병대인 파리 국민방위대는 연합체인 국민방위대 중앙위원회를 결성하고 파리의 가장 높은 곳인 몽마르트 언덕에 대포를 집결하는 등 정부군과 프로이센군의 공격에 대비했다. 정부와 국민방위대 간의 충돌은 1871년 3월 18일 국민방위대의 대포를 수거하려는 정부 조치에 반발한 파리 민중의 저항으로 촉발되었다.[52] 1주일이 지난 3월 26일 파리 민중들은 코뮌Commune 선거를 실시함으로써 수도를 해방구로 만들기 위한 혁명적 노력에 불을 붙였다. 3월 28일 파리 시청 광장에서 파리 코뮌을 공식적으로 선포하고 민중들은 코뮌 만세, 공화국 만세

---

51) 노명식, 『프랑스 혁명에서 파리꼼뮨까지』, 271; 모로아, 『프랑스사』, 486-487.
52) 프라이스, 『혁명과 반동의 프랑스사』, 249.

를 외쳤다. 하지만 비극은 그때부터 시작되었다. 티에르 정부는 진압 병력을 조직해 4월 2일 파리로 진격했다.[53] 4월 29일까지 계속된 내전의 결과는 비참함 그 자체였다. 1만 명에서 3만 명에 달하는 파리코뮌 가담자들 대부분을 처형했으며 이후 진압작전을 통해 3만 8천 명 이상을 체포해 처형했다.

왕당파 중심의 보수세력은 정국을 완벽하게 장악할 수 있었다. 1870년 9월 4일 강베타가 공화국을 선포했지만 법제적 형식을 갖추지 못한 선언이었음을 상기할 필요가 있다. 그러한 상황에서 왕당파 중심의 의회는 군주제의 부활을 꿈꿨지만, 우선 왕위를 이어받고자 하는 두 사람의 갈등을 조정해야 했다. 샤를르 10세 손자인 샹보르 백작comte de Chambord과 루이 필립의 손자 파리 백작comte de Paris이었다. 샹보르 백작은 부르봉 왕조를 계승하는 인물로 의회와 권력을 분점하는 것조차 받아들이기를 꺼려한 정통주의자였던 반면 파리 백작은 어떠한 권력구조든 입헌 군주제의 회복을 바라고 있었다.

그때 군주제 복귀 흐름에 역행하는 사건이 발생했다. 1871년 8월 31일, 의회가 '리베 법Loi Rivet'을 승인함으로써 그 전까지 행정 수반chef de pouvoir exécutif이었던 티에르에게 '공화국 대통령 président de la République'이란 칭호를 부여한 일이다. 그 변화는 그해 보궐선거에서 1백 명의 공화파가 당선되면서 의회 내 공화파의 힘이 상승한 것과 밀접한 관련을 갖는다. 직함 교체는 새로운 공화국의 헌법적 기초가 마련되지 못한 상태에서 이루어졌지만, 공화국 대통령이라는 호칭을 법률적으로 정당화하고 있다는 면에서 상징성이 매우 높은 일이었다. 또한 티에르 정부가 배상금 지급을 통한 점령군 철수 보장, 행정체계 개혁, 병역제도 개

---

53) 노명식, 『프랑스 혁명에서 파리꼼뮨까지』, 285.

혁 등 정치사회적 안정을 회복하는 데 기여함으로써 공화국 대통령으로서 티에르의 입지가 한층 더 강화되었다. 역으로, 왕정복고를 바라는 세력들의 입지는 시간이 지날수록 흔들렸다. 급기야 티에르는 왕당파 지지를 철회하고 공화파 지지를 천명했다. 그리고 보궐선거에서 공화파 후보가 약진했다.[54)

왕당파는 티에르를 공격하기 시작했다. 왕정복원 문제를 방기하고 있다고 비난하자 1873년 5월 24일 티에르가 사임했다. 왕당파에게 유리한 정국이 도래했다. 그들은 기회를 놓치지 않고 왕당파의 거두 마크마옹Patrice Maurice de Mac-Mahon을 대통령으로 선출했다. 마크마옹은 내각 수반으로 브로이 공작Duke de Broglie을 임명했다. 공작은 대통령제에서 의회제로의 전환을 위해 노력하고 행정부를 왕당파 중심으로 개편하고 가톨릭교회를 지원하는 등 공화주의 흐름에 제동을 거는 움직임을 주도했다. 몽마르트 언덕의 사크레쾨르 대성당basilique du Sacré-Cœur은 그러한 정치적 의지의 상징물이었다. 보수적인 가톨릭계 언론들도 앞장서서 정부를 지지했다.[55)

이렇듯 왕당파의 노력이 서서히 성과를 올리는 듯 했으나 두 왕위 요구자 간의 타협 실패는 궁극적으로 왕정복고의 가능성을 어렵게 했다. 오스트리아에 망명해 있던 샹보르 백작과 정통파들은 혁명을 상징하는 삼색기 대신에 부르봉 왕조를 상징하는 백색기와 백합문양을 사용할 것을 고집했지만 파리 백작을 지지하는 오를레앙파는 반대했다. 그들은 샹보르 백작의 극단적인 정통주의에 불편한 심기를 드러냈다. 결국 왕당파 지도자들은 후손이 없는 샹보르 백작이 사망할 때까지 기다리기로 했다.[56)

54) 리비에르, 『프랑스의 역사』, 337.
55) 리비에르, 『프랑스의 역사』, 337.

하지만 보궐선거에서 나폴레옹주의자들이 예상외로 큰 성과를 올리면서 의회 내 세력 판도가 변화의 조짐을 보이자 왕당파 사이에 균열이 발생했다. 정통파가 오를레앙파와 거리를 두기 시작했다. 오를레앙파로서도 관망하지 않고 온건 공화파와 연대를 꾀하기 시작했다. 그 두 세력의 정치적 연합으로 왕정복고 가능성은 사라지고 공화국의 헌법적 기초가 형성되었다. 3공화국 헌법은 압도적 다수로 통과되었다.57)

온건 공화파와 온건 왕당파인 오를레앙파의 정치적 타협은 어떻게 가능했을까? 정통주의자와 오를레앙주의자는 입헌군주제의 복귀를 바라고 있었지만 시간이 흐르면서 입헌군주제의 부활이 현실적으로 가능하지 않다는 인식이 왕당파 내부에서 형성되기 시작했다. 오를레앙파에게 공화정은 타협 불가능한 적대 체제는 아니었다. 1871년 파리코뮌의 실패는 그들이 두려워하는 평등주의 공화국이 현실적으로 구현되기 어렵다는 사실을 인식하게 했다. 역으로 그러한 인식은 온건한 자유주의 공화정에 동의할 수 있는 판단 근거를 제공했다. 한편 공화주의자로서는 자신들이 원하는 공화정을 수립하기 위해서는 반대세력도 수용할만한 체제를 제시해야 했다. 어느 정파도 두려워하지 않는, 달리 말하면 모든 정파를 끌어안을 수 있는 정치체제로서 공화정이 현실적 대안이어야 했다.

그러한 정치적 현실 인식은 오를레앙주의자와 온건 공화주의자가 공화정 수립을 향한 대타협을 이루어내게 했다. 이제 정치적 게임은 공화정이라는 제도적 틀 안에서 움직여야 했다.

---

56) 프라이스, 『혁명과 반동의 프랑스사』, 252.
57) Jean-Jacques Chevalier, *Histoire des Institutions et des Régimes Politiques de la France de 1789 à nos jours* (Paris: Dalloz, 1985), 288.

3공화국이 헌법적 토대를 확보한 이후 최초의 상하원 선거가 1876년 1월-3월 사이에 실시되었다. 상원에서는 왕당파가 근소한 차이로 승리(161석 대 149석)했지만 공화파는 하원 선거를 압도했다. 공화파의 약진과 왕당파의 패배는 의회와 왕당파 대통령 마크마옹의 정치적 대결이 임박했음을 예견케 했다.[58]

1877년 5월 대통령은 공화파 의원들의 정치적 공세로 내각을 교체했다. 새로운 내각의 수장은 프랑스 정체를 입헌군주제로 돌리려 한 브로이 공작이었다. 공화파 의원들은 5월 18일에 이루어진 마크마옹의 내각 교체를 쿠데타로 규정하고 새 내각 불신임을 결의했다. 이에 6월 25일 마크마옹은 공화국 헌법 제5조에 따라 상원의 동의를 받아 하원을 해산했다. 왕당파와 공화파 간에 새로운 선거전이 전개되었다. 1877년 10월의 하원선거는 공화파가 승리했다. 기세를 몰아 공화파는 1879년 1월의 상원 선거 역시 승리를 쟁취했다.

고립무원의 마크마옹은 1879년 1월 30일 사임했다. 양원은 공화파 그레비Jules Grévy를 대통령으로 선출했다. 그런데 그레비는 강력한 대통령을 선호하지 않았다. 그는 의회 견제를 위한 대통령의 권한들을 포기하는 등 대통령 권력 약화를 자초했다. 결과적으로 3공화국은 의회가 정치적 주도권을 갖는 체제로 전환되었다.[59]

의회 내 공화파 지도자들은 공화주의 기반을 '공고히' 하기 위해 제도와 상징의 공간에서 활발하게 움직였다. 무상, 의무, 세속의 원리를 따르는 교육의 원리를 법제화하고[60], 자본과 노

---

58) 프라이스, 『혁명과 반동의 프랑스사』, 254.
59) 리비에르, 『프랑스의 역사』, 340.
60) 자세한 내용에 대해서는 다니엘 메예 외, 김경랑 옮김, 『프랑스학교』(창해, 2000)을 참조할 것.

동의 관계를 개혁하고,[61] 헌법 개정을 통해 공화주의 체제의 영속화를 확립했다.[62]

3공화국 정부는 공화국의 상징성을 확립하기 위한 문화적 장치들을 만들어냈는데, 라마르세예즈La Marseillaise를 프랑스의 국가國歌로 공식화했다. 라마르세예즈는 1792년 4월 한 공병장교가 작곡한 혁명가였다. 1879년 1월 마크마옹이 대통령 직을 사임한 후 그해 2월 14일 의장 강베타의 주재로 하원이 개최되었을 때, 잔인한 피의 노래라면서 국가로 인정할 수 없다는 왕당파 의원들의 반대에도 불구하고 국가로 탄생되었다. 프랑스혁명 기념일인 '7월 14일Quatorze Juillet'도 그때 제정되었다. 그날 파리의 민중들은 구시대 정치적 억압의 상징 바스티유 감옥의 문을 열어젖혔다. 또한 바스티유 감옥의 함락을 기념하는 대연맹제가 열린 날이기도 하다. 1880년 7월, 공화국 정부는 7월 14일을 프랑스혁명 기념일로 정하면서 3공화국이 혁명을 계승함을 명확히 했다.

아울러 정부는 공화국이 프랑스 혁명을 계승하는 정체임을 시각적으로 전달하기 위한 공공 예술을 실천했다. 에뚜왈 광장의 개선문을 완성하고 파리 만국박람회 관람객들의 눈에 가장 잘 띌 수 있는 위치에 조각상 '공화국La République'을 건립했다. 조각상에는 프랑스 혁명 초기에 등장한 정치적 알레고리 마리안

---

61) Christine Daniel & Carole Tuchszirer, *L'Etat face aux Chômeurs* (Paris: Flammarion, 1999), 40.

62) 홍태영, 「프랑스혁명과 프랑스 민주주의의 형성」, 『한국정치학회보』 38집 3호 (2004), 452; 1958년 10월 4일의 제5공화국 헌법 제89조(헌법 개정에 관한 조항) 마지막 절은 "정부의 공화주의 형태는 개헌의 대상이 될 수 없다"고 명문화하고 있는데, 이 헌법규정은 3공화국 헌법 제2조로 거슬러 올라간다. Assemblée Nationale, *La Constitution française* (2001); "Répertoire de jurisprudence III: recours contre la révision constitutionnelle," http://www.lexinter.net/JPTXT3/recours_la_revision_constitutio...(Le Droit sur Internet).

느가 재현되었다. 3공화국 들어 마리안느가 국가의 공식적 요청으로 '열린 공간'에 세워졌다는 것은 마리안느에 대한 정치적 합의가 실현될 것임을, 나아가 그것이 국가의 공식적 상징이 될 것임을 알게 한다.[63] 또한 공화국 정부는 혁명과 공화주의를 상징하는 동상들을 제작하고 공화국 광장과 국민 광장을 건설하고 공화국의 상징 도안을 화폐 속에 삽입하는 문화정치를 통해 국민들을 공화국의 이념과 상징에 온전히 통합하려 했다.[64]

이와 같이 3공화국은 공화주의의 상징적 형식들을 구축해 나갔지만 빵떼옹은 사정이 달랐다. 적대 세력 사이에 건물의 위상을 둘러싼 격렬한 논쟁만이 있었다.[65] 앞서 언급한 것처럼 3공화국 초반, 정확히 말하면 1876년까지는 왕당파가 의회 다수파로 정국을 지배했다. 마크마옹은 보수파와 가톨릭 언론의 지지를 받아 반공화주의 문화정책을 추진했다. 보수파의 문화적 지향은 빵떼옹에서도 명확하게 드러났다. 보수파 정부는 빵떼옹을 종교적 신성성의 분위기로 채우려 했다. 그들의 눈에 빵떼옹은 세속의 묘지가 아니라 프랑스의 성녀를 모시는 성당이었다. 보수파의 정치적 의지는 성서 이야기가 중심이 되는 벽화들로 빵떼옹 지상부 벽면을 채우는 회화 작업으로 구체화되었다.

하지만 공화주의 좌파가 의회를 지배하는 1877년부터 빵떼옹을 혁명의 묘지로 정립하려는 정치적 담론이 부상했다. 투쟁 전선의 선두에 라스파이Benjamin Raspail 의원이 있었다. 생트 주느비에브 성당이 포함된 대도시 참사회 제도를 폐지하기 위한 법률안을 올린 사실이 말해주듯이 그는 철저한 반기독교주의자였다.

---

63) 아귈롱, 『마리안느의 투쟁』, 361-363; M. Agulhon, *Marianne au pouvoir* (Paris: Flammarion, 1989), 70-71.
64) Dominique Schnapper, *La France de l'intégration* (Paris: Gallimard, 1991), 101.
65) Bergdoll, "Le Panthéon/Sainte-Geneviève au XIXe Siècle," 228.

1881년 4월, 의회 연설을 통해 라스파이는 빵떼옹이 생트 주느비에브 성당이 아니라 혁명의 유산인 공화국의 위대한 인물의 묘지임을 역설했다.

　1879년 1월 30일 이래 공화국이 실질적으로 움직이고 있는 이 시점에서 왕정복고기와 세당 전투에서 붕괴된 정부가 그랬던 것처럼 생트 주느비에브 교회 사제들이 빵떼옹의 지붕 아래에서 찬송가를 부르고 있다는 것이 과연 정상입니까? [⋯] 이제 의회의 임무는 명백합니다. 시간의 고리들을 엮어 빵떼옹에 관한 1791년 의회의 작업들을 다시 시작하는 데 있습니다.66)

보수파 의원들은 저항했다. 그들은 혁명 당시 국민의회가 공표한 고문서들을 뒤져 혁명세력들이 기획하고 실천한 빵떼옹 건립 프로그램 어디에도 생트 주느비에브 성당의 탈신성화를 지향한 증거는 없다고 주장했다. 파리의 대주교 역시 우파 의원들의 입장을 옹호하는 발언으로 가세했다. 혁명과 교회는 상호 조화될 수 있다고 주장하면서 생트 주느비에브 교회의 탈신성화를 주도한 정치세력들의 무모함을 비판했다.

　장식문구가 어떤 것으로 바뀌든 저부조가 무엇으로 대체되든 새로운 장식들이 어떠한 모습으로 변하든 수플로의 교회가 기독교의 사원이라는 사실은 잊히지 않을 것입니다. 또한 이 사원에 무덤을 만들어 인신들로 채우고 이성, 영광, 그리고 인류라는 추상적 형식들로 그곳을 새롭게 신성화해도 참된 숭배에 대적하는 그 같은 조야한 모방에 대해서는 어느 누구도 진지하게 고려하지 않을 것입니다.67)

---

66) Raspail, "Rapport aux Chambres...9 avril 1881". Bergdoll, "Le Panthéon/Sainte-Geneviève au XIXe Siècle," 229에서 재인용.

67) Guibert, Lettre de son éminence le cardinal-archevêque de Paris à Monsieur le ministre des cultes. projet d'enlever à l'église Saint-Geneviève sa

'공화국의 묘지인가, 성당인가'를 둘러싼 논쟁은 1885년에 들어서 종결될 수 있었다. 대문호이자 공화주의를 신봉한 정치가로 절대적 신망과 존경을 한 몸에 받았던 위고Vicgtor Hugo가 안치되면서 공화국의 묘지로서 빵떼옹의 위상이 국민적 호응과 정당성을 받게 되었다. 위고는 1885년 5월 22일, 83세를 일기로 사망했다. 그의 죽음에 대한 한 당대 문필가의 묘사는 위고가 얼마나 대단한 국민적 추앙을 받고 있었는지를 알게 한다.

강베타의 병환과 죽음에 파리 사람들은 무심했다. [⋯] 위고의 죽음에는 달랐다. 그는 노인이자 할아버지이며 시인이었고 추방당했었다. 그의 폐울혈 소식을 듣자마자 군중들이 에일로 거리로 몰려들었다. [⋯] 공화국은 할아버지를 잃었다. 하지만 고귀하고 감동적인 상황이 벌어졌다. '빠빠빠'라 부르며 그를 너무나도 사랑했던 그의 자손들은 너무나 마음 아파하면서 예의범절이나 허영심 따위는 개의치 않고 마음을 다해 울었다. 그들에게 그는 영광을 넘어서서 일상에서 찾을 수 있는 감동적인 관심과 사랑을 의미했고 순수함의 표상이었다. 로스탕Rostand도 그에 비하면 100분의 5밖에 되지 않는 초라한 난쟁이와 같을 것이다.[68]

1885년 5월 30일 오전 10시 30분 앵발리드l'Hôtel des Invalides에서 군인들의 조포弔砲 발사를 시작으로 장례식이 거행되었다. 자신이 추앙해마지 않은 나폴레옹의 유해가 안치된 앵발리드에서 발사된 조포는 위고에게는 영광스러운 일이었을 것이다. 위고는 앵발리드에서 발사하는 조포 소리를 나폴레옹의 영광이 서린 개선문에서 듣고 있었다. 개선문에는 수많은 유력인사들이 모여 위고의

_____
destination religieuse (Paris, 1881), 6. Bergdoll, "Panthéon/Sainte-Geneviève au XIXe Siècle," 230에서 재인용.
68) Léon Daudet, Souvenirs et polémiques (Paris: Robert Laffont, 1992), 66-67.

추도사를 낭독했다. '프랑스의 국민적 상징 위고'를 소리 높여 외치는 추도사의 열기를 안고 빵떼옹을 향해 장장 9시간 동안 진행될 장례행렬이 11시 30분에 움직이기 시작했다. 행렬이 지나가는 길 주변은 여러 상징들로 채워져 있었다. 샹젤리제 거리에는 그리스 신화의 거대한 헥토르Hector 조각상이 서 있어 위고의 불멸성을 재현하고 있었고 빵떼옹과 연결된 수플로 길 초입에는 빵떼옹을 바라보며 사색에 잠긴 듯한 위고의 상이 놓여 있었다. 또한 빵떼옹 광장 앞에는 자유와 평등을 상징하는 마리안느의 흉상이 위고를 맞이할 준비를 하고 있었다. 위고의 장례식을 보기 위해 길거리로 몰려든 군중들과 그들의 힘찬 박수와 환호를 받으며 행렬의 끝에서 위고를 따르는 공화국 군대 역시 그 자체로 거대한 상징성의 장관이었다. 위고는 공화국 국민의 숭배자이자 공화국 군대의 영웅이라는 사실을 극적으로 확인하는 순간이었다.[69]

장례행렬이 도착한 빵떼옹에서 예술단체 인사들이 조사를 끝내자 위고의 관이 빵떼옹으로 들어갔다. 가족과 벗, 일단의 국회의원들이 지하분묘로 향했다. 위고는 지하 분묘 제24번 납골당에 안치되었다. 안장행사가 마무리될 즈음, 빵떼옹 밖에서는 군중들이 위고에 대한 애정을 폭발적으로 드러내고 있었다. 위고의 마지막을 기리기 위해 수많은 군중들이 빵떼옹 광장에 모여들었을 뿐만 아니라 수플로 길 초입에 세워진 위고의 상 앞에 멈춰서 조의를 표하고 위고의 추모품을 구입하기 위해 인산인해를 이루었다.[70]

대통령 그레비는 위고가 사망한 지 일주일이 채 안 되는 5월

69) Avner Ben-Amos, "Les Funérailles de Victor Hugo," Pierre Nora(dir.), *Les Lieux de mémoire* Tome 1, 508-509.
70) Ben-Amos, "Les Funérailles de Victor Hugo," 509.

28일, 빵떼옹이 공화주의 기능을 다시 수행할 것임을 공식화했다.[71] 공화국의 위대한 인물들을 안치하는 묘지의 기능이 부활한다는 의미다. 위고의 사망을 마주 대한 공화파 정부는 빵떼옹을 둘러싼 좌·우파의 논쟁에 일찌감치 종지부를 찍어버린 것이다. 1885년은 공화주의자들이 의회를 지배한 때였다는 사실이 정부의 신속한 결정이 어떻게 가능했는지를 설명해준다. 그들의 견지에서 공화주의 정치가 위고는 반드시 공화주의 의례를 통해 삶을 마감해야 할 위대한 인물이었다.

물론 위고의 빵떼옹 안장식에 대해 우파의 비판은 예상 가능했다. 우파인 가톨릭 계열 신문들이 위고의 장례식을 격렬히 비판했다. "즐거워하면서 소리치고 춤추는 인민들에 둘러싸인 시신에 의해 이성의 여신이 축출되었다", "우상을 박살내자" 《La Croix》, "기도가 따르지 않는 빵떼옹은 박물관에 불과하다. 호기심을 가진 사람들이 더 이상 그곳에 오지 않을 때 위고의 신 역시 무용지물로 전락할 것이다", "혁명사상이 침투하는 것을 그대로 보고 있지 말고 […] 공개적인 선동에 맞서 싸워야 한다." 《L'Univers》 [72]

그럼에도 정부는 물러서지 않았다. 위고가 어느 특정 정파가 아니라 국민들의 광범위한 인기를 누린 인물이라는 사실을 염두에 두었을 것이다. 정부로서는 위고의 사망을 계기로 공화주의 의례로서 빵떼옹 안장식을 재개한다고 했을 때, 그에 대한 보수파의 반대가 위고의 국민적 지지에 가려 빛을 잃을 것으로 판단했을 법하다.

제1제국의 안장식이 엄격한 의미에서 공화주의 의식은 아니었

---

71) Lebeurre, *The Pantheon*, 37.
72) Ben-Amos, "Les Funérailles de Victor Hugo," 510.

다는 점을 감안한다면, 공화주의 의례로서 빵떼옹 안장식은 1794
년 루소 안장식 이래 단 한 차례도 열리지 못했다. 따라서 위고
의 안장식은 공화주의 의례가 90년 만에 재개되었음을 알리는 대
사건이다.

볼테르와 루소의 빵떼옹 안장식을 통해 알 수 있듯이 공화주
의 의례로서 위대한 인물의 장례식은 적어도 두 가지 특성을 지
닌다. 위대한 인물을 숭배하는 대중들이 열린 공간에서 함께 참
여하는 행사이며, 단순히 사자에 대한 애도가 아니라 사자를 매
개로 공화주의 이념과 가치를 함께 노래하고 공유하는 시민적
축제다. 이 기준에서 위고의 장례식은 빵떼옹 안장식의 전형이었
다. 장례식에 참여했던 공화주의 정치인들은 바로 그 점을 보려
했다. 그들은 인민이 위고의 죽음을 슬픔을 넘어 공동체의 영광
으로 승화하려 했다는 사실을 높이 산 것이다. 그들은 위고의 장
례식이 왕이나 성인들의 죽음을 애도하는 의례가 아니라 공화국
의 새로운 시작을 알리는 축제, 달리 말하자면 "승리의 장례
식"으로 전개된 것을 공화국 전통의 재탄생으로 평가했다.[73]

위고의 안장식을 계기로 공화국의 묘지로 거듭난 빵떼옹은 4
년 뒤인 1889년, 프랑스 대혁명 100주년을 기념해 혁명전쟁에
참여한 군인들의 안장식을 거행하면서 위상을 확고히 하는 '제
도화'의 길을 밟기 시작했다. 빵떼옹은 4공화국과 5공화국을
지나면서 위대한 인물들을 지속적으로 받아들였고[74], 그 과정
을 통해 공화국을 빛낸 국민적 영웅들의 공간이라는 지위를 확
립해 나갔다.

73) Ben-Amos, "Les Funérailles de Victor Hugo," 511.
74) 빵떼옹 안장식의 자세한 내용에 관해서는 하상복, 『빵떼옹: 성당에서 프랑스
공화국 묘지로』(경성대학교 출판부, 2007)를 참조할 것.

한편, 1981년 대통령 선거에서 승리한 사회당 후보 미테랑 François Mitterand이 취임식 장소로 공화국 역사상 처음으로 빵떼옹을 포함함에 따라[75] 공화국의 묘지로서 빵떼옹의 위상은 한층 더 공고화되는 계기를 확보했다.

## 3. 알링턴 국립묘지와 소유권 분쟁의 정치

내전으로 분열한 국가를 통합하고 재건하는 일은 공식적으로는 종전 이후에 진행되었지만, 실제로는 종전 1년 전부터 연방 정부의 커다란 밑그림이 그려지고 있었다.

그러나 분열된 국가를 다시 세우는 일은 그렇게 간단하지 않았다. 국가와 정치공동체의 이상에 대한 신념 차이로 발생한 국민적 반목과 충돌의 생생한 경험을 새로운 체제 안으로 융화해내야 할 뿐만 아니라, 승자와 패자가 한 땅 그리고 한 공권력 아래에서 살아야 한다는 엄연한 현실을 받아들여야 했기 때문이다. 노예제의 정당성을 고수하고 있는 남부를 노예해방을 선포한 국가 안으로 어떻게 끌어들일 것인가, 모든 것을 잃었지만 여전히 인종적으로, 혈통적으로 자신들이 우월하다는 믿음을 고수하는 남부 사람들을 인종 평등의 가치와 어떻게 양립하게 하는가의 과제를 해결해야 했기 때문이다.[76]

종전 1년 전부터 시작해 10여 년간 진행된 재건은 그 문제들을 풀어내야 했다. 그런 면에서 전후의 재건은 단순히 정치적·헌법

---

75) "Les Cérémonies de la journée du 21 mai 1981", "De l'Elysée au Panthéon," *Le Monde* le 21-22 Mai 1981.
76) Bright, *Race and Reunion*, 31.

적 차원으로 환원될 것이 아니었다. 전쟁의 적나라한 기억, 극단적 고통, 공동체의 이상을 둘러싼 정치적 신념, 인종관계와 인권에서의 혁명적 전환 등 복잡하게 얽힌 요소들을 풀어내기 위한 제도적, 심리적, 상징적 경로들을 필요로 했다.

여기서 전쟁의 패자인 남부는 연방의 눈에 이중적인 정치적 존재로 등장한다. 연방 분열과 해체의 위기를 초래한 반역도, 혹은 비국민이면서 화해를 도모해야 하는 연방의 국민이었다. 연방권력이 주도한 재건 과정은 남부의 두 이미지 사이에 드리운 모순성을 반영하고 있었다. 강경노선과 온건노선이 부딪히고 갈등하고 있었다.

링컨 대통령은 1863년 12월 8일 재건에 관한 최초의 청사진, '링컨의 재건계획: 사면과 재건 선언Lincoln's Plan of Reconstruction: Proclamation of Amnesty and Reconstruction'을 발표했다. 링컨은 근본적으로 남부 주들이 연방을 이탈하지 않았다는 전제 위에 서 있었다. 그는 "남부 주들은 몇몇 지도자들의 잘못된 지도력 때문에 연방의 권위를 부정한 것일 뿐" 법적 관점에서는 여전히 연방의 일부라고 생각하고 있었다.77)

대통령은 그러한 전제 위에서 '반란'에 가담했던 남부 사람들의 연방국민 자격을 회복하는 기준을 제시했다. "직접적이든 간접적이든 지금의 반란에 가담한 모든 사람들"은 "선서78)에

---

77) 휘트니 외, 『미국의 역사』, 221. 물론, 그것은 대단히 일방적인 판단이었다. 왜냐하면 연방 정체를 인정하지 않는 남부 주들의 정치적 저항이 계속되고 있었기 때문이다.
78) 선서의 내용은 다음과 같다. "나 ___ 는 전능한 신 앞에서 엄숙히 선서합니다. 나는 미국 헌법과 연방을 성실히 지지하고 지키며 방어할 것입니다. 그리고 반란기간 동안 의회에서 통과된, 노예에 관한 모든 법들을 그것이 의회나 대법원 판결에 의해 폐지, 수정 또는 무효화되지 않는 한 지키고 충실히 지지합니다. 그리고 반란기간 동안 공포된 모든 대통령 포고문을 그것이 대법원 판결에 의해 수정 또는 무효

서명하고, 그 선서를 위반하지 않으며, 선서를 영원히 지키는 경우" 완전한 사면 대상이 될 수 있다. 연방주의 이념과 노예해방의 가치를 받아들인다는 공개적 약속 위에서만 연방시민의 자격과 권리를 제공한다는 말이다. 하지만 모든 남부인들에게 선서의 기회와 사면의 자격을 부여하는 것은 아니었다. 남부연합 정부의 고위 관리와 군인들 그리고 연방정부 의원이나 관리로서 연방의 이익에 반해 활동한 사람들에게는 자격이 부여되지 않았다.[79]

대통령의 포고문은 분열된 국가의 재건과 통합을 위해 연방정부가 제시한 최초의 청사진이었지만 그로부터 1년이 채 지나지 않은 1864년 7월 8일에 발표된 '웨이드-데이비스 법안Wade-Davis Bill'[80]은 공화당 내부에서 대통령의 재건 원칙에 비판과 반대가 상당한 지지를 얻고 있었음을 보여주었다. 상원의원 웨이드Benjamin F. Wade와 하원의원 데이비스Henry W. Davis가 제출한 이 법안을 통해 공화당의 강경파는 주 정부 수립 조건이 지나치게 유연하다고 비판하면서 보다 엄격한 원칙을 제시했다. 그것은 국가 재건의 길, 특히 남부 주들을 연방으로 다시 편입하는 과정을 둘러싸고 행정부와 의회의 대립이 시작될 것을 알리는 상징적 법안이었다. 법안은 근본적으로 재건 과정을 이끌 정치적 주체가 대통령이어야 하는가, 의회여야 하는가의 문제를 던지고 있었다.[81]

공화당 내 온건파와 강경파의 대립은 오래전부터 존재하고 있었는데, 내전의 필요성과 정당성에 관한 논쟁은 그들의 대립을

---

한 것으로 선언되지 않는 한 지키고 충실히 지지합니다. 신께서 도우실 것입니다."
A. Lincoln, "Proclamation of Amnesty and Reconstruction 1863," TeachnigAmericanHistory.org.
79) Lincoln, "Proclamation of Amnesty and Reconstruction 1863".
80) "Wade-Davis Bill," Civil War Preservation Trust.
81) T. Harry Williams, *Lincoln and The Radicals* (Madison: The University of Wisconsin Press, 1960[1941]), 320.

명확하게 보여주었다. 링컨과 같은 온건주의자들은 연방의 복원을 전쟁의 유일한 목적으로 생각했으며 그 점에서 노예제 폐지 문제는 주변적인 사안에 불과했다. 그와는 달리 강경주의자들은 노예제의 종식 없는 전쟁은 의미가 없다고 생각했다.[82] 그 점에서 강경파 공화당 의원들의 노선은 남부의 편입을 통해 서둘러 연방을 재건하려는 링컨의 의지와는 다를 수밖에 없었다.

웨이드-데이비스 법안을 지지한 공화당 의원들은 적어도 두 가지 점에서 대통령과 의견을 달리하고 있었다. 하나는 연방에 대한 충성의 본질적 측면이며, 다른 하나는 반란 주의 헌법적 자격에 관한 부분이었다. 대통령은 특정한 공인들을 제외하고 일반 사람들은 반란에 가담했어도 충성서약을 지키면 연방국민의 자격을 획득한다고 생각했지만, 의회는 누구를 막론하고 연방에 충성했던 사람들만이 주 정부 수립의 주체가 될 수 있다고 보았다. 또한 대통령은 11개 남부 주들이 탈퇴한 것이 아니라고 판단했던 반면에, 의회는 탈퇴했으며 그러므로 반란 주들은 주state가 아니라 '준주territory'의 자격으로 제한해야 한다는 논리를 폈다.[83] 법안을 승인한 연방의회에 맞서 대통령은 거부권을 행사했다.

나, 에이브러햄 링컨 미국 대통령은 이 법안의 공식적 승인을 통해 단 하나의 재건계획에 확고히 전념할 준비가 아직 되어 있지 않음을 포고하고 선언하며 전언합니다.[84]

링컨은 자신의 거부권이 강경파 공화당 의원들의 분노를 가져올 것을 인식하고, 자신은 법안에 만족하고 있으며 법안이 표

---

82) Williams, *Lincoln and The Radicals*, 9-10.
83) 이춘란, 「미국문화의 양면태에 대한 일고: 남북전쟁과 재건 시대를 중심으로, 1861-1877」, 『역사학보』 70호(1996), 181.
84) Lincoln, "A Proclamation," Civil War Preservation Trust.

방한 목적을 달성하기 위한 행정적 지원을 준비하고 있음을 덧붙였다. 강경파 의원들은 거부권 행사를 정면으로 반박했다. 스티브스Thaddeus Stevens는 "더러운 포고문"이라는 거친 욕설로 링컨을 비난했다.85)

재건을 둘러싸고 온건주의와 강경주의가 대립하는 상황에서 링컨은 재선되었다. 그는 1865년 3월 4일의 취임연설을 통해 자신이 밝힌 온건노선을 다시 한 번 확인했다. 연설은 남부에 대한 관용을 역설했다. 연설은 "누구에게도 원한을 갖지 않으며 모든 이들에게 자비를 베푸는 것malice toward none and charity for all"86)으로 요약될 수 있다. 하지만 링컨은 재건을 위한 자신의 철학이 남부에 실천되는 것을 보지 못한다. 그는 연설이 있은 지 한 달이 조금 넘은 4월 14일, 한 남부주의자의 총탄에 맞아 목숨을 잃었다. 남부의 패배를 받아들이지 못했던 버지니아 출신의 배우 부스 John Wilkes Booth가 연극을 보기 위해 부인과 함께 있던 링컨의 머리에 총을 쏘았다. 불행히도 대통령은 다음날 새벽에 사망했다.

링컨의 사망으로 정치적 상황은 강경주의로 급속히 변모해 나갔다. 링컨의 죽음에 대한 추모 분위기를 광범위하게 공유했던 북부 사람들은 그 사건의 의미를 전쟁과 연결하려 했다. "북부 사람들을 살해한 남부 사람들은 이어서 대통령을 살해했다"87) 면서 사건을 남부를 이끌고 있는 지도자들이 여전히 정치적 음모를 꾸미거나 전쟁을 준비하고 있는 증거로 보았다.88) 그도 그럴 것이 링컨의 암살은 남부의 대의에 충성하는 배우의 개인적인 행

85) Williams, *Lincoln and The Radicals*, 321.
86) Poole, *On Hallowed Ground*, 65.
87) Neff, *Honoring the Civil War Dead*, 83.
88) Nina Silber, *The Romance of Reunion* (Chapel Hill & London: The University of North Carolina Press, 1993), 41.

위가 아니라 8명의 공모자가 가담한, 그런 의미에서 집단적으로 계획된 음모로 해석할 수 있었기 때문이다.[89]

관용과 화해라는 링컨의 통합 이념이 사라지고 공화당 내 급진파가 주도하는 비타협적 노선이 설득력을 얻어가는 국면에서 등장한 존슨 대통령의 재건계획은 불에 기름을 붓는 격이었다. 외견상 그의 재건안은 링컨보다 덜 유화적인 것으로 볼 수 있었지만, 대통령 암살에 따른 극단적 분노의 심리 속에서는 쉽게 수용하기 어려운 것이었다. 또한 링컨이 암살되었을 때 행한 강도 높은 그의 발언에 비춰볼 때, 엄격하고 원칙적인 차원에서 남부의 법률적 · 정치적 책임을 물을 것이라고 생각한 공화당 급진파 의원들이 예상치 못한 유화적 조치에 반발한 것도 충분히 이해할 수 있다. "힘은 빼앗겼지만 반란의 정신은 아직 깨지지 않고 남아있다" 라든가 "지난 반역의 기간 동안 […] 반란자들을 움직여왔던 정신은 단지 잠재되어 있을 뿐이다. 관대하게 다루면 다시 그 힘을 얻게 된다" 는 등 남부에 대한 부정적이고 공격적인 평가[90] 가 상승하는 지점에서 존슨 대통령이 재건 계획을 발표했다.

1865년 5월 29일 존슨은 남부 사람들의 사면과 남부 주들의 연방 재가입에 관한 기준과 절차를 공표했다. 대통령은 반란에 참여했다는 이유로 사면을 받지 못한 많은 사람들이 사면을 요청하고 있다는 사실을 언급하면서 말했다.

따라서 미국 정부의 권위가 회복되고 평화, 질서, 자유가 확립될 수 있도록, 나 미국 대통령 앤드류 존슨은 아래에 언급하는 사람들을 제외하고, 직 · 간접적으로 반란에 참여한 모든 사람들을 사면하며 노예

89) 앨런 브링클리, 황혜성 외 역, 『있는 그대로의 미국사 2: 하나의 미국 ─남북전쟁에서 20세기 초까지』 (휴머니스트, 2011), 188.
90) Bright, *Race and Reunion*, 44.

를 제외하고 그리고 반란에 참여한 사람들의 재산 몰수에 관한 미국의 법률적 규정이 적용되는 경우를 제외하고, 모든 재산권을 회복하게 될 것을 포고하고 선언한다.

물론, 그들의 사면은 링컨의 재건계획안에 명시된 서약에 서명하고 지키는 것을 전제로 한다. 대통령은 사면 대상이 될 수 없는 14개 유형을 언급했는데, 그 점에서 존슨의 사면 기준은 링컨보다 더 엄격했다고 말할 수 있다. 하지만 존슨은 '개별사면 신청 방식'으로, 배제 대상들도 사면될 길을 열어주었다.[91]
사면 대상이 될 수 없는 이들도 대통령의 판단과 결정에 따라 연방 시민의 자격을 회복할 수 있게 된 것인데, 남부 사람들은 그 '정치적' 규정을 적극 활용했다. 1만 5천 명 이상이 개인적으로 대통령 관저를 방문해 사면 요청서를 제출했다. 1865년 가을 현재, 하루에도 수백 명에 대한 사면 발표가 있는 등 폭넓은 관용의 조치가 이루어졌다. 또한 이듬해에는 2만 달러 재산 규정에 묶여 사면이 될 수 없었던 7천 명의 남부 사람들이 시민권을 회복했다.[92] 1865년 가을에 사면된 남부 사람들은 토지 소유권을 다시 주장하고 정치적 권리를 요구했다. "망각의 정치가 당시의 원칙으로 되어버린 듯했다."[93] 남북전쟁 이전의 남부 주지

---

91) Andrew Johnson, "Amnesty Proclamation," http://www.sewanee.edu/faculty/Willis/Civil_War/documents/AndrewJ.html.
92) 하지만 남부연합군의 상징적 존재 로버트 리 장군에 대한 정치적 사면은 끝내 이루어지지 않았다. 리 장군은 화해와 용서를 바탕으로 국가를 통합할 것을 제안한 그랜트 장군의 배려에 힘입어 사면 청원서를 대통령에게 보낼 수 있었다. 하지만 그의 청원서는 수년 동안 접수되지 않았다. 의도적인 정치적 배제의 결과라는 시각도 있고, 실수로 서류를 분실했다는 평가도 있었지만 결국 그의 정치적 사면은 한 세기가 지난 1975년에 포드Gerald R. Ford 대통령에 의해 이루어졌다. Poole, *On Hallowed Ground*, 65-66.
93) Bright, *Race and Reunion*, 45.

사들이 다시 임명됨으로써 대통령 스스로가 원칙을 지키지 않았을 뿐만 아니라, 연방을 탈퇴한 남부 주들에 부과된 전쟁 배상금 또한 적절한 시기에 맞추어 탕감해 주었다.[94] 남부 주들의 연방 재가입에 대해서도 주 의회가 남북전쟁 중에 제정한 헌법을 수정하고 연방 탈퇴를 포기하며 노예제 폐지를 선언한 수정헌법 제13조를 수용하는 조건만을 부과함으로써 연방 재편입의 길 또한 대단히 용이해졌다. 대통령은 반란 주들이 조건을 모두 충족했다고 판단하면서 재건의 종결과 연방의 복원을 선언했다.

존슨 대통령의 재건계획은 남부 백인들에게는 정치적 재도약을 위한 효과적인 발판을 제공했지만, 흑인들의 정치사회적 권리에 대해서는 정반대였다. 이는 존슨 대통령 자신이 전 생애에 걸쳐 백인 우월주의자white supremacist였으며 교조적인 주 권리주의자state rightist였기 때문이다. 그는 남부의 이념을 철저하게 신봉한 정치가였다. 그는 '해방흑인관리국Freedmen's Bureau'의 활동에 공개적인 적대감을 드러냈다. 남부지역의 해방흑인들을 관리하고 보호하기 위해 설립된 해방흑인관리국은 종전 이후 1년간 활동하도록 계획된 한시적 정부기구였다. 기구의 설립을 규정한 법률인 '해방흑인관리국법'에 근거하면 관리국은 매우 중요한 임무를 담당하고 있었다. "극빈과 고통 속의 난민과 해방흑인들 그리고 그 가족들의 긴급한 의식주, 즉 식량, 의류, 연료를 제공하는 일"을 담당하고 "대통령의 지휘 하에 반란주가 포기했거나 미국이 몰수, 매입 기타 방법으로 소유권을 얻은 토지를 충성스러운 난민과 해방흑인들이 이용하도록 할당할" 권한을 보유하고 있었다.[95] 그런 면에서 해방흑인관리국에 대한 대통령의 적대감

---

94) 휘트니 외, 『미국의 역사』, 222.
95) 「해방흑인관리국법」, 『사료로 읽는 미국사』, 188.

은 반동적인 것이었다.

또한 그는 당시 악명 높았던 반인권법인 '흑인단속법Black Codes' 초안 제정을 공개적으로 독려했던 것으로 알려져 있다. 남부 전체에서 1865년 가을과 1866년 초에 걸쳐 제정된 흑인단속법은 흑인들의 정치적 권리를 부정하며 그들의 경제적 선택과 물리적 이동권을 제약하는 악법이었다.96) 존슨 대통령의 주지사 임명 또한 흑인의 권리에서 퇴행적 결과를 가져왔다. 그가 임명한 남부의 모든 주지사들이 흑인의 권리에 반대했기 때문이다.

대통령의 재건안과 그에 바탕을 둔 남부의 정치적 움직임은 궁극적으로 남부 사람들이 내전의 주요인 중 하나인 흑인 해방의 본질적 의미를 진지하게 받아들일 자세가 없음을 의미한다. 극단적으로 표현하면, 대통령의 플랜은 남부 사람들에게 백인들의 그리고 백인들을 위한 정부의 재탄생을 허락하는 것과 다름없었다.97) 상황은 언론과 여론 그리고 급진 공화파 의원들을 자극했다. 《하퍼스위클리Harper's Weekly》98)는 사설에서 해방흑인들을 온전한 시민으로 대우하는 것이야말로 공화국 정부의 재건이라는 원칙에 부합하는 일임을 강조했다.

이제 다음과 같은 문제에 부딪힌다. 외모와 혈통 때문에 주의 엄청난 숫자의 해방된 사람들에 대해 자의적으로 선거권을 부여하지 않는데 어떠한 기묘한 조건을 내세운들 그것을 과연 공화체제라고 말할 수 있겠는가?99)

---

96) 브링클리, 『있는 그대로의 미국사2』, 191.
97) Bright, *Race and Reunion*, 45.
98) 내전기와 이후 재건기 동안 뉴욕시에서 발행된 급진 공화파 언론이다.
99) "The right way the best way," (June 3 1865) http://blackhistory.harp
week.com.

또한 《국민Nation》은 '재건을 하려는 건지, 화해를 하려는 건지'라는 냉소적 표현 아래 존슨 대통령의 유화적 조치들을 의심하기 시작했다. 신문은 대통령의 재건계획이라는 우산 아래에서 남부 사람들의 정치적 무대 복귀를 촉구하는 전 남부연합 지도자들에게 경고를 보내면서 "복귀를 주장하는 이들은 극단주의자 중 극단주의자"라고 공격했다.100) 언론의 공격적 분위기는 포로로 감금되어 있는 제퍼슨 데이비스를 사형에 처해야 한다는 극단적인 주장으로 이어지기도 했다.101) 예컨대 앞의 《하퍼스위클리》는 "제퍼슨 데이비스는 반역의 재판을 받아야 한다. 유죄 선고를 받는다면 형을 집행해야 한다. 형을 집행해야 한다면 사형에 처해야 한다"102)고 독설을 퍼부었다.

연방군 지휘관 출신 브리스빈James S. Brisbin은 1865년 겨울, 공화당 지도자 스티븐스에게 불만을 드러냈다.

리 장군이 그랜트 장군에게 항복했을 때와 같은 충성심이 현재 남부에는 존재하지 않는다고 말씀드립니다. 전장에서 대의를 상실한 순간 그들은 자신들이 무력으로 쟁취하는 데 실패한 것을 이제 정치를 통해 획득할 준비를 갖추게 되었어요.103)

이어서 그는 흑인단속법과 관련해서 "흑인들의 상황을 […] 한층 더 악화된 노예제로 환원하는 것"으로 비판하고, 존슨 대통령의 유화적 정책에 대해서도 구질서를 복원하는 결과를 만들어낼 뿐만 아니라 북군이 많은 희생을 치르고 얻은 승리를 상실할 위기

---

100) Bright, *Race and Reunion*, 46.
101) P. H. Buck, *The Road to Reunion: 1865-1900* (Boston, Toronto: Little, Brown And Company, 2010), 50.
102) Earl Schenck Miers, *The Last Campaign: Grant Saves the Union* (Philadelphia & New York: J. B. Lippincott Company, 1960), 174.
103) Bright, *Race and Reunion*, 46.

를 초래할 것이라고 말했다. 대통령에 대한 근본적인 문제제기는 브리스빈만이 아니었다. 공화당 상원 의원 섬너Charles Sumner 또한 대통령에 대한 비판적 견해를 숨기지 않았다. "대통령이 시간을 낭비함에 따라 너무 많은 기회가 상실되었다." "공화국은 실패할 수 없다. 따라서 대통령의 정책이 실패해야 한다." 섬너 의원은 남부에 대한 분노를 표출했다. "반역도는 전투에서만이 아니라 글자 그대로 무너져야 한다."[104]

1865년 겨울, 종전 후 최초로 연방의회가 열렸다. 급진 공화파 의원들은 대통령의 재건안을 거부하고, 남부에서 선출된 연방의원들—남부연합 부통령으로 재직했던 스티븐스Alexander H. Stevens를 비롯해 전직 장성 등 반란의 주요 지도자들이 포함되어 있었다—의 자격을 박탈하고, 반란 주의 연방 재가입에 관한 조건과 절차를 검토할 '재건에 관한 양원합동위원회Joint Committee on Reconstruction'를 발족함으로써 모든 것을 원점으로 되돌리려 했다. 위원회는 1866년 초반부터 몇 달에 걸쳐 청문회를 열어 재건정책의 주요 이슈들, 특히 흑인의 선거권 인정, 해방된 노예들을 위한 완전한 시민권 선언, 남부 사람들의 잠정적인 공민권 박탈, 남부를 대상으로 단기간의 군정 실시 등을 논의했다. 공화파가 지배하는 의회는 1868년 1월 해방흑인관리국의 임기를 연장하고 곧 이어 '시민권리법안Civil Rights Act'을 제출했다.

해방흑인관리국 연장법안에 대한 대통령의 거부와 남부의 주 의회가 제정한 반동적인 흑인단속법에 대한 위기의식이 광범위하게 확산되는 상황에서 제출된 '법안'은 해방된 흑인들의 시민권과 법 앞의 평등을 선언하고 있다.[105] 법안은 2월과 3월에

---

104) Bright, *Race and Reunion*, 46.
105) 『사료로 읽는 미국사』, 189-190.

각각 상원과 하원을 통과했다.

급진 공화파의 공격은 거기서 끝나지 않았다. 1866년 6월, 양원합동위원회가 '수정헌법 제14조'를 제안하자 의회는 이를 승인한 후 비준 절차를 밟아나갔다. 의회는 시민권리법에 대한 헌법적 정당화의 위상을 지니는 수정헌법 제14조의 수용을 기준으로 남부 주들의 연방 재가입을 결정한다는 계획을 공표했다. 하지만 대통령은 남부 주들을 향해 수정헌법 제14조 비준을 수용하지 말 것을 강하게 주문했다. 결과적으로, 테네시 주를 제외하고 남부의 10개 주가 비준을 거부했다. 그것은 급진 공화파의 강경노선에 대한 남부 주들의 명백한 저항을 의미했다. 남부의 한 정치인이 공화당의 스티븐슨에게 보낸 편지 속의 "북은 단지 남을 압도할 뿐 정복할 수는 없다"[106]는 표현이 반동적 정서를 잘 보여준다.

남부에서는 "전쟁은 끝났지만" 또 다른 전쟁이 시작되고 있었다. 그리고 남부에서 올라온 한 보고서의 내용은 또 다른 전쟁의 심리적 뿌리를 느끼게 한다. "우리는 평화를 얻지 못했다. 전체 주 기관의 사무실들이 […] 근본 분리주의자들에 의해 거의 점유된 상태다."[107] 남부는 자신들의 적대감과 정치적 불만을 흑인들에 대한 보복으로 표출했다. 그리고 보복은 흑인들의 폭동을 낳았다.

이와 같은 대결 국면에서 열린 1866년 의회 선거는 급진 공화파[108]가 승리하고 국면의 주도권을 장악하면서 결과적으로 군정을 통한 연방 재건이라는 극단적 조치의 시행을 가져왔다. 연방

---

106) Bright, *Race and Reunion*, 48.
107) Bright, *Race and Reunion*, 49.
108) "United States House of Representatives Election 1866", "United States Senate Election 1866," Wikipedia.

의회는 수정헌법 제14조를 비준하고 연방에 재가입한 테네시 주를 제외한 모든 남부 주들을 대상으로 군정을 실시했다. 연방의회는 1867년 3월 2일에 '제1차 재건법The First Reconstruction Act'을 통과시켰다. 대통령의 거부권 행사가 있었지만 7월 19일에 재가결했다. "반란 주에 좀 더 효율적인 정부를 수립하기 위한 법An Act to provide for the more efficient Government of the Rebel States"으로 명명된 재건법은 남부 주들을 5개 지역으로 분할해 군정을 실시할 것을 명시했다.109)

군정 실시 이후 1870년까지 10개 남부 주들이 제도적 수준에서 연방 편입을 마무리했다. 아칸소, 노스캐롤라이나, 사우스캐롤라이나, 루이지애나, 앨라배마, 조지아, 플로리다의 7개 주는 1868년에 재건법의 조건을 충족시켜 연방에 재가입했으며 남은 3개 주인 미시시피, 버지니아, 텍사스는 보수적인 정치세력들의 반대로 연방 재가입이 지연되다가 버지니아, 텍사스가 1869년에, 미시시피가 1870년에 완료했다.

하지만 연방 통합이 완료되었다고 해서 모든 적대적 상황이 해소된 것은 아니었다. 문제는 오히려 더 심각해졌는데 여기에는 몇 가지 요인들이 중첩되어 있었다. 첫째, 존슨 대통령의 탄핵안 상정이었다. 급진 공화파는 자신들이 원하는 방식대로 재건을 이끌기 위한 결정적인 수단을 동원하려 했다. 자신들의 활동을 방해하는 데 앞장섰던 존슨 대통령을 탄핵하는 일이었다. 의회는 대통령 탄핵의 근거를 찾으려 했는데 존슨 대통령이 의회의 거부에 맞서 육군성 장관 스탠턴Edwin M. Stanton을 해임했을 때 그 빌미

---

109) *A Century of Lawmaking for a New Nation: U.S. Congressional Documents and Debates, 1774–1875*, 428, http://www.loc.gov/teachers/classroommaterials/connections/lawmaking/

를 잡았다. 스탠턴은 남부에 대한 적대감 속에서 메이그스 병참
감과 함께 알링턴 하우스의 국립묘지화를 주도한 인물이었다. 대
통령 탄핵안은 남부 사람들의 적대감을 자극하는 데 주요한 요인
이 되었을 법하다. 하원을 통과한 대통령 탄핵안이 올라오자 상
원은 1868년 4월과 5월 내내 안건 심의를 진행했다. 그렇지만 상
원의 급진파 공화당 의원들은 탄핵안 가결에 성공하지 못했다.
온건파 의원들110)을 설득하지 못했기 때문이다.

둘째, 재건이 가져온 남부의 사회경제적 변화에 따른 남부인들
의 불만 또한 적대적 상황을 초래했다. 급진 공화파의 연방의회
가 주도하는 강경 재건 정책은 남부에 많은 사회경제적 변화를
가져왔는데, 남부의 백인들은 그것을 수용하려 하지 않았다. 흑
인들의 지위 상승이 변화의 핵심이었기 때문이다. 흑인들은 재건
기간 동안 주 제헌의회를 비롯해 주요 공직에 진출해 활동했으며
자신들의 집단적 정체성 형성을 위해 교회를 건립하고111) 교육에
힘썼다. 흑인 해방을 지지하는 북부의 백인 여성 그리고 흑인 스
스로의 노력으로 실현된 교육 개선으로 남부의 흑인 아동들이 초
중등교육의 혜택을 받을 수 있었으며 상급 교육을 위한 전문학교
도 설립되었다. 또한 흑인계급들은 전통적으로 토지 소유자가 될
수 없는 신분적 상태에 있었지만 재건기의 개혁을 통해 20% 이
상의 토지를 보유할 수 있었다.112)

흑인들의 정치적, 사회경제적 지위 향상을 흑인계급과 재건을

---

110) 나중에 보겠지만, 이 온건파 의원들은 비타협적이고 대결적인 재건을 근본적으
로 비판하면서 이해, 관용, 배려, 용서를 통한 통합의 필요성을 주장했다.
111) 흑인들의 독자적인 교회 설립과 운영은 매우 중대한 발전이었다. 왜냐하면 남
북전쟁 이전까지 그들은 백인 교회에서 백인 목사의 설교를 들어야 했기 때문이다.
이춘란, 「미국문화의 양면태에 관한 일고」, 186.
112) 브링클리, 『있는 그대로의 미국사 2』, 200-204.

주도한 연방의회는 소망했지만 남부 백인들은 정반대의 입장이었
다. 흑인들의 공직 참여 증가는 자신들의 정치적 이해관계에 역
행하는 것이었으며, 그들의 토지 소유는 자신들의 토지 소유 저
하를 의미했다. 또한 교육수혜의 확대를 통한 흑인들의 사회적
의식 강화는 남부의 기존 질서에 대한 도전 가능성을 강화하는
요인이 될 수 있었다. 남부 백인들은 저항했다. 그들은 재건기간
동안 지역 경제가 말할 수 없이 침체했을 뿐만 아니라 인종문제
또한 한층 더 심각해졌다고 판단했다.

　이러한 상황에서 그랜트 행정부가 등장했다. 강경파의 재건
노선에 비판적 스탠스를 취하고 있던 당 내 온건파 세력— '자
유주의 공화파' 로 불렸다—은 남부의 통합을 신속하게 마무리
짓고 행정 시스템 개혁과 정치적 부패를 해결하는 데 힘을 기울
일 필요가 있다고 판단했는데, 그러기 위해서 온건주의자 그랜트
가 적임자라고 생각했다. 그랜트는 민주당을 포함해 정치권의 포
괄적인 지지를 받고 있었다.[113] 하지만 자유주의 공화파의 기대
는 이루어지 못했다. 그랜트 대통령은 남북전쟁의 영웅이었지만
재통합된 연방을 통치할 능력은 부족했다. 대통령은 국가 행정체
계를 개혁하지 못했고, 재건 또한 매듭짓지 못했으며, 자유주의
공화파가 중요하게 생각한 국가 권력의 탈집중화 문제도 해결하
지 못했다.[114]

　그랜트는 안팎에서 많은 비판에 직면했지만 1872년 재선에 성
공했다. 하지만 정치적 무능력과 그의 측근 및 가족이 연루된 부
패 스캔들에 따른 도덕적 오명을 벗지 못했다. 비판적 여론은

---

113) Andrew L. Slap, *The Doom of Reconstruction: The Liberal Republicans in
the Civil War Era* (New York: Fordham University Press, 2006), 108.
114) Slap, *The Doom of Reconstruction*, 125.

1873년의 금융위기와 맞물리면서 대통령의 정치적 입지를 한층
더 제약했다. 연방정부는 적대적 여론을 돌파하고 경제적 난국을
극복하기 위해 많은 힘을 기울여야 했다. 그것은 결과적으로 남
부 지역의 재건에 관심과 노력을 기울이기 어려운 상황으로 이어
졌다. 연방의 지도력 부재와 정책적 무관심으로 둘러싸인 남부에
는 서서히 정치사회적 반동 움직임들이 조성되기 시작했다. 문제
의 핵은 언제나 흑백 갈등이었다.

　　불행히도 국가의 인종 정책은 극에서 극으로 이동했다. 이전에는 남
　부의 백인 지도자들에게 가혹한 족쇄를 채웠던 정부가 이제는 새롭게
　등장한 인종차별 정책을 아무런 이의 없이 받아들였다. 19세기 마지막
　25년 동안 '짐 크로우 법안'이 남부의 거리마다 흘러넘쳤다. 흑인들
　은 공립학교는 말할 것도 없고 공원이나 음식점, 호텔 등의 공공시설에
　접근할 수 없었으며, 인두세나 문맹 시험이라는 장치로 인해 투표권을
　행사하지 못하는 제약을 받았다. [⋯] 노예들은 자유를 얻었지만 평등
　을 얻진 못했다. 북부는 해방된 노예의 경제적 욕구에 어떠한 만족도
　주지 못했다. 해방노예관리국이 많은 노력을 기울였지만 해방된 노예
　들이 절실히 필요로 했던 정치경제적 기회를 보장하지 못했으며, 협박
　과 폭력으로부터도 보호하지 못했다. 실제로 연방 장교들이나 해방노
　예관리국 직원들부터 인종차별주의자였다.[115]

공화당 행정부의 정치적 무능력과 부패 그리고 남부에서 조성
되기 시작한 과거 회귀적 흐름은 정당 지지에도 반영되었다. 1874
년 연방의회 선거에서 민주당이 하원을 장악했다.[116]
　내전 패배 이후 연방의 정치군사적 패권 아래에서 연방이 제
시하는 재건 프로그램을 불가피하게 수용해왔던 남부는 이제 자

115) 휘트니 외, 『미국의 역사』, 227.
116) "United States House of Representatives Election 1874," wikipedia.

신들의 정치적 목소리를 높일 수 있는 자원과 여론을 확보했다. 그 바탕 위에서 남부는 연방 탈퇴에 정당성을 부여했던 자신들의 정치적, 경제적, 문화적 가치를 강화하고 그럼으로써 남부의 정체성을 재확립하려는 노력에 가속도를 붙였다. 다음과 같은 명제는 그와 같은 맥락을 보여준다.

> 북부의 신화는 남부의 땅을 미국의 국민적 원리로 재통합할 것을 요구했지만 남부의 신화는 언제나 북부를 이방인의 땅으로 성격화하고자 한, 패배한 남부 사람들의 감성을 유지해왔다.[117]

남부 사람들의 신화와 감성은 '잃어버린 대의Lost Cause'라는 말 속에 응축되어 있었다. 잃어버린 대의는 남부의 영광스럽고 유기체적인 문화와 문명이 북부의 포악한 산업사회의 힘 때문에 파괴되었다는 비판의식을 담고 있었다.[118] 그것은 본질적으로 통합에 대한 도전과 저항의 의지였다. 남부의 많은 사람들이 그러한 의식을 잃지 않고 있었으며 정치적 동원은 곧 그 잃어버린 대의를 환기하고 정당화하는 것을 본질로 했다.

남부의 대의는 재건 과정 중 서서히 수면 위로 등장하기 시작해 정치적 세력 판도가 남부에 유리하게 형성되면서 한층 더 내적인 정당성을 확보했다. 그렇게 보면, 연방이 주도한 재건과 통합은 제도적 영역에 국한된 반쪽의 성공이었다. 남부는 제도적 강제와 물리력 통제 아래에서 자신들의 대의를 자신 있게 표방할 정치적 기회를 조용히 기다리고 있었기 때문이다.

결국 그 계기는 찾아왔고 이제 남부는 '재현의 정치'를 통해 남부의 과거와 현재를 감각적으로 재해석하면서 새로운 대결

---

117) Neff, *Honoring the Civil War Dead*, 143.
118) Bright, *Race and Reunion*, 257.

을 준비했다. 지식인과 참전 군인이 운동의 주체였으며, 문화와 예술이 운동의 주요 동력이었다. 문화와 예술이 가장 광범위하고 효과적인 대중 동원 장치라는 명제는 19세기 중후반 미국 남부에도 적용되고 있었다.

재현의 정치는 크게 두 영역을 향하고 있었다. 하나는 남부의 역사적 · 정치적 전통이며, 다른 하나는 내전의 기억이었다. 그 둘은 서로 떨어질 수 없는 상호조응의 의미관계로 묶여 있었다. 내전 패배와 그로 인한 지역 경제의 피폐는 남부 사람들에게 인내하기 어려운 물리적 · 심리적 치욕과 고통을 안겨주었기 때문에 내전을 반역으로, 남부의 군인들을 반란자로 묘사해온 연방의 당파적 시각을 적극적으로 부정하고 새롭게, 즉 "남부의 관점으로 해석Southern interpretation" 119)할 당위와 필요가 있었다. 내전은 패배와 좌절이 아니라 자신들의 영광과 꿈을 얻기 위한 신성한 노력으로, 남부의 신성한 대의를 수호하기 위한 정당한 행위로 해석하는 일이 필요했다. 그 지점에서 남부의 고유한 전통과 정신성에 대한 강조는 내전의 재해석에 정당성을 부여하는 궁극적 토대였다. 남부 지식인들이 주도한 재현의 정치적 과정은 곧 고통을 집단적으로 승화하면서 지역적 결속을 가져오는 힘이었다.

남부연합의 장군으로 활약했던 힐Daniel H. Hill이 1866년 5월부터 발행하기 시작한 잡지 《우리가 사랑하는 땅The Land We Love》은 운동의 선구적 예다. 창간호의 글들은 전쟁 패배 이후 남부가 시급히 다루어야 할 개혁의 방향과 내용에 관한 메시지를 전달했다.

---

119) Alan T. Nolan, "The Anatomy of the Myth," in Gary W. Gallagher and Alan T. Nolan (eds.), *The Myth of the Lost Cause and Civil War History* (Bloomington and Indianapolis: Indiana University Press, 2000), 12.

먼저 「교육Education」은 '하늘은 바뀌어도 정신은 바뀌지 않는다' 는 고대 로마 한 시인의 경구를 환기하면서 남부는 폐허로 변했지만 남부 고유의 정신성은 지켜나갈 것을 강조하고 있다. 그와 같은 문제의식은 남부의 전통을 노래한 여러 시들을 소개하고, 교육과 경제 개혁에 관한 방향을 다루는 글들로 구체화되었다. 노스캐롤라이나 출신 시인 핸더슨Philo Henderson의 「오래전 The Long Ago」, 「카타우바의 꽃The Flower of Catawba」, 「하늘의 찬가The Anthem of Heaven」 와 같은 시들, 제임스 와트의 능력을 알아본 영국인들의 눈을 통해 남부 사람들이 지침으로 삼아야 할 점들을 제시한 「독창성과 재능을 보는 영국인의 눈How Great Britain Estimates Ingenuity and Skill」, 남부 농업 개혁의 필요성과 여성 농업 전문가 탄생의 어려움을 비판한 「농업학Agricultural Science」, 남부의 미래로서 어린이들 교육에 관한 메시지를 던지고 있는 「부모님을 위한 힌트Hints to Parents」 등이 실렸다. 잡지의 마지막에 실린 편집자의 글은 절차적 문제와 지역에 초래한 손실 등을 언급하면서 노예제 폐지에 관한 연방의 결정을 비판했다.[120]

내전의 재해석과 관련해서는 열렬한 남부주의자 얼리Jubal A. Early 를 언급하지 않을 수 없다. 남부연합군의 장군으로 참전했던 얼리는 전쟁 말엽에 미국을 떠나 있었기 때문에 애퍼매턱스의 비극적 패배를 목격하지는 않았다. 리 장군의 항복 소식을 들은 얼리는 적의 치하에서 사는 치욕을 겪느니 조상의 땅을 떠나 자발적 망명의 길을 떠나는 것으로 스스로를 위로하고 캐나다에 정착했다. 다시는 돌아오지 않으리라는 자신과의 약속을 어기고 가난으로 인해 4년의 망명생활 끝에 고향 버지니아로 돌아와서 남부의 문화적 재

---

120) H. D. Hill, *The Land We Love: a Monthly Magazine devoted to Literature, Military History and Agriculture* 1(1) (1866).

건을 이끌었다.

얼리의 작업은 남부를 반역과 분열이 아니라 용맹과 애국의 공간으로 재현하는 것이었다. 그는 무엇보다 역사적 사건의 인식에서 해석의 힘을 굳게 믿은 인물이었다. 역사, 특히 남북전쟁에 대한 자신과 동료들의 해석이 미래 세대가 남부의 전통과 영예를 복원할 토대가 될 수 있다고 생각했다.[121] 그것은 남북전쟁중 버지니아 주 일단의 장교들이 추모 단체들의 결속을 촉진하면서 잃어버린 대의의 전통을 강화하고자 한 노력의 다른 모습이었다. 그는 '남부역사회Southern Historical Society'를 주도했다. 남부의 관점에서 남북전쟁을 기록할 것을 목적으로 1868년에 남부연합군의 장군 모리Dabney H. Maury가 설립한 단체였다. 남부역사회는 1876년부터 기관지인 《남부역사회지Southern Historical Society Papers》를 발간해 내전에 관한 남부의 시각을 대중들에게 전달하고 확산하려 노력했다.

얼리와 동료들은 1873년부터 남부역사회의 주도권을 쥐고 버지니아를 중심으로 지식운동을 전개했다. 1873년 8월 14일, 12개 주 대표 54인이 모인 남부역사회 대회에서 얼리는 남부연합기가 그려진 유니폼을 입고 연설했다. 얼리는 전쟁의 역사가 아직 정확하게 기록되지 않았으며, 전쟁의 기억들을 간직함으로써 역사적 미래를 준비해야 함을 강조하고 그 일은 전쟁에서 살아남은 자들의 몫이라고 주장했다.[122] 얼리가 생각한 기록의 방향은 명확했다. 패배와 희생으로 표상되어온 남부를 열정과 영웅의 지역으로 그리는 것이다. 남부가 결코 패배하지 않았음을, 그리고 분리는 정당

---

121) Gary W. Gallagher, "Jubal A. Early, the Lost Cause and Civil War History," in *The Myth of the Lost Cause and Civil War History*, 35.
122) Gallagher, "Jubal A. Early," 43.

하고 명예로운 일이었음을 보여주는 것이다. 남부 사람들은 "자신들의 권리를 요구하며 조상들이 건설한 정부의 참된 원칙들을 정당하게 실현하려 했던 애국자"다. "개조되지 않은 반역도의 전형"123)으로 자평한 얼리는 분리라는 남부의 논리가 정당한 것임을 입증하고, 역도로 간주되는 남부 군인들을 영광과 애국의 존재로 구현해내며, 그들의 삶을 역사와 기억에 각인하고자 했다.

그와 같은 지식운동은 곧 연방과 연방주의자들의 존재론적 근거를 공격하고 흔드는 노력과 본질적으로 맞물려 있었다. 그는 연방 수호라는 명분으로 내전을 정당화하고, 흑인 해방을 위대한 역사적 과업이라고 주장하는 사람들, 이른바 "연방주의-해방주의자unionist-emancipationist"를 궤변가로 폄하했다. 얼리는 그들이 남부연합을 반역도로 왜곡하고 궁극적으로 미국 역사에서 거짓된 기억을 고착하려 한다고 비난했다. 남북전쟁에 관한 얼리의 '남부주의 해석'은 의미상 서로 연결된 역사적 테마들, 즉 리 장군과 잭슨 장군의 용맹성, 그에 반해 그랜트 장군의 유약함, 남부연합군의 군사적 능력, 버지니아 전투의 역사적 의미에 집중되어 있었다.124)

내전을 재해석하고 남부의 가치와 정신성을 강조하는 지식운동이 성공하기 위해서는 대중의 일상적 공간으로 진입해야 했는데, 그러한 맥락에서 추모와 애국주의를 표상하는 다양한 미학적 움직임들을 관찰할 수 있다. 공공장소에 건립된 추모비들은 그 점에서 매우 중요한 기능을 담당한다. 담론과 예술적 표상의 결합을 통해 기억과 열망을 집단적으로 응집하는 일이다.125)

---

123) Thomas Brown, *The Public Art of Civil War Commemoration: A Brief History with Documents* (Boston, New York: Bedford/St. Martin's, 2004), 78-79.
124) Gallagher, "Jubal A. Early," 40.
125) Robert S. Nelson and Margaret Olin (eds.), *Monuments and Memory, Made a*

정체성을 대중적으로 조형하는 주요한 매개물인 추모비의 정치적 이용은 남부와 북부에서 공통적으로 관찰되었지만 그것에 재현된 정치적 메시지는 두 지역에서 다른 양상을 보였다. 북부가 "승리자의 용맹스러움과 희생"을 찬양하는 추모비를 향하고 있었다면, 남부는 "잃어버린 대의"라는 감성적 어법으로 전쟁의 정당성을 재확인하고 남부 군인들의 충성스러움을 이야기하는 추모비를 세웠다.126) 예컨대, 북부의 추모비에는 링컨의 게티즈버그 연설과 대통령 재임연설문 등 승리의 자신감으로 채워진 메시지가 지배적이었던 반면 남부는 전쟁 패배의 슬픔과 고통의 승화를 향한 감성적 언어들로 채워진 추모비가 적지 않았다.127) 남부에 건립된 여러 추모비들에 가장 많이 새겨진 라이언Abram J. Ryan의 시 '불멸의 사자들의 전진The March of the Deathless Dead'은 남부의 그와 같은 정치적 정서를 잘 보여주고 있다.

시련을 견뎌온 진실한 전사들의
성스러운 티끌을 모은다
국민의 믿음이라는 깃발을 간직해온
잃어버렸지만 여전히 정의로운 대의 속으로 사라진
나와 그대들을 위해 몸 바친
그들 모두를 하나로 모은다
사병에서 지휘관까지
천한 곳에서 왔든 고귀한 곳에서 왔든
그들은 우리를 위해 사라졌으니, 그들을 위해 떨어뜨려야 한다
민족적 슬픔의 눈물들을

---

nd Unmade (Chicago and London: The University of Chicago Press, 2003), 18.
126) Cohn and Silvio, "Race, Gender and Historical Narrative in the Reconstruction of a Nation," 216.
127) Brown, The Public Art of Civil War Commemoration, 37–38.

[……]
흩어진 그들의 뼛가루를 모은다
그들이 어디서 안식하고 있든
피 묻은 채로 전진한 그들이었기에
전투 속에서 스러져 버린 그들이었기에
정성을 다해 그들을 묻는다
적이여 두려워할 필요는 없나니
용사들이 모인 이곳
칼과 깃발은 없지만 소리 없는 디딤판이 있나니
우리 한 번 더 우리의 불멸의 사자들을
외롭게 있는 무덤에서 모으자
적들이여 인상을 찌푸릴 필요 없나니
그들은 모두 힘없는 존재들
우리는 이곳에 그들을 모으고 그들을 묻으니
눈물과 기도만이 유일한 왕관
떨어져 있는 등성이를 끌어 모아
죽은 자와 죽은 자가 만나는 동안
산자는 그들을 위해 눈물 흘린다
리와 스톤월이 이끈 병사들
그리고 피흘린 가슴들 함께 잠들지어다[128]

　　남부는 잃어버린 대의를 공유하고 정당화하는 데 필요한 상징
적 과정으로 남북전쟁의 지도자들을 영웅적으로 그려내려 했다.
밖에서 볼 때 그들은 전쟁에서 패배한 인물에 불과했지만 남부
안에서는 지역 이념과 가치를 수호하기 위해 기꺼이 자신을 희
생한 인물이었다.

---

128) University of Michigan Humanities Text Initiative American Verse Project, http:
//quod.lib.umich.edu/a/amverse/BAD9548.0001.001/1:23?rgn=div1;view=fulltext.

그와 같은 상징정치적 과제의 수행에서 가장 중요한 인물 중 한 명이 남부연합군 총사령관 로버트 리 장군이다. 리 장군은 대통령 데이비스와 더불어 남부의 정치적 대의와 정당성을 수호하는 데 중요한 면을 간직한 인물이었다. 식민시기 버지니아의 엘리트 가문에 속한 사람이고, 조지 워싱턴 가문과 밀접한 연관성을 지니고 있었다는 차원에서 남부의 사회적 전통을 체현하며 미국의 군사적 정통성을 이어받은 인물로 간주될 만했다. 연방군의 지휘관이 되어달라는 링컨 대통령의 요청을 거부하고 남부연합 편에서 전쟁에 참여한 것 또한 그를 남부의 대의를 표상하는 존재로 받아들일 만했다.

남부 사람들은 남북전쟁과 이후에 그가 남긴 족적들을 새롭게 해석해야 했다. 가장 치욕적인 기억으로서 애포머톡스 전투 패배와 항복이 말해주듯이, 그는 전쟁 패배에 대한 최종적 책임을 지지 않을 수 없는 인물이었으며, 연방에서는 반역의 주도자로 비판받고 있었기 때문이다. 얼리는 그와 같은 '정치적 편견'을 비판했다. 리치몬드 함락과 리 장군의 항복은 서부와 서남부 전선의 패배에 따른 것이었는데, 그곳은 리 장군이 직접 지휘한 전선이 아니었다. 얼리는 리 장군이 동부, 즉 버지니아 전선에서 탁월한 업적을 냈음을 강조했다. 또한 남부연합군이 연방군에 비해 군사력 면에서 엄청난 열세에 처해 있었다는 점을 고려한다면 리 장군의 군사적 대응과 저항은 놀랄만하다. 리 장군에 대한 평가절하는 내전 당시 남군과 북군의 전력 차이에 대한 왜곡된 정보에 기인한다고 얼리는 분석했다.[129] 남부의 지식인들은 그를 무능력한 존재라고 생각하지 않았다. 오히려 그는 패배를 받아들이면서 지역의 재건을 도모하려한 용맹스럽고 합리적

---

129) Gallagher, "Jubal A. Early," 41.

인 전사였다. 그와 같은 태도는 전쟁이 끝난 뒤 렉싱턴의 워싱턴 대학 학장으로 부임한 것에서 한층 더 명확하게 드러난다는 해석이었다. 리 장군에 대한 찬미는 그랜트 장군의 군사적 능력에 대한 저평가를 통해 한층 더 큰 설득효과를 산출했다. 얼리는 그랜트를 지휘관이 가져야 할 어떠한 재능도 보유하지 못한 존재임에도 능력 밖의 병력들을 지휘한 인물로 깎아내렸다.[130]

남부의 또 다른 지식인 폴라드Edward A. Pollard도 그랜트 장군의 군사적 승리를 전면적으로 부정했다. 그가 이룩한 승리는 전적으로 그의 능력이 아니라 풍부한 군사적 자원과 정부 지원 등 외적인 조건의 결과라는 논리다. 여기에 불균형적인 모든 조건들이 제거된 상태에서 둘이 대결했다면 리 장군이 승리했을 것이라는 주장이 덧붙여졌다.[131]

리 장군은 전쟁 이후 남부의 미래를 어떻게 만들어나가야 하는가에 관한 사회적 논쟁에서 거대한 빛을 제공한 인물이었다. 남북전쟁에 참여했던 케이블George Washington Cable은 자신의 저서 『조용한 남부The Silent South』(1885)에서 억압적인 인종적 질서를 개혁해야 함을 남부 백인들에게 호소하면서 자신의 주장을 1년 전 뉴올리언스에서 제막된 리 장군 추모탑을 언급하는 일로 시작했다. 케이블은 "협소한 이해관계에 사로잡힌 우리의 일상적 투쟁 그리고 때때로 더 협소함을 드러내는 열정과 오해를 넘어서서 이 추모비는 위대하고 자애로운, 원래의 추모비 이상이 되었다"[132]고 말했다. 그는 리 장군의 추모비를 남부의 전체적

---

130) Gallagher, "Jubal A. Early," 42.
131) Brooks D. Simpson, "Continuous Hammering and Mere Attrition: Lost Cause Critics and the Military Reputation of Ulysses S. Grant," in The Myth of the Lost Cause and Civil War History, 149-153.
132) Brown, The Public Art of Civil War Commemoration, 79-82.

자아를 상징하는 것이라고 설명했다. 의심할 나위 없이 리 장군은 전쟁 이후 남부 백인들의 마음속에 가장 깊이 간직된 지도자였다. 그는 때로는 홀로, 또 때로는 동료와 부하들과 함께 하는 모습으로 조각과 회화와 문학의 형태로 재현되어 남부 대중들이 숭앙하는 인물로 재탄생했다.

지금까지 살펴본 대로 연방은 내전 승리를 발판으로 남부를 재편하려는 노력을 기울였지만 성공하지 못했다. 남부는 연방에 편입되어 자신들의 대표를 연방의회에 보낼 자격을 회복했지만 제도 경계 바깥에서는 문제가 상존하고 있었다. 정치적 독립의 쟁취에 실패한 남부는 다른 영역에서 지역의 고유성과 자율성을 지키고자 했다. 남부는 교육, 문화, 역사인식, 이념, 집단기억 등 중요한 사회적 토대들을 매개로 자신들의 정체성을 유지하려 했다. '공식 기록'을 부정하고 자신들의 해석을 근거로 내전에 관한 새로운 이야기를 시도한 것은 그와 같은 정체성 운동의 정점에 서는 일이었다.

내전에 관한 남부 주의 해석에의 핵심 인물 로버트 리 장군이 1870년 10월 12일에 사망했다. 리의 사망으로 상징성 짙은 중대한 사건이 일었다. 알링턴 국립묘지 반환 소송이다.

십여 년간 지속된 소송은 외견상 리 장군 가족들이 제기한 민법상의 소유권 분쟁이었지만, 근본적으로는 묘지에 응축된 연방주의 이념과 기억에 대한 총체적 부정으로 이해할 수 있다. 연방주의에 포섭되려 않으려는 남부의 집단적 욕망은 연방권력이 국민의 이름으로 북부 전사들을 추모하기 위해 건립한 알링턴 국립묘지를 원래의 지위인 사택으로 되돌리려는 의지와 무관하지 않다. 알링턴 국립묘지 소송이 연방의 통합주의에 대한 저항이 가시화되는 시점에 등장했다는 사실을 환기할 필요가 있다. 그런 면에서 국립묘지 소유권 반환 소송은 근본적으로 남부와 북부의 이념적 대의가 서로 맞부딪힌 상징적 소송이었다. 그 정치적 소송의 주체는 남부를 사랑했던 부인 메리Mary Ann Randolph Lee와 아들 커스티스George Washington Custis Lee이었다.

전쟁에서 패배한 리 장군은 알링턴 하우스로 돌아가고 싶었지만 불가능했다. 연방의 묘지로 용도 변경된 자신의 집을 먼발치에서만 바라볼 수 있었다. 그러나 그는 알링턴 하우스가 가족들 소유로 돌아오리라는 희망을 버리지 않았다. 리는 자신이 신임하는 변호사와 그 문제를 깊이 논의했지만 희망은 보이지 않았다. 변호사는 승산이 결코 높지 않다는 사실을 알릴 수밖에 없었다. 결국 로버트 리는 알링턴 하우스 소유권 문제를 해결하지 못한 상태에서 병으로 사망했다.133) 이 문제를 풀어가야 할 책임은 메리가 지게 되었다.

메리는 유일한 자식이었던 자신에게 아버지가 물려준 알링턴 하우스를 너무나 사랑했다. 남편이 참전을 위해 알링턴 하우스를 떠났을 때에도 그녀는 3명의 자녀들과 그 집을 지켰다.134) 그녀는 1861년 5월 그곳을 떠날 때까지 북군이 들어오기 전에 집의 귀중한 물건들을 옮기는 일에 전력을 기울였다.135) 메리는 친구에게 편지로 알링턴 하우스 상실의 고통을 다음과 같이 표현했다.

---

133) Poole, *On Hollowed Ground*, 76–77.

134) Robert E. L. deButts, Jr., "Mary Custis Lee's Reminiscences of the War," in *The Virginia Magazine of History and Biography* vol. 109 No. 3 (2001), 305.

135) Enoch Aquila Chase, "The Restoration of Arlington House," in *Records of the Columbia Historical Society* Vol. 33/34 (1932), 239–240.

내가 사랑하는 집이 그렇게 사용되고 있으니 내 마음이 평안과 평화를 찾기가 힘들군요. 끊임없이 이어지는 매장 소식을 듣고 있노라니 거의 미칠 지경입니다. […] 정의와 법이 미국에서 완전히 사라지지 않았다면 내가 그 집을 돌려받을 수 있겠지요.136)

그와 같은 불안과 분노는 북군이 강제로 소유한 알링턴 하우스와 주변 지역이 자신의 의지와는 정반대로 사용되고 있었기 때문이다. 알링턴 하우스의 땅 400에이커는 노예해방 이후 갈 곳이 없었던 약 1천 흑인들의 집단 거주지Freedman village로 이용되고 있었으며, 농장의 중심을 차지하는 200에이커의 땅에는 애써 가꾼 숲이 사라지고 '북군들'의 시신이 매장되고 있었다.137) 알링턴 하우스에 대한 그녀의 강박증은 남편이 사망한 뒤 한층 더 심각해졌다. 신뢰하고 존경해온 남편을 잃은 상황에서 자신의 집을 영원히 찾지 못할지도 모른다는 두려움을 가졌던 것이다. 막내딸은 "어머니의 생각은 알링턴, 언제나 알링턴의 지난날에 자리 잡고 있었다"고 회상했다.138)

메리는 남편이 사망한 뒤 수 주일이 지났을 때 의회에 청원서를 제출했다. 양원 합동위원회를 열어 알링턴 하우스에 대한 연방정부의 소유권 문제를 재검토해야 한다는 요지의 청원서였다.139) 켄터키 주 출신의 민주당 상원의원 매크리Thomas Clay

---

136) deButts, Jr., "Mary Custis Lee's 'Reminiscences of the War," 321.
137) 1870년경에 이미 6만 기 이상의 묘지가 조성되어 있었다.
138) Poole, *On Hollowed Ground*, 81.
139) 그녀는 그 이전에도 알링턴 하우스 관련, 소유권 주장을 제기한 적이 있었다. 1869년, 남편을 대신해 잭슨 대통령에게 알링턴 하우스에 보관되어 있던 물건들의 반환을 요청했다. 남부에 동정적이었던 대통령이 그녀의 소유권을 인정했지만 의회는 사안에 대한 검토를 계속 연기하는 방식으로 대응했다. Chase, "The Restoration of Arlington House," 244.

McCreery는 메리의 청원에 긍정적인 반응을 보였다. 위원회가 알링턴 하우스에 대한 메리의 소유권을 명확하게 확인하고, 손해 정도를 파악하기 위해 그녀의 진술을 청취하며, 실체적 정의의 원칙을 정착하기 위해 필요한 모든 사실들을 검토한다는 내용의 결의안을 그가 제안했다. 하지만 공화당이 다수를 차지하고 있던 상원이었기에 그의 의지는 격렬한 반대에 부딪혔다. 반대당의 저항에도 매크리 의원은 메리의 청원을 상정하기 위한 노력을 이어나갔다. 그는 "리 장군보다 더 천재적인 그리고 그보다 더 사심 없는 사람이 있습니까?"라고 물었다. 이어서 "그는 영웅 아니었습니까? 기독교인 아니었습니까? 신사 아니었습니까? 그가 사랑했던 사람이 홀로 남아 살아가고 있습니다. 나는 그녀를 위해 여러분의 정의를 간청합니다. 그 밖의 다른 것을 바라지 않습니다"140)라며 동료들을 설득하려 했다.

메리를 지지하는 민주당 의원에 맞서 웨스트버지니아 출신의 공화당 상원의원 윌리Waitman Thomas Willey는 "그 제안이 무엇을 의미합니까? 신성한 영혼들의 유해가 자신들의 안식처에서 방해받지 않고, 우리가 알지 못하는 곳으로 흩어져버려서는 안 된다는 사실을 미국 의회가 재고하라는 것입니까? 국가와 상원에 이보다 더 모욕적인 게 어디 있습니까?"라면서 주장의 진의를 물었다. 지지 발언이 이어졌다. 상원의원 섬너는 국방성 장관 스탠슨이 알링턴 국립묘지 건립 명령에 서명하는 자리에 자신이 있었음을 상기하면서 장관의 의지를 다시 강조했다. 장관은 그 땅을 리 가족이 다시 확보할 수 없도록 해야 한다고 말했는데, 그 말은 결국 죽은 자들을 그곳에 매장해 영속적 보호 아래 두는 것을 뜻한다. 섬너는 "그러한 애국자의 영혼과 맞서려 하지

---

140) Poole, *On Hollowed Ground*, 81-82.

않는다면 리 장군 가족들은 그 문제에 접근해서는 안 된다"고 경고했다.[141] 그러한 맥락에서 의원은 메리의 청원과 민주당 의원의 제안을, 전사자의 유해를 들어내 그 땅을 '반역자'의 가족들에게 돌려주려는 것으로 이해하고 있다고 말했다. 네바다 주 공화당 상원의원 나이(James Warren Nye)는 리 장군 부인의 청원서를 "연방을 지키기 위한 치열한 투쟁 속에서 사망한 모든 전사자들에게 모욕을 주는 행위"로 해석하면서 "그 전사자들을 방해하려는 것이 아니라면 과연 무엇을 위함입니까? 반역도의 미망인에게 양보해야 합니까?" 라고 외쳤다.[142] 전의를 상실한 맥크리 의원은 자신의 제안을 스스로 철회하려 했지만 거부당했다. 반대파들은 찬반투표를 원했고 54대 4로 제안서 상정을 부결했다.[143] 결국 공화당 의원들의 뜻대로 알링턴 하우스 반환문제는 더 이상 다루어서는 안 될 사안으로 간주되었다.

메리의 청원을 둘러싸고 벌인 의회 논쟁으로 알 수 있듯이 알링턴 하우스 소송은 단순히 한 개인에 국한된 사적인 법률적 문제가 아니었다. 그것은 국립묘지의 기능을 계속 유지함으로써 북군의 대의를 지키려는 정치세력과, 본래 소유주에게 되돌려줌으로써 그곳으로부터 북군의 정치적 흔적을 없애길 원한 정치세력 간의 갈등으로 이해해야 한다. 메리는 그와 같은 역사적 갈등을 촉발한 존재였다.

로버트 리 장군과 그의 가족들이 알링턴 하우스를 떠나야 했던 기간 동안 연방은 의회 및 관련 기관을 통해 그들의 저택과 농장을 국영화하는 계획을 실행에 옮겼다. 1862년 6월 17일

---

141) Poole, *On Hallowed Ground*, 82.
142) Poole, *On Hallowed Ground*, 82.
143) Poole, *On Hallowed Ground*, 82-83.

'반란지역 내 직접세 징수법An Act for the collection of direct taxes in the insurrectionary districts within in the United States'을 의회에서 가결했다. 이 법률은 징수 위원회를 지역별로 조직해 반란지역 내 부동산에 세금을 부과하고 징수하도록 하고 있다. 여기서 체납된 부동산에 대해서는 경매 처분할 권한을 위원회에 부여한 규정에 주목할 필요가 있다. 징수 위원회는 하나의 규칙을 정했는데, 부동산 소유주가 아닌 사람이 납부하는 세금에 대해서는 접수하지 않는다는 것이었다. 버지니아 역시 반란지역이었으며 그곳에 속한 알링턴 하우스 또한 직접세 징수의 대상이었다. 그런데 알링턴 하우스의 소유주 메리는 세금을 직접 지불할 수 없었다. 남편이 반란군의 거두로 간주되고 있는 적대적 여론 속에서 연방 행정당국에 직접 출두하는 것은 부자연스럽거나 혹은 위험한 상황일 수 있기 때문이었다. 따라서 그녀는 대리인을 보내 세금을 지불하려 했다. 그러나 위원들은 규칙에 따라 대리인이 지불하는 세금을 받지 않았다. 위원회는 그것을 체납으로 판단하고 1864년 1월 11일자로 알링턴 농장 1천100에이커를 경매 처분했다. 다음과 같은 내용의 '세금체납처분공매 확인서'가 발급되었다.

> 아래 위원들은 전쟁, 군사, 자선, 교육 목적의 국유지로 용도변경하기 위해 세금, 과태료, 비용, 세금에 대한 연리 10%, 총 2만 6천800달러에 이 농장의 소유권을 연방정부로 이양한다.
> Jno. Hawxhurst, Gillet F. Watson, A. Lawrence Foster,
> -버지니아 지역 담당 미국 직접세 징수 위원[144]

---

144) Enoch Aquila Chase, "The Arlington Case: George Washington Custis Lee against the United States of America," in *Virginia Law Review* vol. 15 No. 3 (1929), 211-212.

연방정부는 이와 같은 방식으로 알링턴 하우스에 대한 메리의 소유권을 박탈하고 북군을 위한 국립묘지로 용도 전환했다.

상황을 되짚어보면, 북군의 국방성은 알링턴 하우스를 국립묘지로 용도 변경한다는 공식 명령을 1864년 6월 15일에 내렸는데, 그렇다면 알링턴 하우스 소유권 이양 절차는 이미 예견된 것으로 대단히 정치적인 결정이었다. 북군은 알링턴 하우스가 국립묘지 기능을 수행하는 것과 관련해 여러 장애물들을 제거할 필요가 있었으며 그 중에서 가장 시급한 문제가 부동산의 소유권 이양이 아닐 수 없었다.

메리가 지불해야 했던 세금은 92.07달러였으며, 거기에 체납에 따른 추가금액(50%)을 포함해도 그리 큰 부담이 되지 않는 액수였다. 더욱이 전시라는 불가피한 사정 때문에 납세를 위해 직접 출석할 수 없었다는 사실을 고려할 때 메리로서는 알링턴 하우스의 소유권을 빼앗겼다는 것을 그대로 인정할 수 없었을 법하다. 아들이 선임한 변호사의 말대로라면 북군은 "불법침입자" 145)였다. 그러나 메리는 자신의 소망을 이루지 못한 채 1873년 11월에 사망했다. 이제 아들 커스티스가 가족의 바람을 실현해야 할 책임을 맡게 되었다. 어떻게 보면 그가 알링턴 하우스를 돌려받는 일은 단순히 가족적 의무나 소명만은 아니었다.146) 그로서는 그 유산을 제외하면 아무 것도 없었기 때문에 자신의 재산상의 이해관계를 위해서라도 그 땅을 돌려받아야 했다.147)

---

145) Chase, "The Arlington Case," 213.
146) 1857년 10월 10일 메리의 아버지는 사망하면서 알링턴 하우스를 메리에게 상속했다. 그는 1855년 3월 25일자로 유언장을 기록했는데 그 유언장에는 다음과 같은 문구가 있었다. "내 딸 메리가 사망했을 때 그녀에게 남겨진 모든 재산은 나의 첫째 손자인 커스티스에 상속한다." Chase, "The Arlington Case," 210.
147) Poole, On Hollowed Ground, 87.

커스티스는 어머니가 사망한 뒤 몇 개월이 지났을 때, 알링턴 하우스의 반환 가능성이 그리 많지 않다는 얘기를 변호사에게 들었다. 체납된 세금을 모두 지불하고 나서 알링턴 하우스를 반환받고 싶다는 커스티스의 입장을 연방정부는 받아들이지 않았다. 그는 인간적 호소와 같은 방법으로는 문제를 해결하기 어려울 것 같다는 판단 하에 의회에 새로운 청원서를 제출하는 일로 알링턴 하우스 환수 노력을 시작했다. 어머니와 같은 방식을 취한 것이지만 현실적인 관점으로 문제에 접근하고자 했던 커스티스는 알링턴 하우스를 원래대로 되돌려야 한다는 주장을 제기하지는 않았다. 대신 그는 사유재산이 불법적으로 획득된 것을 연방정부가 인정하고 그에 대한 금전적 보상을 주장하는 방식을 취했다.

1874년 4월 제43차 연방의회에 커스티스 리의 청원서가 제출되었다. 상원에 출석한 커스티스는 알링턴 하우스가 경매로 넘어가는 지난 과정을 환기했다. 어머니는 전쟁이라는 어쩔 수 없는 상황 때문에 부재중이었다, 그럼에도 세금을 지불하기 위해 대리인을 보냈지만 연방 위원들이 접수를 거부했다고 주장했다. 커스티스는 어머니가 세금을 지불하려 한 시도는 세금을 지불한 것과 마찬가지 효과를 갖는다고 할 수 있기 때문에 알링턴 하우스에 대한 연방정부의 소유권은 법률적으로 정당하지 않다는 논리와 현실적인 해결책을 제시했다.

본 청원자는 법률적 절차 없이 재산을 박탈당했으며, 정당한 보상은커녕 어떠한 종류의 보상도 받지 못했습니다.

의회가 그 땅을 국립묘지로 사용하기 위해 많은 노력을 기울였으며 나라를 위해 목숨을 잃은 사람들의 유해가 안치된 묘지를 연방당국의 관리 하에 유지하려는 것 또한 당연한 바람일 것입니다. 본 청원자는 분쟁을 바라지 않습니다. 따라서 토지에 대한 소유권을 양보하신 대신 정당한 보상을 요청하는 바입니다.[148]

커스티스의 청원서는 상원 사법위원회에 상정되었다. 하지만 수개월 동안 계류 상태로 머물러 있었다. 의회가 알링턴 하우스 보상 문제를 놓고 날카롭게 대립하고 있었기 때문이다. 알링턴 하우스를 국립묘지로 용도 변경하는 데 결정적인 영향을 미친 메이그스 병참감 또한 그 문제에 개입해 "알링턴 국립묘지에 대한 국가의 소유권을 빼앗겨서는 안 된다"는 입장을 밝혔다. 결국 커스티스의 청원서는 사법위원회에서 조용히 폐기되었다.[149]

커스티스는 의회를 통한 해법을 포기하고 사법소송을 준비했다. 그는 1877년 버지니아 주 알렉산드리아 순회법정circuit court에 소송을 제기했다. 커스티스는 법률적 수단에 호소하면서 새로운 전략을 구사했다. 의회 청원서에서는 소유권을 주장하기보다는 정당한 금전적 보상을 요구했지만, 소송과정에서는 알링턴 하우스 소유권을 주장하고 그 땅을 점거한 사람들— 예컨대, 묘지 관리책임자, 거주하고 있는 해방노예들—을 모두 불법침입자로 규정해 처벌해야 한다는 의견을 법원에 제출했다.

커스티스의 부동산 소유권 반환 소송이 제기되자마자 연방정부는 소송을 연방법원으로 이송하기 위해 노력을 기울였다. 결국 법무장관의 명령에 따라 소송은 1877년 7월에 연방 순회법정으로 이송되었다. 연방정부의 목적은 소송을 무효화하는 데 있었다. 그 일의 중심에 섰던 법무장관 디번스Charles Devens는, 정부는

---

148) Poole, *On Hollowed Ground*, 89(앞의 인용문 포함).
149) Poole, *On Hollowed Ground*, 89-90.

의회와 대통령 명령을 통해 합법적으로 알링턴 하우스를 소유했을 뿐만 아니라 지난 10년 이상 그 땅을 보유하고 "미국의 주권과 헌법적 권력의 행사 아래에서 군사시설과 국립묘지로 […] 미국의 공공재산으로 사용하고 있다"[150)]는 사실을 강조했다. 그렇기 때문에 법정은 이 소송을 다룰 권한이 없다는 논리였다.

수개월 간의 법률적 논쟁이 지나고 1878년 3월 15일 허그스 Robert W. Hughes 판사가 소송에 대한 의견을 발표했다. 알링턴 하우스 소유권 소송에서 커스티스가 유리한 법률적 위치에 서는 데 결정적인 계기를 마련해준 의견이었다. 재판관은 소송과 관련해 두 가지 쟁점을 중요하게 고찰했다. 첫째는 "법무장관의 제안만으로 소송을 각하할 수 있는가"의 문제였으며, 둘째는 "만약 그럴 수 없다면 법무장관이 소송에 개입하게 된 배경들을 법원이 검토할 수 있는가"라는 사안이었다. 이에 대해 허그스 재판관은 다음과 같이 판결했다.

자신이 관련된, 자유와 재산에 영향을 미치는 문제에 대해 사법적 판단을 의뢰할 수 있는 권리는 현재 이 나라 모든 시민들이 보유하고 있다. 법정은 아무리 하찮은 시민에게라도 열려 있으며 아무리 그 지위가 높다고 하더라도 간단한 제안만으로 법원의 문을 닫게 할 수 있는 사람 또한 우리 법률에는 명시되어 있지 않다. 재판관은 미국의 법무장관이 이 사안에 대한 자신의 의무를 수행하는 과정에서 현재 심리중인 문제에 의견서를 올리고 자신의 행위에 대해 특권을 주장할 수 있다고 생각하지 않는다. […]"[151)]

이 판결로 알링턴 하우스 소유권 소송이 다시 시작될 수 있었

---

150) Chase, "The Arlington Case," 215.
151) Chase, "The Arlington Case," 217-218.

다. 허그스 재판관은 1879년 1월 30일 판결을 내렸다. 재판관은 반란지역의 세금 징수를 통해 알링턴 하우스를 경매처분한 과정은 정당한 법률적 절차를 따르지 않은 것이며 그렇기 때문에 원소유주의 재산권을 침해했다고 판결했다. 재판관은 알링턴 하우스의 소유권을 박탈하는 데 이용된 징수법이 연방헌법의 원리에 부합하지 않는다고 결론 내렸다. 또한 메리가 전쟁으로 인해 세금을 지불하지 못한 것과 관련해서도 재판관은 그와 같은 예외적이고 불가피하는 상황은 누구에게나 가능한데 그 경우 자신의 재산권을 빼앗기는 것은 합리적이지 않다고 판결했다.[152] 정부는 법원의 판결에 불복하고 항소했다. 연방법원이 소송을 검토했지만 판결은 달라지지 않았다.

1882년 12월 4일, 연방 최고법원은 커스티스의 손을 들어주었다. 연방법원은 행정부든 입법부든, 정당한 법률적 절차 없이 또는 사유재산에 대한 정당한 보상 없이 생명과 자유와 재산을 박탈하는 것이 엄격하게 금지되어 있음을 강조했다. 결국 알링턴 하우스에 대한 연방정부의 소유권 획득 과정이 '정치적'으로 이루어졌음을 법원이 간접적으로 인정한 것이다.

토지 소유권이 커스티스에게 반환되었지만 복잡한 문제가 남아 있었다. 이미 국립묘지로 조성되어 있었서 사적인 토지로 다시 사용하기 어려웠기 때문에 연방정부와 소유주 사이에서 협상이 이루어져야 했다. 가장 좋은 해결책은 커스티스로부터 부동산을 매입하는 것이었는데, 다행히 커스티스는 그러한 뜻을 표명했다. 연방정부와 커스티스는 15만 달러로 매매에 합의했으며 의회는 신속하게 구입비용을 승인했다. 연방정부는 1883년 4월 24일 자로 알링턴 국립묘지 소유권을 정식으로 인정받을 수 있

---

152) Poole, *On Hollowed Ground*, 2.

었다.[153]

　메리의 청원과정에서는 상상할 수 없었던 커스티스의 승리는 사법적 판단의 귀결이었지만, 근본적으로는 정치·경제·사회상의 변화와 무관하지 않은 것이다. 그 요인들을 살펴보면 첫째, 남부와 북부 사이에서 정치적 화해의 기운이 조성되었다는 점이다. 1872년 대통령 선거에서 자유주의 공화파와 민주당이 그릴리Horace Greeley 후보를 매개로 정치적 연대를 이룬 것이 지역적 화해의 가능성을 열었다면,[154] 그 흐름 속에서 북부와 남부는 국가적 통합을 위해서는 정치군사적 힘의 동원이 아니라 상호 이해, 관용, 인간적 연대 등 공동체적 정서가 필요하다는 의식을 형성해가고 있었다.[155] 그와 같은 인식 변화는 무엇보다 재건정책에 대한 비판적 시각과 관련되어 있다. 앞서 살펴본 것처럼 공화당이 지배하는 연방의회가 재건의 주도권을 장악하면서 남부의 재건은 대단히 적대적이고 공격적으로 진행되었다. 'Bloody Shirt'로 명명되는 재건정책에 대한 정당성은 1880년대로 접어들면서 급속히 약화되기 시작했다. 그랜트 행정부의 정치적 난맥상에 기인한 것이기도 하지만, 군정 실시가 남부에서 연방 정체성보다 오히려 지역 정체성을 강화하는 계기로 작용했다는 인식과 무력을 동원한 강제적 재건의 효율성이 의문시되었기 때문이다.

　둘째, 남부에 대한 새로운 인식과 평가가 형성되기 시작했다. 내전 이후 추진된 도시화와 산업화의 가속화는 그 반작용으로 낭만성과 신비로움의 가치를 욕구하게 되었는데, 남부가

---

153) Chase, "The Arlington Case," 233.
154) Buck, *The Road to Reunion*, 92.
155) Nina Silber, *The Romance of Reunion*, 61.

그와 같은 필요를 만족시킬 공간 이미지로 부상하기 시작하는 변화가 만들어졌다.

셋째, 결정적인 정치적 변화로서 북군 장군 출신이었지만, 남과 북의 새로운 단결을 공약하면서 대통령으로 선출되면 남부 출신을 내각에 임명하고 연방군 또한 철수하는 화합안을 제시한 온건주의자 헤이에스Rutherford B. Hayes가 1876년 대통령 선거에서 당선되었다.156)

알링턴 소송의 원만한 해결을 향한 노력은 이와 같은 정치문화적 변화와 맥락을 같이 한다.


## 4. 알링턴 국립묘지, 화해와 통합의 터전으로


금후 서반구는 […] 어떠한 유럽 국가들에 대해서도 장래 식민지화를 위한 종속국으로 여겨질 수 없다. 그러므로 우리는 서반구의 어떠한 지역에 대해서도 유럽 국가들의 입장에서 그들 체제를 확장하기 위한 어떤 시도도 우리의 평화와 안전에 위험한 것으로 고려해야만 한다. 이는 미국과 서반구 국가들의 현존하는 정직함과 우호관계 때문이다.157)

1823년 미국의 먼로 대통령이 표방한 '먼로 독트린Monroe Doctrine'의 일부다. 먼로 독트린은 독립국가로 탄생한 이후 미국이 취해온 외

---

156) 헤이에스는 의원으로 재직하고 있던 1866년 알링턴 국립묘지를 방문해 리 장군 가족들이 입은 엄청난 손해에 대한 동정심을 표시하기도 했다. "리 장군, 그는 어떤 반역도보다 호된 대가를 치르고 있는 사람입니다." Poole, *On Hollowed Ground*, 90-91.
157) 제임스, E. 도커티, 로버트 L. 팔츠그라프, 이수형 옮김, 『미국외교정책사: 루스벨트에서 레이건까지』(한울, 1997), 19.

교노선인 '고립주의'의 구체적인 표현태로 해석되고 있다.[158] 그런데 미국이 지향한 고립주의 외교의 기원은 꽤 멀리 거슬러 올라간다. 초대 대통령 워싱턴은 이임사에서 "미국이 유럽의 세력균형 정치판에 뛰어들어 간여하게 된다면 대외적으로는 위협이, 국내적으로는 민주주의적 자유가 실종될 것"[159]이라고 경고했다.

워싱턴이 표명한 고립주의 노선의 본질은 신생국에 머물러 있던 미국이 유동적인 국내외적 환경에 적응하기 위한 전략적 고려의 결과였다. 아직 산업화를 이룩하지 못한 상태였기 때문에 유럽의 여러 나라들에 비해 국력이 상대적으로 열세에 있음을 고려할 수밖에 없었으며, 국내외적으로도 확립되지 못한 국가적 질서와 체계로 말미암아 미국 정치지도자들이 대외적 능동성보다는 대내적 성장과 안정에 집중할 것을 요청했다고 볼 수 있다. 하지만 미국의 고립주의가 어떠한 형태의 국력 팽창도 꾀하지 않는 외교노선이라는 생각은 착각이다. 미국은 고립주의 노선을 표방하고 있던 19세기 내내 대서양 건너의 일에 대해서는 적극적 개입을 하지 않은 대신, 아메리카 대륙의 영토를 늘리는 일에 온 힘을 기울였다.

고립주의 외교 노선 기간 동안 미국의 영토는 엄청난 규모로 확대되었다. 미국은 루이지애나 지역을 프랑스로부터 사들인 1803년을 기점으로 영토 확장을 본격화하기 시작하고 지리적 경계를 넓혀나갔다. 1812년 영국과의 전쟁에서 승리한 미국은 대륙횡단조약Transcontinental Treaty을 맺어 자국 영토가 태평양 연안까지 잇닿을 수 있는 제도적 발판을 마련하고, 텍사스 합병을 둘러

---

158) 이삼성, 『현대미국 외교와 국제정치』 (한길사, 1993), 23.
159) 김기정, 「미국 외교의 이념적 원형」, 이범준 외, 『미국 대외정책: 이론과 실제』 (박영사, 2009), 42.

싸고 멕시코와 전쟁을 벌여 캘리포니아와 뉴멕시코를 빼앗는 데
성공했다.

그러나 미국의 전통적 외교노선은 19세기 말을 기점으로 사뭇
다른 지향성을 띠게 된다. 미국은 1898년 쿠바의 지배권을 둘러
싸고 스페인과 전쟁을 벌이는데, 그 전쟁을 계기로 미국 외교는
북아메리카라는 지리적 경계를 넘어서는 동력을 얻게 된다. 이른
바 개입주의 또는 팽창주의expansionalism 외교가 시작되었다.160) 미
국의 새로운 외교노선이 전통으로부터 근본적인 단절인가161) 아
니면 외견상의 차이일 뿐 본질적으로는 동일한 것인가162)에 관한
논쟁이 존재하지만, 우리는 그와 같은 변화가—외견상의 차이든,
근본적인 단절이든— 발생한 원인에 주목한다.

변화에는 다층적 요인들이 작용하고 있었다. 첫째, 국제정치
적 요인이다. 부르주아 정치혁명과 경제혁명을 완료한 유럽의
여러 나라들이 1870년대부터 아시아와 아프리카를 상대로 식민
지 경영을 본격화했는데, 후발국 미국도 남북전쟁 이후 정치적
안정의 바탕 위에서 산업혁명을 추진하기 시작하고 제국주의 경
쟁에 뛰어들려 했다.

둘째, 산업혁명으로 경제가 급속히 발전하면서 확대되는 생산
력을 해결하기 위한 새로운 시장 개척의 필요성이 등장하게 되

---

160) Frederick Merk, *Manifest Destiny and Mission in American History*, 1963, in
Richard H. Miller, *American Imperialism in 1898: The Quest for National Fulfillm
ent* (New York, London, Sydney, Toronto: John Wiley and Sons, Inc., 1970), 33.
161) "1898년의 스페인-미국 전쟁은 현대세계에서 미국이 제국주의 세력으로 발
전하는 전환점으로 인식되어야 한다" 는 주장이 그러한 관점을 보여주고 있다. M.
Farhang, *U. S. Imperialism: The Spanish-American War to the Iranian Revol
ution* (Boston: South End Press, 1981), 79.
162) "고립주의와 개입주의의 근본 목적은 같은 것" 이라는 주장은 그러한 맥락에 위치
한다. Cecil V. Crabb, Jr., *Policy-Makers and Critics: Conflicting Theories of Amer
ican Foreign Policy* (New York: Praeger, 1986), 190.

었다.163) 무엇보다도 주도적 기업가들이 해외 영토의 필요성에 공감하고 있었다.164)

셋째, 사회 심리적 요인을 들 수 있다. 1893년의 심각한 경기 침체로 미국 내부에서 사회적 불안과 위기의식이 초래되었으며, 그것은 곧 중대한 정치적 문제로 전환되었다. 경기침체는 정당의 정치적 개입과, 사회 저변에 깊은 저항의 기운을 만들어내고 있었다.165)

끝으로 군사적 요인이 있다. 남북전쟁 직후 연방정부와 의회는 해군력의 필요성을 인식하지 못했다. 연방재건을 위한 내정 우선 정책 때문이기도 했지만, 유럽과의 물리적 거리 때문에 해군력 증강의 명분을 찾을 수가 없었기 때문이다. 그러나 1880년대 초반, 해군력의 중요성을 인식한 인물이 장관으로 임명되고 거대기업으로 성장한 철강업과 조선업의 정치적 영향력이 증대하면서 상황이 바뀌었다.166)

이와 같은 요인들로 조성되기 시작한, 해외영토를 향한 팽창주의 분위기는 1896년과 1897년의 선거 국면을 통과하면서 빠르게 현실화되었다. 1896년에 열린 연방선거에서 공화당이 승리하자 미국 의회는 경기호전을 기회로 삼아 미국 외교의 방향을 북아메리카 대륙 너머로 옮겼다. 대륙 비전에서 대양 비전으로의 전환을 의미하는 '신외교New Diplomacy'가 등장한 것이다. 다음해에는 공화당의 매킨리William McKinley가 대통령으로 당선되었

---

163) M. Farhang, *U. S. Imperialism*, 84.

164) William A. Williams, *The Contours of American History*, in Miller, *American Imperialism in 1898*, 44.

165) Richard Hofstadter, *The Paranoid Style in American Politics and Other Essays* in Miller, *American Imperialism in 1898*, 38.

166) 권용립, 『미국외교의 역사』, 262-264.

다. 매킨리 대통령 이후 루스벨트Theodore Roosevelt와 태프트William Howard Taft로 이어지는, 공화당의 행정부 장악은 미국 신외교의 적극적 실천을 의미했다.

미국 신외교의 출발선에는 쿠바의 지배권을 둘러싸고 스페인과의 전쟁이 기다리고 있었다.

> 스페인과의 전쟁으로 미국은 고립주의와 국내 문제에의 전념에서 벗어났다. 미국은 제국주의적 열광의 흥분 속에서 자국의 반식민주의 전통을 수년 내에 포기할 것 같았다. [···] 미국인들은 권력, 위신, 상업, 해군, 해외기지, 유럽 제국주의 열강과의 대등함 그리고 지구적, 개화적 의무감 등을 원했다.167)

미국-스페인 전쟁을 이해하기 위해서는 전쟁의 직접적 원인이었던 쿠바 사태를 살펴볼 필요가 있다. 쿠바는 1868년 독립투쟁을 시작한 이래 스페인의 식민통치에 간헐적으로 저항해 왔는데, 1895년부터 반제국주의 반란이 본격적으로 일어났다. 무력에서 스페인에 대적할 수 없었기 때문에 쿠바인들의 투쟁은 군사적 수단이 아니라 경제적 수단을 통해 이루어졌다. 곡물을 불태우고 곡물 수송을 방해하면서 도주하는 게릴라 전술이었다. 스페인의 대응은 강경했다. "반역은 진압되어야 하고 스페인의 주권은 유지되어야 한다"는 입장이었다.168) 본토에서 파견된 수십만의 병력은 살육을 서슴지 않았으며, 강제수용소를 급조해 민간인들을 수용하면서도 비위생적인 조건 속에서 질병과 영양실조로 사람들이 죽어나가는 것을 방치했다. 미국에 망명한 쿠바인들의 진실 알리기 운동과 미국 언론의 감성적 보도 행태 등

---

167) 도커티, 팔츠그라프, 『미국외교정책사』, 28.
168) Lewis L. Gould, *The Spanish-American War and President McKinley* (The University Press of Kansas, 1982), 22.

으로 여론은 쿠바 사태에 대한 미국 정부의 개입을 요청하고 있었다.169)

스페인에 대한 대중들의 적대적 여론에도 대통령 클리블랜드 Grover Cleveland는 사태 개입을 결정하지 못했다. 그는 대국민 연설에서 스페인에 대한 정치적 비난을 숨기지 않았지만 미국의 "명예와 이해관계에 관련된 모든 고려사항들을" 주의 깊게 계산하고 나서 개입해야 한다는 신중론을 표명했다.170)

그러나 1897년에 취임한 새 대통령 매킨리는 달랐다. 그는 대국민 연설에서 다음과 같이 말했다.

> 지금 이 정부가 대외적 관계에 관해 다루어야 할 가장 중요한 문제는 스페인과 쿠바의 봉기에 관한 의무입니다. 이 정부는 이미 수차례에 걸쳐 지금 문제 및 조건과 다소 유사한 문제와 조건들을 마주한 적이 있습니다. 불안, 불만 증대, 자유와 자치를 광범위하게 향유하기 위한 노력, 식민 모국에 대한 조직적 저항, 곤경과 전쟁 이후의 침체, 무기력한 합의에 뒤따르는 새로운 봉기 발발 이야기가 수년 동안 쿠바에서 들려옵니다. […] 우리로서는 스페인의 불행을 이용하려는 의도는 없습니다. 우리는 오직 쿠바 사람들이 번영과 만족을 맛보고, 소외될 수 없는 인권인 자치를 향유하고, 그 나라의 다 헤아릴 수 없는 보물들을 누릴 권리가 보호되기를 바랄 뿐입니다.171)

미국은 쿠바 사태를 놓고 스페인에 공식적으로 항의했다. 미국의 군사적 개입을 우려한 스페인 정부는 쿠바 주둔군 사령관을 소환하고 강제 수용소 정책을 완화했으며 쿠바의 자치를 제

---

169) Gould, *The Spanish-American War and President McKinley*, 23.
170) G. Cleveland, "Annual Message of the President of the United States(7 December 1896)," in Miller, *American Imperialism in 1898*, 58-59.
171) William McKinley, "Annual Message of the President of the United States (6 December 1897)," in Miller, *American Imperialism in 1898*, 60.

287

한적으로나마 허용했다. 그러나 이듬해에 일어난 두 사건으로 사태의 평화적 해결 가능성이 점차 희박해졌다.

첫째, 쿠바인 간첩이 워싱턴 주재 스페인 공사의 개인 서신을 훔쳐 미국 언론에 넘겨준 정치적 스캔들이었다. 문제의 서신에서 스페인 공사는 매킨리 대통령을 나약하고 군중의 환심을 사려는 인물로 깎아내렸다. 공사는 즉시 사임하지 않을 수 없었다.

둘째, 서신 스캔들에 대한 흥분이 채 가라앉지 않을 무렵인 1898년 2월, 쿠바 거주 미국인들의 생명과 재산을 보호한다는 명분으로 주둔하고 있던 전함 메인 호U.S.S. Maine가 아바나 항에서 폭발해 260명 이상의 군인이 사망하는 사건이었다. 미국 국민들은 민족주의적 흥분으로, 언론은 정치적 선정주의yellow journalism로 사태에 접근했다. 메인 호의 폭발로 미국에는 맹목적 애국주의jingoist 여론이 조성되었다.[172] 비타협적 애국심은 아무 증거 없이 즉각적으로 스페인을 사태 책임자로 지목하고 공격했다.

미국은 전쟁 분위기가 확산돼가고 있었다. 결국 의회는 만장일치로 5천만 달러의 군비 지출을 승인했다. 1898년 3월 스페인은 미국의 요청에 따라 봉기군에 대한 군사적 진압을 중지하고 수용소를 폐쇄하는 것에 동의했지만, 반란군과의 협상을 거부했을 뿐만 아니라 군사적 진압 작전의 재개 여부는 자신들의 판단에 속하는 것이라는 단서를 달았다. 미국의 의회와 여론 모두 그 조치에 만족하지 않았다.

며칠 후 매킨리 대통령은 연설을 통해 의회가 선전포고를 승인해줄 것을 요청했다.

[…] 스페인이 전쟁을 벌인 목적을 달성할 수 없다는 것은 오랜 시

---

172) Gould, *The Spanish-American War and President McKinley*, 19.

련 속에서 증명되었습니다. 반란의 화염이 여러 계절 동안 불타올랐지만 현재의 방법들로는 그것을 진화할 수 없다는 것이, 과거에는 불투명했지만 지금은 명백해졌습니다. 참을 수 없는 상태로부터 벗어나 평온을 되찾을 수 있는 유일한 희망은 강제적으로 쿠바에 평화를 가져다주는 길뿐입니다. 인류의 이름으로, 문명의 이름으로 말하고 행동할 수 있는 권리와 의무를 우리에게 부여해준, 위협받고 있는 미국의 국익을 위해 쿠바에서의 전쟁은 끝나야 합니다. 이와 같은 사실과 고려를 통해 저는 스페인 정부와 쿠바 인민의 전쟁이 궁극적으로 종결되는 것을 충분히 보장하고, 쿠바에 질서를 유지하고, 국제적 의무를 준수하며 평화와 평온 그리고 우리 시민들뿐만 아니라 쿠바 시민들의 안전을 보증할 수 있는 견고한 정부가 설립되도록, 필요하다면 미국의 육해군을 동원할 조치를 취할 권한을 대통령에게 위임하고 부여해주실 것을 의회에 요청합니다. [⋯][173]

의회는 4월 25일 스페인을 상대로 전쟁을 승인했다. 그로부터 5일 뒤 미국과 스페인은 전쟁에 돌입했는데, 3개월 동안의 전쟁은 미국의 승리로 종결되었다. 미국은 푸에르토리코와 괌을 획득하고 쿠바와 필리핀 지배권을 장악해 제국주의 경쟁에 본격적으로 뛰어들었다.

그런데 미국-스페인 전쟁의 정치적 의미는 미국의 제국주의화라는 대외적인 차원에 국한되지 않는다. 그것은 남북전쟁 이후 분열과 대립의 상처를 온전히 치유하지 못하고 있던 미국 내부를 통합하는 데 결정적 기여를 한 사건이었다.

미국-스페인 전쟁은 적어도 두 가지 점에서 남북의 통합을 위한 계기로 기능했다. 첫째, 미국의 이해관계가 남과 북이라는 지역적 경계를 넘어 국가적 단위로 모이게 되는 촉매제 역할을 수

---

173) 「매킨리 대통령의 선전포고 교서」, 『사료로 읽는 미국사』, 232.

행했다. 남과 북이 함께 싸울 적국이 있고 함께 지향할 국가적 목적이 존재한다는 인식은 두 지역 사이의 심리적 균열을 메우는 데 중요한 토대가 될 수 있었다. 둘째, 그보다 더 중요한 사실은 많은 수의 남부 출신 병사들이 참전해 희생되었다는 점이다. 연방 체제를 받아들이지 않고 탈퇴해 무력으로 저항했던 남부의 후손들이 연방의 이름으로 자신의 생명을 바친 것은 남부에서 반역의 그림자를 지워내고 국가적 통합을 이룰 강력한 애국주의적 표상이 되었다. 한마디로 미국-스페인 전쟁은 남부와 북부가 서로의 적대감을 극복하고 공동의 목표와 이해관계로 협력할 수 있음을 설득시킨 중대한 사건이었다.174)

스페인과의 전쟁에서 연방정부는 남부의 자발적 충성을 위해 전 남부연합군 출신 장군들을 군사위원회에 임명했다. 전쟁에서 남부 군인들이 보여준 애국주의는 북부 군인들의 존경을 받았으며, 북부 사람들은 그것이 재통합된 미국에 대한 남부 사람들의 충성을 증명한다고 생각했다.

스페인과의 전쟁에서 남부가 보인 애국의 열정은 당시 남부에 조성되고 있던 여론과 무관하지 않았다. 19세기 후반, 남부에는 대외전쟁을 통해 연방에로의 실질적 통합이 필요하다는 분위기가 형성되고 있었다. 1891년 뉴올리언스에서 벌어진 이탈리아 사람들에 대한 폭행이 가져온 미국과 이탈리아 간의 외교적 긴장이 그 기회가 될 수 있으리라고 남부 사람들은 생각했다. 하지만 두 나라의 갈등은 오래가지 않았고, 남부 사람들은 새로운 기회가 쿠바에서 만들어지고 있음을 인식했다.175) 스페인과의 전

---

174) Karen L. Cox, *Dixies Daughters: The United Daughters of the Confed eracy and the Preservation of Confederate Culture* (Gainesville: University Press of Florida, 2003), 146.
175) Gaines M. Foster, *Ghosts of the Confederacy: Defeat, the Lost Cause*

290

쟁에서 남부 출신 병사가 처음으로 전사했을 때 남부지역의 신문인 《애틀란타 헌정Atlanta Constitution》 은 "나라의 제단에 흐른 이 순교의 피가 남과 북 사이 형제애의 언약을 각인시킨다"[176] 고 보도했다.

연방정부는 이와 같은 통합의 심리적 기반에서 전쟁 승리를 매개로 국가적 화해의 목표를 달성하기 위해 본격적인 정치적 연출을 알링턴 국립묘지에서 시도한다.

스페인과의 전쟁에서 승리한 미국은 주요 도시를 무대로 전쟁 종결과 승전을 자축하는 행사를 거행했다. 그 축제의 과정에서 매킨리 대통령은 열차를 이용해 조지아 주 애틀랜타를 시작으로 앨라배마 주 몽고메리Montgomery를 포함한 남부 주요 도시들을 방문해 국가 통합의 메시지를 전달했다.

대통령이 머문 도시들은 30여 년 전에는 반역도의 땅으로 각인된 곳이었다. 매킨리는 내전의 고통스런 기억과 분노가 완전히 가시지 않은 그곳에서 남북 통합의 실타래를 풀어내고자 내전의 전몰용사들, 나아가 남부 사람들을 애국자로 추앙하면서 통합의 가치를 역설했다. 12월 14일 조지아 주 의회에서는 분파의식과 서로에 대한 사랑을 대비하면서 화해와 통합을 강조했고, 남부의 표장을 달고 'Dixie', 즉 남북전쟁에서 불리던 남군의 행진곡을 듣는 상징행위를 연출했다. 이틀 뒤에는 조지아 주 서배너Savannah에서 전쟁이 보여준 제국주의의 가치는 남과 북이 공통으로 지향해야 할 것임을 강조했다.[177] 12월 19일 방문한 조지아 주 메이컨Macon에서도 구 남부연합의 표장을 착용

and the Emergence of the New South (New York, Oxford: Oxford University Press, 1987), 145.

176) Krowl, " 《In the Spirit of Fraternity》," 175.

177) Gould, The Spanish-American War and President McKinley, 111.

함으로써 화해를 위한 자신의 의지를 다시 강조했다.[178]

12월 16일에 방문한 몽고메리는 화합을 향한 가장 극적인 연출의 무대였다. 몽고메리는 연방을 탈퇴한 남부연합 최초의 수도라는 상징성을 지닌 도시였다. 매킨리 대통령은 시청에서 통합의 메시지로 '국민'이라는 가치를 동원했다.

> 앨라배마 주 시민들이 보여준 환대는 제게 깊은 감동이었습니다. 그에 대한 감사와 고마움을 어떻게 표현해야 할지 모르겠습니다. 남부연합 최초의 수도였던 이 몽고메리 시에서 환영받은 것이, 같은 나라의 대통령이라는 자격으로 이처럼 따뜻하고 열렬하게 환영받은 것이 제 마음을 감동으로 채우고 제 심금을 울렸습니다. […] 주지사께서는 과거로 돌아갈 일이 전혀 없다고 말씀하십니다. 우리에게는 여러분들을 연방에 남게 하는 것 이외에 되돌릴 일이 없습니다. 우리는 여러분들이 연방을 탈퇴하지 않은 것에 감사하고, 여러분은 연방에 머문 것에 행복해하고 계십니다. (열렬한 박수). 미국 북부와 남부의 모든 주들과 같이 앨라배마 주 또한 성조기에 충성해왔으며 미국 국민과 미국의 명예를 위해 헌신해왔습니다. 지난해를 돌아보면 미국 역사에서 이 지역만큼 애국주의를 증명해준 곳은 없었습니다. 미국 육군과 해군들이 수행한 해안과 바다에서의 전투만큼 미국의 용맹성이 더 찬란하게 드러난 곳이 없었습니다.[179]

남부는 연방 대통령을 열렬히 환영했다. 대통령과 남부 정치인들 그리고 지역단체들 사이의 역사적인 화해 움직임은 중대한 제도적 효과와 여론의 반향을 불러 일으켰다. 몽고메리를 방문한 날, 연방군만이 아니라 남부 출신 참전용사들에게도 연방정

---

178) "President Wears a Confederate Badge," *The New York Times*, Dec. 20, 1898.
179) "President Visits Alabama," *The New York Times*, Dec. 17, 1898.

부가 관리하는 모든 제대군인요양소에 들어갈 자격을 부여하는 법안이 제출되었으며, 서배너 시에서는 남부연합군 참전용사회와 연방군 참전용사회 합동대표단이 함께 모여 대통령의 방문을 환영했다. 두 참전 용사 조직이 그와 같이 정치적 행동을 함께 기획하고 수행한 전례는 없었다. 두 조직은 대통령의 방문 전날, 남과 북 참전용사들을 위한 회합을 열어 국민적 통합을 위한 대통령의 진심어린 공감과 노력을 바란다는 결의안을 통과시켰다.[180]

매킨리 대통령은 지역적 화해와 관용의 물결을 타고 궁극적인 문제 지점에 도달했다. 내전의 상처를 치유하고 국민적 통합을 이루는 일에서 가장 핵심적이지만 쉽게 풀 수 없었던 전사자 문제를 해결하는 것이었다. 남부는 연방의 일부로 복귀했고, 지역 고유의 역사적·문화적 정체성을 포기하지 않아도 연방 대통령의 방문으로 지역의 불행의식을 해소할 수 있었지만, 남부의 대의를 위해 목숨을 버린 청년들은 여전히 애국자의 반열에 오르지 못하고 있었다. 연방권력은 북군의 죽음에 대해서는 국가적 위대함을 부여했지만 남부의 죽음에 대해서는 전혀 다르게 평가하고 있었다. 모든 죽음은 그 자체로 성스럽고 숭고한 것, 만약 연방이 남북의 화해와 통합을 바라고 증명하고자 한다면 남부의 죽음 또한 애국주의의 세례를 베풀어야 하는 것이었다.

대통령 매킨리는 그 매듭을 푸는 일에서 우회로를 택하지 않았다. 첫 방문지인 애틀랜타에 도착한 대통령은 조지아 주 의회에서 남부 사람들의 환영을 받고 그에 대한 화답으로 화해의 연설을 했다.

---

180) "Blue and Gray to Greet Him," *The New York Times*, Dec. 17, 1898.

분파의 전선이 미국 지도를 더 이상 훼손하지 않을 것입니다. 분파적 감성이 우리가 서로 마음에 지니고 있는 사랑을 더 이상 제지하지 못할 것입니다. 우애는 45개 주와 본토 및 해외 영토가 함께 부르는 국민적 송가입니다. 연합은 이제 다시 우리의 사랑과 충성, 헌신과 희생을 위한 모두의 제단입니다. [⋯] 전사자들을 위한 국립묘지는 산 자만이 아니라 죽은 자들도 우리의 사랑을 받고 있다는 증거입니다. [⋯] 우리의 불행했던 내전 기간 동안 조성된 모든 군인묘지들은 미국인들의 용맹성에 대한 찬사입니다. 또한 그러한 무덤들이 만들어졌을 때 우리는 우리 정부의 미래에 대해 심각한 차이를 드러냈지만 그 차이는 전쟁을 통해 오래 전에 정리된 바 있습니다. 이제 신의 섭리 아래에서 우리의 감정과 감성은 변화했고, 우애의 정신 속에서 우리가 남부연합 군인들의 무덤을 함께 관리해야 할 때가 도래했습니다.181)

국립묘지에 들어올 수 없었던 남부의 전몰용사들을 연방의 공식적 추모 대상으로 포함한다는 중대한 의미의 연설이었다. 그러한 화해와 통합의 프로젝트에서 가장 중요한 무대는 알링턴 국립묘지일 수밖에 없었다. 그 이유는 첫째, 알링턴 국립묘지를 둘러싸고 있는 지역은 가장 치열한 전투가 벌어졌던 곳으로 발굴되지 못한 유해가 대규모로 흩어져 있기 때문이다. 둘째, 알링턴 국립묘지는 내전의 전사자들에 관한 이분법적 태도가 극명하게 드러나는 정치적 적대성의 공간이다. 따라서 그곳을 대상으로 남부 전사자들의 유해 안장이 공식적으로 승인된다면 남과 북의 정치적 화해를 끌어갈 상징적 동력이 만들어질 것이다.

그런데 내전의 사자를 둘러싼 남북의 화해는 그 이전부터 가

---

181) McKinley, "Speech before the Legislature in Joint Assembly at the State Capitol, Atlanta, Georgia, December 14, 1898," in *Speeches and Addresses of William McKinley from March 1 1897 to May 30 1900* (New York, 1900), 158-159.

능성을 보이고 있었다. 가장 주목할 만한 것이 전사자 추모의 날Decoration day, Memorial day이었다. 앞서 본 것처럼, 연방이 전사자 추모의 날을 제정했을 때 남부는 절망과 패배의식을 벗어날 수 없었다. 북군 전몰자만을 위한 날이었기 때문이다. 그렇지만 1870년대 중반에 들어서면서 양쪽 모두의 고통으로 남은 내전의 기억은 대립적 적대감으로는 결코 해소될 수 없다는 인식이 싹트고 있었다. 서로에 대한 이해와 관용의 길을 가야 한다는 생각이 부상하고 있었다.

재건정책의 한을 피하기 위한 방식으로 북부 사람들과 남부 사람들은 1870년대 동안 추모의 날 의식에 함께 참여하기 시작한 듯하다.[182]

1874년 알링턴 국립묘지에서 거행된 추모의 날에 남부 출신 참전군인들의 참여를 연방 국방성이 허가함에 따라 남부와 북부의 전사들은 같은 공간에 모일 수 있었다. 추모의 날 행사 연설은 그와 같은 화해 움직임을 보여주었다. 1874년 보스턴에서 열린 추모의 날에 한 목사는, 군인이기 때문에 어쩔 수 없이 감수해야 하는 의무와 복종과 헌신을 언급하면서 군인들의 그러한 충성심에 경의를 표해야 한다고 강조했다. 이는 남부 병사들의 희생 또한 북부 병사들의 희생과 마찬가지로 인간적 경외감의 대상이 되어야 함을 간접적으로 드러낸 말이다. 1877년 5월 30일, 뉴욕의 추모의 날에는 모든 참석자들이 "망각과 용서", "북군 용사와 남군 용사의 평등"을 외쳤다.[183] 전사자 추모의 날이 남부와 북부가 서로를 이해할 수 있는 가능성을 열면서 북부의 참전 군인들은 남부에 대한 적대감에서 벗어날 필요가 있

---

182) Bright, *Race and Reunion*, 84.
183) Bright, *Race and Reunion*, 86-87.

다고 생각했다. "많은 북부인들은 과거를 잊을 수 있는 자신의 힘을 자랑스러워하고 있었다." [184]

이러한 분위기는 그로부터 10년이 지난 시점에는 남부연합군의 시신과 유해를 국가적 관리 대상으로 삼아야 한다는 연방 당국의 공감대로 이어졌다.

매킨리 대통령이 애틀랜타에서 전한 화해의 메시지는 그와 같은 상황 변화를 반영했을 것이다. 남부는 대통령의 목소리에 적극적으로 반응했다. 청중들은 대통령이 남부 전몰군인들의 묘지를 언급했을 때 우렁찬 박수로 화답했다. 심지어 한 남부연합 참전군인은 대통령의 연설을 들으면서 울음을 참지 못하고 회한과 감동이 뒤얽힌 복잡한 감성을 표출했다.[185]

하지만 그렇다고 해서 대통령의 연설이 내전과 그에 따른 지역적 적대감의 뿌리를 일거에 제거할 수 있었던 것은 아니다. 북부와 남부의 강경주의자들이 반대의 목소리를 높이고 있었기 때문이다. 대통령의 역사적 방문과 연설에 대한 한 북부 언론의 우려 섞인 논평— '남부의 참전군인들' 이란 제목의 논평—을 예로 들 수 있다.

매킨리 대통령이 남부연합 전사자들에게 명예를 부여하는 일에 우호적인 것처럼 보인다. 대통령은 그 전사자들이, 스스로의 의무라고 생각한 것을 위해 삶을 바친 용맹스런 미국 군인들이었다는 근거 위에서 그러려 한다고 우리는 생각한다. 그렇지만 자신들이 살고 있는 국가의 정부를 전복하려는 시도에 연루된 사람들이 보인 의무라는 말을 존경과 찬양으로 수용하기는 매우 위험해 보인다. 바로 그 지점에서 대통령이 매우 예민한 자리에 서 있다는 사실이 우리를 염려스

---

184) Silber, *The Romance of Reunion*, 62.
185) *The New Yok Times*, Dec. 15, 1898.

럽게 한다. 너무 많이 양보했다고 주장하는 사람들이 있다. 이어질 다음 단계는 논리적으로, 연금을 인정하는 일이다. 정부에 맞서 무기를 들었던 사람들을 위한 연금 지급안은 남부 사람들의 군사적 행위가 갖는 진정한 의미가 무엇인가를 생각하지 않을 수 없게 한다.[186]

이와 같은 적대적 반응은 남부에서도 다르지 않았다. 내전 기간 동안 지역에서 많은 사회적 활동을 하면서 남부의 문화적 고유성과 정신성을 지켜온 여성단체들은 대통령의 제안에 반대했다. 전사자의 관리를 자신들의 신성한 임무로 생각해왔던 남부 여성단체들은 그들의 소명을 쉽게 양보하거나 포기하려 하지 않았다. 예컨대 '남부연합추모협회The Confederated Southern Memorial Association' — 여성추모협회를 계승한 기관— 대표인 비헌Katie Behan은 전면적인 반대를 표명했다. 그녀는 대통령의 계획을 지지하는 남부의 여러 정치인과 단체들이 남부 병사들의 묘지를 설립하는 문제에 대해 자신들을 포함한 사회단체들과 논의하지 않은 것에 유감을 표명했다. 또한 신문 지면을 통해, 연방 국립묘지에 매장되기 전에 전사자들의 유해를 회수할 의지가 있음을 알림으로써 모든 남부연합군 유해에 대한 배타적 권리를 주장하는 데까지 나아갔다.

리치몬드 여성단체를 이끌고 있던 랜돌프Janet Randolph 또한 워싱턴의 남부연합군 유해를 연방의 묘지에 재매장하는 것을 보느니 리치몬드의 할리우드 묘지로 이송해오는 것이 낫다며 정부의 허가를 요청했다.[187] 그녀는 원래대로 놔두는 것이 가장 좋지만, 이장하게 된다면 남부 묘지로 데려 와야 한다는 논리를 견

---

186) *The New York Times*, Dec. 23, 1898 (original: *The Boston Herald*).
187) Krowl, "《In the Spirit of Fraternity》," 168; Hilary A. Herbert, *History of the Arlington Confederatte Monument* (Memphis: General Books, 2010)(reprinted from original), 9.

지했다. 랜돌프는 참전용사회의 지도급 인사를 만나서 재매장 계획에 찬성하는 단체들의 의도를 비판했다.

> 우리는 우리의 전사자들을 소망합니다. 우리 세금에서 2천500달러라는 엄청난 돈을 제공할 정부는 정말 관대하지만, 우리는 우리의 전사자들을 소유하고 싶다는 말을 루이스 박사(남부 병사들의 재매장 계획을 주도한 남부 인사들 중의 한 사람 - 필자)께 전하려 합니다. 아울러 우리는 그들을 거대한 납골단지에 하나로 담고 싶지 않으며 그들이 어떻게, 어디에서, 무엇을 위해 전사했는지를 알리는 추모비를 세우고 싶습니다.[188]

남부연합군 유해는 연방의 묘지에 속할 수 없다는 논리를 설득하기 위해 몇몇 여성들은 필라델피아에서 벌어진 한 정치적 사건을 끄집어냈다. 1897년 필라델피아에서 조직된 남부 여성연합United Daughters of the Confederacy 지부의 모르Dabney H. Maur 장군은 북부 포로수용소에서 사망한 남부연합의 무명용사들을 위한 추모비 건립을 제안했다. 그러나 연방 재향군인협회가 반대했다. 그는 남부의 전사자들을 반역도로 간주하면서 국립묘지에서 국가적 영예를 받아야할 사람들일 수는 없다고 주장했다. 남부 여성연합은 결국 그 계획을 포기해야 했다. 대신 남부가 관리하는 할리우드 묘지에 추모비를 건립해 1902년에 제막했다. 이는 궁극적으로 북부와 남부가 국가적 평화를 위해 노력한다 하더라도 내전이 만든 지역적 적대감과 불신의 뿌리가 여전히 존재할 수밖에 없다는 사실을 알게 한다.[189]

그러나 매킨리 대통령의 화해 프로젝트는 양 진영의 반대를

---

188) Neff, *Honoring the Civil War Dead*, 226.
189) Krowl, "《In the Spirit of Fraternity》," 169.

뚫고 실행의 문턱에 도달할 수 있었다. 대통령의 계획이 전달된 이후 남부 사람들이 움직이기 시작했다. 가장 먼저 한 일은 소재가 파악되지 않고 있는 남부연합군이 묻혀 있는 지점을 확인하는 것이었다. 남부연합참전용사회United Confederate Veterans 지부장 루이스Samuel E. Lewis를 중심으로 작업이 진행되었다. 그는 워싱턴 지역에 매장된 남부연합군 유해들을 발굴하고 알링턴 국립묘지에 흩어져 있는 유골들을 확인했다. 그와 동료들은 알링턴 국립묘지에 매장되어 있는 남부연합군 병사 유해는 아무런 표식 없이 묘역의 여기저기에 다른 유해들과 섞여 있다는 사실을 파악하고 남부 병사들의 독립된 묘역 조성이 필요하다고 판단했다. 남부연합군 유해가 연방군 병사들의 유해 사이에 자리하는 것이 서로에게 좋을 것 같지 않다는 생각에 루이스가 말했다.

연방군과 남부연합군을 분리하는 것은 의심할 나위 없이 많은 북부 사람들에게도 기쁜 일일 것이다. 이는 곧 남부 사람들 또한 자신의 병사들이 북부 병사들과 분리되어 매장되는 것이 더 바람직하다고 생각한다는 것을 암묵적으로 말해준다.190)

루이스와 동료들은 발굴로 확인한 남부연합군 유해를 알링턴 국립묘지의 분리된 섹션confederate section—현재는 제16섹션—에 매장할 것을 요청하는 청원서를 1899년에 제출했다.191) 대통령은 청원을 긍정적으로 평가하면서 그에 대한 지원을 약속했다. 연방정부는 알링턴 국립묘지의 1에이커를 남부연합군 묘역으로 지정했다. 그에 관한 일련의 과정들을 위한 법적 절차가 진행되었다. 다행스럽게도 대통령의 메시지에서 드러난 화

---

190) *Washington Post*, June 6 1904.
191) Krowl, "《In the Spirit of Fraternity》," 162.

해의 정신에 입각해 남부연합군 유해를 알링턴 국립묘지에 매장하기 위한 법안 제출 및 승인 작업은 반대당 의원들 사이에서 협력적으로 진행되었다. 남부연합군 참전 군인이었던 라이트Marcus J. Wright 의원이 법안을 제출하자 연방군 참전 군인이었던 호레이Joesph R. Hawley 의원이 법안 지지를 표명했다.192) 법안에 대한 의회의 반응은 대체로 호의적이었다. 제출된 법안은 반대 없이 통과되어 1900년 6월 6일에 입법화되었다. 의회는 법률에 따라 국방성에 2천500달러의 매장 비용을 승인했다. 루이스가 이끈 발굴위원회의 노력으로 발굴된 264기의 남부연합군 유해를 안장하기 위한 공사가 1901년에 시작되었다. 적절한 입지를 조사하고, 유해 안장을 위한 정지 작업을 진행했다. 묘역으로 향하는 차도도 조성했다. 그해 10월 유해 이장과 함께 각 묘지의 신원을 확인하는 묘비석 건립이 완료되었다.193)

이로써 알링턴 국립묘지는 북군의 추모공간이라는 배타적 성격을 벗어나 통합의 공간으로 진화할 결정적 계기를 확보했다. 남부연합군 유해의 재매장 작업이 완료된 1903년, 알링턴 국립묘지에서 개최된 메모리얼 데이는 시자를 통한 국민적 통합의 가능성을 확실하게 보인 의미 있는 사건이었다.

루스벨트 대통령194)이 알링턴 국립묘지 남부연합군 묘역에 화환을 보낸 것을 시작으로 남부연합 참전 군인들은 알링턴 국립묘지에 영면하고 있는 동료들의 무덤을 꽃으로 장식하고 나서

---

192) Krowl, " 《In the Spirit of Fraternity》," 163; "Joseph Roswell Hawley," in Biographical Directory of the United States Congress(http://bioguide.congress.gov).

193) Krowl, " 《In the Spirit of Fraternity》," 166; Neff, *Honoring the Civil War Dead*, 227.

194) 1901년 매킨리 대통령이 암살로 갑자기 사망함에 따라 대통령직을 수행하게 되었다.

연방군 무명용사 묘지도 꽃으로 장식했다. 남부연합 참전 군인들은 연방군 추모비 위에 매킨리의 경구, "우애의 정신으로ln the Spirit of Fraternity"를 새겨 넣었다. 메모리얼 데이 연설자들은 링컨, 잭슨, 리, 그랜트 등 내전의 상징적 인물들을 거명하면서 참석한 사람들이 남부연합군과 연방군의 정신적 가치를 공유할 수 있도록 배려하는 일을 잊지 않았다.195)

세기말에 이루어진 지역 통합의 기운은 중요한 상징적 사건으로 또 다른 열매를 맺었다. 리 장군과 더불어 남부주의를 표상하고 있는 대통령 데이비스의 추모비가 1907년에 건립되었다. 추모비는 미국-스페인 전쟁이 끝난 뒤 화해 기운이 조성되면서부터 그 동력을 얻기 시작했다. 남부 사람들로서는 자신들의 잃어버린 대의를 정당화하기 위해서 데이비스를 재해석하지 않을 수 없었다. 체포되어 연방 교도소에 감금되는 치욕을 겪은 인물이었기에 남부의 대의를 실현하지 못한 정치적 책임을 져야 하는 존재로 마감될 수는 없는 일이었다.

그는 전후 남부에서 남부 백인이 겪어야 했던 시련의 상징적 존재로 부상했다. 1889년 데이비스의 죽음은 그와 같은 상징화를 가능하게 했다. 연방의 정치적 견고함이 링컨의 암살로 형성되었던 것과 동일한 논리에서 데이비스의 죽음 또한 남부의 대의를 유지하고 정치적 결속을 확보하는 계기로 이용될 만했다.

북부가 링컨의 죽음과 장례를 둘러싸고 전쟁에 대한 국민주의적 해석들을 일관되게 배치시켰듯이 남부는 1889년 제퍼슨 데이비스의 죽음에 대해 동일한 방식으로 반응했다. 더 이상 존재하지 않는 나라의 오랜 고통을 받은 대통령은 여러 방식으로 잃어버린 대의의 생생한 상

---

195) Krowl, "《In the Spirit of Fraternity》," 171.

징이 되었다. 그는 먼저 반역도의 지도자라는 북부의 비난을 감수해야 했으며, 그 반역도의 패배라는 이유로 남부의 비난 또한 상당할 정도로 받아들여야 했다. […] 여러 가지 방식으로 데이비스가 살아있는 한 잃어버린 남부연합 또한 생명력을 지니고 있는 것이었다. 그의 부상은 사망하면서 정점에 이르렀다. 그의 죽음은 남부의 대의 그 자체의 상징적 죽음과 같은 것으로 느껴졌다.196)

데이비스에 대한 남부 사람들의 상징정치는 죽음 뒤에도 이어졌다. 데이비스는 사망한 뒤 뉴올리언스에 묻혔는데 4년 뒤인 1894년 남부 참전용사회와 남부 여성연합의 주도로 이장의식을 거행했다. 그것은 두 차원에서 정치적 의의가 있었다.

첫째, 데이비스의 유해를 기차를 통해 뉴올리언스에서 리치몬드까지 이송하는 행사는 링컨의 유해가 워싱턴 D.C.에서 스프링필드까지 기차로 이송된 것과 일치한다는 면에서 앞서 언급한 상징적 효과에 부응하는 것이다. 둘째, 데이비스는 리치몬드의 할리우드 묘지에 안장되었는데 그곳은 연방의 알링턴 국립묘지에 대응하는 남부의 대표 묘지로서 남부연합 전 대통령의 안장은 그 묘지의 정치적 상징성을 한층 강화하는 효과를 산출했다.

그와 같은 움직임의 연장선에서 1896년 겨울의 정치의례를 살필 수 있다. 여성추모협회 주도로 데이비스가 4년간 사용했던 집무실을 남부의 역사와 전설을 간직하는 박물관으로 재건해 그해 2월 완공행사를 개최했다. 남부를 상징하는 아이콘들로 채워진 무대에서 인사들은 남부의 영광을 청중들과 공유하는 데 전력을 기울였다. 주지사 오페럴Charles T. O'Ferrall은 잃어버린 대의를 영광스런 유산으로 간주하고 남부 사람들의 희생을 남부의 전통

---

196) Neff, *Honoring the Civil War Dead*, 167.

과 문화를 지키기 위한 순교와 동일시했다. 또한 남부연합 장군 출신 존슨Bradley T. Johnson은 남부의 잃어버린 대의는 자유과 권리를 위한 위대한 투쟁이고 그런 면에서 1861년의 전쟁은 독립혁명의 연장선에 있다고 역설했다. "신성한 행위"197)로 정당화된 남부의 분리는 신앙과 믿음의 차원으로 확장되었다.198)

전직 대통령의 정치적 상징화 작업은 지역적 화해와 통합의 기운이 싹트기 이전의 움직임, 즉 북부에 대한 적대의식이 잔존하고 있는 상태에서 이루어진 것이었다. 하지만 1907년에 제막된 데이비스 추모비는 그 맥락이 전혀 다른 것이었다. 관용과 포용의 원칙 아래에서 공개적으로 남부의 이념과 가치를 정당화하는 정치적 과정의 산물이었기 때문이다. 스페인과의 전쟁 이후 남부의 추모단체들은 데이비스의 기념비 건립을 위한 캠페인을 시작했다. 13개의 열주로 만들어진 공간의 중앙, 67피트의 도리아식 기둥 위에 서 있는 데이비스 상은 그의 생일날 제막되었으며 리 장군의 추모비199)에서 멀지 않다는 면에서 더 강한 상징성을 드러낸다.200)

이러한 분위기에 편승해 남부의 참전용사들과 추모단체들은 보

---

197) Bright, *Race and Reunion*, 256-257.
198) Charles Reagan Wilson, *Baptized in Blood: the Religion of the Lost Cause, 1865-1920* (University of Georgia Press, 1982).
199) 리 장군 장례식 뒤 추모상 건립을 위한 협회가 구성되어 기획과 기금 모금 및 조형 작업을 거쳐 1890년 리치몬드의 한 광장에서 말을 타고 행진하는 리 장군의 추모비 제막식이 열렸다. 약 15만 명의 시민과 1만 5천 명의 남북전쟁 참전 군인들이 참여해 남부의 대의를 향한 집단적 열정이 강렬하게 표출된 무대였다. Lee Memorial Association, *Ceremonies Connected with the Inauguration of the Mausoleum and the Unveiling of the Recumbent Figure of General Robert Edward Lee* (General Books, 2010); Brown, *The Public Art of Civil War Commemoration*, 92.
200) Foster, *Ghosts of the Confederacy*, 158-159.

다 광범위한 정치적 관용과 통합을 위한 조치를 연방정부에 요구했다. 그들은 알링턴 국립묘지 주변 지역만이 아니라 북부 지역 전체에 걸쳐 남부 병사들의 유해를 발굴하고 확인하는 국가적 노력을 기울여 줄 것을 촉구했다. 연방정부는 북부에 있는 남부연합군 병사들의 매장지를 조사하고 확인하는 데 동의함으로써 내전 이후 지속되어 온 남군 유해에 대한 '무관심 정책'을 근본적으로 수정했다. 남부 사람들은 더 많은 동료들이 정부의 무관심과 불명예로부터 벗어날 수 있으리라는 희망을 감지할 수 있었고 그 희망은 공화당 한 의원의 주도로 실현될 수 있었다.

20세기가 문을 열면서 북군의 배타적 추모 공간에 공식적으로 남군의 공간이 조성된 것은 대단한 역사적 의미를 지닌다. 이 사건은 오하이오 주 상원의원 포래커Joseph B. Foraker에게 정치적 영감을 주었다. 그는 1904년 연방정부가 남부연합군 전사자들의 발굴지와 유해를 조사하고 확인하는 것을 규정하는 법안을 제출했다. 물론 법안의 통과는 생각보다 쉽지 않았다. 지나친 양보와 배려라고 판단한 공화당 의원들의 불만으로 심의 절차가 지연되었다. 루이스는 포래기 법안Foraker Bill의 통과를 위해 일링턴 국립묘지를 대상으로 남부연합군 전사자들의 재매장 프로그램이 진행되는 동안 연방정부가 표명한 전사자에 대한 국가적 의무를 적극적으로 강조했다.[201] 그는 연방정부의 적극적 개입이 없다면 남부연합군의 유해를 영영 찾을 수 없을지 모른다는 도덕적 입론과 함께 연방정부에 의한 남부연합군의 유해관리는 자선이나 호혜가 아니라 국가가 수행해야 할 당위이며 남부 사람들의 명백한 권리라는 주장을 제기했다.

포래커 법안은 1906년 3월 9일에 통과되었다. 법안은 국방성

---

201) Neff, *Honoring the Civil War Dead*, 231.

내 '남부연합 전사자 묘지 확인위원회'의 건립을 규정하고 있
고, 위원회는 북부지역의 연방 포로수용소나 군사병원에서 사망
해 매장된 남부 병사들의 무덤을 조사하고 전사자의 신원을 확
인하는 일을 담당했다.202) 이는 남부연합군 병사들의 유해를 발
굴하고 확인하며 관리하는 일에 관한 최초의 법률이라는 의의를
지닌다. 포래커 법안을 근거로 조직된 위원회의 위원장은 남부
연합군 출신이 맡았다. 법안에는 위원장의 자격 조건에 대한 명
시적 조항은 없었지만 많은 사람들이 남부 사람이 맡아야 한다
는 데 의견을 모았다. 남부 사람만이 전사자들을 위한 작업을
수행하는 데 믿음을 줄 수 있다는 남부 사회단체들의 여론을 존
중한 결과였다. 사우스캐롤라이나 주 틸먼Benjamin R. Tillman 상원
의원은 감정을 숨기지 않았다.

> 남부를 향한 총탄에 가슴을 맞아 사망한 전사자를 동료로 둔 사람
> 만이 동료의 무덤을 확인하는 영광스런 임무를 수행할 수 있습니
> 다.203)

위원회는 3만 기의 유해 발굴과 신원 확인 작업을 수행했
다.204) 남부연합군 유해 발굴과 관리에 관한 연방정부 프로그램
은 '반역도'가 애국자로 전환되는 상징정치의 과정이었다. 그
시작은 매킨리 대통령이 실천한 화해를 위한 여행이었다. 남부가
배타적 지역 정체성에서 미국연방의 일원이라는 정체성으로의 전
환transforming identity205)을 할 수 있도록 한 대단히 중요한 화합의

---

202) Neff, *Honoring the Civil War Dead*, 230.
203) Neff, *Honoring the Civil War Dead*, 232.
204) Neff, *Honoring the Civil War Dead*, 232.
205) Lisa Schirch, *Ritual and Symbol in Peace-building* (Bloomfield: Kumarian Press, Inc., 2005), 124.

의례였다. 스페인과의 전쟁 승리를 계기로 동력을 얻은 매킨리 대통령의 국가 통합 프로젝트는 남부의 죽은 자 문제에 정면으로 접근하면서 정점에 도달했다. 그와 같은 맥락에서 알링턴 국립묘지는 남부의 사자들을 받아들이는 최초의 공식적 장소가 되고 국가 통합을 향한 상징성의 공간으로 정립되었다. 알링턴 국립묘지는 남부에 대한 적대적 이념과 열정으로 응축된 장소에서 국민적 화해와 통합의 터전으로 탈바꿈한 것이다.

이제 알링턴 국립묘지는 애국적 사자들의 영면을 알리는 일련의 정치적 연출 행위를 지속함으로써 '국민적 전당'으로서의 위상을 공고히 한다.

1921년 3월 4일 연방의회가 '결의안 67호Public resolution 67'를 통과시켰다. 의회는 결의안을 통해 1차 대전에서 전사한 병사의 유해를 프랑스의 무명용사 묘지에서 미국으로 이송할 것을 승인했다. 그 과정은 모든 병사들의 유해가 아니라 무작위로 선택된 유해 1기만을 송환하는 상징성을 그 특징으로 했다. 4개의 묘지에서 무작위로 선택된 4기의 유해가 동일한 모양의 관에 놓여 있다. 같은 해 10월 24일 그 중에서 송환할 1기를 선택하는 의례가 프랑스의 샤롱-쉬르-마른르Chalons-sur-Marne 시청에서 개최되었다. 1차 대전 중에 부상당한 육군 부사관 영거Edward F. Younger가 흰색 장미 다발을 들고 성조기로 장식한 4개의 관이 놓인 방으로 들어가 왼쪽에서 세 번째 관 위에 헌화했다. 송환할 무명용사가 공식적으로 지정된 것이다. 올림피아 호에 실려 미국에 도착한 관은 연방의회로 이동해 머물다가 11월 11일, 즉 1차 대전 종전일에 알링턴 국립묘지 무명용사 묘역에 안장되었다.206)

무명용사 유해 이송 의례는 2차 대전과 이후의 주요 대외전쟁에서 사망한 군인들에 대해서도 이루어졌다. 1956년 8월 3일, 아이젠하워 대통령은 2차 대전과 한국전쟁에서 사망한 미군 무명용사의 유해 이장 의례 법안에 서명했다. 의례는 1958년에 열렸다. 유럽 전장과 태평양 전장에서 사망한 두 명의 무명용사 유해가 미국으로 이송되었다. 버지니아 만에 도착한 두 유해 중 하나를 선택하는 임무는 복무 중 명예훈장Medal of Honor (의회의 이름으로 대통령이 군인에게 수여하는 최고 훈장)을 받은 유일한 해군인 채러트William R. Charette 하사에게 부여되었다.

한편 한국전쟁에서 사망한 네 명의 미군 유해가 하와이의 태평양 국립묘지National Cemetery of the Pacific에서 이송되고, 육군 병장 라일Ned Lyle이 그 중에서 한 기를 선택했다. 1958년 5월 28일, 선택된 두 기의 유해를 실은 관이 연방의회에 머물다가 무명용사 묘역에 안장되었다. 베트남 전쟁 전몰군인들에 대해서도 동일한 의례가 진행되었다. 1984년 5월 17일, 해군 병장 켈로그Allan Jay Kellogg Jr.가 선택한 베트남 전몰군인 유해 1기가 하와이에서 본토로 이송되어 왔다. 많은 베트남 참전 군인들의 애도 속에 연방의회에 머물던 유해는 5월 28일 알링턴 국립묘지 무명용사 묘역에 안장되었다.207)

1963년 11월 알링턴 국립묘지의 국민적 무게와 상징성을 강화하는 또 하나의 중대한 계기가 등장했다. 미국의 새로운 시대

206) Arlington National Cemetery(Visitor Information -> Exploring the Ce metery -> Monuments and Memorials) (http://www.arlingtoncemetery.org).
207) 그런데 그로부터 10년 뒤, 안장된 군인이 'X-26'으로 불린 무명용사가 아닐 수도 있다는 의문이 제기되었다. 총격으로 사망한 블래시Michael Blassie란 군인인 것 같다는 논의에 따라 가족들이 유해의 신원확인을 신청했다. 1998년 유해의 유전자 검사가 이루어졌는데, 검사 결과 블래시로 확인되어 고향 근처 제퍼슨 국립묘지로 이장되었다. 그의 유해가 담긴 관은 빈 채로 남아 있다.

정신을 구현한 인물로 평가받던 케네디 대통령John F. Kennedy의 암살이었다. 케네디는 1963년 11월 22일 오후 1시 30분 댈러스에서 암살되었다. 댈러스의 한 병원으로 이송된 케네디는 불행하게도 30분 뒤에 숨을 거두었다. 시신이 워싱턴에 도착하고 국장 준비가 시작되었다. 케네디 대통령은 부검 및 총격으로 훼손된 얼굴 부위를 복원하는 수술을 위해 메릴랜드 주 비더스다Bethesda의 해군의료센터로 이송되었다. 시신은 23일 새벽 4시 30분 백악관에 도착해 해군 의장대의 인도로 백악관의 이스트룸East Room에 안치되었다. 오전 10시 30분 가족만의 장례미사가 개최되었으며, 11시부터 전직 대통령들을 필두로 정부 관리들과 외부 인사들의 조문이 이루어졌다. 이후 일반 시민들의 조문 행렬이 이어졌다. 그날 저녁, 장례위원회는 대통령 가족들과의 협의를 통해 백악관에서 의사당으로 이송하는 일부터 장례의식 마지막에 이르기까지의 과정들을 확정했다. 대통령은 백악관의 북쪽 출입구를 떠나 의사당에 도착했다. 광장 앞의 애도의례를 거쳐 의사당 중앙 홀에 안치되어 25일 오전까지 시민들의 조문을 받았다. 대통령은 25일 오선 의사낭을 벗어나 백악관을 서쳐 세인트 매튜St. Mattew 성당에 도착했으며 장례미사가 종료된 후 알링턴 국립묘지로 향했다.208)

케네디 대통령은 전임 아이젠하워 행정부가 드러낸 문제와 한계— 군비경쟁 실패, 수동적 외교정책, 과학기술 발전 토대 약화, 저개발국과의 관계 정착 미비 등— 극복이라는 국민적 기대감과 소망을 안고 출발한 신임 행정부의 수장이었다. 1960년대가 시작되는 시점에서 당선된 케네디 대통령은 "미국이 다시 움직일 때

---

208) United States Army, *The Last Salute: Civil and Military Funeral, 1921 -1969* (Washington: U. S. Government Printing Office, 1971), 189.

가 되었다"는 선거 구호로 새로운 시대적 소명의식을 명확하게
제시했다.209) 케네디는 취임사를 통해 그와 같은 새로운 출발과
새로운 시대정신— '뉴프런티어 정신'—을 역설했다.

이 시간, 이곳에서 그 횃불이 새로운 세대의 미국인들에게 넘어갔
다는 소식을 친구와 적을 막론하고 모두에게 알립시다. 그리고 새로
운 세대의 미국인들은 금세기에 태어나 전쟁으로 단련되었고, 고통과
쓰라림으로 얻은 평화로 훈련되었으며, 지난 유산을 자랑스러워하며
[…] 인권이 서서히 파멸되어 가는 것을 지켜보거나 방치하지 않을 사
람들이란 사실을 알립시다. […] 우리가 자유의 유지와 확립을 보장하
기 위해 어떤 대가도 치르고, 어떤 짐도 감내하고, 어떤 고난에도 맞
서며, 친구라면 누구든 지지하고 적이라면 누구든 반대할 것이란 점
을 호의적이든 적대적이든 모든 국가에 알립시다. […] 이제 그 트럼
펫 소리가 다시 우리를 부릅니다. 우리에겐 무기가 필요하긴 하지만
무장하라는 말이 아닙니다. 우리는 전투태세는 갖추겠지만 전투 명령
이 아닙니다. 그것은 '희망을 갖고 고난을 견디어내는' 기나긴 투
쟁— 독재, 빈곤, 질병 및 전쟁과 같이 인류의 모든 악에 맞선 투쟁—
의 짐을 연년세세 짊어지라는 명령입니다.210)

새로운 미국, 약동하는 미국을 알리고 만들어나갈 것을 명령
받은 '젊은' 대통령이 갑작스럽게 그것도 비극적으로 사망했
다. 국민적 슬픔과 분노와 비판으로 휩싸이는 심리적 불안의 국
면이다. 다양한 상징적 장치들로 구축된 정교한 장례식이 국민
의 심리적 고통을 관리할 도구로 등장했다.
　먼저 케네디 대통령의 장례에는 '링컨 대통령'이 동원되었
다. 대통령의 장례와 링컨 이미지의 연결에 관한 아이디어를 낸

---

209) 도거티, 팔츠그라프, 『미국외교정책사』, 210.
210) 도거티, 팔츠그라프, 『미국외교정책사』, 214-215.

사람은 부인이었다. 그녀는 남편의 장례식에 참석한 사람들이
링컨을 보고 느끼길 원했다.211) 링컨의 이미지 재현과 관련해서
는, 백악관의 이스트 룸에 안치된 케네디 대통령의 시신을 담은
관의 관대棺臺가 백 년 전에 암살된 링컨 대통령의 관을 받치고
있던 바로 그것이었다. 장례위원회는 2차 대전과 한국전쟁에서
사망한 무명용사들의 송환 및 추모의례에 사용되었다가 알링턴
국립묘지에 보관되어 있던 그 관대를 다시 가져왔다. 다음으로
장례미사를 치른 세인트 매튜 성당을 나와 매장지로 향하는 대
통령의 시신이 링컨 기념관Lincoln Memorial을 지난다는 점에 주목할
필요가 있다.212)

여러 가지 면에서 케네디 대통령과 링컨 대통령은 닮아 있다.
두 사람 모두 암살이라는 정치적 비극으로 인생을 마쳤으며 대
중적 인지도에서 경쟁자들보다 열세였지만 노쇠하고 퇴행적인
지도력이 아니라 새로운 시대를 이끌기 위한 진보적이고 공격적
인 리더십을 보여준 정치가였다. 위대함의 표상, 링컨의 이미지
를 끌어안은 케네디는 그러한 정치적 배경과 특성의 유사함에
힘입어, 비록 비극으로 생을 미감했지만 위대한 대통령으로, 국
민적 존경을 받을만한 대통령으로 국민들의 뇌리에 각인될 가능
성을 확보하게 된다. 이제 국민들은 국가적 지도자의 죽음 앞에
서 비탄과 분노의 감정에 매몰되지 않고, 위대한 정치가의 업적
과 그가 다하지 못한 정치적 비전을 되새기는 희망의 터를 만들
어낼 수 있게 된다.

그와 같은 해석을 이끄는 상징적 연출들은 그 둘에서 끝나지
않았다. 대통령의 장례는 매우 예외적인 요소들로 구성되었다.

---

211) Poole, *On Hollowed Ground*, 211.
212) United States Army, *The Last Salute*, 199.

그의 시신은 영구차가 아니라 말이 끄는 군사용 화차caisson에 실려 운구되었고, 군악대 연주 없이 북소리만으로 인도되었으며, 의사당에서 열린 장례의식에서는 케네디를 위한 송덕문eulogy이 낭독되었다.213) 아울러 세인트 매튜 성당에서 치러진 장례미사는 성가대의 합창과 음악 없이 독창 형식Low Mass으로 치러졌다. 이것들은 일반적으로 국장의식에서는 잘 사용되지 않는 구성들이었는데, 그와 같은 연출을 바란 사람 또한 케네디의 부인이었다.

그와 같은 상징적 요소의 동원을 다음과 같이 해석할 수 있다. 말과 그 말이 이끄는 화차는 현대의 장례식에서는 잘 사용하지 않는 고대적 도구들이다. 말과 화차는 고대 로마의 전쟁 수단들이었다. 그 말에 인도되고 화차에 실려 국민의 전당인 의사당으로 향하는 케네디의 시신은 그야말로 전투에서 승리하고 장렬하게 전사한 고대 영웅의 이미지를 떠올리게 한다. 고대 로마의 영웅주의가 시각적으로 재현되는 상징적 도구들로 둘러싸여 있음으로 케네디 또한 영웅의 이미지를 부여받는다.

말과 화차를 이용한 영웅주의의 재현은 이미 혁명 프랑스의 위대한 인물 볼테르의 추모의례에서 뚜렷이 드러난 바 있다. 프랑스의 영웅으로 추앙받고 있던 볼테르의 유해는 혁명가들에 의해 늠름함을 자랑하는 말들이 이끄는 거대한 수레에 실려 혁명의 묘지로 향하고 있었다. 말과 수레는 그의 영웅성을 보여주는 상징물이었다.214)

세인트 매튜 성당에서 치러진 장례의식에서도 영웅주의의 감각적 재현 의지를 명확하게 감지할 수 있다. 앞서 묘사한 것처럼 성당에서는 성가대의 합창과 음악 없이 독창만으로 구성된

---

213) United States Army, *The Last Salute*, 192.
214) 하상복, 『빵떼옹』, 56.

미사가 준비되었는데, 그것 또한 고대 로마의 전통에 속하는 것이었다. 미사에서 목사가 낭독한 송덕문 또한 영웅주의의 표상이다. 전통적으로 교회에서 치러지는 미사에서는 신을 제외한 특정한 인물을 칭송할 수가 없다. 이는 기독교에서 엄격히 금지해온 것이었다. 하지만 교권이 흔들리고 세속권력으로서 왕권이 확립되고 강화되기 시작하는 유럽의 정치적 변동 과정 속에서 세속적 인물을 칭송하는 송덕문은 매우 중요한 정치적 의례의 한 요소로 자리 잡았다. 송덕문은 국가와 정치공동체를 위해 자신을 희생한 영웅적 존재들의 삶을 기리는 정치적 장치였다.[215]

케네디는 고대 로마에서 연원하는, 그리고 유럽의 근대적 정치 상황에 그 토대를 두고 있는, 영웅주의를 표상하는 다양한 상징물들로 국민의 칭송을 받을 만한 정치가로 연출되고 있었다. 그러한 효과에 부합하듯 케네디를 위한 송덕문을 낭독한 목사는 케네디가 자신의 연설에서 인용하곤 했던 성서 구절들을 낭독했다. 그 구절들은 케네디가 주창한 뉴프런티어 정신의 메시지였다.

그 후에 내가 내 영을 만민에게 부어 주리니 너희 자녀들이 장래 일을 말할 것이며 너희 늙은이는 꿈을 꾸며 너희 젊은이는 이상을 볼 것이며(요엘 2:28),

묵시가 없으면 백성이 방자히 행하거니와 율법을 지키는 자는 복이 있느니라(잠언 29:18).

지금까지 우리는 케네디의 장례절차에서 주목할 만한 정치적 상징들을 관찰하고 분석했다. 그렇지만 그와 같이 예외적이고

---

215) 하상복, 『빵떼옹』, 75.

특징적인 상징적 요소들만큼 중요한 점은 대통령의 시신을 알링턴 국립묘지에 안장하기로 결정했다는 사실이다.

대통령의 시신이 부검을 위해 해군의료센터로 이동할 때까지만 해도 매장지 결정은 내려지지 않았다. 의견이 분분해서 케네디의 측근과 가족들은 결정을 내리지 못하고 있었다. 가장 선호한 후보지는 고향 브루클린에 조성된 가족 묘지였다. 케네디의 국민적 영웅성을 떠받치고 있던 링컨 또한 자신의 고향에 매장되었다는 면에서 고향 묘지에의 안장은 상징적 연속성을 띠는 것처럼 보인다. 단 한명만 제외하고 모든 전직 대통령들이 자신의 마지막 영광을 고향 땅에서 보여왔다는 정치적 전통 또한 무시할 수 없어 보인다. 또한 그곳은 자신의 매장지 문제가 나왔을 때 케네디 스스로가 고향묘지도 괜찮다고 한— "글쎄, 보스턴으로 돌아가야 할 것 같기도 하네." — 것을 생각하면 적절한 장소가 될 법했다.216)

가족 일부와 측근들이 고향묘지에 선호도를 보임에 따라 대통령의 장례를 책임지고 있던 군 관계자들 또한 그곳을 안장지로 생각했다. 그런데 그즈음 국방부장관 맥나마라R. McNamara가 케네디를 고향이 아니라 알링턴 국립묘지에 매장할 것을 제안했다. 국가적 위엄이 서린 곳일 뿐만 아니라 케네디 또한 그곳에 큰 관심을 보여왔다는 점을 지적했다.217)

알링턴 국립묘지에 대해 많은 사람들이 찬성하지는 않았다. 그곳에는 단 한 명의 전임 대통령을 제외하고 어떤 대통령도 없기 때문에 케네디가 그곳에 들어가는 것은 하나의 정치적 모험이 될 수 있는 일이었다. 하지만 케네디의 측근들 중 그 제안에

---

216) Poole, *On Hollowed Ground*, 210.
217) Poole, *On Hollowed Ground*, 210.

동의를 표한 인물들이 있었다. 알링턴 국립묘지 방문 때 케네디와 동행했던 친구 바틀릿Bartlett— 케네디가 기자로 재직할 때 동료였던 인물—이 그 중 한 사람이었다. 그는 "밥(맥나마라)이 그 얘기를 했을 때 나는 순간 벌떡 일어나 […] 그곳은 참으로 아름다운 곳이며 그가 사랑했던, 그가 사랑하는 유산들의 하나인 곳이라고 말했음"[218]을 회상했다. 논의가 진행되는 중에 알링턴 국립묘지 감독관인 메츨러John C. Metzler가 케네디 대통령의 안장 가능성을 전제로 적절한 터를 물색했다. 그는 세 군데를 둘러보았는데, 국립묘지 동남쪽에 있는 듀이서클Dewey Circle, 추모 강당 남서쪽의 덜스John Foster Dulles 묘지 근처, 그리고 알링턴 저택의 동쪽 경사면 부근이었다.

물론 이 후보지들은 무작위로 선정된 것은 아니었다. 앞의 두 후보지는 케네디의 군복무에 대한 답례의 의미를 갖는 장소이며, 셋째 후보지는 수개월 전에 케네디가 방문했던 저택 근처였다. 특히 그곳은 링컨 메모리얼과 워싱턴 전경이 한눈에 들어오는 지점이라는 상징성을 갖는다. 그러한 지리적 예외성에 비추어볼 때 어떤 지점이 매장지로 신댁될 것인가를 판단하기는 그리 어렵지 않다. 23일 정오 무렵, 가족들과 알링턴 국립묘지 안장을 제안한 국방장관 맥나마라 등이 현장을 둘러보았다. 그들은 세 번째 터를 선호했다. 현장을 방문한 사람들은 백악관으로 돌아가 케네디 부인에게 보고서를 올렸다. 케네디 여사는 알링턴 국립묘지 안장에 동의했다.[219]

25일 오후 3시 케네디 여사가 남편의 묘지 옆에서 '영원한 횃불Eternal Flame'을 점화한 뒤 시신이 알링턴 국립묘지 제45묘

---

218) Poole, *On Hollowed Ground*, 210.
219) Poole, *On Hollowed Ground*, 211.

역에 매장되었다. '횃불'은 케네디 여사의 소망에 따라 시카고 가스기술연구소가 제작한 것으로서 케네디가 취임연설에서 새로운 시대의 상징으로 횃불을 언급했음을 상기할 수 있다. 케네디 여사가 그 부분을 염두에 두고 그러한 상징물의 제작을 요청했는지는 확실하지 않지만 그 상징물은 케네디가 주창한 새로운 시대정신의 표상물이 되었다.

이제 케네디의 알링턴 국립묘지 안장에 관한 정치적 해석을 시도할 지점에 이르렀다. 건립된 지 99년째에 이르는 1963년에 알링턴 국립묘지에 대통령의 자격으로 안장된 최초의 인물은 케네디 대통령이었다. 그보다 앞서 1930년 3월 11일에 태프트 전임 대통령이 안장되었다. 따라서 그가 알링턴 국립묘지에 매장된 최초의 대통령이었지만, 대통령이 아니라 대법원장직을 마친 지 한 달 뒤에 안장되었다는 사실에 비추어 보면 그의 알링턴 국립묘지 매장은 케네디와는 근본적으로 달라 보인다.

알링턴 국립묘지는 케네디 대통령 암살이라는 세기의 대사건과 더불어 새로운 역사적 의미를 획득했다. 앞서 살펴본 것처럼 알링턴 국립묘지는 19세기가 저물고 20세기가 시작되는 교차점에서 남부와 북부의 정치적 화해를 알리는 상징적 스펙터클의 무대가 된 지 반세기를 지나 또 다른 대사건을 끌어안을 운명을 맞았다. 갑작스레 다가온 대통령의 죽음은 미국인들에게 집단적 충격과 슬픔을 안겨주었다. 케네디 대통령의 면면은 국민적 애도의 중심에 서기에 충분한 듯 보인다. 그는 삶을 마감하기에는 너무나 젊고 패기 넘치는 인물로서 미국인 모두를 끌어안을 분노와 비탄의 존재가 될 수 있었으며, 기존의 국가적 패러다임에 안주해서 어떠한 새로운 대안도 제시할 수 없는 정치질서를 변혁하기 위한 비전과 힘과 가능성을 제시한 인물로 평가받았다는 면에서 국민적 추모 대상이 될 수 있었다.

그러한 사실들은 그의 죽음이 예상을 뛰어넘는 국민적 애도와 추모물결을 만든 이유를 설명해준다. 그렇게 케네디의 장례는 제도적 형식에서는 '국가적 장례state funeral'였지만 실질적 내용에서는 '국민적 장례national funeral'였다.

미국의 주요 방송 네트워크는 국민적 장례식의 경로를 생생하게 재현했다. 말하자면, 미국의 방송사들은 케네디 대통령의 죽음에 대한 국민의 감성을 대변한 것이었다. 방송사들은 정례 프로그램을 중단하고 "의례의 텔레비전ceremonial television' 220) 이 되어 영웅적 정치가의 마지막 길을 국민들의 눈과 귀가 되어 상세하게 보도했다. 장례식장에 참석하지 못해도 그 현장에 있는 것과 같은 느낌을 갖게 하는 텔레비전 화면은 장례식의 국민적 의례화를 위한 심리적 모티브를 강화하고, 대통령의 죽음을 따라가는 미세한 시선을 통해 애국심, 통합, 정체성과 같은 정치적 가치들을 많은 국민들이 내면화할 수 있게 한다.

남북전쟁의 소용돌이 중에 건립된 알링턴 국립묘지는 연방주의 수호를 위해 자신을 희생한 병사들을 추모하는 데 자리하고 있었다면, 그로부터 40여 년의 시간이 흘러서는 그 이념에 적대해 싸운 남부 분리주의자들의 유해를 안장함으로써 지역과 이념의 대립 해소를 지향하는 포용의 공간으로 전환되었다. 그 공간은 이후 양차 대전 전사자들의 안장국면을 통과하면서 국민적 추모의 의미를 구현해 나가기 시작했다. 케네디 대통령의 안장 또한 알링턴 국립묘지가 국민적 추모의 전당이라는 성격

---

220) D. Dayan et E. Katz, *La Télévision Cérémonielle: Anthropologie et Histoire en Direct* (Paris: PUF, 1996), 1.

을 강화하는 데 중대한 계기로 작용했다는 면에서 양차 대전의 사례와 같은 맥락에서 관찰할 수 있지만 그럼에도 그 둘 사이에는 주목할 만한 차이가 존재한다.

양차 대전의 전몰자들이 글자 그대로 무명용사라는 상징성을 구현하고 있었다면, 케네디 대통령의 경우는 인격성 그것도 영웅적 인격성을 보여주고 있었다. 그 점은 알링턴 국립묘지가 이성과 관념의 차원만이 아니라 '감성의 차원'에서도 국민적 추모의 장소로 조형될 것임을 말해준다. 비극적 사건으로 생을 마감하고 국민적 슬픔을 가져온 현직 대통령을 품에 안음으로써 알링턴 국립묘지는 머리가 아니라 가슴으로 느끼는 국민적 추모의 장소가 된다. 최초에는 텔레비전 방송이 그와 같은 역할을 담당했지만 이후에는 일반 사람들이 그 역할을 주도해 나갔다.

국민적 애도의 물결은 대통령의 장례가 끝난 뒤에도 식지 않았다. 추모객들이 알링턴 국립묘지로 밀려들었다. 매우 이례적인 상황이 발생하고 있다는 최초의 신호는 장례식 다음날 오전에 감지되었다. 수천의 방문객들이 추모의 예를 표하기 위해 묘지가 문을 열자마자 몰려왔는데, 그 양상은 수개월 동안 지속되었다. 케네디의 안장 이전까지 알링턴 국립묘지의 연간 방문객이 약 2백만 명이었던 반면, 이후는 약 7백만 명에 달했다는 점이 추모의 열정을 단적으로 말해준다.[221]

그 열기로 새로운 묘역 조성의 필요성이 제기되었다. 연방정부의 지원을 받아 1965년부터 1967년까지 공사를 진행한 뒤 케네디는 새 묘역으로 이장되었다. 주목해야 할 또 하나의 움직임은 케네디 대통령의 안장 이후 알링턴 국립묘지 안장 신청이 급증하기 시작했다는 점이다. 케네디 안장 이전까지만 해도 4천 건 정

---

221) Poole, *On Hollowed Ground*, 226.

도였던 신청 요구가 이후에는 연 7천 건 정도로 늘어났다. 케네디의 안장은 결국 알링턴 국립묘지를 최후의 명예를 위한 특별 장소로 상징화하는 데 결정적 기여를 한 것으로 보인다.222)

케네디 대통령의 안장 사례는 비교론적 관점에서 흥미로운 논의를 유도한다. 하나는 국립묘지의 감성적 차원이며, 다른 하나는 국민적 영웅성의 차원이다. 첫째 논의와 관련해서 혁명 프랑스를 살펴보자.

앞서 살폈듯이 볼테르를 안장함으로써 혁명 프랑스의 위대한 인물을 기리는 묘지, 빵떼옹을 설립하자는 빌레트 의원의 제안은 의회에서 적극적인 지지를 얻지 못하고 계류된 상태였지만, 미라보의 안장을 통해 혁명의 묘지를 건설하자는 파스토레 의원의 주장은 신속하게 수용되었다. 미라보의 안장을 계기로 빵떼옹에는 볼테르를 비롯해 루소, 마라와 같은 위대한 인물들을 받아들이면서 혁명 묘지로서의 위상을 확립해 나갔다. 그 두 의원의 제안에 대한 의회의 상이한 반응은 어디서 유래하는가? 볼테르와 미라보는 다음과 같은 점에서 근본적으로 달랐다.

> 미라보의 죽음은 볼테르의 그것과는 다르다. 볼테르의 정신은 혁명의 정신이지만 그의 몸은 혁명의 몸은 아니었다. 그러나 미라보의 몸은 혁명 그 자체를 간직하고 있다. 미라보의 몸을 간직한다는 것은 혁명을 간직한다는 것을 의미한다. 반대로 그의 몸을 방기한다는 것은 혁명의 상실을 의미하는 게 된다. 따라서 혁명을 체화하고 있는 미라보의 몸은 망각의 공간이 아닌, 영원한 기억의 공간으로 옮겨져야 하

---

222) 이에 따라 연방정부는 1966년부터 신규 안장에 대해 엄격한 제한을 가하게 된다. 즉, 군복무 중에 사망한 현역 군인, 상이군인 또는 20년의 군복무 이후 제대한 군인, 높은 포상을 받은 군인들에 한해 안장을 허용했다. 그럼에도 1988년에 이르러 알링턴 국립묘지의 수용능력은 한계에 도달했다. *Arlington National Cemetery - Master Plan* (Washington, D.C., US Army Corps of Engineers, 1998), 8-9.

는 것이다.[223]

　말하자면 볼테르의 혁명성은 머리와 이성으로 인지되지만 미라보의 혁명성은 몸과 가슴으로 느낀다는 것이다. 국립묘지가 추동해낼 국민적 동원력은 앞의 것보다는 뒤의 것에 의해 한층 더 강력한 양상을 띠는 것으로, 이는 알링턴 국립묘지와 케네디의 관계에도 적용된다.

　두 번째 문제인 국립묘지와 국민적 영웅성의 관계에 대해서도 프랑스 상황과 비교할 수 있다. 주지하는 것처럼 대혁명 이후 프랑스는 빵떼옹의 본질적 성격— "묘지인가 성당인가"—을 둘러싸고 타협 없는 갈등을 지속해왔다. 근 백년에 달하는 대결의 정치는 대정치가 위고의 빵떼옹 안장으로 비로소 매듭지어졌다는 역사적 사실을 상기해보자. 당대의 위고는 이념적 차이를 막론하고 많은 국민들의 존경과 사랑을 받은 인물이었다. 국민적 지도자의 안장은 빵떼옹이 혁명과 반혁명의 대결이 아니라 화해와 통합의 공간이 될 결정적인 계기로 작용했다. 이후 빵떼옹에는 혁명 100주년을 기념하는 군인들의 안장을 필두로 여러 위대한 인물들이 안장되면서 국민적 추모 장소로서의 위상을 강화해나갈 수 있었다.

　알링턴 국립묘지가 여타의 다른 국립묘지와 달리 매우 특별한 국민적 위상을 확보하는 데 케네디의 국민적 영웅성이 결정적인 기여를 했다는 면에서 위고의 사례와 비교 가능할 것으로 보인다.

---

223) 하상복, 「빵떼옹과 상징정치」, 72.

## 5. 국립 현충원의 변환:
### 권력의 위계공간화에서 절대적 위상 상실까지

1961년 5월 16일 새벽, 한국 현대정치사의 흐름을 결정적으로 바꿀 군사쿠데타가 발발했다. 한 신문은 당시 상황을 다음과 같이 보도했다.

해병대 제1여단과 2개 공정대대를 선봉 세력으로 삼은 혁명부대는 16일 새벽을 기해 수도 서울 일원을 완전히 점령하여 모든 지배권을 장악했다. 집권 9개월째 되는 장면정부를 불신임하는 이 군부 쿠데타 때문에 삼부의 기능은 일체 마비되어 버렸으며 군사혁명위의 포고에 따라 금융기관도 일체 동결, 문을 닫은 채 삼엄한 계엄령에 휩싸여 있다.[224]

기사가 말하고 있듯이 쿠데타 세력은 포고령 발표를 통해 국가권력을 접수하기 위한 조치들을 밟아나갔다. 오전 9시를 기해 전국에 계엄령을 선포하고(제1포고령), 금융거래를 동결하고(제2포고령), 공항과 항만 등 교통시설 봉쇄와 가 도별 계엄사령부를 설치하고(제3포고령), 오후 7시를 기해 모든 정부행정권을 인수하고 국회를 해산하며 모든 정당과 사회단체의 정치활동을 금지하고, 폭력행위를 엄금하며, 제2공화국 국무위원들과 정무위원들을 체포(제4포고령)하는 것과 같은 조치들이다.[225]

2공화국의 권력 수뇌부는 군사쿠데타를 저지하기 위한 어떠한 대응책도 구상하거나 마련하지 못한 채 무기력한 모습으로 일관했다. 총리는 어디론가 숨어 버렸고 대통령은 쿠데타군들 앞에서

---

224) 『동아일보』 1961년 5월 16일.
225) 한배호, 『한국의 정치과정과 변화』(법문사, 1993), 119-120.

320

체념의 목소리를 낼 뿐이었다. 국가권력은 민간에서 군으로 신속하게 이동했다. 5월 18일 정오 국무위원 회의실에 나타난 장면 총리는 회의를 마친 후 기자회견을 통해 하야성명을 발표했다. 그는 "군사혁명이 발생한 데 대해 정치적, 도의적 책임을 통감한다"고 말했다.[226] 쿠데타 세력은 장면의 기자회견이 있기 전에 이미 육사생도들을 전면에 내세워 시청에서 성대한 혁명기념식을 거행한 뒤, 입법, 사법, 행정권을 독점하는 '국가재건최고회의'를 수립하고 군정을 위한 준비를 완료했다.

정치, 경제, 사회, 문화, 교육 등 모든 부문에서 한국 사회의 새로운 발전 패러다임을 조형하게 될 박정희 군사정권의 문은 그렇게 열렸다. 권력을 장악한 정권은 '혁명공약'을 통해 핵심적인 국가적 목표들로 반공주의 내실화, 사회 기강 확립, 우방과의 유대 공고화, 경제 재건, 민정 이양을 제시했다.

그 중에서 반공과 경제는 박정희 정권이 변함없이 견지한 핵심적인 목표였다. 정권은 반공이 공허한 구호로만 존재해왔다고 진단하면서 반공주의를 강력히 실천해야 한다고 선언했다.

> 반공을 국시의 제1의(第1義)로 삼고 지금까지 형식적이고 구호에만 그친 반공태세를 재정비 강화한다."(제1공약) "민족의 숙원인 국토통일을 위해 공산주의와 대결할 수 있는 실력배양에 전력을 집중한다."(제5공약)[227]

한국전쟁으로 반공 국가가 수립되고 반공 이념의 사회적 확산이 이루어졌지만 장면의 제2공화국에서 남북통일의 구호가 학생

---

226) 『경향신문』 1961년 5월 18일.
227) 국가재건최고회의, 「혁명공약」, 『민족 · 민주 · 민중선언』 (가람기획, 1997), 256-257.

과 진보적 사회단체들의 폭넓은 지지를 받은 정치사회적 상황에 기인하는 것이지만, 반공이 사실상 군부세력의 존재론적 기반이 었음을 고려해야 한다.

한편, 앞서 살펴본 것처럼 종전 이후 이승만 정권은 미국의 원조경제를 벗어나지 못했는데, 경제건설을 정권의 주요한 정책 목표로 설정한 2공화국 또한 실제로는 경제 재건을 제대로 실천 하지 못했다. 그런 면에서 군부세력의 경제 재건 공약은 대단히 당위적이고 적실한 목표설정이었다.

군사정권은 "이와 같은 우리의 과업이 성취되면 참신하고도 양심적인 정치인들에게 언제든지 정권을 이양하고 우리들 본연 의 임무에 복귀할 준비를 갖추겠습니다"[228]라는 약속을 어기 고 제3공화국 헌정체제 수립으로 권력을 이어나갔다. 국내 정치 세력과 미국의 압력으로 헌정체제 복귀를 미룰 수가 없었던 군 사정부는 1962년 7월 국가재건최고회의 산하 헌법심의위원회를 발족해 헌법 개정 작업에 착수했다. 그해 11월 헌법개정안이 최 고회의에서 의결되어 12월 17일 국민투표로 승인되었다. 1963년 10월 15일의 대통령선거에서 박정희가 윤보선을 누르고 당선되 었으며, 같은 해 11월 26일의 국회의원선거에서는 군부세력을 기반으로 수립된 민주공화당이 175석 중 110석을 확보해 절대 다수당이 되었다. 두 선거 결과는 곧 박정희 군사쿠데타 세력의 지난 2년여의 정책적 노력이 국민들의 지지를 받을 만큼 가시적 성과를 낸 것으로 해석할 수 있다.

박정희의 3공화국 정권은 그 정치적 지지를 기반으로 조국근 대화라는 국가적 과제들을 실천하기 시작했다. 정권은 빈곤, 부 정부패, 공산주의를 조국근대화의 3대 공적으로 규정하고 부정

228) 「혁명공약」, 257.

적 요소들을 해소하는 데 주력했다. 그렇게 설정된 조국근대화는 민족중흥과 함께 박정희 정권의 정당성을 지속적으로 견인해 낸 핵심적 과제이자 가치였다. 그 두 개의 국가적 의제를 실천하는 과정에서 한국 사회는 급속히 재편되어 갔다.

한국의 근대를 주조하는 데 미친 박정희 정권의 절대적 영향력은 국립묘지에 그대로 투영되어 나타났다. 박정희 정권 아래에서 한국의 국립묘지는 몇 가지 중대한 변화를 경험했다. 반공군사주의라는 이념적 토대를 한층 더 공고히 하고 서울 바깥으로 공간적 규모를 확대했으며, 권력의 표상체로서 전환되는 중대한 계기가 만들어졌다.

1965년 7월 18일 경찰관 두 명이 사망했다. 서울시 경찰국 정보과에 근무하는 계용훈 경위와 진덕수 경사가 간첩을 체포하는 과정에서 총격으로 사망했다. 내무부장관은 국립묘지령 제3조(안장대상), "국가 또는 사회에 공헌한 공로가 현저한 자 중 사망한 자로서 주무부 장관의 제청에 의하여 국무회의의 심의를 거쳐 대통령이 지정한 자"를 근거로 두 순직 경찰관의 국립묘지 안장 문제를 국무회의에 안건으로 올릴 것을 총무처장에게 요청했다.229) 국무회의의 의결에 따라 7월 21일 안장이 이루어졌다.230)

이 두 경찰관의 안장은 매우 중대한 의미가 있다. 첫째, 국립묘지가 제도적으로 확립된 이후에 최초로 안장된 경찰관들이라는 점이다. 그 이전에 안장된 경찰관들, 즉 여순사건에서 사망한 경찰관들의 유해는 국립묘지가 아니라 군인묘지에 안장되었

---

229)「국무회의 의결안건 제출」(1965년 7월 20일).
230) 경찰관의 국립묘지 안장은 이듬해에도 이루어졌다. 국무회의는 내무부장관의 요청을 받아들여, 1966년 7월 26일 경기도 양주에서 이재민 구조 작업 중에 사망한 김지회 경사의 안장을 승인했다. 「국무회의 의결안건 제출」(1966년 7월 28일).

다는 뜻이다. 둘째, 계용훈과 진덕수의 안장은 한국 국립묘지의 역사적 기원을 한 번 더 확인해주는 상징적 사건이라고 할 수 있다. 1948년의 여순사건은 군인만이 아니라 경찰관의 희생도 초래했는데, 그 점에서 전몰 경찰관들은 전몰 군인들과 함께 반공주의의 표상체들이었다. 1965년의 경찰관 사망 사건 또한 반공주의 전선에서 발생했다는 점에서 역사적, 이데올로기적 연속성을 갖는다.

그런데 경찰관 안장이 있은 1주일 뒤에 열린 안장의례는 한국 국립묘지의 본래적 성격인 반공주의와 군사주의가 '권력주의'라는 또 다른 이데올로기와 화학적으로 결합하면서 대단히 기묘한 공간으로 변환되는 결과를 가져왔다. 그 사건은 1965년 7월 27일의 이승만 대통령 안장이었다.

1960년 4월의 한국은 정부의 선거 부정에 항의하는 시위대들과 공권력의 일대 대결의 시기였다. 많은 사상자를 초래한 시위와 진압의 연속적 충돌은 4월 26일 대통령의 하야성명이 있고 나서야 해소될 수 있었다. 오전 10시 30분 이승만 대통령은 방송을 통해 권력을 내려놓을 깃을 공표했다. 대통령은 "국민이 원하면 대통령직을 사임할 것"이라는 발표와 함께 재선거 실시, 이기붕 의장의 공직 사임, 국민이 원하는 것을 조건으로 한 내각책임제 개헌을 약속했다.[231] 대통령은 다음 날 국회에 사임서를 제출했다.

> 나 리승만은 국회의 결의를 존중하여 대통령의 직을 사임하고 물러앉아 국민의 한 사람으로서 나의 여생을 국가와 민족을 위하여 바치고자 하는 바이다.[232]

---

231) 이승만, 「이승만 대통령 하야성명」 (1960년 4월 26일), 대통령 기록관.
232) 이승만, 「사임서 송부에 관한 건」 (1960년 4월 27일), 대통령 기록관.

대통령은 그해 5월 29일 "이제 무슨 말을 하겠소. 그대로 떠나게 해주오"란 말을 남기고 하와이로 망명했으며[233] 그로부터 5년 뒤인 1965년 7월 19일 병으로 사망했다. 장례는 유가족의 의견에 따라 가족장(9일장)으로 치러졌지만, 그러기까지 갈등국면을 통과해야 했다.

국무회의는 사망 다음 날, 장례를 국민장으로 치르고 이승만의 시신을 국립묘지에 안장하는 것으로 결정했다.

> 고 우남 이승만 박사는 한일합병 이후 해외에 망명하여 우리나라 독립운동에 반생을 바쳤고 건국 초대 대통령에서 3대에 긍하여 대통령으로 반공체제 확립에 이바지한 공헌이 지대하여 국가에 많은 공훈을 남기고 서거하심에 그 시체를 국립묘지령 제3조 제1항 제5호(안장 대상: 국가 또는 사회에 공헌한 공로가 현저한 자 중 사망한 자로서 주무부장관의 제청에 의하여 국무회의의 심의를 거쳐 대통령이 지정한 자) 및 제4조 1항(전조 제1항 제3호에 해당하는 자의 시체 이외에는 시체로서 묘지에 안장할 수 없다. 다만, 국무회의의 심의를 거쳐 대통령이 특히 지정하는 자의 경우에는 예외로 한다)의 정한 바에 의하여 국립묘지에 안장하고자 함.[234]

당시 국무회의는 국장으로 치를 경우 여론의 반대가 심할 것을 우려했던 것으로 전해지고 있다. 하지만 유가족을 비롯해 구 자유당 정치인들은 국민장 형식이 이승만 대통령을 제대로 예우하지 않은 것이라고 비판하면서 국장을 요구했다. 7월 22일 국회의장 공관에서 열린 정부, 유가족, 가계 인사의 연석회의는 국장과 국민장 사이에서 합의를 보지 못하고 결렬되었다. 4·19 혁명 단체들은 국민장도 과분하다며 정부의 결정에 반대했다. 1965년 7월 23일자 사설에서 《동아일보》 또한 국장도, 국민

233) 『경향신문』 1960년 5월 29일.
234) 「국무회의록: 고 이승만 박사의 시체 국립묘지 안장의 건」 (1965년 7월 20일).

장도 불가하다는 의견을 피력했다.

> 우리는 이승만 박사의 장례형식에 관하여 국장이나 국민장이 다 불
> 가하다는 것을 이미 두 번이나 지적한 바 있거니와 […] 정부는 이러
> 한 자유당 잔당들의 의견만이 국민여론으로 들리고 4월혁명 관계의
> 각 단체의 맹렬한 반대의견과 단식투쟁으로 정부 처사에 항의하고 있
> 는 청년들의 반대, 그리고 나아가서 국장이나 국민장을 반대하는 언
> 론계의 여론은 국민여론으로 들리지 않는단 말인가.[235]

1948년 국가권력을 장악한 이래 이승만 정권은 1951년 전쟁
중에 발생한 부산 정치파동과 1954년 대통령 3선 제한 규정 철
폐를 위한 사사오입개헌이 말해주듯이 헌정주의와 의회주의 등
민주주의의 기본 원칙들을 파괴했다. 정권의 정치적 부도덕성
에 대한 비판과 저항은 1960년의 선거부정으로 말미암아 인내
의 임계점을 넘어섰지만 궁극적으로는 그 이전의 비민주적 정치
행태들에 기인하는 것이다. 권위주의 통치에 대한 시민사회의
공격으로 불명예스럽게 권좌에서 내려온 대통령의 장례를 국가
혹은 국민의 이름으로 치르는 것은 분명 설득력이 없어 보인다.
그럼에도 박정희 정권은 여론의 반대에 맞서 국민장의 형식을
제안했다. 초대 대통령을 최초로 안장한다는 면에서 국민장이
현실적인 해법이었을 것 같다. 하지만 유가족은 정부의 제안을
받아들이지 않았다. 7월 24일 반도호텔에서 열린 정부-유가족
회의에서 유가족은 최종적으로 가족장으로 치르기로 결정했
다.[236] 정부의 제안에 대한 반대의지 표명으로 해석할 수밖에
없는 상황이다.

---

235) 『동아일보』 1965년 7월 23일.
236) 『동아일보』 1965년 7월 24일.

이승만의 시신은 7월 24일 국내로 송환되어 이화장에 안치되었다. 사망한 지 9일 째인 7월 27일 영결식을 거행했다. 오전 7시 30분 하와이 한인교회 김태묵 목사의 집전으로 고별예배를 치렀으며 8시 이화장을 떠나 종로를 거쳐 정동교회에 도착해 영결예배를 가졌다. 장례행렬은 남대문과 서울역을 거쳐 오후 4시 45분 국립묘지에 도착해 현충문 앞 영결식장에 섰다. 고인의 약력 보고에 이어 정일권 국무총리가 박정희 대통령의 조사를 대독했다.

조국독립운동의 원훈이요, 초대 건국대통령이신 고 우남 이승만 박사 영전에 성의껏 분향하고 엄숙한 마음으로 삼가 조사를 드립니다. 돌아보건대 한마디로 끊어 파란만장의 기구한 일생이었습니다. 과연 역사를 헤치고 나타나, 자기 몸소 역사를 짓고 또 역사 위에 숱한 교훈을 남기고 가신 조국 근대의 상징적 존재로서의 박사께서는 이제 모든 영욕의 진세인연을 끊어버리고 영원한 고향으로 돌아가셨습니다. […] 생전에 손수 창군하시고 또 그들로써 공산침략을 격파하여 세계에 이름을 날렸던 바로 그 국군장병들의 영령들과 함께 길이 이 나라의 호국신이 되셔서 민족의 다난한 앞길을 열어주시는 힘이 되실 것을 믿고 삼가 두 손을 모아 명복을 비는 동시에 유가족 위에도 신의 가호가 같이 하시기를 바라는 바입니다.[237]

영결식이 끝난 뒤 오후 5시 40분 특별 기도회와 21발의 조총 발사를 끝으로 안장식을 종결했다.[238]

지난 사례들과 비교해 볼 때 이승만 대통령의 안장은 매우 예외적인 의미를 갖는다. 국립묘지가 군인, 애국지사, 경찰관과는 사뭇 다른 범주의 인물을 받아들였기 때문이다. 절대권력의 표

---

237) 박정희, 「이승만 대통령 서거 대통령 조사」, wikipedia.
238) 국립 서울 현충원, 『민족의 얼』 제6집, 170-172.

상인 대통령을 안장함으로써 국립묘지는 '권력의 공간'으로 전환될 운명을 맞아야 했다. 이승만 대통령의 안장으로 다른 안장자들은 물리적 차원과 의미의 차원 모두에서 대통령의 '아래'에 위치하는 존재들이 되어야 했다. 국가원수 묘역의 형성으로 국립묘지의 공간적·상징적 위계화가 발생한 것이다. 그리고 그로부터 10여 년이 흐른 뒤 박정희 대통령이 안장되면서 국립묘지의 권력적·위계적 성격은 한층 더 강화되었다.

물론 그렇다고 해서 국립묘지의 이념적 기원인 반공군사주의가 약화되었다는 것을 의미하지는 않는다. 오히려 제도와 공간의 차원에서 국립묘지의 반공군사주의는 한층 더 강화되었다. 그 움직임들을 살펴보면, 첫째, 국립묘지 경비인력으로 군부대가 투입되었다는 점이다. 1970년 6월, 북한 무장특공대 3명이 침투해 현충문 폭파를 시도하는 사건이 발생했는데, 그에 따른 충격의 여파로 국립묘지 경비 임무를 담당할 부대가 필요하다는 공감대가 형성되어 1975년 11월 임시경비대를 편성했다. 이후 1978년 2월 국방부 근무지원단 예하 경비중대로 재편되고 1982년에 경비내로 승격했다.[239] 북한의 잠재적 공격에 내비해 국립묘지 정문을 비롯해 주요 경비 거점들을 관리, 통제하는 군부대의 모습이야말로 반공군사주의의 시각적 양상이라 말하지 않을 수 없다.

둘째, 1960년대 베트남 전쟁 참전의 여파로 많은 전사자가 발생했다는 점이다. 1964년 7월 23일, 정부는 '월남공화국 지원을 위한 국군부대의 해외파견에 관한 동의안'을 국회에 제출하고 국회는 31일 본 회의에서 만장일치로 승인했다.[240] 8월

---

239) 『중앙일보』 2008년 6월 4일.
240) 『경향신문』 1964년 7월 31일.

16일 선발대 파견이 시작되어 1973년까지 파병이 이루어졌다. 동작동의 국립묘지가 반공주의 전쟁인 베트남전에서 사망한 많은 수의 전사자들[241]을 안장하기 위해 충분하지 않았기 때문에 정부로서는 새로운 묘지를 조성하지 않을 수 없었다.

그와 같은 맥락에서 법제처장이 올린 문건을 관찰할 수 있다. 1972년 7월 6일 법제처장은 '국립묘지령 중 개정령(안)'을 총무처 장관에게 올려 국무회의 안건으로 상정할 것을 요청했다. 제안서는 "필요한 경우에는 지방에도 국립묘지를 설치할 수 있게 하며, 또한 국립묘지의 효율적인 관리운영을 위하여 국방부에 안장심사위원회를 두고자 하는 것임"을 밝혔다. 1974년 12월 대통령의 명령에 따라 제2의 국립묘지 건립공사가 시작되었다. 1975년 2월 후보지 선정이 이루어진 지 10여 년 만인 1985년 11월 13일 대전 국립묘지가 완공되었다.

셋째, 정부가 설치한 안장심사위원회는 역설적으로 국립묘지의 군사주의 성격을 한층 더 공고히 하는 역할을 수행했다. 1972년 7월 법제처장의 제안에 따라 국무회의의 의결을 거쳐 같은 해 7월 26일, 국립묘지령이 개정(대통령령 제6304호)되었으며, 새로운 국립묘지령에는 안장심사위원회가 설치 규정에 포함되었다.

제3조의2 (위원회 등) ① 다음 각 호의 사항을 심사하게 하기 위하여 국방부에 안장심사위원회(이하 "위원회" 라 한다)를 둔다. 1. 전조 제1항 제2호 및 제5호 내지 제7호에 규정된 자의 안장여부에 관한 사항. 2. 안장될 자(전조 제1항 제1호 및 제4호에 해당하는 자를 제외한다)의 묘지번호부여에 관한사항. 3. 기타 묘지의 관리운영에 관하여 필요한 사항.

---

241) 사상자 수에 대해서는 「베트남전쟁」, http://www.imhc.mil.kr/imhcroot/upload/resource/V27.pdf.

이 안장심사위원회는 국립묘지 안장대상자의 자격을 심사하기 위해 설치된 것이다. 그 말은 곧 국립묘지의 안장 공간이 빠른 속도로 채워지고 있었음을 의미한다. 하지만 중요한 사실은 현역군인으로 사망한 사람들은 안장심사위원회의 심사대상에 포함되지 않는다는 점이다. 안장심사위원회 심사항목 제1호, 즉 "전조 제1항 제2호 및 제5호 내지 제7호에 규정된 자의 안장 여부에 관한 사항"을 살펴보면, 제1항 제2호는 "전투에 참가하여 무공이 현저한 예비역군인 또는 퇴역이나 면역한 군인 중 사망한 자로서 국방부장관의 제청에 의하여 대통령이 지정한 자"이며, 제5호는 "국가 또는 사회에 공헌한 공로가 현저한 자 중 사망한 자로서 국방부장관의 제청에 의하여 국무회의의 심의를 거쳐 대통령이 지정한 자"이고, 제7호는 "대한민국에 공로가 현저한 외국인 사망자 중 국방부장관의 제청에 의하여 국무회의의 심의를 거쳐 대통령이 지정한 자"다.

현역 전몰군인에 대한 조항은 없다. 그들은 심사를 거치지 않고 국립묘지에 안장될 수 있음을 뜻한다. 그와 달리 현역이 아닌 군인이나 민간인은 일정한 조건을 통과해야 한다. 그런데 그 조건은 군인과 민간인에 대해 각각 상이하게 적용되고 있다. 현역이 아닌 군인인 경우 "국방부 장관이 제청"하고 대통령이 지정하지만, 민간인의 경우 "국방부 장관의 제청"과 함께 "국무회의의 심의"를 통과해야 한다. 민간인에 대해서는 상대적으로 엄격한 기준을 적용하고 있다. 그 점에서 1970년대 한국의 국립묘지는 그 명칭과는 무관하게 여전히 군인묘지로서의 성격을 벗어나지 못하고 있었다고 평가할 수 있다.

1979년 10월 26일, 박정희 대통령이 암살되었다. 오랜 권위주의 통치에 대한 사회적 불만과 저항이라는 구조적 요인과 권력

집단 내의 갈등이라는 상황적 요인이 결합되어 발생한 한국 현대사의 비극이었다. 현직을 수행하다 사망했다는 점 때문에 대통령의 장례는 국장으로 치러졌다.

1975년 10월 13일 개정된 국립묘지령은 국립묘지 안장 자격 중의 하나가 '국장으로 장의된 자'라고 규정하고 있었는데, 그 점에서 박정희 대통령은 이승만 대통령처럼 국무회의의 의결을 거칠 필요 없이 국립묘지에 안장될 자격이 있었다. 9일간의 국장으로 1979년 11월 3일에 영결식과 안장식을 거행했다. 오전 8시 청와대 대접견실에서 발인제가 열리고 이후 3군 사관생도 100여 명이 호위하는 가운데 대통령의 시신을 실은 영구차가 영결식장인 당시 중앙청으로 이동했다. 대통령의 나이를 뜻하는 62발의 조포가 울려 퍼졌다. 개식 선언에 이어 고인의 명복을 비는 1분간의 묵념이 있었다. 고인의 약력 보고 이후 최규하 대통령 권한 대행(장의위원회 위원장)의 조사 낭독이 이어졌다.

> [⋯] 대통령 각하! 정녕 회자정리란 어쩔 수 없는 인간의 숙명이란 말입니까? 당신께서는 새 역사를 창조하신 이 나라 중흥의 위대한 영도자로 우리 마음속에 길이 살아 계실 것입니다. 사랑하시는 자녀분들은 우리들이 정성껏 돌봐드리겠습니다. 이제 영부인 곁에서 고이 잠드소서. 재천하신 영혼이시여! 영광과 안식과 명복을 누리시며 하늘나라의 큰 별이 되시어 이 나라, 이 겨레의 앞길을 비춰주시고 지켜주시옵소서![242]

권력자의 안장이라는 면에서 이승만의 경우와 크게 다르지 않은 것 같지만 사실상 그 둘 사이에는 의미 있는 차이가 존재한다. 이승만과 박정희 모두 반공주의에서는 공통점을 갖지만 군사주의

---

242) 국립 서울 현충원, 『민족의 얼』 제6집, 182-187.

차원에서는 다르다. 박정희는 국립묘지에 내재된 핵심적인 두 이념을 체현하고 있는 권력자였다. 박정희는 국립묘지에 투영된 반공주의, 군사주의, 권력이라는 세 개의 요소를 하나로 수렴해내는 정치적 인격체였다. 박정희의 안장은 국립묘지에서 공간적 위계성과 이데올로기적 엄격성이 완성되는 결정적 계기였다. 그곳은 단지 군인을 비롯한 애국자들이 안장되어 있다는 면에서 성역이 아니었다. 가장 위대한 정치인이자 민족적 구세주로 평가받는 권력자가 안장되어 있기 때문에 침범할 수 없는 성역이 되었다. 박정희 대통령의 묘소가 국립묘지에서 가장 큰 규모로, 가장 높은 곳에 위치한다는 사실은 그 점을 상징적으로 드러낸다. 이후에 사망한 전직 대통령들은 박정희 대통령이 안장되어 있는 국가원수 묘역에 들어오지 않았다. 윤보선과 최규하는 각각 가족장과 국민장으로 치렀으며 선영과 국립 대전 현충원에 안장되었다. 그런 면에서 나중에 살펴볼 김대중 전 대통령의 장례는 매우 중요한 예외적 사례가 된다. 그는 국장으로 안장된 두 번째 전직 대통령이었으며, 박정희 이후 국립 서울 현충원에 안장된 최초의 전직 대통령이었기 때문이다.

한국의 국립묘지는 반공주의와 군사주의를 토대로 탄생했고, 항일 독립운동가들을 받아들이면서 민족주의의 요소를 부분적으로 포함하는 방향으로 나아갔다. 이후 두 대통령의 안장을 통해 그 본래적 이념인 반공주의와 군사주의의 원리를 유지하면서 권력의 공간으로 변환되었다. 국립묘지의 그와 같은 이념적 구도는 1980년대까지 크게 변화하지 않았다. 서울 국립 현충원은 한국 국립묘지의 유일하고도 절대적인 준거모델이었다.
하지만 1990년대에 접어들면서 그 이념적 견고함을 흔드는 사건이 등장했다. 민주화 과정 속에서 권위주의 권력에 도전하고 저항함으로써 희생된 인물들이 국립묘지가 끌어안아야 할 또 하나의 가치로 성립하게 되었다.

그 변화의 동력은 김영삼 문민정부의 수립에서 만들어졌다. 문민권력의 탄생은 어떻게 보면 정치적 상식을 벗어난 방식으로 이루어졌다. 1990년 1월 여당인 민주정의당과 야당인 통일민주당 및 신민주공화당이 합당함으로써, 1988년 4월 총선으로 형성된 여소야대 정국이 거대 여당(민주자유당)과 소수 야당의 구도로 변화되었다. 통일민주당의 당수로 합당에 참여한 김영삼은 여당 내 정치 투쟁을 거쳐 민주자유당의 대통령 후보로 결정되었다. 그는 1992년 겨울의 대통령 선거에서 오랜 경쟁자였던 김대중 후보를 누르고 대통령에 당선되었다. 김영삼 정권의 탄생은 사실상 민주개혁의 대상이 되어야 할 정치세력과의 연합으로 이루어졌다는 면에서 부정적인 평가를 받을 수밖에 없다.[243] 그렇지만 기득권 세력과의 합당이라는 정치적 한계에도 민주화의 우선적 과제들을 성공적으로 실천해나갔다는 면에서 문민권력의 정치적 평가는 부정적일 수만은 없다는 논리도 존재한다.[244]

그 중에서 군부의 탈정치화는 문민정부가 시도한 민주화를 향한 중요한 문턱이었다. 장기간의 군부통치를 경험한 나라들에서 민간권력이 수립되고, 군부에 대한 민간 통제가 실현되며, 궁극적으로 군부가 정치무대에서 퇴장하는 일련의 '탈군사화demilitarization'는 민주화의 중요한 척도라고 할 수 있다.[245]

---

243) 최장집, 『한국 민주주의의 이론』(한길사, 1993), 399.
244) 임혁백, 『지연되고 있는 민주주의의 공고화』, 최장집·임현진 공편, 『한국 사회와 민주주의: 한국 민주화 10년의 평가와 반성』(나남출판, 1997), 41.
245) Alain Rouquié, "Demilitarization and the industrialization of military-dominated politics in Latin America," in G. O'Donnell, G. Schmitter and

1993년 2월 25일 김영삼 대통령은 취임사를 통해 새로운 정부의 정치적·역사적 의의를 강조했다.

오늘 우리는 그렇게도 애타게 바라던 문민 민주주의의 시대를 열기 위하여 이 자리에 모였습니다. 오늘을 맞이하기 위해 30년의 세월을 기다려야 했습니다. 마침내 국민에 의한, 국민의 정부를 이 땅에 세웠습니다. 오늘 탄생되는 정부는 민주주의에 대한 국민의 불타는 열망과 거룩한 희생으로 이루어졌습니다.246)

방점은 "문민 민주주의"에 놓인다. 다른 반정부 정치가들과 마찬가지로 김영삼 또한 군부통치의 종식을 한국 민주화의 일차적 과제로 설정해왔으며, 그러한 맥락에서 그가 지향한 민주주의는 군인들의 정치개입을 배제하는 문민정치였다. 대통령은 문민정치를 확립하기 위한, 달리 말하자면 군부의 탈정치화를 위한 조치들을 신속하게 실천해나갔다. 가장 우선적인 시도는 군부개혁이었으며, 개혁의 본질은 1980년대 신군부의 핵심조직인 하나회 출신을 군 요직에서 끌어내리는 일이었다.247) 김영삼 정부는 1980년 쿠데타에 직간접적으로 참여하면서 정치세력으로 성장한 하나회의 권력을 약화하는 것이 군부의 탈정치화와 중립화를 실현하는 초석이라고 판단했다. 1993년 3월 육군참모총장과 기무사령관의 교체를 시작으로 여러 개혁 조치들이 이루어졌다.248)

L. Whitehead(eds.), *Transition from Authoritarian Rule: Perspectives for De mocracy* vol. 3 (Baltimore: The Johns Hopkins University Press, 1986), 114.
246) 김영삼, 「우리 다함께 신한국으로」, 대통령 비서실 엮음, 『김영삼 대통령 연설문집』 제1권 (1994), 55.
247) 『경향신문』, 『동아일보』 1993년 8월 9일.
248) 조현연, 「한국 민주주의와 군부독점의 해체과정 연구」, 『동향과 전망』 69호 (2007), 68.

한편 민주화를 향한 문민개혁은 군부의 탈정치화만으로 귀결될 일은 아니었다. 민주화의 정통성 확립은 문민개혁의 또 하나의 중요한 영역이었다. 앞으로 살펴보고자 하는 국립 민주묘지의 창설 또한 그와 같은 정치적 의지의 결실 가운데 하나였다.

김영삼 정부는 먼저 이승만 정권의 반민주주의에 맞선 4·19 혁명을 역사적 정통성 위에 세우려 했는데, 그것은 4·19묘지의 성역화 공사로 구체화되었다. 4·19묘지는 2공화국 시기인 1961년 2월 국무회의에서 묘지 설립을 결의하고 기공식을 열었지만 예산문제와 5·16 군사정변으로 인해 공사를 진행하지 못했다. 이후 1962년 군사정권이 건립위원회를 구성해 기공식을 다시 열고 공사를 시작해 1963년 9월에 완공했다. 그 이후 큰 변화 없이 유지되던 묘지는 문민정부의 성역화 공사로 새로운 모습으로 탈바꿈했다. 성역화는 묘지의 조형물 속에서 시각적으로 표상된다. 조형물이 전하는 메시지는 궁극적으로 민주주의다.

묘역으로 향하는 입구에 '상징문' 이 서 있다. 묘지가 최초에 건립되었을 때는 존재하지 않았던, 문민정부의 성역화 공사로 건립된 문이라는 배경과 그 명칭이 말하듯이 강력한 시각적 상징성을 지니고 있다. 좌우 양쪽에 다섯 개의 철탑이 솟아 있는데, 양손을 형상화하고 있다. 마치 중앙의 4월 학생기념탑(1963년 9월 20일 제막)과 그 뒤편의 묘역을 호위하고 있는 모양이다. "민주영령에 대한 충정의 감정을 고양하는" 효과로 제작되었다고 소개하고 있다. 묘지 중앙부를 차지하고 있는 4월 학생기념탑 아래에는 '군상환조' 라는 제목의 청동 추모상이 자리를 차지하고 있다. "4·19혁명 당시 민중의 형상을 반추상적으로, 그날의 현장을 지켜보며 후세에 이를 증거 하는 묵시적 형상을 표현" 하고 있다.

기념탑 좌우로는 '수호자상' 으로 불리는 화강석 입상이 서 있다. 용맹스러운 남녀의 모습으로 정의와 자유를 수호하는 의미를 간직하고 있다. 기념탑의 뒤편은 병풍처럼 좌우로 펼쳐진 '군상부조'라는 화강석 부조가 장식되어 있다. "좌측의 1, 2부는 4·19혁명 당시 암울했던 시대상황과 민중들의 자유에 대한 염원을 표현하고 있고, 우측의 3, 4부는 4·19혁명 이후 민주화에 대한 희망을 구상적 수법으로 묘사"하고 있다. 1부는 사악과 불의, 2부는 시위와 항거, 3부는 승리와 개가, 4부는 자유와 평화를 의미한다. 또한, 4·19혁명의 역사적 의미를 상징하는 거대한 화강석 조형물로 '정의의 불꽃'과 독재와 부정의의 시대를 뚫고 나오는 기상을 표현하는 화강석 기둥(39개)인 '민주의 뿌리'가 서 있다.[249]

공사는 1993년 10월부터 1년 6개월 동안 진행되었다. 1994년 4월 17일 김영삼 대통령이 참석한 가운데 묘지 준공식을 개최하고, 다음날 국무회의 의결을 통해 4·19묘역을 '국립묘지'로 승격하기로 결정(대통령령 제15360호)했다.[250]

민주화의 정통성 확립에서 문민정부의 가장 두드러진 성과는 1980년 광주 민주화운동을 새롭게 평가하고 그 희생자들을 위한 묘지를 성역화한 데 있었다. 김영삼 대통령은 1993년 5월 13일 '광주 민주화운동에 따른 특별담화'를 발표했다.

우선 광주 시민과 온 국민이 그날을 기념할 수 있도록 광주시에서 기념일을 먼저 제정하기를 희망합니다. **망월동 묘역은 민주성지**로 가꾸어나갈 수 있도록 묘역의 확장 등 필요한 지원을 다할 것입니다. 광주시민과 전남도민의 의사에 따라 현재 광주 시내에 있는 전남도청을 관내로 이전하고 당시 민주화운동의 현장이었던 현 도청 위치에

---

249) 조형물 해설에 대해서는 국립 4·19민주묘지 홈페이지(주요시설물-조형물)를 참조할 것.
250) 『조선일보』 1995년 4월 15일.

5 · 18 광주 민주화운동 기념공원을 조성하고 기념탑을 세우는 방안을 적극 검토 지원할 것입니다. [···]251)(강조는 필자)

대통령은 가장 우선적인 사업으로 기념일 제정과 광주 망월동 묘역의 민주성지화를 약속했다. 1980년 5월의 민주화운동에서 희생된 시민들은 망월동 묘역에 안장되어 있었다.

대통령의 담화에 입각해 새로운 묘역 조성공사를 1994년 11월에 시작해 1997년 5월 16일 완공하면서 기존의 망월동 묘역에 안장되어 있던 민주유공자들 일부를 새로운 묘역으로 이장했다. 하지만 모든 유해가 이장된 것은 아니며 결국 기존의 묘역은 구묘역으로, 성역화 공간으로 조성된 새로운 묘역은 신묘역으로 불리게 되었다.

민주화의 정통성 확립의 일환으로 3 · 15, 4 · 19, 5 · 18의 희생자들이 안장되어 있는 묘지를 민주주의 실천 의지와 열정을 응축하고 있는 공간으로 조성하는 일은 국민의 정부와 참여정부에서도 단절 없이 이어졌다.

국민의 정부는 1990년 3당 합당에 참여한 신민주공화당에 뿌리를 두고 있는 자유민주연합과의 선거연합으로 탄생했다는 면에서 일정한 한계를 지니고 있지만, 그럼에도 한국 민주주의 발전에서 문민정부에 필적할 만큼의 무게를 갖는다.

문민정부는 엄격히 말해 정당 간 정권교체로 탄생한 정권이 아니었다. 여당 내 권력주체의 교체를 의미하는 김영삼 정부와는 달리 국민의 정부는 해방 이후 경쟁 선거를 통해 여야 정당 간 정권교체를 이룩한 최초의 정권이었다. 또한 국민의 정부는 1960년대 이후 한국 사회의 권력을 독점해 온 기득권에 저항해온 세

251) 「MBC 9뉴스 보도」 1993년 5월 13일.

력이 주체로 참여했다는 점에서 한국 민주주의의 전진에서 주목할 만한 의의를 지닌다. 그같은 평가는 참여정부에도 예외가 아니다. 노무현 대통령의 정치적 존재성이 상징적으로 보여주듯이, 참여정부 또한 한국 정치사회의 패권주의에 끊임없이 도전해 온 정치세력이 주체가 된 정권이었다. 이 두 정권 또한 한국 국립묘지사에서 중요한 획을 긋는 정책들을 입안하고 추진했다.

국민의 정부는 문민정부가 확정한 3·15묘지의 성역화 사업을 1998년 3월부터 추진했다. 또한 2002년 8월 1일 대통령령 제17668호로 3·15묘지를 '국립묘지'로 승격했다.

3·15묘지의 조형물 또한 민주주의를 표상하고 있다. 묘지의 입구에 '민주의 문'이 서 있다. 열린 두 개의 문을 형상화하고 있는데, 3·15항쟁의 두 정신인 정의와 민주를 나타내고 민중이 주체적으로 민주주의의 첫 문을 열었음을 의미한다. 문 뒷면의 빛나는 금속은 3·15민주항쟁의 정신을 이어받아 발전하는 민족의 밝은 미래를 상징하고 있다. 다음으로, 힘차게 돌출된 횃불을 든 세 개의 손이 조각되어 있는 '민주의 횃불'은 부정에 항거해 일어선 민주정신의 표상으로서 민족의 미래를 밝히는 등불의 영원성이라는 의미를 담고 있다. 희생자들의 사진을 보관하고 있는 유영보관소 아래에는 부정을 규탄하는 시민들의 모습이 담긴 '정의의 벽'이라는 부조상이 건립되어 있다.

부조상은 "이 땅에 정의를 세운 그날의 애국·희생정신과 저항·투쟁의 현장을 부각시킨 역사의 장으로 민주의 횃불과 함께 3·15정신을 계승, 승화시키는 영원성의 공간"이다. 또한 세 청년의 전진을 형상화하고 있는 '정의의 상'에서 세 사람은 3·15민주항쟁의 주역들을 상징하며, 벽에서 빠져나오는 형상의 역동적인 모습을 통해 정의를 구현하려는 의지와 구속으로부터 해방되려는 열정을 느끼게 한다. '민주의 문' 오른편에는 '기념시비'가 서 있는데, 6권의 책을 펼쳐놓은 모양의 조형물로서 그날의 역사를 문학적으로 증언하는 김춘수의 시 '베고니아 꽃잎처럼이나-마산사건에 희생된 소년들의 영전에' 등 10편의 시를 수록하고 있다.[252]

국민의 정부는 문민정부가 추진한 광주 민주화운동의 역사적 정통성 확립 작업을 이어나갔다. 2002년 1월 26일 '광주 민주유공자 예우에 관한 법률'을 제정함으로써 광주 민주화운동의 희생자들을 국가유공자로 지정했으며, 같은 해 7월 27일에는 '국립 5·18묘지규정'(대통령령 제17667호)으로 문민정부가 성역화한 5·18묘역을 역시 국립묘지로 승격했다.

국립 5·18민주묘지의 공간은 그야말로 민주주의를 시각화하고 있다. '민주동산', '민주의 문', '민주광장', '5·18민중항쟁추모탑' 등이 그 재현물들이다. 국립 3·15민주묘지와 마찬가지로 5·18민주묘지 또한 '민주의 문'을 열고 들어간다.

민주의 문을 지나면 왼편에서 5·18 추모관을 만날 수 있다. 이 추모관은 희생자들을 추모하고 역사적 사실을 기록하고 교육하는 기능을 수행하지만 기능적 차원으로 국한되지 않는 대단히 상징적인 의미를 지니고 있는 건축물이다. '진실, 기억, 부활'의 메시지를 전달하는 공간으로 5·18 민주화운동의 은폐되고 왜곡된 진실을 복원하고, 기억을 통해 역사를 바로 세우며, 광주 민주화운동의 보편적 가치를 살아 숨 쉬게 하는 의미를 지니고 있다. 묘역 앞에는 높이 40m의 추모탑이 서 있다. 대칭되는 두 사각 기둥의 탑신 사이에는 알 모양의 조형물이 있는데, 쉽게 상

---

252) 조형물의 설명에 대해서는 국립 3·15 민주묘지 홈페이지(주요시설물-조형물)를 참조할 것.

상할 수 있듯이 부활을 상징한다. 그리고 5·18 민주화운동을 시각화한 '5월 민중항쟁도'란 제목의 청동부조가 탑을 중심으로 좌우에 설치되어 있다.

추모탑의 양 옆에는 두 개의 군상이 조각되어 있는데, 하나는 1980년 5월 항쟁에 나선 시민군을 형상화한 청동조의 '무장항쟁 군상'이며, 다른 하나는 슬픔을 극복하고 승리를 노래하며 조화로운 세상을 꿈꾸는 청동조 '대동 세상 군상'이다. 야외공연장 옆의 벽에는 '7개의 역사마당'이란 제목의 부조가 조각되어 있다. 민족사의 대표적인 저항운동인 의병활동, 동학농민운동, 3·1 운동, 광주학생독립운동, 4·19혁명, 통일운동에 더해 5·18민주화운동을 그리고 있다. 광주 민주화운동의 역사적 위상과 의의를 시각적으로 재현해주는 조형물이다.253)

문민정부와 국민의 정부는 민주주의를 상징하는 세 개의 국립묘지를 만들었다. 그리고 참여정부는 그와 같은 정책적 방향을 더 밀고 나가 2006년 1월 30일에 제정한 '국립묘지의 설치 및 운영에 관한 법률'을 통해 위의 세 국립묘지를 모두 '국립 민주묘지'로 개칭했다. 이 문제와 관련해 문민정부와 참여정부가 수행한 또 하나의 주목할 만한 정책을 상기할 필요가 있다. 문민정부는 1996년 6월 1일에 개정된 국립묘지령을 통해 동작동 국립묘지의 명칭을 '국립 현충원'으로 바꿨다.254) 그리고 참여정부는 '국립묘지의 설치 및 운영에 관한 법률'(2006년 1월 30일 제정)을 통해 국립 현충원을 국립 서울 현충원으로 명칭 변경했다.

---

253) 조형물의 해설에 대해서는 국립 5·18민주묘지 홈페이지(주요시설물-조형물)를 참조했음을 밝혀둔다.
254) 『국방일보』 1996년 5월 22일, 1996년 6월 2일.

문민정부로부터 참여정부에 이르기까지 한국의 국립묘지 지형에 대단히 중대한 변화가 발생한 것으로 보인다. 그동안 '일반명사'로서 국립묘지로 불리던 동작동과 대전의 국립묘지가 각각 국립 서울 현충원과 국립 대전 현충원이라는 '특정한' 이름으로 명명되기 시작했으며, 민주주의가 국가적으로 추모해야 할 애국의 또 하나의 범주로 수용되었다. 그 사실은 곧 건립된 이후 단 한 번도 그 절대적 위상이 흔들리지 않았던 동작동 국립묘지의 위상이 상대화되기 시작했음을 의미한다. 그 국립묘지와는 이념적 기원 혹은 색채가 사뭇 다른 국립묘지들이 탄생했기 때문이다. 그런데 국립묘지의 '복수화'는 단순히 산술적으로 국립묘지의 숫자가 늘어났다는 것을 의미하지 않는다. 국립 현충원과 민주묘지 사이에는 일정한 정치적 간극과 그에 따른 긴장의 가능성이 존재한다.

　국립 현충원은 권력을 향한 열망이 엿보이지만 민주묘지에는 권력에 대한 저항이 감지된다. 국립 4·19민주묘지와 3·15민주묘지의 희생자들이 자유와 민주주의의 이름으로 공격하고 축출하려 했던 절대 권력자는 국립 서울 현충원에 위대한 인물로 안장되어 있다. 국립 5·18민주묘지에 잠들어 있는 민주 유공자들을 옥죄었던 반공주의와 군사주의는 국립 현충원에 여전히 추앙해야 할 최고의 이념으로 존재하고 있다. 삶과 그들을 갈라놓았던 1980년대 쿠데타의 주체들이 국립 현충원의 묘역에서 애국의 세례를 받고 영면하고 있다. 정치적 적대로 전환될 가능성이 농후한 이데올로기적 대립 구조다. 2000년대 초반의 갈등적 정치 과정들은 그러한 우려가 어떻게 현실이 되는지를 잘 보여주고 있다.

## 6. 국립 현충원, 정치적 대결 무대로

1997년 12월 18일, 제15대 대통령 선거가 열렸다. 새정치국민
회의 김대중 후보가 10,326,275(40.3%)의 득표로 한나라당 이회
창 후보를 누르고 승리함으로써 정부 수립 이후 최초로 정당 간
'수평적 정권교체'를 이루어냈다.

김대중 대통령은 자신이 이끌 정부를 '국민의 정부'로 명명
하면서 정권 교체의 언어적 의미화를 시도했다. 주권재민이라는
민주주의 가치를 표방한 신임 정부의 수장은 취임사를 통해 국
정 과제들을 밝혔다. 외환위기로 파탄 난 국가경제를 정상궤도로
올려놓는 일과 함께 대통령은 전임 정부 아래에서 긴장의 강도
를 높였던 남북관계를 평화구도로 전환할 필요성을 역설했다.

남북관계는 화해와 협력 그리고 평화정착에 토대를 두고 발전시
켜나가야 합니다. 분단 반세기가 넘도록 대화와 교류는커녕 이산가
족이 서로 부모형제의 생사조차 알지 못하는 냉전적 남북관계는 하
루빨리 청산되어야 합니다. [⋯] 새 정부는 현재와 같은 경제적 어려
움에도 불구하고 북한의 경수로 건설과 관련한 약속을 이행할 것입
니다. 식량도 정부와 민간이 합리적인 방법을 통해서 지원하는 데
인색하지 않겠습니다. [⋯] 저는 남북 기본합의서에 의한 남북 간의
여러 분야에서의 교류가 실현되기를 바랍니다. 우선 남북 기본합의
서의 이행을 위한 특사의 교환을 제의합니다. 북한이 원한다면 **정상
회담**에도 응할 용의가 있습니다.[255](강조는 필자)

신임 대통령이 강조한 '남북 기본합의서'는 1991년 12월 13
일 노태우 정부의 정원식 국무총리와 북한의 연형묵 정무원 총

---

255) 김대중, 「제15대 대통령 취임사」, 대통령기록관.

리가 서명한 것으로서 남북화해(제1장), 남북 불가침(제2장), 남북 교류협력(제3장)이라는 평화통일을 위한 세 원칙을 천명했다.256) 김대중 대통령은 1990년대 초반 탈냉전 흐름 속에서 계기를 마련한 남북의 평화정착과 통일을 향한 정치적 노력을 한반도의 군사·정치적 긴장이 높아지고 있는 시점에서 다시 시도할 것을 공표했다.

국민의 정부는 그와 같은 정치적 의지 위에서 남북화해와 평화정착을 위한 가시적 노력들을 실천해나갔다. 우선, 정경분리의 원칙에 따라257) 남북한 경제협력 활성화를 촉진하기 위한 '남북경협 활성화조치'(1998년 4월 30일)를 발표했다. 정부의 적극적 의지는 정주영 현대그룹 명예회장의 북한 방문으로 이어지고 금강산 개발과 관광사업과 같은 가시적인 협력을 이뤄냈다. 그리고 민간 차원의 화해 분위기는 정치적 화해로 이어졌다. 국민의 정부는 1999년 6월의 연평도 충돌, 금강산 관광객 억류와 같은 부정적 상황들에도 포용정책의 원칙을 버리지 않았다. 하지만 군사 충돌과 민간인 억류 등은 군사·외교적으로 결코 가벼울 수 없는 문제들로서 남북관계의 냉각이 불가피해보였다.

김대중 대통령은 교착 상태에 머물고 있는 남북관계의 돌파구를 찾기 위해 2000년 3월 9일 독일에서 '베를린 선언'을 발표했다.258) 유럽 순방국가 독일의 베를린 자유대학 연설에서 대통령은 통일독일의 교훈을 통해 남북관계의 전기를 마련한다는 의지를 표명하면서 현 정부는 남북한 평화정착과 교류협력을 위해 최대한의 노력을 기울이고 있음을 강조했다. 대통령은 연설

256) 심지연, 『남북한 통일방안의 전개와 수렴: 1948-2001』 (돌베개, 2001), 416-419.
257) 김형기, 『남북관계변천사』 (연세대학교출판부, 2010), 222.
258) 한종기, 『햇볕정책의 정치동학: 남북관계의 국내정치화와 정책연계』 (세종연구소, 2001), 60.

을 통해 경제적 지원, 화해와 평화 구현 의지, 북한의 긍정적 호응에 대한 바람, 남북한 대화 재개 필요성을 밝혔다.259)

북한의 반응은 긍정적이었다. 남북한은 2000년 3월 17일 상하이에서 특사 접촉을 갖고 정상회담 개최에 관한 역사적 합의를 이루어냈다.260) 2000년 6월 13일 역사적인 남북 정상회담을 개최하고 '6·15 남북공동선언'을 탄생시켰다.

김대중 대통령은 한반도 화해와 평화 정착에 기여한 공로로 그해 노벨평화상을 수상했다. 김대중 정부의 대북 정책을 지지하는 사람들은 '햇볕정책'으로 불리는 포용정책이 누구도 예상하지 못한 역사적 성과를 냈다고 평가했다. 그들은 인도적·민족적 관점에서 대북 지원과 금강산 관광 등 포용정책이 필요하다고 생각했다. 하지만 반공주의를 이념적 근간으로 하는 보수세력의 입장은 달랐다. 그들은 김대중 정부의 대북 포용정책을 근본적으로 비판했을 뿐만 아니라 대한민국의 생존을 위협하는 '주적'으로 간주해온 북한 최고 지도자와 만나는 것을 받아들이려 하지 않았다. 그들은 북한이 여전히 호전적 집단이라는 사실261)과 물자 지원이 북한의 군사력 강화에 악용될 소지가 있다고 우려했다. 그러나 반북 보수세력의 정부 비판은 당장은 수면 위로 떠오를 수 없었다. 많은 국민들의 지지 여론이 있었고262) 야당인 한나라당까지 긍정적인 평가를 내리고 있었기263) 때문이다. 문제는 다음해에 발생했다.

259) 「베를린선언」, 심지연, 『남북한 통일방안의 전개와 수렴』, 469-470.
260) 「남북정상회담 개최 합의서 및 의제」, 심지연, 『남북한 통일방안의 전개와 수렴』, 475-476.
261) 김갑식, 「한국 사회 남남갈등: 기원, 전개과정 그리고 특성」, 『한국과 국제정치』 제23권 2호 (2007), 40.
262) 김병로, 「3차 남북정상회담과 국내정치변화」, 『북한연구학회보』, 15(1) (2011), 64.
263) 김갑식, 「한국 사회 남남갈등」, 41.

남북화해의 연장선상에서 평양에서 개최된 2001년 8·15 민족통일 축전에 남한정부는 방북대표단을 파견했다. 그런데 대표단 일부가 정부와의 약속을 어기고 평양의 조국통일 3대 헌장기념탑 제막식에 참석하고, 대표단 중 좌파학자로 평가된 강정구 교수가 김일성 생가인 만경대를 방문해 방명록에 "만경대 정신 이어받아 통일위업 이룩하자"는 내용의 글을 썼다는 소식이 전해지자264) 반북 보수세력은 목소리를 내기 시작했다. 8월 21일 방북대표단이 도착한 김포공항에는 지지를 표명하는 진보단체들의 반대편에 반북 보수세력들이 모여서 "통일열기에 찬물을 끼얹지 마라", "대표단은 북한으로 돌아가라" 등의 구호를 외쳤다. 사태는 급기야 물리적 충돌로 이어졌다.265) 그 이듬해인 2002년에는 진보세력이 정치적 목소리를 높이는 사건이 발생했다. 그 해 6월 미군 장갑차에 의해 두 여중생이 사망하는 비극이 터지고 오랜 시간 지속된 촛불시위로 반미주의 여론이 확산되었다.

한쪽은 반북을 외치고, 다른 한쪽은 반미를 소리쳤다. 그 상황에서 참여정부가 수립됐다. 새로운 정부가 처음으로 맞는 광복절은 두 개의 적대적 이념이 정면으로 충돌하는 무대였다. 한 신문은 당시의 상황을 다음과 같이 묘사하고 있다.

제58주년 광복절을 맞은 15일, '진보'와 '보수'는 서울 시내 곳곳에서 서로 갈려 다른 목소리를 내며 '애국'을 호소했다. 자유시민연대와 예비역 대령연합회 등 보수 단체 회원들은 오후 4시 30분께부터 서울시청 앞 광장에서 5천여 명이 참가한 가운데 '건국 55주년 반핵반김 8·15 국민 기도회'를 갖고 인공기와 김정일 북한 국방위원장의 초상화를 찢고 불태우기도 했다. 통일연대와 한총

---

264) 『한겨레』 2001년 8월 15일, 21일.
265) 김갑식, 「한국 사회 남남갈등」, 32-33.

련, 범청학련 남측 본부 소속 통일선봉대, 여중생 범대위 등 단체들은 이날 오후 5시께부터 종로1가 제일은행 앞에서 1만여 명이 참가한 가운데 '반전평화 8 · 15 통일대행진'을 가졌다.266)

노무현 대통령이 이끌 참여정부의 탄생은 진보세력에게는 정치적 희망이었지만 보수세력에게는 위기였다. 우선 노무현 대통령의 취임사가 밝힌 대북정책의 비전이 보수세력에게 우려로 비칠 만했다.

[…] 이제까지 우리는 한반도의 평화를 증진시키기 위해 많은 노력을 기울였습니다. 그 성과는 괄목할 만합니다. 남북한 사이에 사람과 물자의 교류가 일상적인 일처럼 빈번해졌습니다. 하늘과 바다와 땅의 길이 모두 열렸습니다. 그러나 정책의 추진과정에서는 더욱 광범위한 국민적 합의를 얻어야 한다는 과제를 남겼습니다. 저는 **그 동안의 성과를 계승하고 발전**시키면서, 정책의 추진방식은 개선해 나가고자 합니다."267)(강조는 필자)

국민의 정부가 추진한 대북정책을 이어가는 것이 참여정부의 원칙이라는 뜻으로 남북정상회담이 만들어낸 화해 분위기가 친북세력들의 준동을 가져왔다고 판단하는 보수세력의 시각에서 참여정부의 대북정책 원칙은 우려하지 않을 수 없는 것이었다. 더욱이 남북정상회담 성사에 관련된 대북송금사건의 파장이 가라앉지 않는 시점이었음을 생각해야 한다.

그와는 달리 진보세력은 참여정부로부터 많은 정치적 가능성을 볼 수 있었다. 제주 4 · 3 사건에 대한 대통령의 공식 사과는 희망의 명백한 증거였다. 대통령은 "국정을 책임지고 있는 대

---

266) 『오마이뉴스』 2003년 8월 16일.
267) 노무현, 「제16대 대통령 취임사」, 대통령 기록관.

통령으로서 과거 국가권력의 잘못에 대해 유족과 제주도민 여러 분에게 진심으로 사과와 위로의 말씀을 드립니다. 무고하게 희생된 영령들을 추모하여 삼가 명복을 빕니다"268)라고 했다. 대통령은 2004년 광복절 경축사를 통해서도 친일 잔재 청산 문제를 필두로 역사적 진실 규명의 필요성과 의지를 밝혔다.

> 그러나 지금 이 시간 우리에게는 애국선열에 대한 존경만큼이나 얼굴을 들기 어려운 부끄러움이 남아 있습니다. 광복 예순 돌을 앞둔 지금도 친일의 잔재가 청산되지 못했고, 역사의 진실마저 제대로 밝혀지지 않았기 때문입니다. […] 우리는 이 왜곡된 역사를 바로 잡아야 합니다. 진상이라도 명확히 밝혀서 역사의 교훈으로 삼아야 합니다. […]269)

참여정부 수장의 역사 인식은 보수세력에게는 근본적인 위기로 읽혀질 만한 것이었다. 참여정부 들어 친미와 반북의 이념 위에서 대한민국의 정통성을 주장하는 세력들이 정치적으로 결집하려는 움직임이 활발해진 것은 결코 우연일 수 없다.

국민의 정부로부터 참여정부에 이르기까지 보수정당이 '잃어버린 10년'으로 희화화한 시기는 대한민국 보수와 진보가 타협 없이 맞부딪힐 수밖에 없는 정치적 시간들이었다. 우리는 그것을 '남남갈등'으로 부른다.270) 두 정치가는 지역, 이념, 정치이력

---

268) 노무현, 「제주 4·3 사건 관련 말씀」, 대통령 비서실 엮음, 『노무현 대통령 연설문집』 제1권 (2004), 479.
270) 손호철, 「남남갈등의 기원과 전개과정」, 『남남갈등 진단 및 해소방안』 (경남대학교 극동문제연구소, 2004), 12. 물론, 우리는 남남갈등의 근본적 원인을 보다 멀리서 찾아야 할지도 모른다. 한국 현대사에서 국가적 은인으로 인정되었던 미국이 1980년대 초반 전두환 군사정권의 등장을 묵인한 또는 방조한 주체라는 인식이 사회적으로 확산되면서 미국에 대한 기존 인식이 급속하게 변화하기 시작했다는 점과 그

269) 노무현, 「제59주년 광복절 경축사」, 대통령 비서실 엮음, 『노무현 대통령 연설문집』 제2권 (2005), 256-257.

등 모든 면에서 보수와 양립할 수 없는 사람들이었다. 그들은 대한민국의 보수가 추앙하는 정치적 영웅인 이승만과 박정희의 반정립이었기 때문이다. 적대하는 두 세력의 갈등은 2005년에도 재연되었는데, 국립 현충원이 그 대립의 과정에 깊이 연루되었다.[271]

2005년 5월 10일 강희남 목사, 김수남 '우리민족련방제통일추진회의 공동의장' 등 재야원로 20여 명이 인천의 맥아더 동상 앞에서 동상 철거를 요구하는 천막농성을 조직했다. 의도했건 의도하지 않았건, 그것은 보수세력의 친미주의를 자극하는 정치적 연출이었다. 광복절만이 아니라 제헌절 또한 이념투쟁의 격랑으로 휩쓸렸다. 그해 7월 17일 진보와 보수단체들은 공히 동상 앞에서 집회를 시도하면서 자신들의 주장을 공론화하려 했다. 보수세력은 북한 공산주의에 맞서 자유민주주의를 근간으로 하는 남한체제가 수립되었다는 사실로 제헌절과 맥아더 장군의 정치적 의미를 되새기고자 했던 반면, 진보세력은 통일국가 수립이라는 민족적 염원을 달성하지 못했다는 관점에서 제헌절과 맥아더 동상을 비판적으로 바라보려 했다. 그러한 관점에서 맥아더 장군은 진보단체에게는 "분단을 부추긴 점령군"이었지만 보수단체에게는 "자유를 지킨 민족의 은인"이었다. 2005년 7월 말부터 8월 초에 이르기까지 두 세력은 각각 맥아더 동상 사수와 철거를 둘러싸고 자신들의 주장을 외쳤다. 7월 29일 예비역 장성 모임인 성우회

---

러한 변화 국면에서 북한을 바라보는 시각이 적에서 민족으로 이동하기 시작했다는 점에 주목하지 않을 수 없다. 하지만 이러한 잠재적 변화의 흐름에도 그동안 남한에서는 남남갈등이란 상황이 표면적으로 드러난 적은 없었다. 북한을 민족적 차원에서 바라보는 국민의 정부와 참여정부의 등장으로 남한 사회 내부에 잠자고 있던 갈등의 에너지가 폭발한 것이다.

271) 하상복, 「남남갈등과 장소의 정치: 국립 서울 현충원의 사례」, 『민주주의와 인권』 13권 3호(2013).

회원 100여 명이 동상 앞에서 맥아더 동상 사수 결의대회를, 8월 11일에는 통일선봉대 소속 회원 700여 명이 미군 철수 및 동상 철거 요구 집회를 조직했다. 그 대립의 강도가 격화되는 때 노무현 대통령이 나섰다. 대통령은 지방언론사 편집국장단 간담회에서 "국익에 도움이 안 된다"면서 철거를 주장하는 사람들에 반대한다는 입장을 밝혔지만 동상을 둘러싼 대립은 중단되지 않았다.272)

국민의 정부와 참여정부는 포용정책의 원칙 위에서 남북 화해를 위한 정치적 노력들을 실천했다. 6·15 남북정상회담은 그 노력의 정점이었으며, 참여정부는 전임정부가 지속한 정책의 기조를 계승할 것임을 공표했다. 그 결과 남북은 현대사에서 필적할만한 사례를 찾을 수 없을 만큼 놀라운 협력과 화해를 조성할 수 있었다.

하지만 그와 같은 변화가 남한 내에서 긍정적인 반응만을 이끌어낸 것은 아니었다. 북한에 대한 적대적 인식을 결코 바꾸지 않는 보수우익세력에게 두 정부의 화해노력은 민족적 순수함으로 해석되지 않았다. 대북 포용정책은 남한의 이데올로기적 정체성에 대한 우려와 북한의 군사적 호전성에 대한 두려움을 자극했다. 그렇게 표면화된 남남갈등은 맥아더 동상을 둘러싼 상징투쟁으로 나타나고 국립 현충원으로 이동하게 된다.

한국 사회는 남남갈등이 해소되지 않은 채 2005년 광복절을 맞이해야 했다. 2003년과 마찬가지로 그해 광복절 또한 어김없이 이념 대결의 무대였다. 다툼은 대한민국 최초의 국립묘지인 국립 서울 현충원을 둘러싸고 벌어졌다.

2005년 8월 12일, 이봉조 통일부 차관은 기자회견을 통해 북

---

272) 『한겨레』 2005년 9월 12일.

한 대표단이 서울 동작동의 국립 현충원을 참배할 것이라고 발표했다. 차관은 "북한이 지난 5일 판문점 남북연락관을 통해 이같이 밝혔"다고 전했다.[273] 북한 대표단의 현충원 방문은 그 자체만의 독립적 행사는 아니었다. 2004년 11월, 해방 60주년을 맞이하는 이듬해 광복절을 기념해 민족대축전을 개최하기로 남한과 북한 정부가 합의했으며 묘소 참배는 그러한 축전의 일환으로 기획된 것이었다.

그것은 남북이 분단된 이래 한 번도 상상할 수 없었던, 아니 '상상해서는 안 되는' 이벤트였다. 그 상상 불가능성은 국립 현충원의 역사적 기원과 이념적 본질에 연결되어 있었다. 앞서 살펴본 것처럼, 동작동의 국립묘지는 한국전쟁에서 희생된 군인들이 영면하고 있는 공간, 즉 '반공 군인'의 애국적 장소로 탄생하지 않았는가. 더 멀리 올라가자면, 그곳은 여순사건에서 제주도 파병을 거부한 좌익 군인들에 맞서 싸운 '우익 군경'을 기리고 추모하기 위해 건립된 이념적 장소였다. 창설된 이래 안장 자격의 확대에 따라 그 본래적 성격에 약간의 변화가 있었지만 이념적 우익성과 군인묘지로서의 기능은 국립 현충원을 관통하는 본질적 요소로 변함없이 유지되고 있는 것이다.

동작동 국립묘지의 역사성과 이념성을 응축하고 있는 현충탑 앞에 머리 숙여 참배하는 북한 대표단의 모습은 그러한 탄생사와 결코 양립할 수 있을 것 같지 않았다. 북측 대표단이 참배할 현충탑은 한국전쟁 때 전사한 군인들의 위패와 무명용사의 유골이 봉안된 곳임을 상기할 필요가 있다. "북한과의 관계에서 적대적 대립의 최전선에서 희생된 사람들이 대다수를 차지하는 상징적 공간"[274]인 동작동 국립묘지의 역사와 이념적 지평을 공

---

273) 『오마이뉴스』 2005년 8월 12일.

유하는 남한 정치세력들의 반응이 어떠했을지 상상해보기란 그리 어렵지 않다. 북측 인사들의 국립 현충원 방문은 그야말로 정치적 휘발성을 내재한 중대 사건이었다.

그 지점에서 정부가 북한의 제안을 긍정적으로 평가했다는 점은 흥미롭다. 참여정부는 현충원 참배를 민족의 불행했던 과거와 상처를 치유해 나가는 출발점이 될 수 있을 것으로 보면서 환영의 뜻을 표시했다. 정부가 발표한 '8·15 행사 북측대표단 국립 현충원 참배 설명자료'에 비추어 볼 때 그 행사는 민족적 관점에서 대단히 발전적인 움직임이었다.

첫째, "분단과 민족상잔의 불행했던 과거와 상처를 함께 치유해나가는 출발점"이고, 둘째 "남북 간 불행했던 과거의 정리는 민족적 견지에서 서로의 상처를 감싸고 하나 된 민족을 다시 복원하는 대승적 과정"이며, 셋째 "금번 참배는 6·15 남북공동선언 이후 남북관계의 진전과 북측의 남북 간 공존공영에 대한 의지를 실증"적으로 보여준 것이고, 넷째 "광복 60주년을 맞아 남과 북은 진정한 화해를 바탕으로 교류와 협력을 통해 남북관계를 새롭게 발전시켜" 나갈 기회였다.[275]

---

274) 정영철, 「남북한 대립 상징의 구조와 변화」, 『북한연구학회보』 11(1) (2007), 15.
275) 「8·15 북측 대표단 국립 현충원 참배 발표문」, 「8·15 행사 북측대표단 국립 현충원 참배 설명자료」, http://www.unikorea.go.kr/CmsWeb/tools/board/downAttachFile.req?fileId=FI0000080731. 정부는 위의 발표문에 덧붙여 독일 사례를 첨부하는 것을 잊지 않았다. 서독의 브란트 총리가 1970년 12월 7일, 나치에 의해 40만 명이 희생된 바르샤바의 유태인 지구에 세워진 추모비를 방문해 참배하면서 용서를 구한 일, 1989년 11월 14일, 헬무트 콜 서독 수상이 2차 대전 중 희생된 프랑스인 묘지에서 미테랑 프랑스 대통령과 손을 맞잡고 화해를 시도한 일, 그리고 2005년 5월 30일, 수교 40주년을 기념해 독일을 방문한 모세 카차브 이스라엘 대통령이 베를린 시내 중심에 위치한 유대인 대학살 추모공원을 찾아 참배한 일 등이 그것이다. 이러한 해외 사례를 통해 정부는 북한 대표단의 국립 현충원 방문의 의미가 한국전쟁에 대한 사죄 또는 화해의 제

정부는 현충원이 반공주의 공간이라는 사실을 부정하지는 않았지만 그곳에서 또 다른 역사적 기억과 잠재력을 끌어내려 한 것으로 이해할 수 있다. 즉, 정부는 항일 애국주의의 의미를 공유하면서 현충원이 반공주의, 혹은 반북주의의 재생산이라는 정치적 기능을 넘어 민족적 화합을 지향하는 상징적 공간으로 재탄생할 것을 소망했다.

역사적인 민족적 행사가 예정대로 개최될 수 있었던 것은 정부의 그와 같은 확고한 의지 때문이었을 것이다. '6·15공동선언 남측준비위원회'의 성명서는 정부의 의지를 재현하고 있었다. "국립 현충원은 순국선열들의 영혼을 모시고 있는 장소이자 분단체제의 비극이 집약된 곳"이라며 "이 장소에 북측의 당국과 민간 대표단이 참배하기로 결정한 것은 지난 60년 동안 전개된 남과 북의 대결과 반목의 세월에 종지부를 찍겠다는 강한 의지"라고 평가했다.[276]

이렇듯 북한 인사들의 현충원 참배를 인정하고 지지한 행위자들은 국립 현충원의 역사적·정치적 본질에 대해 반공주의를 신봉히는 보수우익세력들괴는 전혀 다른 헤석을 시도했다. 현충원은 "분단체제의 비극이 집약된 곳"이기도 하지만 "순국선열들의 영혼을 모시고 있는 곳"이라는 이해다. 그 점은 김기남 단장의 발언을 통해 명확하게 드러난다. 그는 정동영 통일부 장관과 환담하는 자리에서 자신들의 현충원 참배 배경을 설명했다. "대표단이 광복절 즈음에 방문하니 조국 광복을 위해 생을 바친 분이 있어 방문하겠다는 의견을 제기한 것"이라고 말했다.[277]

---

스처에 있다는 식의 해석을 하려 한 것으로 보인다.
276) 『미디어오늘』 2005년 8월 13일.
277) 『프레시안』 2005년 8월 14일.

쉽게 정리될 수 있는 사안이 아니었기에 언론의 해석 또한 상이했다. 《조선일보》와 《동아일보》 등 보수적 신문들은 북한 대표단의 현충원 참배를 민족주의적 의지가 아니라 정치적 전략으로 바라봤다. 먼저, 《조선일보》는 북한이 남한에 김일성 조문을 요구할 가능성을 제시하면서 현충원 참배를 국제정치학적 차원에서 북한의 고립적 위치를 돌파하기 위한 움직임으로 해석했다. 《동아일보》 또한 현충원 참배에 대한 긍정적인 의미는 최소화하면서 "북측이 참배를 결정한 이유를 구체적으로 밝히지 않았고 현재까지도 '6·25 전쟁 = 남측의 북침전쟁'이란 주장을 거둬들이지 않고 있어 우리 정부가 평가하듯 '순수한 선의'에 의한 것인지는 불투명하다"는 해석을 제시했다.[278]

반면, 그 반대편에서 다른 해석을 시도하는 언론의 움직임을 볼 수 있었다. 《한국일보》는 북한 대표단의 참배를 "남북관계의 큰 전환점이 될 전망"으로 해석하면서 그 저변에 깔려 있는 정치적 의도에 대해서는 직접적으로 언급하지는 않았다. 신문은 "민족상잔의 비극적 상징인 현충원에 북측 김기남 노동당 비서 등 대표단 30여 명이 참배하는 행위 자체가 불행했던 남북 간 과거사를 정리하는 첫걸음의 의미"가 있음을 강조했다.[279] 《국민일보》는 북한의 전략적 관점을 부정하지는 않으면서, 문제의 본질을 역사적이고 민족적인 의의를 강조하는 데에 두었다. "참배는 원인 제공에 대한 사죄는 아니지만 최소한 유감표명으로 불행한 과거를 말끔히 정리하겠다는 의사를 밝힌 것"으로 신문은 해석했다.[280]

---

278) 『조선일보』, 『동아일보』 2005년 8월 14일.
279) 『한국일보』 2005년 8월 14일.
280) 『국민일보』 2005년 8월 14일.

《한국일보》와 《국민일보》는 이념적으로 진보주의를 지향하는 신문은 아니다. 그럼에도 두 신문은 이데올로기적으로 예민한 사안이 적대주의로 해석되는 것을 경계했다. 언론의 이와 같은 해석 차이는 북한 대표단의 국립 현충원 참배에 대한 남한의 여론이 과거처럼 내전과 반공이라는 두 역사와 이념에 더 이상 고착되어 있지는 않음을 우회적으로 표현하고 있다.

그러한 변화를 반영하듯 8월 14일 남북통일축구대회를 출발로 축전이 시작되고 북한 대표단은 바로 그날 동작동으로 향했다. 그와 동시에 북한 대표단의 현충원 참배를 저지하기 위해 보수우익 단체들이 움직이기 시작했다. 14일 오전 자유개척청년단, 북핵저지시민연대 등의 회원들이 국립 현충원에 모여 반북시위를 벌였다. 그들은 김정일 국방위원장의 사진을 찢는 정치적 퍼포먼스를 벌이면서 북한 대표단의 참배에 반대를 외쳤다. "북측 대표단이 국립묘지를 참배하겠다는 뜻이 있다면 오기 전에 6·25전쟁과 각종 테러 행위 등을 고백하고 사과와 반성의 뜻을 밝혔어야 한다"며 "사과와 반성이 전제되지 않은 참배는 쇼에 불과하다"고 주장했다.[281] 디 강력한 형대의 빈대 표시로시 현충원 안으로 들어가려는 일단의 시위대들도 있었다. 보수우익 단체의 시위에도 북한 대표단은 서울 국립 현충원을 방문해 예정대로 참배를 진행했다. 김기남 조국평화통일위원회(조평통) 위원장, 림동욱 조평통 부위원장, 최성익 조선적십자회 중앙위원회 부위원장, 김정호 조선문학예술총동맹 중앙위원회, 성자립 김일성종합대학 총장 등 당국과 민간에서 총 27명의 대표단이 오후 3시경에 현충원을 방문해 현충탑에서 참배를 마쳤다.

2005년 여름의 이 사건은 일회적 에피소드로 마무리되었지만

---

281) 『세계일보』 2005년 8월 20일.

한국의 국립묘지, 특히 국립 현충원에 대한 새로운 성찰을 유도한다. 지금까지 본 것처럼 국립 현충원은 그 탄생기로부터 단한 번도 중대한 비판과 도전에 직면하지 않았다. 민주화의 귀결로서 국립 현충원과는 애국의 기준이 상이한 또 다른 국립묘지들(민주묘지들)이 창설되어 그 절대적 위상이 흔들리긴 했지만, 그렇다고 해서 국립 현충원을 둘러싼 이념 대결이 본격적으로 전개된 적은 없었다.

그런 차원에서 2005년 북한 대표단의 현충원 참배는 매우 중대한 의미를 갖는다. 북한 대표단과, 대표단의 참배를 승인한 정부가 국립 현충원에 대한 보수우익세력의 관점에 도전했다는 사실에 주목할 필요가 있다. 북한 대표단과 정부는 국립 현충원이 반공군사주의만을 본질로 하는 공간이 아니라 항일 민족주의를 표상하는 공간이라는 점을 부각했다. 또한 국립 현충원의 이데올로기적 본질인 반공군사주의는 민족적 화해의 열정 앞에서 그 강고한 테두리를 열어야 한다고 강조한 것으로 해석할 수 있다. 하지만 국립 현충원에서 언제나 반공군사주의만을 찾으려는 한국의 보수우익세력은 정부와 북한 대표단의 그와 같은 해석의지를 수용하지 않았다.

사자의 공간을 둘러싼 이념적 충돌은 거기서 종결되지 않았다. 그로부터 4년 뒤 여름, 김대중 전 대통령의 안장을 둘러싼 갈등으로 재연되었다.

2009년 8월 18일 김대중 전 대통령이 사망했다. 그의 죽음으로 한국 사회는 죽음이 정치와 교차하고 사자가 이념과 조우하는 상징의 공간 속으로 급속히 휩쓸렸다. 전직 대통령의 사망을 정치적 대립과 갈등의 대상으로 만든 직접적 동인은 그의 장례 형식과 안장지에 관한 이견과 논란 때문이었다.

장례 형식에서 김 전 대통령의 유족은 국장을 희망했다. 한국 현대사를 돌이켜볼 때, 국장은 극히 예외적이다. 현직을 수행하다 사망한 박정희 전 대통령의 국장을 제외하면 다른 전직 대통령들은 국민장 또는 가족장의 형태로 영면했다. 그렇게 볼 때 김대중 전 대통령의 국장은 정부 입장에선 쉽게 받아들일 수 없는 민감한 주제일 수밖에 없었다. 그런 맥락에서 정부는 국장 대신 국민장을 선호한 것으로 해석된다. 1965년 이승만 전 대통령의 장례 형식을 둘러싼 갈등이 재연된 듯이 보인다. 전직 대통령의 빈소를 찾은 이달곤 행정안정부장관은 "국장은 보통 현직 대통령의 장례를 치를 때 하고 전직 대통령이나 사회적으로 추앙받는 경우는 국민장이 선례다. 형평성을 생각하지 않을 수 없다"[282]고 말했다.

하지만 그러한 입장 발표에도 정부는 유족의 소망과 역사적 관례 사이에서 고민을 반복했다. 언론이 '국장과 국민장의 절충안'을 제시하는 분위기 속에서 결국 다음날 행정안전부는 유족과의 합의를 통해 대통령의 장례를 국장으로 치르기로 결정했다. 그렇지만 정부는 국장의 온전한 혹은 엄격한 모양세를 따르지 않았다. 9일 동안 치르는 국장의 법적 원칙과는 달리 대통령의 장례를 6일로 축소했기 때문이다. 정부는 유족의 입장을 수용하면서도 이후에 초래될지 모를 사회적 반발의 파장을 최소화하기 위한 현실적 대안을 모색하려 한 것으로 보인다.

생각해보면 정부는 제도적 원칙의 현실적 변용을 통해 유족과의 타협을 찾아나간 듯하다. 하지만 문제는 거기서 끝나지 않았다. 전직 대통령의 시신을 어디에 안장해야 하는가를 둘러싸고 논쟁이 벌어졌기 때문이다. 대통령의 유족들이 국립 서울 현충원

---

282) 『동아일보』 2009년 8월 19일.

안장을 요구했지만 정부는 그에 대해 난색을 표명했다. 국립 서울 현충원의 '국가원수 묘역'이 공간적 여유가 없다는 것이 어려움의 하나였다. 그러한 이유로 정부는 국립 서울 현충원을 매장 후보지에서 일단 제외하고자 했다.

국립 서울 현충원의 국가원수 묘역은 이승만 대통령과 박정희 대통령 부부 묘지로 거의 포화상태에 이르렀는데, 그들의 묘역은 당시의 국립묘지 설치운영법이 제정되기 이전에 조성된 것으로서 각각 1천600여 평방미터와 3천600평방미터에 달하는 광대한 규모였다.[283] 그러한 공간적 제약에서라면 국립묘지법이 규정하고 있는 전직 대통령의 묘역 면적인 16m×16.5m(약80평)를 조성하기 어렵다는 것이다. 또한 정부로서는 이후에 안장될 다른 전직 대통령과의 형평성 문제도 고려하지 않을 수 없었던 것으로 보인다. 말하자면 전임 대통령들이 전례를 들어 국립 서울 현충원 안장을 요구하면 문제가 복잡해질 수 있다는 것이다. 이러한 상황에서 정부는 대통령의 시신을 아직까지 공간적 여유가 있는 국립 대전 현충원 국가원수 묘역이나 그의 정치적 상징성이 드러날 수 있는 국립 5·18민주묘지 안장을 검토하기도 했다.

그런데 결국 정부는 유족의 뜻을 받아들여 김 전 대통령을 국립 서울 현충원에 매장하기로 결정했다. 물론, 여유 공간이 없는 국가원수 묘역이 아니라 묘역에 근접하고 있는 터를 활용하는 방식이었다. 8월 20일 정진태 국립 서울 현충원장은 "김 전 대통령의 묘역을 현 국가유공자 묘역 하단에 조성할 계획"이라고 공표했다.[284] 정부는 장례 형식과 매장지를 결정하는 일에서 유족의 요구를 대체로 수용하는 방향을 선택한 것으로 이해된다.

---

283) 『중앙일보』 2010년 8월 20일.
284) 『조선일보』 2009년 8월 20일.

그럼으로써 김 전 대통령의 장례는 공식적으로는 큰 문제없이
진행될 수 있었다.

하지만 그것이 사태의 끝은 아니었다. 김 전 대통령의 장례를
국장으로 치른다는 결정에 더해 시신을 국립 서울 현충원에 안
장한다는 정부 발표는 그의 이념과 정책 노선을 반대하는 단체
들의 불만과 저항을 불러일으키기에 충분했다.

앞서 국민의 정부가 지향하고 추진한 대북정책의 방향과 내용
들을 살펴보았다. 한국의 보수우익세력은 국민의 정부가 주도한
햇볕정책은 물론이거니와 김대중 전 대통령의 정치적 행보에 대
해서도 비판과 공격의 날을 세웠다. 그들은 국민행동본부[285]라
는 조직의 이름으로 국장 취소와 국립 서울 현충원 안장 반대운
동을 전개해 나갔다. 그들의 시위는 김 전 대통령의 사망 다음날
부터 시작되었다. 그들이 발표한 성명서 일부다.

국민행동본부를 비롯하여 대한민국을 사랑하는 우리 애국시민들
은 김대중 전 대통령 국장 거부운동을 전개할 것임을 밝힌다. […] 대
한민국의 정통성과 정체성을 끊임없이 폄훼해 온 인물을 국장으로
예우할 순 없다. 김대중 전 대통령은 해방 직후 좌익 활동가였고, 일
본에서 망명 중이던 1973년에는 반국가단체 한민통을 만들어 의장에
취임했으며, 이 일로 사형확정 판결까지 받았다. 감형되고 사면되긴
하였지만 한민통 판결은 이후 재심대상이 된 적도 없다. 김 전 대통

---

285) 2001년 1월 예비역 육군 대령 출신 서정갑의 주도로 창설된 보수우익단체다.
월간조선과 조선일보에 김대중 정부와 노무현 정부의 햇볕 정책을 비난하는 광고를
게재하고 3·1절과 광복절에 광화문광장에서 시국선언 대회를 개최했다. 또한 대한
민국 초대 대통령을 지냈던 이승만에 대한 재평가를 주장하고 국가보안법 존속과
한미동맹에 지지를 표명했다. 2006년 3월 1일의 자체 행사에서 6·15 남북공동선언
을 반역으로 규정하고 연방제 적화음모 저지 국민대회를 개최했으며 2009년 6월 2
4일 노무현 전 대통령의 분향소를 물리력을 동원해 철거하는 일과 같은 정치활동을
주도한 바 있다. 「국민행동본부」, 위키백과사전.

령은 재임 중 반 헌법적 6·15선언에 합의해 연방제 적화통일 방안을 수용했다. 이로 인해 남한 내 좌익들은 반역활동의 자유를 얻게 됐고, 대한민국은 미증유의 위기에 빠지고 말았다. 맹목적 대북지원에 앞장서 온 김 전 대통령은 북한의 핵실험에 가장 큰 책임을 져야할 인물이기도 하다. '김대중'이라는 이름을 반역자로 기억하는 수많은 국민들에게 애도를 강제하는 국장은 양심의 자유에 대한 위반이며 전체주의적 의식일 뿐이다. 이명박 대통령은 자신의 인기를 위하여 김대중 지지자들과 북한정권 추종자들을 위하여 대한민국의 명예와 권위를 팔아먹고, 대한민국의 정통성과 정체성을 포기해 버렸다. 우리 애국시민들은 대한민국의 정통성과 정체성과 헌법정신을 정면으로 부정해 온 김 전 대통령의 국장을 결코 수용할 수 없다. 6일은 물론 하루도 조기를 걸 수 없다. 우리 애국시민들은 김 전 대통령 국장거부운동을 전개할 것이다. […]286)

성명서에서 김대중 전 대통령은 "애국시민"과 정치적 대척점에 자리하고 있다. 애국의 본질을 반공과 반북으로 규정하고 있는 그들의 이념적 눈으로 볼 때 대통령은 나라의 이름으로 장례를 치를만한 애국자가 아니었다. 그런데 전임 대통령의 국장에 대한 그들의 반대는 정치가 개인에 대한 적대감을 넘어서는 것처럼 보인다. 그것은 김대중 전 대통령의 안장으로 만들어지게 될 상징적 구도에 관련된 것이다.

앞서 언급한 것과 같이 대한민국 현대사에서 국민장은 총 13회가 치러졌지만 국장으로 안장된 인물로는 박정희 대통령이 유일하다. 박정희 대통령과 김대중 대통령은 지역, 이념, 정치적 경력에서 서로 섞일 수 없는 뚜렷한 보색 대비를 이루는 두 지

---

286) 「국장(國葬) 거부운동을 선언한다」, 국민행동본부 홈페이지(http://www.nac.or.kr) 게시판.

도자라는 배경에 비추어볼 때, 보수우익단체의 입장에서 김 전 대통령이 국장으로 안장됨으로써 박 전 대통령과 '동등한' 국민적 존중 혹은 영광을 받는 것을 인정하고 싶지 않았을 것으로 상상해본다. 곧 이야기하게 될 보수우익단체의 국립 서울 현충원 안장 반대운동 또한 그러한 상징적 모티브 속에서 이해할 수 있다.

김 전 대통령의 시신은 동작동에 안장되는 것으로 최종 결정되었다. 그는 대통령이라는 국가적 지위를 가진 존재임과 동시에, 국장으로 장례를 치른 경우이기 때문에 국립 현충원에 안장될 법률적 자격을 갖추었다. 국립묘지의 설치 및 운영에 관한 법률은 국립묘지에의 안장자격을 "대통령, 국회의장, 대법원장 또는 헌법재판소장의 직에 있었던 사람과 '국장, 국민장에 관한 법률' 제3조에 따라 국장 또는 국민장으로 장의된 사람"으로 규정하고 있으며 김 전 대통령은 그에 해당한다.

전직 대통령의 국립 서울 현충원 안장이 결정된 8월 20일 국민행동본부, 라이트코리아, 자유북한운동연합 등 보수우익단체들은 징치적 연합을 구성해 광화문 정부종합청사 후문에서 '김대중 전 대통령 국장 및 현충원 안치 반대 기자회견'을 시작으로 매우 격렬한 시위를 전개해 나갔다.287) 기자회견은 '김대중', '국장' 이라고 적힌 종이를 구기거나 찢어서 땅바닥에 버리는 상징적 퍼포먼스로 시작했다.288)

보수우익의 목소리가 점점 더 높아지는 속에서 김대중 전 대통령의 유해가 국립 서울 현충원에 안장되었다. 그리고 그에 대한 반동으로 시위는 극단적인 상징폭력을 동반하면서 반복되었다.

---

287) 『오마이뉴스』 2009년 8월 20일.
288) 『노컷뉴스』 2009년 6월 20일.

2009년 9월 10일, 김대중 전 대통령 국장 취소 및 국립 현충원 안장 반대 투쟁을 벌여온 보수우익단체 회원 100여 명이 동작동 국립묘지 앞에서 기자회견을 열어 김 전 대통령의 현충원 안장을 취소하라는 시위를 벌였다. 그들은 김 전 대통령의 현충원 안장을 "친북세력의 알박기"로 규정하면서 시신을 망월동 묘지로 옮기는 상여 행렬 퍼포먼스를 연출하고, "또 당하지 않으려면 이제라도 온 국민이 **빨갱이** 타도에 나서야 한다"고 주장했다.289)(강조는 필자) 그들의 발언이 말하고 있듯이 김대중 전 대통령은 친북, 혹은 친 공산주의자로 간주되는, 대한민국의 이념적 정체성과 대척점에 서 있는 존재다. 따라서 반공주의의 세례를 받고 있는 국립 현충원, 특히 서울 현충원에 김대중 전 대통령을 안장하는 일은 도저히 수용할 수 없다는 논리인 것이다.

그들은 '김대중 묘지 이장 촉구 서명운동'과 '김대중 전 대통령 묘비 제막식 우상화 규탄 대회'를 거쳐, '김대중 국장과 현충원 안치 결정 취소 소송'으로 이어지는 일련의 운동을 통해 자신들의 분노와 적대감이 얼마나 극단적 지점에 도달해 있는지를 보여주려 했다. 이러한 감정적 맥락에서 2009년 10월 30일 서울 행정법원에 제출한 소송 청구문을 읽을 수 있다.

[…] 정부가 김대중 유족에게 국민장을 권유했지만 유족이 국장을 고집하자 유족과 합의하여 국장으로 바꾼 것은 국장, 국민장에 관한 법률 위반이므로 취소되어야 한다. 국장, 국민장에 관한 법률에 의하면 국장의 대상은 국가나 사회에 공헌한 인물에 한한다. 하지만 김대중 전 대통령은 권력형 비리, 언론과의 전쟁을 통한 언론탄압, 남북정상회담을 위한 부적법한 5억불 송금, 북한에 천문학적인 퍼주기로 핵과 미사일 개발을 도운 이적행위로 안보위기 자초, 간첩과

---

289) 『독립신문』 2009년 9월 11일.

국가보안법위반 전과자에게 민주화의 명예와 거액의 보상금을 주어 자유민주주의를 위태롭게 한 죄 등을 보더라도 그는 결코 국가나 사회에 공헌한 인물로 국장의 대상이 될 수 없다. 현충원 안치도 국가나 사회에 공헌한 인물에 한하는데 전직 대통령에 한하여 무조건 안치의 대상으로 하는 것은 법 앞의 평등에 위배된다. 위와 같은 이유로 현충원 안치 대상이 될 수 없다. 가족장과 국민장을 치른 다른 전직 대통령과의 형평성에도 어긋난다. 대부분의 국민이 조기게양을 하지 아니한 것은 국장에 반대하기 때문이다. […]290)

해가 지나서도 김대중 전 대통령의 현충원 안장에 대한 정치적 불만은 수그러들지 않았다. 2010년 2월 2일 오전, 김 전 대통령 묘역 뒤편 언덕의 잔디가 불에 탄 흔적이 발견되었다. 화재 현장 부근에서 김 전 대통령을 친공산주의자로 표현한 한 보수단체 명의의 전단이 발견되었다는 사실291)로 미루어 화재는 대통령의 현충원 안장을 지속적으로 반대해온 보수우익단체의 의도된 행위로 해석 가능하다.

조갑제는 자신이 운영하는 인터넷 홈페이지(조갑제닷컴)에서 이명박 정부를 향해 '최소한의 민족적 양심이 있다면 이승만 장례식을 국장으로 한 번 더 해야' 한다고 주장하면서 그 정당성을 김대중 전 대통령의 장례 형식에서 찾고 있었다.

이명박 대통령이 국가 반역 전력자 김대중 전 대통령을 국장으로 특급 대우하는 사태를 막지 못한 나로선 가족장으로 묻힌 이승만 건국 대통령에 대하여 죄스러움을 금할 수 없다. 이 대통령이 최소한의 민족적 양심이 있다면 이승만 장례식을 국장으로 한 번 더 치르

290) 「김대중 국장과 현충원 안치 결정 취소 소송」, 프리존 종합게시판(www.freezone.co.kr).
291) 『경향신문』 2010년 2월 2일.

는 의식이라도 해야 할 것이다. 건국 대통령은 가족장, 주적의 핵개발을 도운 반국가행위자는 국장이란 기록을 역사에 남겨놓을 순 없다. 정부가 하지 않으면 민간단체에서 주도할 만하다.[292)

이승만 전 대통령의 국장 필요성에 강조점을 둔 것이 아니라 김대중 전 대통령을 국장으로 예우한 것의 부당함을 주장하려는 의도로 보인다.

2005년 북한 대표단의 방문으로 반공군사주의 공간으로서 국립 현충원이 자신의 이념적 배타성과 견고함을 지속하는 것이 민족주의적 차원에서 타당한 것인가라는 문제가 제기되었다면, 2009년 김대중 전 대통령의 안장은 국립 현충원을 둘러싸고 있는 반공주의 외벽에 최초로 충격파를 던진 사건이었다.

이와 같은 맥락으로 유족과 측근들이 전임 대통령의 서울 현충원 안장을 요청한 것이 지닌 중대한 의미를 생각해볼 필요가 있다. 정부의 제안을 따른다면 국립 대전 현충원과 국립 5·18 민주묘지라는 두 대안이 있었다. 국가원수 묘역에 안장되는 것을 원했다면 최규하 전 대통령이 안장되어 있는 대전 현충원이 가능하다. 하지만 그들은 그곳을 원하지 않았다. 그렇다고 해서 유족과 측근들은 광주를 선택하지 않았다. 김대중 전 대통령의 장례 문제와 관련해 《오마이뉴스》와 김관선 전 광주시 의원(김 전 대통령의 조카)의 인터뷰에 비춰보면 유가족은 대전의 경우 연고가 없기 때문에 선호하지 않았으며, 광주의 민주묘지는 전혀 검토 대상에 들어 있지 않았다.[293)

유족과 측근들의 그와 같은 반대 논리에는 매우 중요한 문제

---

292)조갑제, 「이승만 장례식을 국장으로 한 번 더 해야」, 조갑제닷컴(www.chogabje.com).
293) 『오마이뉴스』 2009년 8월 27일.

의식이 깔려 있는 듯하다. 먼저 광주의 5·18민주묘지에 안장하는 것은 김대중 대통령이 '광주의 정치가'로 축소되는 부정적 효과가 초래될 수 있다. 김 전 대통령을 광주라는 정치적 공간 안으로 묶어둘 수는 없는 것이었다. 다음으로 대전의 현충원은 비록 국가원수 묘역을 갖추고 있고 이미 안장된 전임 대통령이 있긴 하지만 대전의 국립묘지를 통해서는 김대중 대통령의 정치적 위상과 상징성이 가시화될 수 없다. 대전의 국립묘지는 서울의 '아류'일 뿐만 아니라 정치가로서의 기억을 뚜렷이 보여줄 대비적 존재가 없기 때문이다. 김대중은 늘 박정희의 반대편에서 자신의 정치적 존재감을 드러냈고 그런 점에서 박정희와 함께 영면하는 것이 마땅해 보인다. 서울 현충원의 김대중 대통령 묘역은 광주라는 정치공간상의 제약을 넘어서, 통일과 민주화의 가치가 반공주의와 산업화라는 가치와 대등하게 공존하는 상징적 구도를 만들어내고 있는 것이다. 한국의 반북 보수세력들이 "빨갱이"로 간주하는 대통령이 반공주의 공간에 그 이데올로기를 표상하는 존재와 함께 영면하고 있다는 사실이야말로 그 점을 극적으로 드러낸다. 그와 같은 상징적 배치는 2012년 대통령 선거 후보들, 특히 박근혜와 문재인이 연출한 대립적인 참배의 정치에서 다시 나타났다.

시간을 거슬러 올라가 성격이 조금 다른 사건 하나를 다루어 보자. 이 사건 또한 국립 현충원이 뿌리를 내리고 있는 이념적 성격을 비판적으로 성찰하게 하는 스캔들이었다.

2003년 겨울 남극에서 한 연구원이 사망했다. 한국해양연구원 부설 극지연구소 소속의 전재규 연구원으로 남극 세종과학기지에서 근무 중인 12월 7일 기상 악화로 미처 귀환하지 못한 동료 대원을 구조하기 위해 수색작업을 벌이던 중 강풍으로 타고 있던 보트가 전복되어 현지에서 사망했다. 일반적인 관점에서 보면, 전재규 연구원은 국가적 업무를 수행하는 과정에서 사망했다는 점에서 국립묘지에 안장될 자격을 지닌 애국자로 평가할 만하다.

그렇지만 정부의 생각은 달랐다. 정부는 "국립묘지령은 국가, 사회에 공로가 현저한 사망자를 국무회의 의결을 거쳐 국립 현충원에 안장할 수 있도록 하고 있으나 검토 끝에 전 대원의 경우는 여기 해당하기 어렵다"는 의견을 공표했다.294) 당시 국립묘지령 제3조(안장대상) 5는 "국가 또는 사회에 공헌한 공로가 현저한 자 중 사망한 자로서 국방부장관의 제청에 의하여 국무회의의 심의를 거쳐 대통령이 지정한 자"로 규정하고 있다.295) 전 연구원을 '의사자義死者'로 인정할 수 없다는 판단이 정부의 입장을 잘 보여주고 있다. 12월 11일 국무조정실이 소관부처인 보건복지부에 사망자가 의사자로 보상받을 수 있는지를 문의했으나 보건복지부는 '의사상자 심사위원회' 자문을 토대로 관련 법률상 그를 의사자로 보기 어렵다는 의견을 보내왔다. '의사상자 예우에 관한 법률' 제2조(정의)는 다음과 같이 규정하고 있다. "이 법에서 '의사자'라 함은 **직무외의 행위**로서 타인의 생명, 신체 또는 재산의 급박한 위해를 구제하다가 사망한 자를 말한다."296)(강조는 필자) 관련 법률에 비추어 볼 때 핵심적인 논의 지점은 전재규 연구원이 동료를 구조하기 위해 보트를 타고 나갔다가 전복사고를 당한 것이 그의 "직무 외 행위"에 해당하는가

---

294) 『한겨레』 2003년 12월 13일.
295) 「국립묘지령」(대통령령 제15543호), 국가법령정보센터(www.law.go.kr).
296) 「의사상자예우에 관한 법률」(법률 제6474호), 국가법령정보센터.

의 문제였다. 전 연구원의 경우 "해양연구원 직원으로서 연구 업무를 하다가 동료직원의 해난사고가 발생하자 조직 내부의 지휘체계에 따라 구조단원으로 나선 것은 업무이행이자 직무수행의 한 과정"이라고 보건복지부는 해석했다.[297]

그런데 정부의 결정은 하루 만에 바뀌었다. 국무총리실은 전재규 연구원의 살신성인의 정신을 기리기 위해 의사상자 예우에 관한 법률을 근거로 그를 의사자로 인정하고 훈장을 추서한다는 입장을 밝혔다. 12월 12일 이영탁 국무조정실장은 경기도 안산 해양연구원에 마련된 고인의 빈소를 찾아 국민훈장 석류장을 추서했다.

여기서 한 가지 의문이 제기된다. 왜 정부는 하루 만에 결정을 바꾸었을까? 전재규 연구원의 국립 현충원 안장 불가에 대한 정부 결정을 수용하기 어렵다고 생각한 사회적 여론이 조성되었기 때문인 것으로 판단된다. 그를 국립 현충원에 안장하지 못하는 것에 대한 사회적 불만을 의사상자 추서로 해결하려 했던 것으로 보인다는 말이다. 한 언론의 보도가 이를 단적으로 뒷받침한다.

> 정부는 [⋯] 고 전재규 대원의 국립묘지안장 요구에 대해 현행 국립묘지령 규정으로 볼 때 어렵다고 결론을 내리고, 이를 유족들에게 통보하는 대신 전씨의 공적을 인정해 국민훈장 석류장을 추서했다.[298]

여기서 한 가지 역설을 본다. 전재규 연구원은 포상을 통해 애국적 인물로 확정되었음에도 국립 현충원에는 들어갈 수 없다는

---

297) 『기호일보』 2003년 12월 14일.
298) 『한겨레』 2003년 12월 14일.

점이다. 이와 같은 모순은 그의 죽음과 관련해 국립 현충원 안장의 합당성을 지지하는 여론의 조성을 촉발시켰다.

　유족들은 그를 국립묘지에 안장해야 한다고 생각했다. 아버지는 "재규가 국가를 위해 남극에 갔고 동료를 구하려다 사망한 것이기 때문에 국립묘지에 안장돼야 한다"며 "국립묘지행이 결정되지 않으면 장례를 치를 수 없다"고 말했다.[299] 유족들의 바람을 고려한 것이기도 하지만 연구원의 죽음을 안타까워한 사람들 또한 국립묘지 안장을 지지하면서 여론 조성을 주도해나갔다. 한국과학기술인연합은 12월 13일 "당장의 개인적 보상보다는 미래의 사회를 위해 연구에 이바지하다가 희생된 고 전재규 연구원이야말로 국가를 위해 대단한 공로를 남긴 국민일 것이다. 고 전재규 연구원이 국립묘지에 안장되지 못한다는 것은 과학기술인이 지금까지 국가와 사회발전을 위해 이바지한 대가를 인정하지 않는 것"[300]이라는 내용의 논평을 냈다. 같은 날 연구원이 졸업한 서울대학교 학생회도 국립묘지 안장을 촉구하는 성명서를 발표했다. 학생회는 "고 전재규 연구원이 국가 사회 발전에 이바지한 공로가 인정돼야" 하기 때문에 "비록 전 연구원이 국립묘지안장법이 지정한 공무원이 아니더라도 그의 죽음을 국가 사회 발전을 위한 순직으로 본다면 국립묘지 일반 묘역 안장이 가능하다"고 주장했다.[301]

　이러한 분위기와 함께 한 언론은 강경한 목소리로 정부의 입장과 논리를 공격했다.

299) 『한겨레』 2003년 12월 13일.
300) 과학기술인연합, 「고 전재규 연구원의 국립묘지 안장을 촉구한다」, 과학기술인연합 홈페이지(www.scieng.net)-공식논평/성명(2003년 12월 13일).
301) 『한국일보』 2003년 12월 13일.

국가 위탁 연구기관인 세종기지의 연구원으로서 조난한 대원들을 구하러 나갔다가 목숨을 잃은 젊은 과학도의 죽음이 국가 발전이나 나라에 공이 있는 죽음이 아니라고 보는 견해는 법 규정에 너무 얽매인 해석이다. 세계 각국의 과학자들이 나와 있는 남극기지에서 우리나라의 세종기지가 유독 열악한 상황이었던 것이 뒤늦게 알려졌다. […] 이와 관련해 대통령령으로 정해진 국립묘지령이나 국가 유공자에 대한 규정을 재검토할 필요가 있다. 국립묘지령을 보면, 국립묘지는 국방부장관 아래 있다. 현재 국립묘지는 군인묘지에서 조금 발전된 형태로 운영되고 있다. 군인 이외의 국가 유공자에 대해서도 국방부장관이 건의해 국무회의에서 결정하게 되어 있다. 매장과 화장, 묘지의 크기도 모두 계급이나 지위에 따라 차별적으로 적용되고 있다. 그러나 시대나 사회의 변화에 따라 국립묘지에 갈 수 있는 유공자에 대한 규정도 바뀌어야 하고, 안장 방식의 차별도 바꿀 때가 되었다고 할 수 있다.302)

언론은 국립묘지에 대한 전통적이고 관행적인 이해방식을 명백히 비판하고 있는 것처럼 보인다. 이러한 입장은 다른 곳에서도 이어졌다. 그가 근무했던 대전의 대덕연구단지 내 연구원들 절대 다수 또한 연구원의 국립 현충원 안장을 찬성하면서 정부를 비판했다. 그들은 "전 연구원은 국가 과학 발전을 위해 순직했으며 과학 입국의 미래를 위해 반드시 국립묘지에 안장해야 한다"는 의견을 모았다. 여기서 연구원들은 정부가 국립 현충원을 군인들만을 위한 공간으로 간주한다고 주장하면서 현충원에 대한 교조적 논리를 비판했다.303)

결국 정부는 국립 현충원 안장 불허라는 공식 입장에 대한 여

---

302) 『한겨레』 2003년 12월 14일.
303) 『한겨레』 2003년 12월 15일.

론의 저항을 생산적으로 고려하는 방향으로 선회했다. 그 단초는 국정 최고책임자인 대통령에게서 만들어졌다. 노무현 대통령은 2003년 12월 14일 4당 대표 청와대 회동에서 전재규 연구원의 국립 현충원 안장 문제를 재검토할 것을 주문했다. 한나라당 최병렬 대표의 요청에 따라 적극적으로 생각해볼 필요가 있다고 대통령이 동의한 것으로 전해지고 있다.[304] 노무현 대통령은 그해 12월 16일 국무회의에서 "이런 일을 계기로 변화하는 현실에 맞춰 국립묘지 안장 대상 기준을 바꾸는 것을 검토해 볼 가치가 있다"고 밝혔다.[305] 하지만 대통령이 조성한 긍정적 분위기에도 사안은 쉽게 결론을 내리지 못한 채 많은 시간을 지나야 했다.

정체 국면을 돌파하기 위해 의회가 움직였다. 전병헌 의원과 이병석 의원이 각각 '국립묘지법'과 '국립묘지기본법'을 대표 발의하고 국회 정무위원회에서 그에 대한 공청회가 열렸다. 이들이 발의한 법률의 근본적 문제의식은 직접적으로는 전재규 연구원의 국립묘지 안장을 둘러싼 갈등을 반영하는 것이지만, 그 전에 발생한 순직 공무원들의 안장 문제와도 깊이 연결되어 있었다.[306] 그들이 발의한 법률안은 공통적으로 기존의 국립묘지령에는 명시되어 있지 않은 의사자들의 안장을 제안하고 있었다.[307]

2005년 5월 3일 '국방부공고 제2005-22호'로 '국립묘지에 관한 기본법(안)' 입법예고가 공고되었다. 아래는 제안이유다.

그동안 국립묘지에 관하여 통일된 기본법 없이 각 묘지별로 다원

304) 『Press 25』 2003년 12월 14일.
305) 『한겨레』 2003년 12월 16일.
306) 「국립묘지법 제정에 대한 소회-전병헌 의원」, 『노컷뉴스』 2007년 7월 30일.
307) 「국립묘지법 및 보훈기본법 공청회 자료」(2005년 4월 19일), http://blog. daum.net/mtchoi/7100381.

화된 법령에 따라 비체계적으로 운영되었고, 안장대상의 확대에 따른 안장 공간의 부족, 안장대상자의 신분 및 계급에 따른 차별 등 운영상 문제점이 제기되었습니다. 이에 따라 국립묘지 운영에 관한 기본원칙을 규정할 기본법을 제정함으로써 국립묘지에 대한 법적 지위를 설정하고, 국립묘지발전위원회에서 수립한 안장 대상기준 및 안장방법 등 국립묘지 발전 방안을 반영함으로써 국립묘지의 운영상 문제점을 개선하고 동시에 국립묘지가 국가의 건전한 장묘문화를 선도할 수 있도록 하기 위함.308)

2005년 7월 29일, 1965년에 제정된 국립묘지령을 폐지하고 법률 제7649호로 '국립묘지의 설치 및 운영에 관한 법률'이 제정되었다. 국립묘지 운영의 제도적 형식을 대통령령에서 '법률'로 승격함으로써 원칙의 엄격한 준수를 지향해야 한다는 의지를 보였다. 법률 제5조(국립묘지별 안장대상자)는 국립 서울 현충원과 국립 대전 현충원에 안장될 자격이 있는 대상자에 "의사상자 등 예우 및 지원에 관한 법률 제2조 제 2호 및 제3호에 따른 의사자 및 의상자로서 사망한 사람 중 대통령령으로 정하는 요건을 갖춘 사람"을 포함했나. 또한 아래 두 항목을 추가함으로써 소방공무원을 비롯한 순직 공무원들의 안장 또한 가능하도록 했다. "화재 진압, 인명 구조 및 구급 업무의 수행 또는 그 현장 상황을 가상한 실습훈련 중 순직한 소방공무원과 상이를 입고 국가유공자 등 예우 및 지원에 관한 법률 제6조의 4에 따른 상이등급 1급·2급·3급을 받은 소방공무원으로서 사망한 사람", "산불진화·교정업무 등 위험한 직무를 수행하는 공무원으로서 대통령령으로 정하는 요건에 해당하는 직무 수행

---

308) 국방부. 「국립묘지 기본법 입법예고」. 국방부 홈페이지(www.mnd.go.kr) ―열린마당(2005년 5월 3일).

중 사망하여 관계 기관의 장이 순직공무원으로 안장을 요청한 사람"이다.309)

정부는 새로운 법률에 따라 2007년 10월 11일 전재규 연구원을 국립 대전 현충원 '의사상자 묘역'에 안치한다고 공표했다. 그리고 국립 대전 현충원이 연구원의 의사자 안장을 공식적으로 발표했다.

국립 대전 현충원은 의사자인 세종기지 전재규 대원을 10월 13일 오후 4시에, 거제도 유류운반선 폭발사고에서 사망한 심경철 의사자는 14일 오전 11시에 '의사상자 묘역'에서 안장식을 거행한다. 금번 안장되시는 전재규 대원은 […] 작년 1월 30일 국립묘지 관련 업무가 국방부에서 국가보훈처로 이관됨에 따라 제정된 국립묘지기본법에 '의사상자'가 안장대상에 포함됨으로써 국립 대전 현충원 '의사상자 묘역'에 안장되는 것이다.310)

전재규 연구원은 사망한 지 근 4년 만에 국립 현충원에 안장될 수 있었다. 여기서 주목해야 할 사실은 그가 안장되었다는 점이 아니라 그것을 둘러싸고 벌어진 정치적 갈등이다.

북한 대표단의 서울 현충원 방문과 김대중 전 대통령의 안장이 초래한 대립은 국립 현충원의 태생적 본질이 반공주의라는 역사적 사실에 관련된 것이었다면, 전재규 연구원의 경우는 또 하나의 본질적 이념인 군사주의 혹은 군인 우선주의에 관계한다. 국립묘지의 설치 및 운영에 관한 법률 이전 법령인 국립묘지령 제3조가 규정하고 있는 안장대상자는 총 7개의 범주로 나뉘는데 그 중 '첫째와 둘째' 범주는 각각 "현역군인

---

309) 「국립묘지의 설치 및 운영에 관한 법률」, 국가법령센터.
310) 「세종 기지 전재규 연구원 등 의사자, 대전 현충원 안장」(국립 대전 현충원 보도참고자료)(2007년 10월 10일).

(무관후보생을 포함한다) 소집중의 군인 및 군무원(종군자를 포함한다)으로서 사망한 자"(제3조 제1항)와 "전투에 참가하여 무공이 현저한 자, 장관급 장교 또는 20년 이상 군에 복무한 자 중 전역, 퇴역 또는 면역된 후 사망한 자로서 국방부장관이 제청한 자"(제3조 제2항)다. 국립묘지 안장의 가장 핵심적인 혹은 우선적인 대상이 '군인'이라는 점을 다시 한 번 말하고 있다. 그와 달리 국립묘지의 설치 및 운영에 관한 법률 제5조(국립묘지별 안장대상자)의 경우, 안장대상자로서 현역군인과 장관급 장교는 "대통령·국회의장·대법원장 또는 헌법재판소장의 직에 있었던 사람 '국가장법' 제2조에 따라 국가장으로 장례된 사람" 그리고 "독립유공자예우에 관한 법률 제4조에 따른 순국선열과 애국지사로서 사망한 사람" 다음에 위치하고 있다. 애국자에 대한 예우에서 군인의 위상이 과거보다 낮아졌음을 알 수 있다.

전재규 연구원의 안장 사례는 앞서 살펴본 안현태의 국립대전 현충원 안장과 뚜렷이 대비된다. 안현태는 반공주의를 실천한 '군인'이었다는 점에서 반국가석인 행위에 가담했음에도 신속하게 국립 현충원에 안장되었던 반면에, 전재규는 공적 혹은 국가적 가치를 위해 자신을 희생했음에도 '민간인' 신분이었다는 사실 때문에 국립 현충원에 안장되기까지 긴 시간을 기다려야 했다. 만약 그가 군인 혹은 그에 관련된 신분으로 희생되었다면 큰 갈등 없이 국립묘지에 안장되었을 것을 쉽게 상상하게 한다. 국립 현충원이 군인들에게는 관대하면서도 민간인들에 대해서는 왜 엄격해야 하는가를 묻게 한 스캔들이었다. 지금까지 어느 누구도 건드릴 수 없었던 국립 현충원의 정치적 존재론을 건드린 것이다.

제
4
부

국립묘지의 정치미학
― 역사와 이념의 공간적 재현

# 국립묘지의 정치미학

## —역사와 이념의 공간적 재현

## 1. 빵떼옹, 정치적 화해와 공존의 미학

빵떼옹은 지상과 지하로 분리되어 있다. 지하는 묘지로 이용되고 있고 지상은 벽화와 조각으로 채워져 있다. 먼저 지하를 살펴보기로 한다. 다음은 빵떼옹 지하 분묘의 개념도다.

묘지 입구를 들어서면 강베타의 납골단지를 만난다.[1] 보불전쟁 때 열기구를 타고 탈출한 일화로 유명한 강베타는 2제국의 독재정치와 끊임없이 대결했다. 루이 나폴레옹이 프로이센과의 전쟁에서 패배해 체포되자 파리 시청으로 가서 공화국을 선포하는 데 주도적 역할을 했다. 전쟁과 제국 붕괴라는 대내외적 위기 속에서 프랑스 공화주의를 다시 세우고 안착하는데

---

1) 빵떼옹에 안장된 인물들에 관한 소개와 설명은 Decraene, *Petit dictionnaire des grands hommes du Panthéon*의 내용에 근거했음을 밝혀둔다.

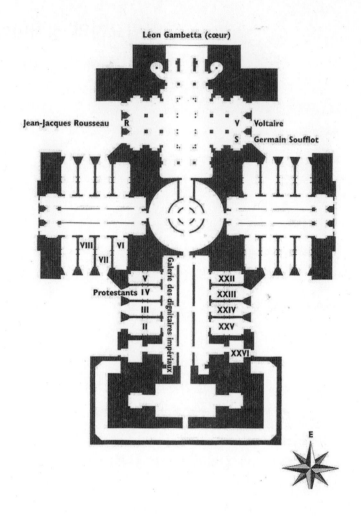

Léon Gambetta (cœur)

Jean-Jacques Rousseau    R          V   Voltaire
                                    S   Germain Soufflot

Galerie des dignitaires impériaux

VIII    VI
   VII

V
Protestants  IV
   III
   II

XXII
XXIII
XXIV
XXV
XXVI

E

  결정적인 기여를 한 인물로, 3공화정 건립 이후 정치적 주도
권이 왕당파에서 공화파로 넘어오는 데 힘쓰고 정계를 은퇴한
뒤에는 《프랑스 공화국La République française》이란 신문을 제작해
공화주의 이념을 확산하고 공고히 하는 데 주력했다. 1882년 12

월 31일 불의의 사고로 사망했을 때 우파 가톨릭 계열의 한 신문이 "죽었다고 용서받을 수 없다"는 독설을 했다는 일화처럼 강베타에 대한 적대세력의 분노와 저주는 상상을 초월했다. 강베타의 공적 생활은 그야말로 공화주의의 체현이었다. 강베타를 통해 빵떼옹은 공화주의 이념이 발산되는 사자의 터전으로 자리매김하는 것처럼 보인다.

강베타를 지나 중앙 통로로 향하면 프랑스 대혁명의 이념과 정신을 구현하고 있는 볼테르와 루소가 마주보며 영면하고 있다. 볼테르는 이성의 이름으로 구체제의 권력 모순과 종교적 광신을 비판하면서 근대의 길을 열어준 인물이었다. 미라보 다음으로 안장된 위대한 인물이었지만 미라보가 축출되었기 때문에 빵떼옹에 안장된 사실상의 최초 인물이라고 할 수 있다. 입상 뒤에 있는 관에는 "시인이며 역사가이자 철학자였던 그는 인류의 영혼을 증진시켰으며 자유의 당위성을 가르쳤노라"는 글귀가 새겨져 있다. 한편 루소는 볼테르에 비해 상대적으로 소박한 형태의 목관에 안장되어 있다. 관의 정면에는 횃불을 든 손이 조각되어 있는데, 계몽주의의 빛을 상징한다. 루소의 신봉자로 대혁명에서 급진 민주주의 실험을 시도한 혁명가 로베스피에르는 프랑스 공화주의 운동에서 루소가 차지하는 절대적 무게를 느끼게 한다. 볼테르와 루소는 동시대를 살았지만 그럼에도 서로 마주보며 잠들어 있을 만큼 삶의 궤적에서 유사하지는 않았다. 따라서 그와 같은 배치를 정치적 연출로 이해하는 것이 좋을 듯하다. 프랑스 대혁명의 본질적 이념인 이성, 계몽주의, 그리고 공화주의의 표상 공간으로 빵떼옹을 상징화한다는 것이다.

그들을 지나면 고유 번호를 지닌 묘소들을 만난다. 각 묘소의 크기는 동일하며 놓여 있는 석관들의 크기와 모양 또한 다르지 않다. 프랑스의 위대한 인물들이 영면하는 묘소는 신분이나 계층의 위계가 아니라 인권, 자유, 평등, 저항, 연대, 진실, 진보 등 혁명과 공화국의 이념과 가치로 채워져 있다.

제6묘소에는 카생René Cassin, 물랭Jean Moulin, 말로André Malraux, 모네Jean Monnet가 안장되어 있다. 이들을 묶는 공통의 역사와 가치가 있다면 그것은 '항독 저항운동'일 것이다.

1964년 12월 19일 드골Charles de Gaulle 대통령의 결정으로 안장된 물랭은 항독 레지스탕스의 상징적 인물이다. 1940년 독일군의 폭격으로 인한 인명 살상과 조작 사건을 목격하면서 행정가에서 투사로 변신한 물랭은 전국 레지스탕스 위원회를 결성해 대독 저항의 선두에서 투쟁했지만 그 대가는 상상을 초월하는 고문과 비극적 사망이었다. 카생은 1차 대전 참전 용사로서 전후에는 릴 대학의 법학교수로 활동하다가 2차 대전 중에 드골과 함께 항독 저항운동에 참여했다. 유대인과 무슬림 인권에 깊은 관심을 가지고 1948년 세계인권선언문 제정에 깊이 관여했다. 유럽인권재판소를 이끌며 세계 인권 증진에 기여한 공로로 1968년 노벨평화상을 수상했다. 유럽연합의 아버지로 불리는 모네는 1차 대전 참전 용사이자 2차 대전에서는 드골과 함께 대독 레지스탕스로 활동했다. 끝으로 말로는 드골 정부의 문화부 장관으로 프랑스 문화외교의 최전선에서 활동했지만 이전에는 스페인 내전에 참여해 공화주의 사수를 외치고 2차 대전 중 대독 레지스탕스로 활약했다.

제7묘소에는 '프랑스 대혁명 200주년'(1989년)을 기념해 위대한 인물의 칭호를 받은 그레고리 신부Baptiste Henri Grégorie, 콩도르세Marie Jean Condorcet, 몽주Garpard Monge가 안장되어 있다. 그 점에서 7묘소는 '혁명의 기억 공간'이다. 그레고리 신부는 삼부회의 성직자 대표였지만 국민회의에 합류해 성직자 시민선서에 서명한 최초의 신부다. 1공화국의 수립을 지지하고 사형제와 노예제 폐지를 주창하면서 1794년 2월 4일 '흑인노예해방 명령'을 채택하는 데 크게 기여했다. 철학자와 수학자로 명성을 얻은 콩도르세는 그레고리 신부의 영향을 받아 사형제 폐지와 노예해방의 인본주의 사상으로 혁명에 참여했다. 루이 16세 처형에 반대했다는 이유로 체포되었는데 극약을 먹고 감옥에서 스스로 목숨을 끊었다. 이 두 사람과 함께 같은 날 안장된 몽주는 구체제에서 수리학과 기하학 교사로 활동하다 혁명정부 아래에서 해군부 장관과 식민지 장관으로 군대 개혁을 주도하고 나폴레옹 제국에서는 전문 관료들을 육성하는 교육기관 창설에 기여했다.

제7묘소가 프랑스 대혁명 200주년을 표상하고 있다면 제23묘소에는 '프랑스 대혁명 100주년'(1889년)을 기념하는 위대한 인물들이 안장되어 있다. 혁명전쟁 중 사망한 네 명의 군인 마르소François Marceau, 카르노Lazare Nicolas Carnot, 코레Théophile Malo Corret de la Tour d'Auvergne, 보댕Alphonse Baudin이다. 마르소는 바스티유 감옥 함락에 참여하면서 대혁명을 지지하는 군인이 되어 반동적인 군주국들과의 전쟁에서 많은 전과를 올렸다. 군인 카르노는 국민공회 의원으로 활동하면서 혁명정부의 군사개혁을 담당했다. 나폴레옹 제국에서 전쟁부 장관을 역임했지만 복고 왕정이 국외로 추방해 그곳에서 생을 마쳤다. 코레는 '공화국 군대 최정예군'의 영예를 받아 8천 명을 이끄는 지휘관으로 혁명전쟁에 참여했다. 나폴레옹 아래에서 야전군 지휘관으로 활약하다 전사했다. 이들 세 군인들과는 달리 보댕은 대혁명기가 아니라 제2공화정기에 활약한 인물이다. 군의관으로 아프리카 전염병 환자들을 헌신적으로 돌보는 인도주의 의학을 실천하고, 2공화정 수립을 열렬히 지지하고 국회의원으로 당선되어 정치가로 활약했다. 1851년 12월 루이 나폴레옹의 쿠데타에 맞서 무장 투쟁에서 전사했다. 5년 뒤인 1894년에는 3공화국의 대통령 카르노Sadi Carnot가 안장되었다.

빵떼옹이 국민의 전당으로 재탄생하는 데 결정적인 역할을 한 위고는 졸라Émile Zola, 뒤마Alexandre Dumas와 함께 제24묘소에 영면하고 있다. 이들 세 사람은 프랑스의 위대한 문호라는 공통점이 있지만 혁명과 공화주의 정신의 구현에서도 동질성이 있다. 1908년 6월에 안장된 졸라는 '드레퓌스Dreyfus' 사건에 개입하면서 볼테르가 그 기원이 되는, 정치적 진실을 밝히는 지식인의 현실 참여, 즉 '앙가주망Engagement'의 전통을 이어갔다. 1800년대 말 프랑스에 불어 닥친 반유대주의 광풍 속에서 국가기밀을 적국에 넘겼다는 혐의를 씌워 유대인 출신 장교 드레퓌스를 종신형에 처하는 정치적 스캔들이 터졌다. 졸라는 포르Félix Faure 대통령에게 보낸 편지 형식의 기고문 '나는 고발한다J'accuse…!'를 한 좌파신문에 실어 사건의 진실이 은폐되고 조작되었다고 주장했다.

저는 군사재판관들을 고발합니다. 그들은 공정하지 못한 판결을 내렸습니다. 그 판결은 군법회의에 부담을 줄 것이며 모든 판결을 얼룩지게 할 것입니다. 첫 번째 군법회의는 진실을 몰랐을 수도 있었을 겁니다. 하지만 두 번째 군법회의는 명백히 범죄를 저지른 것입니다. […] 제게는 단 하나의 목표밖에 없습니다. 그것은 너무나 큰 고통을 받았지만 행복할 권리를 가진 인류의 이름으로 진실을 밝히는 것입니다. 불타는 저의 항변은 오로지 제 영혼으로부터의 외침입니다. 그들이 저를 법정에 세우도록 해주십시오. 한 점 어둠 없는 빛 속에서 조사가 이루어지도록 해주십시오. 저는 기다리고 있습니다.[2]

---

2) Émile Zola, "Letter to M. Félix Faure, president of the Republic(J'accuse," in Émile Zola, Alain Pages(eds.), *The Dreyfus Affairs: "J'accuse and other writing"*, Eleanor Levieux(tr.) (New Haven: Yale University Press, 1996).

진실에 대한 목마름은 드레퓌스 대위의 누명을 벗기는 데는 성공하지만 졸라의 삶에는 치명적이었다. 그는 군법회의를 중상 모략했다는 죄목을 받고 영국으로 망명해 1907년 9월 호흡곤란으로 사망했다. 위고의 벗 뒤마는 고향에서 그레고리 신부로부터 교육을 받은 뒤 파리에서 소설과 희곡 작가로 성공했다. 하지만 문학에만 몰두한 인물이 아니었다. 7월 왕정 수립을 지지하고 2공화정 국회의원으로 활동한 진보적 정치인이었다. 1860년에는 가리발디G. Galibaldi의 이탈리아 통일운동을 지원하기도 했다. 가장 최근에 빵떼옹에 안장되었다.

제25묘소에 안장되어 있는 위대한 인물들 또한 인권과 저항의 실천가들이다. 1907년에 안장된 베르트로Marcellin Berthelot[3]는 화학자이면서 3공화정 상원의원이자 외무부장관이었다. 3공화정이 마지막으로 안장한 팽르베Paul Painlevé는 수학과 유체역학을 연구한 학자였지만 드레퓌스 사건을 목격하고 분노하면서 정치인의 삶을 시작했다. 1910년 사회당 후보로 당선되어 하원의원이 되고 1차 대전 중 국방부 장관으로 입각했다. 종전 후 하원의장과 총리로 활동하고 청소년 교육 발전을 위해 힘썼다. 1948년 11월에는 랑주뱅Paul Langevin과 페렝Jean Baptiste Perrin이 안장되었다. 물리학자이자 화학자였던 랑주뱅은 1차 대전과 항독 레지스탕스 운동에 참여했다. 물리학자 페렝은 공병 장교로 1차 대전에 참전했으며 전후 노벨 물리학상을 수상했다. 조레스의 추종자로 3공화국 인민전선Front populaire 정부의 각료로 활동했다. 끝으로 1952년 6월에 안장된 브라이유Louis Simon Braille는 제4공화정이 마지막으로 안장한 위대한 인물이었다. 어릴 때 사고로 맹인이 되어 맹인 문자체계가 너무나 어렵고 복잡하다는 점을 인식하고 정확하며 효

---

3) 부인Sophie과 합장되어 있다.

율적인 맹인용 점자를 만들기 위해 노력한 끝에 맹인용 보편 문자체계를 발명하는 데 성공했다.

제26묘소에 안장되어 있는 조레스Jean Jaurès, 에부에Félix Adolphe Éboué, 쉘세Victor Schœlcher[4])는 인권과 저항의 상징적 존재들이다. 조레스는 파리 고등사범학교에서 철학박사를 받은 뒤 3공화정 국회의원으로 이후에는 행정가(툴루즈 시 부시장)로 활동했다. 노동자의 삶과 인권에 깊은 관심을 지녔던 조레스는 1901년에 프랑스 사회당Parti socialiste française을 창당하고 기관지 《인류L'Humanité》를 창간하면서 프랑스 사회주의 운동의 대부가 되었다. 1차 대전 발발 가능성이 짙어가자 조레스는 프랑스 군부를 표적으로 삼아 반전운동을 주도했지만 그를 '프랑스의 적'으로 간주한 암살자에 의해 사망했다. 에부에는 마르티니크Martinique 총독으로 파견되어 지역경제 수준을 높이는 데 기여하고 행정 능력을 인정받아 1938년, 차드 총독으로 임명되었다. 2차 대전에서 드골과 함께 항독 저항 운동에 참여했다. 그 공로로 '해외 프랑스 최초의 레지스탕스'로 불리기도 했다. 프랑스는 노예제 폐지를 위해 헌신한 대표적 인물로 쉘세를 말하는 데 주저하지 않는다. 서인도 제도 노예들의 비참한 삶에 큰 충격과 고통을 받아 1834년 '노예제 폐지를 위한 프랑스 협회Société française pour l'abolition de l'esclavage'를 창립하고 노예제 폐지를 위한 출판운동에 전력을 기울였다. 공화주의를 신봉한 정치가 쉘세는 7월 왕정이 붕괴되자 세네갈에서 귀국해 제2공화정 수립에 참여했다. 루이 나폴레옹의 쿠데타와 2제정을 인정하지 않은 대가로 망명을 감수해야 했다. 황제의 사면조치를 받아들이지 않고 이후 강베타와 함께 3공화정 선포의 주역이 되었다.

---

4) 아버지Marc와 합장되어 있다.

제8묘소에는 폴란드 태생의 프랑스 화학자 퀴리Marie Curie와 남편Pierre이 안장되어 있다. 퀴리는 1995년 4월 20일 위대한 인물의 칭호를 받아 빵떼옹에 안장되었다. 1994년 세계 여성의 날을 맞아 단 한명의 여성도 빵떼옹에 없다는 미테랑 대통령의 문제의식을 반영하고 있다. 여성주의 표상이기도 하지만 지식의 진보를 통한 인류의 발전이라는 계몽 이념의 상징이기도 하다.

한편 나폴레옹 제국의 정치가와 군인들이 안장되어 있는 묘소들은 어떻게 해석해야 할까? 제국의 관리들은 제2묘소부터 제5묘소까지 안장되어 있으며, 제국의 가장 위대한 군인으로 칭송받은 란느Jean Lannes 장군이 제22묘소에 안장되어 있다. 개신교도들을 국가적 의무를 수행해야 할 시민으로 규정하면서 그와 같은 정치적 의지를 가시화하기 위해 만든 제6묘소도 있다. 나폴레옹 제국은 적어도 구체제로의 복귀를 향한 반공화주의 체제가 아니었다는 점에서 제국이 조성한 묘소들은 혁명과 공화주의의 체현이라는 빵떼옹의 위상에 적대적인 것은 아니라고 볼 수 있다.

지금까지의 관찰은 강베타에서 퀴리에 이르기까지 빵떼옹의 지하묘지가 대혁명과 공화국의 이념과 가치를 구현하는 위대한 인물들의 기억공간임을 말하고 있다. 대혁명 이전 구체제의 인물들을 찾아볼 수 없다. 그들을 만나기 위해서는 파리의 빵떼옹이 아니라 프랑스 왕족들이 안장되어 있는 생드니의 대성당으로 가야 한다.

그러나 구체제의 기억이 빵떼옹에 전혀 없지는 않다. 볼테르 옆에 안장되어 있는 수플로다. 이미 살펴본 것처럼 수플로는 복고 왕정이 구체제의 정통성과 정당성을 표상하기 위한 정치기획의 기억을 간직하고 있다. 그 점에서 그는 혁명 그리고 공화주의와는 어울리지 않는다. 그렇다면 프랑스 공화국은 왜 수플로를 다른 곳으로 옮기지 않았을까? 복고 왕정의 정치적 열망을 간직하고 있는 존재를 축출하지 않은 것은 빵떼옹 지상부의 미학에 구현되어 있는 정치적 공존 의지로 이해할 수 있다.

이제 빵떼옹 지상의 벽화와 부조, 조각상들을 분석해본다. 다음은 지상부를 채우고 있는 예술작품 배치도다.

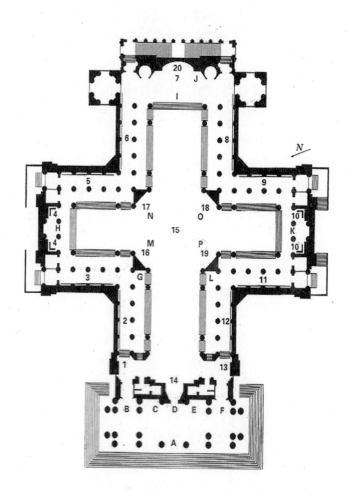

배치도의 숫자는 벽화이며 알파벳은 부조와 조각상이다.5) 벽화의 대부분이 왕당파로서 국립파리미술학교Ecole des Beaux-Arts 교장을 지낸 셴비에르 후작marquis de Chennevières, Charles Philippe Pointel이 기획하고 추진한 예술 사업으로, 이 점은 대단히 중요한 정치적 의미를 지닌다.

정문을 지나 왼쪽 벽면으로 향하면 '생드니의 순교Le Martyre de Saint Denis' (1)를 만난다. 제목 그대로 처형된 후 자신의 목을 들고 몽마르트 언덕까지 갔다는 전설의 성인 생드니의 이야기를 웅장하게 그렸다. 그 옆에는 '아틸라의 진군 / 파리 사람들을 진정시키는 생트 주느비에브La Marche d'Attila / Sainte Geneviève calmant les Parisiens' (2)가 있다. 역시 셴비에르의 요청으로 제작된 작품이다. 아틸라가 공격한다는 소문을 듣고 두려움에 떨던 파리 사람들을 진정시켰다는 생트 주느비에브의 전설을 다루었다. 왼쪽으로 돌면 '생루이의 삶La Vie de Saint Louis' (3)을 볼 수 있다. 예술을 사랑한 기독교 군주의 모범으로 추앙되는 프랑스 왕 생 루이(또는 루이 9세)의 삶을 그렸다. 이어서 '조국을 위해Pro patria' (4)라는 제목의 4개 연작을 만난다. 그 각각은 '신의 관념', '가족의 관념', '애국의 관념', '인류의 관념' 이다. 셴비에르의 주문으로 제작되었다. 그 오른쪽 벽면에서 '잔다르크의 생애Vie de Jeanne d'Arc' (5)를 본다. 이어서 잔다르크와 함께 프랑스 구원의 여신 생트 주느비에브의 전설을 담은 벽화들을 만난다. 그 처음은 포위된 파리에 식량을 공급하는 생트 주느비에브Sainte-Geneviève ravitaillant Paris assiégé' 와 '파리를 호위하는 생트 주느비에브Sainte Geneviève veillant sur Paris' (6)다. 아틸라의 위협에 담대하게 대처하고 그에 대

---

5) 작품에 대한 설명은 Macé de Lépinay, *Peintures et sculptures du Panthéon*을 주로 참조했다.

한 저항을 촉구하는 생트 주느비에브의 용기를 그려내고 있지만 사람들은 1870년 보불전쟁 패배에 따른 분노와 복수의 정신을 촉구하는 작품으로 해석하기도 했다. 프로이센과의 전쟁을 애국주의로 해석하려는 의지는 '영광을 향해Vers la gloire' (7)에서 명확하게 드러난다. 1870년 보불전쟁을 배경으로 하고 있는 이 작품은 승리를 향해 전진하는 공화국 군대의 늠름함을 보여주고 있다. '공화국 군대를 이끄는 승리의 여신La Victoire conduisant les armées de la République' 이란 원제목이 그 의지를 잘 보여주고 있다.

반대편 벽면에는 생트 주느비에브의 전설을 담고 있는 벽화들을 만날 수 있다. '생트 주느비에브의 임종La Mort de Sainte Geneviève' (8)이다. 생트 주느비에브의 임종 순간과 왕비 끌로띨드가 친구 생트 주느비에브의 시신을 안장할 것을 명령하는 이야기를 그렸다. 이어서 '똘비악 전투La Bataille de Tolbiac'와 '끌로비스의 영세Le Baptême de Clovis' (9)라는 역사적 사건을 재현하는 벽화가 있다. 군주 끌로비스는 496년 프랑스에 위협적이었던 알라만족Alamans과 똘비악 Tolbiac에서 전투를 벌여 대승을 거두었다. 그는 가톨릭교도 왕비와 결혼하면서 전투 승리를 감사하기 위해 자신의 전사들과 함께 기독교로 개종하고 랭스의 주교에게서 영세를 받았다. 그 역사적 사건을 담고 있다. 벽면은 다시 생트 주느비에브 이야기로 이어진다. '생트 주느비에브의 기적들Les Miracles de Sainte Geneviève' (10)로서 총 4개의 연작이다. 생트 주느비에브 유골함을 들고 순례를 한 결과 대홍수가 그쳤다는 1496년의 기적과, 파리에 전염병이 돌았을 때 생트 주느비에브의 유골함을 만진 사람들의 병이 완치되었다는 1130년의 기적을 다루고 있다.

벽면의 공간은 프랑스의 가장 위대한 군주들 중의 하나로 칭송받고 있는 샤를르마뉴의 역사도 재현하고 있다. '샤를르마뉴

의 대관Le Couronnement de Charlemagne' (11)이다. 800년 성탄절, 프랑
크왕국의 왕 샤를르마뉴가 로마를 방문했을 때 교황 레옹 3세가
그를 로마제국을 다스릴 황제임을 선포하는 대관식을 개최한 역
사적 사건을 다루고 있다.

주제는 다시 종교적 성인들의 삶과 이야기로 나아가고 있는데
'생트 주느비에브의 어린 시절L'Enfance de Sainte Geneviève'과 '생
트 주느비에브와 생제르맹의 만남La Rencontre de Sainte Geneviève et de
Saint Germain' (12)이다. 자비심과 종교적 경건함을 지닌 아이의 모
습으로 생트 주느비에브를 그리고 있으며, 생제르맹이 영국으로
향하는 길에 어린 생트 주느비에브를 만나 그녀의 부모에게 고
귀한 운명을 타고난 아이임을 알리는 에피소드를 담았다. 그 옆
에는 '생드니의 포교Prédication de Saint Denis' (13)라는 벽화가 있다.
로마에 파견된 생드니가 파리를 기독교화하기 위해 행한 포교
과정을 그리고 있다. 생드니와 그의 연설을 듣는 약 60여 명의
군중들을 그린 이 작품은 종교적 신성과 세속의 혼란을 대비시
키고 있다.

빵떼옹 출입구 안쪽 벽면에는 '신전으로 되돌아가는 영광의
신La Gloire rentrant dans le temple' (14)이 장식되어 있다. 영광의 신이
신전을 향해 들어가고 있고 그의 뒤를 시인, 사상가, 현자, 전사
가 따르고 있으며 그의 오른쪽에는 책을 든 역사의 신이, 그리고
왼쪽에는 리라를 든 전설의 신이 서 있다.

빵떼옹 돔 천정에는 앞서 설명한 것처럼 나폴레옹의 화가로
나중에는 복고 왕정의 예술가로 활동한 그로의 '생트 주느비에
브의 예찬L'Apothéose de Sainte Geneviève' (15)이 있다. 돔의 천정에
연결된 네 부분 삼각홍예에는 '영광La Gloire', '죽음La Mort',
'애국La Patrie' (18), '정의La Justice' (19)라는 제목의 벽화들이

채우고 있다. 루이 18세의 구상으로 제작된 것인데, 돔의 천정
화가 예술적 완성을 보기 위해 반드시 필요한 작업이었다. 그로
와 마찬가지로, 나폴레옹 제국에서 초상화가로 명성을 떨쳤지만
복고 왕정이 수립되자 부르봉의 군주들에게 충성을 바친 예술가
의 작품이다.

앞서 설명한 '영광을 향해' 라는 작품 위 사분궁륭cul-de-four(4
등분된 구의 형태)에는 '프랑스의 천사에게 백성들의 운명을 제시하
는 그리스도Le Christ montrant à l'ange de la France les destinées de son peu-
ple' (20)를 볼 수 있다. 모자이크 방식으로 제작한 작품의 중앙
에는 운명의 책을 쥐고 있는 그리스도가 서 있고 그 옆에 프랑
스의 천사가 있다. 천사는 프랑스의 혼란에 고통스러움을 감추지
못하고 있지만, 천사와 그리스도의 옆에 위치한 생트 주느비에브
와 잔다르크 등의 얼굴은 희망으로 가득 차 있다.

한편, 빵떼옹 정면의 박공벽에는 '위대한 시민과 군인들에게
자유의 여신이 전하는 왕관을 수여하는 애국의 신과 그들의 이
름을 기록하는 역사의 신' (A)이라는 긴 제목의 부조가 있다. 이
미 언급한 것처럼, 7월 왕정이 다비드 당제에게 의뢰해 1837년
에 완성한 작품으로서 혁명 이념을 표상하고 있다. 박공벽 아래
정면 벽은 5개의 부조들이 채우고 있는데 '공교육' (B), '학문과
예술' (C), '애국적 희생을 치른 영웅들의 숭배' (D), '사법
관' (E), '애국적 희생' (F)이다. 이 중에서 공교육과 애국적 희
생은 성당을 혁명의 묘지로 전환하는 최초 과정에서 만들어진
것이다. 공교육에는 정의의 신이 부모들에게 공교육을 소개하고
있으며 아이들은 정의의 신에 다가가 마치 어머니에게 하듯이
정의의 신을 포용하고 있는 모습이 조각되어 있는데, 어린 시절
의 공교육이 가장 중요하다는 혁명정부의 교육관이 드러나 있다.

애국적 희생은 공화국 전사의 희생을 다루고 있다. 죽어가고 있는 전사의 모습은 공화국을 지키기 위한 희생의 상징이다. 그를 영광과 힘의 정령들이 부축하고 있다. 칼이 들려 있는 오른손은 애국의 신이 자리하는 제단에 놓여 있으며 그의 마지막 눈길이 애국의 신을 향하고 있다. 죽어가는 전사에게 시민의 순교를 의미하는 관을 씌워주기 위해 애국의 신이 다가가고 있다. 학문과 예술, 애국적 희생을 치른 영웅들의 숭배, 사법관은 정치적 반동으로 훼손된 빵떼옹 정면 벽을 혁명의 메시지를 표상하는 부조들로 다시 채우기로 한 7월 왕정의 정치적 결정으로 제작된 것이다.

빵떼옹 안으로 들어가면 중앙부 왼편에서 조각상 '1792년-발미Valmy-1792'(G)를 볼 수 있다. 1792년 9월, 프랑스는 마른 Marne 지역에서 혁명의 확산을 저지하려는 프러시아를 필두로 연합국과 전투를 치렀는데, 지역 농민 의용군의 용맹성에 힘입어 승리했다. 혁명정부 최초의 승리라는 의의를 지닌 발미 전투를 상징적으로 그리고 있다. 전투에 참가한 군대들을 상징하는 6명의 병사들이 영광의 신에게서 승리의 관을 부여받는 모습을 묘사하고 있다. 왼편으로 돌면 '이름 없이 사라진 예술가들을 추모하며A la mémoire des artistes dont le nom s'est perdu'(H)라는 조각상을 발견한다.

빵떼옹 후진 정면으로 접근하면 거대한 조각상 '국민공회La Convention nationale'(I)를 만난다. 1895년에 제작한 높이 6.6미터, 넓이 9.6미터의 이 조각상은 프리지아 모자를 쓰고 오른손에 칼을 쥐고 있는 젊은 여성을 중심으로—여성이 서 있는 단에는 "자유롭게 살지어다. 그렇지 않으면 죽음을Vivre Libre ou Mourir"이라는 경구가 새겨 있다— 왼쪽에는 손을 들어 선서 준비를 하는 국민공회 의원들이 오른쪽에는 공화국 군대를 표상하는 몇몇의 군인들이 후진 뒤쪽에서 걸어 나오는 형상이다. 공화국 군대의 선두에 두 명의 북치는 소년의 모습이 보이는데 혁명방위군의 소년군으로 활약했던 바라Bara와 비알라Viala로 추정하고 있다.

'국민공회' 왼편에는 정치적으로 예민한 인물상이 하나 서 있는데 '미라보' (J)다. 1889년 3공화국 정부는 빵떼옹에 미라보 상을 세우기로 결정하고 1920년에 건립했다. 그런데 2년 뒤 제작자의 요청으로 조각상은 액상프로방스의 법원 광장으로 옮겨졌다. 지금의 미라보상은 1924년에 다시 제작한 것이다. 생트 주느비에브의 기적들이라는 회화가 그려진 벽면의 앞부분에는 조각상 '이름 없이 사라진 영웅들을 위해Aux héros morts inconnus' (K)가 서 있다. 최초 구상에서는 군인들이 고려되지 않았지만 1차 대전으로 말미암아 군인들을 기억하고 그들에게 영광을 돌리는 의미로 군인들을 포함했다. 본래 명칭이 '프랑스를 위해 죽어간 알려지지 않은 순교자와 이름 없는 영웅들에게Aux héros inconnus, aux martyrs ignorés morts pour la France' 인 이 작품에는 여러 주검과 얼굴을 반대편으로 돌린, 신원을 확인 할 수 없는 한 시신이 조각되어 있다.

오른편으로 돌면 프랑스 대혁명의 애국적 사건을 그리고 있는 조각상 '복수Le Vengeur' (L)를 볼 수 있다. 1794년 6월의 사건, 즉 군량미를 실은 프랑스 군함의 진입을 막으려는 영국군의 해상봉쇄에 맞서 싸우다 희생된 군인들을 추모하고 있다. 사건이 발생하자 국민공회는 장렬하게 전사한 해군들의 애국심을 알리기 위해 빵떼옹에 그들의 조각상을 세우려 했지만 실현되지 못했고, 1908년에 다시 시도해 2년 만에 완성했다.

빵떼옹 돔 아래 중앙부에는 조각상 4개가 서 있다. '디드로와

백과전서파를 위해A Diderot et aux encyclopédistes' (M), '복고 왕정의 연
설가와 작가들을 위해Aux orateurs et publicistes de la Restauration' (N), '프
랑스 혁명 장군들의 영광을 위해A la gloire des généraux de la Révolution fran-
çaise' (O), '장자크 루소 헌정비Monument à Jean-Jacques Rousseau' (P)다.
　'디드로와 백과전서파를 위해' 는 거대한 오벨리스크를 배경으로
두 여성이 서 있고 그들 주위에 두 여성이 앉아 있는 형상이다. 여
성들은 진리와 힘의 알레고리다. 여성들이 서 있는 단에는 "백
과전서, 혁명의 아이디어를 예비하다L'Encyclopédie prépare l'idée de la
Révolution" 란 경구가 새겨 있고 그 아래에는 디드로의 왼쪽 얼굴
이 조각되어 있다. 디드로 묘의 이미지를 불러일으킨다. '복고
왕정의 연설가와 작가들' 은 거대한 횃불을 들고 있는 승리 또
는 영광의 신이 거대한 오벨리스크 위에 있고 그 아래 복고 왕
정에서 활동했던 인사들의 형상이 조각되어 있다. 1925년에 빵
떼옹에 세운 '프랑스 혁명 장군들의 영광을 위해' (O)도 오벨
리스크를 배경으로 하고 있는데, 오벨리스크에는 프랑스 공화국
을 상징하는 여성과 바람에 나부끼는 깃발이 조각되어 있다. 그
아래는 나폴레옹 보나파르트와 그를 따르는 4명의 장군들이 조
각되어 있다. 끝으로 '장자크 루소 헌정비' (P)는 바르톨로메
Albert Bartholomé가 제작한 것으로 무대 중앙에는 자연의 여신과 진
리의 여신이, 그 사이에는 철학의 여신이 자리하고 있다. 그 왼
편에는 음악의 여신이 오른편에는 영광의 여신이 서 있다. 혁명
의회로 거슬러 올라가는 이 조각상의 아이디어는 1907년에 재등
장해 1921년에 실현되었다. 조각상은 1천600명이 합창한 국가
라마르세예즈가 울려 퍼지는 가운데 빵떼옹에 세워졌다.
　지금까지의 설명을 요약하면, 빵떼옹 지상부를 장식하고 있는
예술품들은 크게 두 개의 상이한, 또는 적대적인 정치적 메시지

를 전달하고 있다. 하나가 프랑스의 영광을 드높인 군주와 기독교 성인들의 위대함을 찬미하는 것이라면, 다른 하나의 메시지는 프랑스 대혁명의 역사와 영웅을 노래하고 있다. 그 사실은 정치적으로 그리고 이념적으로 서로 양립하기 어려운 두 개의 가치가 하나의 공간에 공존한다는 것을 의미한다. 지상부의 부조와 조각상들이 재현하고 있는 프랑스 대혁명의 이념과 가치인 공화주의와 세속성은, 벽화에 그려진 구체제의 정치적 원리로서 절대군주제와 가톨릭의 안티테제이기 때문이다.

3공화국 정부는 공화주의 공고화를 위해 1889년 프랑스 대혁명 100주년 기념으로 혁명군인들의 안장을 필두로 빵떼옹을 혁명의 메시지를 표상하는 공간으로 만드는 일을 계획하고 지속적으로 추진해갔다. 앞서 살펴본 프랑스 대혁명의 역사와 이념을 재현하고 있는 부조와 조각상 건립이 그것이었다.[6]

여기서 다음과 같은 질문이 있을 수 있다. 그렇다면 공화국 정부는 어떤 이유로 빵떼옹 지상부가 그와 같은 모순적 정치미학을 유지하는 데 동의한 것일까? 정부는 왜 구체제를 표상하는 벽화들로 빵떼옹의 벽면이 채워지는 것을 용인했을까? 나아가 지난날 복고 왕정이 볼테르와 루소의 유골을 아무도 모르게 옮겼듯이 지하묘지에 안장된 수플로를 다른 곳으로 이장하지 않은 이유는 무엇인가? 지상부 벽화 이야기의 중심인 클로비스, 샤를르마뉴, 생트 주느비에브, 잔다르크, 생드니는 프랑스 구체제를 상징하는 정치적·종교적 존재들이 아닌가. 더욱이 그 벽화 작업의 총괄 책임자 셴비에르 후작은 왕당파가 아닌가. 이제 그 질문에 대한 답을 찾아보기로 한다.

---

[6] 또한 같은 맥락에서, 1851년 12월 1일의 쿠데타가 발발하기 전날 금지된 푸코의 진자 실험이 1902년 정부의 승인으로 재개되었다는 사실을 지적할 수 있다.

1870년 블랑Louis Blanc이 보자르 아카데미 교장에 임명되었다. 2공화정에서 아카데미 교장을 지낸 진보적인 인사로, 빵떼옹을 인류의 사원으로 만들려 했던 슈나바르의 예술기획을 지지했다. 그런데 1873년 말 헤게모니를 장악한 왕당파가 공화주의자 블랑을 강제로 퇴임시키고 가톨릭교도로 왕정의 열렬한 지지자 셴비에르 후작을 임명했다. 후작은 1874년 3월 6일 보자르 행정을 관할하는 내무부장관에게 새로운 사업계획안이 담긴 보고서를 제출했다. 빵떼옹을 생트 주느비에브를 중심으로 기독교적 영광을 드러낼 공간으로 구성하기 위한 예술프로젝트였다. 생트 주느비에브의 역사와 프랑스의 기독교적 근원을 통합하고자 했던 후작은 가장 뛰어난 프랑스 예술가들을 모아 그 테마를 위한 거대한 예술적 서사시를 제작하려는 의지와 소망을 드러냈다. 하지만 내무부장관의 승인을 받지 못하고 유보 상태로 머물러 있었다. 교장직에서 퇴임한 후인 1874년 5월, 정부의 공식 승인을 받으면서 예술프로젝트는 본격적으로 추진되었다.

그는 '성당'을 채울 작품 주제를 선정하는 일을 참사회장에게 일임했다. 참사회장은 작품의 주제와 인물들이 예외 없이 기독교와 프랑스를 시각화해야 함을 명확히 했다. 셴비에르가 생각한 방향과 크게 다르지 않았다. 셴비에르가 자신의 기획을 실현하기 위해 선발한 주요 예술가들인 블랑Paul-Joseph Blanc, 마이요Théodore Maillot, 퓌비 드 샤반Pierre Puvis de Chavannes 등은 자신들이 구상한 작품의 전체적인 형상을 1876년 살롱전에 선보였다.

하지만 그들의 아이디어는 급진 공화파 정치가들의 거센 비판에 직면해야 했다. 1877년 8월 의회에서 열린 보자르 예산 검토 회의에서 급진 공화파 의원들은 후작의 예술기획에 책정된 돈이 너무 과도하다고 비판했지만, 그 비판을 액면 그대로 받아들일 수는 없었다. 문제의 본질은 셴비에르와 그가 고용한 예술가들이 다룰 주제 때문이었다. 급진 공화주의 의원들은 화가들이 그릴 인물들은 빵떼옹에 들어갈 가치가 없다고 역설했다. 공격의 중심에 열혈 공화주의 정치가 마디에-몽조François-Alfred Madier-Montjau가 있었다.[7]

그와 같은 정치적 맥락을 고려한다면 제도와 상징의 차원에서 공화국의 공화주의화를 추진해나간 정부가 혁명과 거리를 두고 있는, 또는 혁명에 맞서는 이념들을 표상하는 벽화 건립을 하려는 셴비에르의 문화정치 기획을 폐지해야 마땅하지 않았을까?

여기서 3공화국은 온건 왕당파와의 정치적 타협으로 탄생한 체제라는 사실을 환기할 필요가 있다. 그런 면에서 대혁명 이후 공화정, 왕정, 제정, 내전으로 점철된 격동의 역사와 혼란을 더 이상 반복할 수 없다는 의식의 공감대가 공화정 안에 깔려 있었다고 상상해볼 수 있다. 정부로서는 가장 치열한 이데올로기 투쟁의 역사를 고스란히 간직하고 있는, 그렇기 때문에 정치적 기능과 위상에 관한 타협을 도출하지 못했던 빵떼옹의 휘발성을 최소화해야 할 필요를 인식했을 것이다. 공화국 정부는 빵떼옹에서 구체제의 정치적, 종교적 상징들을 제거해 온 지난 혁명의 역사를 반복하지 않았다. 오히려 급진 공화주의자들의 비판에 맞서 셴비에르의 문화기획을 그대로 유지한다는 결정을 내렸다.[8]

결국 공화국 정부는 프랑스 구체제의 군주들과 생트 주느비에브를 필두로 기독교 성인들이, 수플로라는 복고 왕정의 상징적 존재가, 미라보라는 정치적으로 모호한 존재가 볼테르와 루소로

---

7) Pierre Vaisse, "La peinture monumentale du Panthéon sous la 3e Républ ique," *Le Panthéon: symbole des révolutions*, 252-255.
8) Bergdoll, "Le Panthéon/Sainte-Geneviève au XIXe siècle," 231-232.

대표되는 계몽주의와 혁명 그리고 공화주의 구현자들과 같은 공간에 머물 수 있게 하는 방식으로 일정한 타협의 지점을 찾으려 한 것으로 보인다.

## 2. 알링턴 국립묘지의 공간미학: 당파주의에서 국민적 기억으로

남부 버지니아 주에 속한 알링턴 국립묘지는 총 70개 묘역으로 구성되어 있다. 프랑스의 빵떼옹 묘소가 번호로 구분되어 있듯이 알링턴 국립묘지 묘역도 번호로 지정되어 있다. 번호로 표시된 각 묘역은 대체로 역사적 공통점을 지닌 인물들이 안장되어 있다. 묘역에 건립된 추모비들이 그 사실을 시각적으로 재현하고 있다. 알링턴 국립묘지의 본질적 특성이 군인묘지라는 점이 말하고 있듯이 절대 다수가 전몰자들이긴 하지만 정치, 군사, 외교, 학문 등의 영역에서 걸출한 업적을 남긴 인물들도9) 그들과 함께 매장되어 있다.

아래는 알링턴 국립묘지 공간 구성과 묘역 및 추모비 배치도다.10)

---

9) 지면상의 제약으로 묘지에 안장되어 있는 모든 인물을 다 소개할 수 없기 때문에 Nationlal Geographic Society가 발간한 *Where Valor Rests: Arlington National Cemetery*(Washington D. C. 2007)가 언급하고 있는 인물들을 중심으로 살펴보고자 한다.

10) 이하 안장자와 추모비에 관한 소개와 설명은 J. E. Peters. *Arlington National Cemetery: Shrine to America's Heroes* (Bethesda: Woodbine House, Inc. 2008) 와 K. A. Jacob, *Testament to Union: Civil War Monuments in Washington, D. C.* (Boltimore: The Johns Hopkins University Press. 1998)를 참조했음을 밝혀둔다.

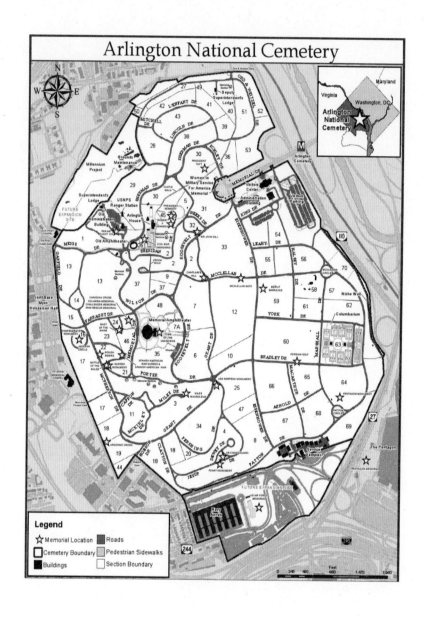

## Arlington National Cemetery

먼저, 독립전쟁의 기억을 간직한 제1묘역과 제2묘역을 살펴본
다. 제1묘역에는 독립전쟁에 참전한 용사들, 라인건James McCubbin

Lingan, 브로우스william Ward Burrows, 칼튼Joseph Carleton, 폴린John Follin, 그린John Green, 하우스James House, 미어슨Thomas Meason, 러셀William Russell, 스완Caleb Swan 등이 안장되어 있다. 이들은 모두 다른 묘지에 안장되어 있다가 1892년부터 1943년 사이에 알링턴 국립묘지로 이장되었다. 한편 미국은 독립 이후에도 영국과 갈등관계에 있었는데, 두 나라의 적대는 1812년 전쟁으로 폭발했다. 1묘역에는 그 전쟁에서 사망한 14명의 무명용사들이 안장되어 있다. 1905년 발굴 작업 과정 중에 이들의 유해를 발견해 알링턴 묘지로 옮겨왔다. 1976년 4월, 1812년 전쟁 기념 전미여성협회가 희생자 추모비를 묘역에 건립했다.

제2묘역에는 프랑스인 랑팡Pierre charles L'Enfant이 안장되어 있다. 파리에서 태어나 왕립미술학교를 다니던 랑팡은 미국 독립전쟁에 참여했다. 이후 프랑스에 잠깐 머문 뒤 1784년 다시 미국으로 돌아가 뉴욕시청 개조공사를 맡았다. 1791년 연방의회가 대통령에게 새로운 연방 수도 설계책임자를 임명할 권한을 부여하자 워싱턴은 랑팡을 택했다. 하지만 랑팡의 작업이 예상보다 지지부진하자 대통령은 그를 해임했다. 랑팡은 자신의 설계 작업에 대한 정당한 경제적 보상을 의회에 요구했지만 의회가 그에 응하지 않으면서 둘 사이에 갈등이 초래되었다. 랑팡은 자신에 대한 부정적인 여론을 뒤로 하고 메릴랜드의 한 소도시로 떠나 말년을 보냈다. 그런데 사후 그의 활동을 재평가하면서 위대함을 인정한 미국 정부는 그를 알링턴 국립묘지로 이장했다. 1825년에 사망한 랑팡은 메릴랜드를 떠나 1909년 4월 알링턴 국립묘지에 안장되었으며, 1911년 5월 대통령의 주재로 랑팡의 묘지석 제막식이 열렸다.

알링턴 국립묘지 탄생의 계기인 남북전쟁의 기억을 간직하고 있는 묘역들로서는 제26묘역과 제27묘역 그리고 제1묘역이 그 중심에 있다. 제26묘역은 남북전쟁에서 사망한 무명용사 2천111명의 유해가 안장되어 있어 연방주의 상징성이 강렬하게 표출되는 장소다. 앞서 살펴본 것처럼 연방정부는 내전 종결 뒤, 연방군 시신 발굴 프로그램을 운영했다. 그 과정에서 버지니아 북부 불런과 워싱턴 D.C. 근처에서 엄청나게 많은 시신이 발굴되었다. 발굴된 병사들의 명확한 신원 확인이 불가능했기 때문에 집단 매장되었다. 묘지 정면, 알링턴 국립묘지가 조성된 이후 건립된 '최초'의 추모비에 다음과 같은 추모사가 새겨 있다.

이 돌 아래에는 전후, 불런 전장과 루트 투 더 래퍼해녹route to the Rappahannock에서 수습한 2천111명의 무명용사들이 잠들어 있다. 신원은 확인할 수 없지만 그들의 이름과 죽음은 조국의 문서고에 기록되어 있다. 감사하는 조국의 시민들이 그들을 고귀한 순교의 용사로 명예를 부여하는 바이다. 평화롭게 잠들어지다.

제26묘역에 담긴 정치적 상징성은 '구 극장Old Amphitheatre' 이라는 역사적 기념물로 한층 더 두드러져 보인다. 내전이 끝난 뒤 연방정부는 알링턴 국립묘지에 강당 건립을 결정했다. 데코레이션 데이 제정을 주도한 로건 장군의 계획이었는데, 극장은 메이그스 병참감이 조성한 연방군 무명용사 묘지를 조망할 수 있는 곳에 세웠다. 정치적 상징성이 큰 건축물로 조형된 것이다. 극장의 최초 용도는 1868년 5월 30일의 데코레이션 데이였다. 바로 그 자리에서 연방에 대한 찬사와 구 남부연합에 대한 분노와 저주의 메시지가 전달되고 공유되었다.

제27묘역은 제26묘역과 함께 내전과 알링턴 국립묘지의 역사에서 상징성이 가장 짙은 자리다. 알링턴 국립묘지에 처음으로 안장된 두 명의 병사 크리스먼과 매킨리를 필두로 연방주의를 수호하기 위해 희생된 백인과 흑인 병사들이 안장되어 있기 때문이다. 최초로 징집되어 사망한 리브스William Reeves, 전투 중 사망한 최초 병사인 블래트, 유색인부대에서 연방군으로 참전해 사망한 약 1천500명의 병사들, 그리고 노예 출신으로 남북전쟁에서 민병대원으로 싸우다 사망한 3천800기의 유골이 안장되어 있다.

제1묘역에는 알링턴 국립묘지 창설에 결정적인 영향을 미친 병참감 메이그스가 안장되어 있다. 그런데 병참감의 묘 앞에는 사망한 채 누워 있는 한 남성의 석상과 석관이 있다. 병참감의 외아들 존John Rogers Meigs이다. 병참감이 자신의 배우자와 함께 안장되어 있음을 고려하면 일종의 가족묘라고 할 수 있다. 병참감의 자녀들은 모두 죽고 존이 유일한 아들로 성장했다. 그런 만큼 아들에 대한 아버지의 애정은 클 수밖에 없었다. 존은 아버지처럼 웨스트포인트에 입학해 군인의 길을 걸었다. 졸업 후 공병장교로 임명되어 남북전쟁에 참전해 혁혁한 성과를 올리던 중 1864년 10월 3일 남군의 총에 맞아 사망했다. 메이그스 병참감은 자신이 조성한 알링턴 묘지에 아들의 안장지를 손수 선택하고 전사했을 때의 모습과 동일한 와상을 만들어 견딜 수 없는 슬픔을 달래려 했다.

제1묘역에서 남북전쟁의 비극적 기억은 병참감에게서만 찾을 수 있는 것은 아니다. 탐험가이자 지질학자로 활동한 파월John Wesley Powell의 삶도 그러하다. 내전이 발발하자 일리노이 제2포병부대에 배속되어 연방군으로 활약하던 중, 1862년 전투에서 한쪽 팔의 일부를 잃는 부상을 당했다. 같은 묘역에 안장되어 있는 그릴리Adolphus Washington Greely 또한 파월과 유사한 이력을 지니고 있다. 북극 탐험가로 활동한 그릴리는 연방군에 자원입대해 매사추세츠 보병부대에서 활동하던 중 부상을 당했다. 1935년 의회는 "경외할만한 봉사의 삶"을 실천한 것을 기념하기 위해 그에게 훈장을 수여했다. 1893년에 안장된 더블데이Abner Doubleday 또한 남북전쟁을 증거하는 인물이다. 1842년에 웨스트포인트를 졸업하고 멕시코전쟁 등에 참전하면서 군사적 경력을 쌓은 더블데이는 남북전쟁 발발의 결정적 사건인 섬터 요새 전투를 계기로 참전한 이래 내전의 주요 전장에서 연방군으로 활약했다.

제2묘역에도 남북전쟁의 군인들이 적지 않다. 내전의 가장 위대한 군인으로 칭송받은 커니Philip Kearny 장군이 안장되어 있다. 프랑스 기병학교에 입학해 군인의 길을 가기 시작한 커니 장군은 멕시코 전쟁에서 한 팔을 잃고도 그 용맹성을 잃지 않았다. 프랑스 제2제국의 군인으로 활약하던 도중 남북전쟁이 발발하자 귀국해 연방군 지휘관이 되었다. 1862년 가을 버지니아에서 작전을 수행하던 중 전사했다. 남부 총사령관 로버트 리 장군은 휴전 깃발 아래 시신과 그가 사용하던 장비 모두를 연방으로 되돌려 주면서 그의 위대한 군인정신에 존경을 표시했다. 뉴욕 시의 한 교회에 안장되어 있던 커니는 1912년 뉴저지 주의 요청으로 알링턴 국립묘지에 묻혔다. 1914년에 그를 추모하는 기마상이 건립되었다. 셰리든Philip Henry Sheridan 장군 또한 남북전쟁기의 뛰어난 지휘관으로 제2묘역에 안장되어 있다. 1864년 리치몬드를 급습해 남부연합군의 기병부대를 이끌던 지휘관을 사살하는 전과를 올리고 이듬해에는 리 장군의 퇴각을 저지하는 군사작전을 성공적으로 수행하면서 승리의 결정적 계기를 만드는 데 기여했다. 크룩George Crook 장군도 같은 인물이다. 육군사관학교를 졸업한 뒤 서부 인디언 원주민들을 관리하는 군사업무를 담당하던 중 남북전쟁이 일어나 연방군 지휘관으로 참전했다. 남부연합군 포로가 되기도 했으며 전후에는 인디언 원주민 진압부대의 지휘관으로 활동했다.

제3묘역에는 남북전쟁에서 활약한 연방군 지휘관 마일스Nelson Appleton Miles가 안장되어 있다. 내전에서 세 번이나 큰 부상을 당했으면서도 군사적 용맹함을 잃지 않은 대가로 1892년 의회로부터 명예의 메달을 받았다. 하지만 내전이 끝난 뒤 서부지역 제5보병대를 지휘한 마일스는 원주민 인디언들의 저항을 잔인하게 진압한 것으로 악명이 높았고, 미국-스페인 전쟁에서는 총사령관으로 임명될 예정이었으나 그와 불화를 겪던 국방부장관이 임명을 거부하면서 강제 전역하게 되어 군사적 명예에 오점을 남기기도 했다.

제33묘역에는 남북전쟁의 메클렐런George B. McClellan 장군을 기리기 위해 메클렐런 도로 위에 건립된 아치가 있다. 1870년에 세웠는데, 메클렐런 장군이 사망하기 이전이었기 때문에 아치는 추모비라기보다는 헌정비라고 할 수 있다. 알링턴 국립묘지가 조성되고 담으로 둘러싸이면서 여러 개의 문들을 만들었는데, 그 중에서 메클렐런 아치가 묘지의 정문으로 사용되었다. 그런 의미에서 아치는 문이라기보다는 남북전쟁의 위대한 지휘관의 업적을 기리는 상징적 조형물이다.

북군의 주력부대 포토맥 부대를 이끈 메클렐런은 효과적인 작전으로 남군을 격퇴하면서 링컨 대통령에게 승리의 자신감을 안겨준 앤티텀 전투의 지휘관이었다. 군사작전을 둘러싸고 대통령과 갈등했지만 부하들에게는 존경과 신뢰를 받은 지휘관이었다. 1885년 그가 사망하자마자 포토맥부대협회는 서둘러 기금을 마련해 워싱턴 D.C.에 그를 추모하기 위한 거대한 청동 기마상을 건립했다.

　제13묘역과 제15묘역 또한 남북전쟁의 기억을 간직하고 있다. 제13묘역에는 연방군으로 참전해 사망한 유태인 병사들의 유해가 안장되어 있다. 내전 당시 미국에는 약 15만 명의 유태인이 있었는데, 그 중 3천 명이 남부연합군으로, 6천7백 명이 연방군으로 참전했다.[11] 제15묘역에는 파크스James Parks가 영면하고 있다. 알링턴 농장의 노예로 태어나 1862년 노예주 워싱턴 커스티스에 의해 해방되었지만 이후에도 알링턴 하우스에 머물러 있었다. 연방정부의 국립묘지 건립 계획에 따라 1861년부터 1929년까지 묘지 조성과 유지를 담당하는 육군으로 근무했다. 1929년 사망했을 때 국방성 장관은 그의 공적을 기려 알링턴 국립묘지 안장을 예외적으로 허용했다. 알링턴 국립묘지 최초 안장자의 묘를 조성한 사람이면서 노예로 태어나 국립묘지에 안장된 유일한 인물이다.

　앞서 본 것처럼 남북전쟁으로 쪼개진 미국 연방은 19세기 말 스페인과의 전쟁으로 통합의 전기를 마련했다. 그 점에서 미국-스페인 전쟁 전몰자들이 안장되어 있는 묘역과 추모비들은 분열을 극복하고 화합을 향한 새로운 국가공동체의 메시지를 담고 있는 상징들이라고 할 수 있다. 제21묘역에는 미국-스페인 전쟁 중에 사망한 간호 병사들이 안장되어 있다. 간호부대를 조직하고 파견한 최초의 전쟁인 미국-스페인 전쟁에서 많은 간호사들이 희생되었다. 미국-스페인 전쟁 간호사 협회는 그들을 추모하기 위해 기념비를 건립했다. 거석으로 만든 기념비 위에는 협회를 상징

---

11) "Washington D.C.: Jewish burials, Arlington National Cemetery," http://tracingthetribe.blogspot.kr/2008/06/washington-dc-jewish-burials-arlington.html.

하는 몰타 십자가가 장식되어 있고 십자가 위에는 'U.S.A.'가 새겨있다. 기념비의 중앙에는 '용맹스런 동료들에게' 라는 문구가 장식되어 있다.

제22묘역에는 미국-스페인 전쟁 추모비Spanish-American War Memorial 가 건립되어 있다. 전쟁이 종결된 뒤 '식민지 여성 전국 협회 The National Society of the Colonial Dames America' 12)는 육군 병참감에게 알링턴 국립묘지에 전쟁 추모비를 건립할 것을 청원했다. 이 추모비는 남북의 참전 군인들을 아우르는 최초의 상징물이라는 점에서 중대한 프로젝트로 불릴만했다. 협회의 청원은 신속한 승인을 얻었고, 1902년 5월 21일 미국-스페인 전쟁에 참전한 루스벨트 대통령이 주관하는 제막식이 거행되었다. 50피트의 코린트식 기둥 형식으로 만들어진 추모비 위에는 미국을 상징하는 청동 독수리가 장식되어 있고 추모비 하단에는 전몰병사들의 이름을 새겼다. 1964년 식민지 여성 전국 협회가 미국-스페인 전쟁만이 아니라 그 이후의 전쟁에서 희생된 군인들을 위한 추모비로 확대할 것을 요청하면서 다음과 같은 헌사가 기록된 추모비로 거듭나게 된다.

신의 영광을 위해 그리고 자유가 살아 숨 쉬는 우리 조국을 위해 금세기 동안 자신의 삶을 내어준 남녀병사들을 감사의 마음으로 기억하며

또한 버팔로 부대 추모비Buffalo Soldiers Monument와 러프 라이더스 추모비Rough Riders Memorial를 제22묘역에서 만날 수 있다. 1866년 6월 28일 미국 의회는 흑인들로 구성된 6개의 연대 창설을 승인했

---

12) 1607년부터 1775년 사이 아메리카 식민지에서 거주한 주민들의 여성 후손들로 구성된 협회로서 미국의 역사를 보존하고 교육하는 것을 주요한 활동 목표로 삼고 있다.

다. 버팔로 군으로 불린 흑인부대는 미국 서부에서 공병부대로 활동하면서 도로 건설, 전신라인 구축, 지역 안전 등의 임무를 맡았다. 미국-스페인 전쟁이 발발하자 쿠바로 파견되어 큰 활약을 했다. 버팔로 부대 참전 100주년을 기념하기 위해 1998년 알링턴 국립묘지에 기념비를 세웠다. 기념비에는 다음과 같은 헌사가 조각되어 있다.

버팔로 부대 참전 100주년을 기념하며. 1898년 7월 1일-1998년 7월 1일. 미국-스페인 전쟁에서 용맹스런 활약한 보여준 제9기병대, 제10기병대 그리고 제25보병 연대의 버팔로 군인들에게 바친다

미국-스페인 전쟁에 대한 기억은 또 하나의 추모비로 공유되고 있다. 러프 라이더스 추모비다. 미국 역사는 전장에서 혁혁한 전과를 올리면서 국민적 유명세를 얻게 된 '러프 라이더스'로 불린 최초의 의용 기병대를 기억하고 있다. 스페인과의 전쟁에 참전해 눈부신 성과를 올린 기병부대다. 부대원들과 친구들이 전사자들을 추모하기 위해 1906년에 건립한 추모비에는 의용 기병대의 표장과 참여한 전투지들 그리고 전몰용사의 이름들이 새겨 있다.

제24묘역에는 미국-스페인 전쟁의 직접적인 발발 원인이었던 미국 전함 메인 호 폭발로 희생된 해군들이 안장되어 있다. 총 356명의 군인이 승선했는데 폭발로 253명이 그 자리에서 목숨을 잃고 7명은 치료 중에 사망했다. 그 중 66명의 시신은 군함과 함께 바다로 가라앉았기 때문에 찾을 수 없었고, 나머지 194명은 쿠바의 묘지에 매장했다. 전사자들의 시신은 미국-스페인 전쟁이 종결된 1899년 12월에 이송되어 알링턴 국립묘지에 안장되었다. 배와 함께 바다에 가라앉아 있는 나머지 66명 전사자들의

시신을 찾는 일이 남았다. 1910년 5월 9일 의회는 침몰한 군함 견인을 승인했다. 이에 더해 의회는 메인 호의 돛대를 분리해 알링턴 묘지 전사자들 묘역 근처에 설치할 것을 국방성에 명령했다. 1912년 3월 메인 호를 끌어올려 66명의 전사자들을 이송했다. 단 한 명의 시신의 신원을 확인할 수 있었는데 그는 고향 묘지에 안장되었다. 1912년 3월 23일 태프트 대통령이 65구의 시신을 제24묘역 동료들이 안장된 곳 옆에 묻을 것을 명령했다. 1915년 2월 15일 메인 호 폭발 17주기 되는 해에 알링턴 국립묘지에서 'USS Maine 추모비' 제막식이 열렸다. 추모비의 하단부는 전함의 포탑 형태이고, 그 위에 메인 호의 실제 돛대가 서 있고, 포탑 주위에는 전사자의 이름이 기록되어 있다.

알링턴 국립묘지에는 1차 대전부터 베트남 전쟁에 이르는 현대사의 비극들이 기록되어 있다. 1차 대전 중 프랑스 북동부 아르곤 숲 지대에서 벌어진 전투로 수천의 미군 병사들이 사망했다. 시신은 귀환되지 못한 채 임시로 프랑스에 안장되었다가 이듬해 유럽의 군사묘지들에 재매장되거나 고국으로 송환되었다. 그 중 2천여 남녀 전몰병사들이 알링턴 국립묘지의 제18묘역에 안장되었다. 전투가 벌어진 아르곤 숲을 연상하는 19그루의 소나무 숲으로 조성된 묘역에 '아르곤 십자가Argonne Cross'로 불리는 십자가가 서 있다. 1921년 11월 국방성 장관의 승인으로 건립된 이 십자가는 18묘역에 안장된 군인들만이 아니라 프랑스에서 사망한 모든 미군들의 희생을 위로하는 상징성을 지니고 있다.

제4묘역에도 주목할 만한 1차 대전 추모비가 있다. 미국 해안경비대 추모비United States Coast Guard Memorial이다. 1918년 9월 21일 프랑스와 스페인 사이 비스케이Biscay만에서 영국의 증기선이 어뢰 피격으로 격침되었는데, 선원들의 구출 작전에 투입된 미국

해안 경비대 병사들이 희생되었다. 그로부터 5일 뒤 브리스톨 해협에서 미국 해안 경비대 함정이 적국의 잠수함에 의해 피격되어 더 큰 희생이 발생했다. 이 사건으로 희생된 대원들을 추모하기 위한 기념비가 1928년 5월 알링턴 묘지에 건립되었다.

제46묘역에는 미국과 캐나다의 우애를 상징하는 기념비로 캐나다 십자비Canadian Cross가 있다. 1925년 캐나다 킹MacKenzie King 수상은 캐나다 군대에 배속되어 1차 대전에서 사망한 미국인들을 기리기 위한 추모비 건립을 미국 정부에 제안했다. 그해 1월 쿨리지Calvin Coolidge 대통령이 제안을 받아들여 1927년 1차 대전 종전 기념일에 헌납되었다.

제34묘역에는 1차 대전의 영웅 퍼싱John J. Pershing 장군이 안장되어 있다. 1886년 육군사관학교를 졸업한 퍼싱은 군사학 교관과 필리핀 파견 근무를 거쳐 1914년 윌슨 대통령의 명령으로 귀국해 남서부 국경에서 멕시코 게릴라들과의 분쟁을 해결할 임무를 맡았다. 1차 대전이 발발하자 군대를 이끌고 프랑스로 건너가 독일군과 맞서 싸웠다. 의회는 퍼싱에게 "총사령관general of the armies" 칭호―1799년 워싱턴 장군이 받은 칭호―를 수여함으로써 그의 군사적 공로를 치하했다. 1921년부터 1924년까지 육군 참모장직을 수행한 뒤 현직에서 물러나 요양하던 퍼싱은 마셜의 부름을 받고 군사 고문으로 활동하다 1948년에 사망했다. 소박하고 평범하게 안장되길 바랐던 소망에 따라 그는 일반 병사의 경우와 동일한 크기와 모양의 묘지석에 영면하고 있다.

제2묘역에도 1차 대전과 2차 대전에서 활약한 군인들의 유해가 안장되어 있다. 농촌에서 교사로 재직하던 세놀트Claire Lee Chennault는 미국이 1차 대전에 참전하자 인디애나 주 장교학교에 입학해 전투기 교관으로 임명되었다. 1930년대 후반 장제스 국민당 정부 아래에서 공군 재건 임무를 맡아 활동하다 2차 대전이 발발하자 중국에 공군부대를 창설해 군사훈련을 이끌었다. 그의 부대는 일본의 진주만 기습에 맞서 뛰어난 공중전을 벌여 "나는 호랑이들 Flying Tigers"이라는 별명을 얻었다. 영어와 중국어가 새겨진 묘비명이 그의 군사적 경력의 독특함을 보여주고 있다. 또한 2묘역에는 인종차별과 통합의 역사를 보여주는 중요한 인물인 제임스Daniel James가 안장되어 있다. 제임스는 1943년에 육군으로 입대했지만 부대 내 인종차별을 겪어야 했다. 하지만 그는 인종차별을 극복하고 성공한 군인의 길을 걸었다. 2차 대전과 한국전쟁 그리고 베트남 전쟁에서 전투기 조종사로 인상적인 활약상을 보였는데, 대장으로 진급한 최초의 흑인이었다. 국가는 최고 군사적 명예로 그를 알링턴 국립묘지에 안장했다.

제21묘역에는 2차 대전 중 미군이 벌인 가장 치열했던 벌지 전투Battle of Bulge 전몰 군인들을 기리는 추모비가 서 있으며, 제34 묘역에는 1945년 1월 솔로몬 제도의 한 해안에서 발생한 미국 해안경비대 소속 탄약운반선USS Serpens의 폭발로 사망한 250명의 병사들이 안장되어 있고, 그들의 이름을 새긴 추모비가 건립되어 있다. 병사들의 유해는 1949년 6월 추모비 건립과 함께 알링턴 국립묘지로 이장되었다. 엄청난 폭발사고로 신원 확인이 불가능했기 때문에 시신은 몇 군데로 나뉘어 합사되어 있다.

제7묘역에는 2차 대전 종전 뒤 유럽 부흥 계획을 주도한 마셜 George Marshall이 안장되어 있다. 버지니아 군사학교를 졸업한 마셜은 1차 대전에 참전해 뛰어난 병참술로 지휘관들의 큰 주목을 받았다. 1939년에 육군 참모장으로 승진한 마셜은 2차 대전 동안 미군을 총괄 지휘하고 전쟁 주도권을 공고히 하는 데 성공했다. 또한 트루먼 정부에서 국무장관을 지내면서 유럽의 안보와 경제부흥을 위한 전략을 구상하고 주도적으로 실천해 나갔다. 그 공로로 1953년에 노벨 평화상을 수상했다.

또한 7묘역에는 2차 대전을 필두로 이후의 전쟁에서 활약한 군인들이 안장되어 있다. 육군사관학교를 졸업하고 2차 대전과 한국전쟁에 참전한 뒤 합동참모본부장을 지낸 테일러General maxwell Taylor, 2차 대전 동안 전투기 조종사로 활약하면서 일본군의 공군 전력에 치명타를 가한 보잉턴Gregory Boyington, 전투기 조종사로 베트남전에 참전한 뒤 나사의 우주 개발 프로그램에 참여했다가 1986년 챌린저 호 폭발로 사망한 스미스Michael J. Smith 등이다.

제2묘역의 '군종의 언덕'으로 불리는 곳에는 1차 대전, 2차 대전, 한국전쟁 그리고 베트남 전쟁에서 목숨을 잃은 군종들이 안장되어 있다. 1926년 5월 5일에 건립된 추모비는 1차 대전에서 희생된 23명의 군종들을 추모하고 있으며, "자신의 친구를 위해 생명을 내준 사람보다 더한 사랑을 받을 사람은 없다"는 성서의 글귀를 새기고 있다. 1981년 10월에는 1차 대전과 2차 대전에서 목숨을 잃은 134명의 개신교 군종들을 위한 추모비를 세웠으며, 추모비는 "신의 영광을 위해, 그리고 조국을 위해 봉사하다 사망한 군종들을 기억하며"라는 헌사를 새기고 있다. 1989년 5월 21일에는 2차 대전, 한국전쟁, 베트남 전쟁에서 희생된 83명의 가톨릭 군종들을 위한 추모비를 건립했다. "신이시여, 이들과 이들이 그토록 봉사해온 조국에 평화를"이라는 헌사를 새기고 있다. 그리고 2011년 10월 24일에는 군종으로 복무하다 사망한 14명의 유대교 군종들을 위한 추모비를 건립했다. 추모비는 "군인으로 조국을 위해 봉사하다 희생된 유대교 군종들에 바친다. 봉사하다 사망한 이들의 명복을 빈다"는 글귀를 새기고 있다.

알링턴 국립묘지는 남북전쟁이 초래한 정치적, 이념적 분열과 대결의 역사를 간직하고 있지만 대결과 적대를 공존과 통합으로 이끈 역사도 표상하고 있다. 제1묘역의 매우 흥미로운 인물 하나를 들 수 있다. 간호사 홉킨스Juliet Opie Hopkins다. 내전 중 부상병 치료에 희생적인 정신을 발휘해 '남부의 진정한 영웅'으로 불린 여성이었다. 전쟁이 발발하자 리치몬드의 병원으로 파견되어 근무했으나 곧 현장으로 달려가 총상을 당하면서까지 자신의 임무를 수행했다. 남군의 총사령관 리 장군이 "여성 전체가 남부를 위해 한 것보다 더 많은 일을 하셨습니다"라는 편지를 써서 칭송했다는 사실은 그녀의 활약상이 어떠했는가를 잘 말해준다. 생명을 구하는 데 쏟은 그녀의 열정은 남부만이 아니라 연방 전체의 존경을 받아, 1890년 사망했을 때 국가는 그녀를 최고 군사 명예 장례식으로 예우했으며 연방의 참전용사들도 참석해 조의를 표했다.

앞서 제16묘역, 즉 '남부연합군 묘역'이 내전의 상처 치유에 상징성이 가장 높은 곳임을 살펴보았다. 남부연합군 병사들이 안장되어 있는 제16묘역의 묘지석은 다른 묘역의 묘비석과 그 모양이 다르다. 다른 묘역의 묘비석은 윗부분이 둥그런 모양인데 반해, 제16묘역의 묘비석은 뾰족한 형태다. 검증된 사실은 아니지만 북부 사람들이 걸터앉지 못하게 하기 위한 것으로 전해지고 있다. 연방의회는 묘지석의 규제와 관련해 크기와 재료는 모두 동일한 것을 사용하도록 했지만 그 형태는 같지 않아도 가능하도록 승인했다. 이어서 연방정부는 1930년 5월 남부연합군의 묘지석에 남부연합군이 사용한 명예의 십자가cross of honor 문장을 새겨 넣을 수 있도록 했다.[13] 화해를 위한 정책적 조치라고 할 수 있다. 또한 제16묘역에는 '남부연합추모비Confederate Memorial'로 불리는 거대한

---

13) Department of Veteran Affairs, "History of Government Furnished Headstones and Markers," (http://www.cem.va.gov/hist/hmhist.asp).

여신상이 건립되어 있다. 남부의 대의와 미래를 시각화하고 있는 이 입상이 연방주의의 이념으로 건립된 사자의 공간에 세워진 것은 정치적 관용과 화해 의지의 표현이다.

남부연합군 묘역이 완성되자 추모비 건립 필요성 여론이 남부 추모단체들에서 제기되기 시작했다. 남부 여성연합 스톤웰 잭슨 지부장 톰슨Magnus Thompson은 1902년에 열린 지부 연례총회에서 추모비 건립 필요성을 제기했다. 1904년 남부 여성연합 로버트 리 지부장 히키John K. Hickey가 추모비 건립 기금 모금을 시작하자 스톤웰 잭슨 지부가 모금 운동에 동참했다. 이로써 건립운동이 탄력을 받았는데, 결국 1906년 3월 4일 톰슨은 국방부장관 태프트로부터 제16묘역에 남부군인들의 희생을 기리는 추모비를 건립해도 좋다는 승인을 받았다. 하지만 정부의 승인은 추모비의 관리주체가 남부의 추모단체가 아니라 국방부여야 한다는 조건을 전제로 한 것이었다. 추모비 건립에 대한 연방주의자들의 불만과 저항의 심리를 달래기 위한 유화책이었다.

같은 해 3월 13일 남부 여성연합 사무총장 헨더슨Lizzie George Henderson이 국방부장관의 승인에 감사의 메시지를 전달했다.

> 연방의 27개 주에 살고 있는 5만 명 남부 여성연합 여성들은 우리의 마음 안에서 살아가고 있는 동포들을 위한 따사로운 감정을 키워나가는 노력을 실천할 것을 약속드립니다.14)

1906년 6월 7일 히키의 주도로 결의안이 통과되고 추모비 건립위원회가 조직되었다. 1912년 11월 12일 남부 여성연합은 워싱턴 D.C.에서 연례총회 겸 추모비 건립 기공식을 개최했다. 남부 여성연합은 그동안 한 번도 남부 주 바깥에서 연례총회

---

14) Herbert, *History of the Arlington Confederate Monument*, 10.

를 개최한 적이 없다는 면에서 그해 총회는 정치적 화해를 표방하는 상징성 짙은 행사라고 할 수 있다. 행사에 참여한 민주당 의원 브라이언William Jennings Bryan은 추모비의 정치적 위상을 다음과 같이 강조했다.

지난 시절 적대적이었던 두 분파가 나뉘어 있던 선 위에 서 있는 이 기념비는 이제 연대가 되었으며 국가를 향한 영원한 선의의 약속이 될 것입니다.15)

그날 저녁 남부 여성연합 지도자와 태프트 대통령16)이 만났다. 양쪽은 화해와 통합의 연설을 했고, 남부 여성연합 컬럼비아 특별구 지부장 버틀러Marion Butler가 말했다.

남부 여성연합이 남부 바깥에서 연례총회를 개최한 것은 이번이 처음입니다. 우리는 리 장군의 전 사택인 연방 묘지 알링턴에 세우게 될 남부연합군 추모비의 초석을 놓기 위해 여기에 모였습니다. 태프트 대통령께서는 국방부장관 재직 시에 추모비 건립 허가를 남부 여성연합의 컬럼비아 특구 지부와 남부 참전용사회에 부여했습니다. 우리가 그와 같은 목적으로 수도에 모여 그처럼 뛰어난 시민인 공화국 대통령의 환영을 받고 있다는 것은 대단한 행운이고 좋은 일입니다. 우리는 이 추모비 건립이 재통합된 국가라는 아치의 주춧돌이 될 것으로 믿습니다.

이에 대한 화답으로 태프트는 환영사를 낭독했다.

남부 여성연합 여러분들, 워싱턴에 오신 것을 환영합니다. 여러분 덕분으로 이 도시가 아름답게 빛나고 여러분의 방문으로 더욱 더 사랑

---

15) Krowl, " 《In the spirit of fraternity》 ," 180-181.
16) 1909년에 대통령에 당선되었다.

스러운 도시가 되었습니다. […] 여러분은 여러분의 부모형제들과 친지들이 자신의 마음속에서 정당하다고 믿은, 삶을 기꺼이 바치게 한 대의를 향한 용맹함과 용기와 희생을 기념하기 위해 이 순간 여기에 계십니다. 그 대의는 반세기 이상 역사 속에서만 머물러 있었습니다. 나라의 반쪽에서, 용맹스런 투쟁과정에서, 명예를 제외하고는 삶과 재산과 그 모든 것이 그 대의를 위해 나뉜 4년간의 싸움에서 그것을 볼 수 있었습니다. 여러분 장군들이 보인 리더십은 놀랄 만큼 천재적이었고, 군사훈련과정에서 여러분 각각은 참으로 잘 적응했고, 애국적 희생정신으로 충만해 있었습니다. 북부에서 전쟁의 모든 쓰라림이 사라지는 지금, 어떤 나라도 감당하기 어려운 필적할 수 없는 승리의 의지를 실천한 남부 사람들에 대한 여러분의 자긍심을 우리 함께 공유할 수 있을 것입니다. 우리를 조용히 지켜보는 사람들과 역사가들은, 그 기원이 어디든 신께서 그렇게 예정하신 것에 마음 깊이 기뻐할 것입니다. 남부의 아들들과 북부의 아들들은 마음속의 강렬한 자부심으로 내전의 역사 속에서 양쪽 모두가 지니고 있던 용기와 영예로운 희생이라는 공통의 유산을 기뻐하지 않을 수 없을 것입니다.[17]

태프트의 메시지는 그동안 지역으로 분리되어 있던 내전의 기억이 미국이라는 단일의 공동체 속에서 하나로 묶일 가능성을 제시하고 전쟁에서 패배했음에도 자신의 정치적 정체성을 공고히 하기 위해 지켜온 남부의 대의를 공식적으로 인정했다는 면에서 중요한 역사적 의의를 갖는다.

1914년 6월 추모비가 완성되었고, 제퍼슨 데이비스의 106번째 생일인 6월 5일 제막식을 거행했다. 연방과 남부의 참전용사들을 비롯한 많은 군중들이 운집한 가운데, 대통령 윌슨Woodrow Wilson이 연설했다. 윌슨은 남부연합 추모비 건립을 연방정부의

---

17) Herbert, *History of the Arlington Confederate Monument*, 14-15.

이름으로 받아들이면서 미국의 국민적 단결과 통합을 역설했다.

우리는 이제 다시 의회에 모여 평화와 정부를 위한 모든 노력 앞에 단합했습니다. 우리의 신성한 의무는 우리 각자가 자신의 의식과 행위 속에서 이 단합된 위대한 인민들의 모습을 재연하는 것을 보는 일입니다. 우리의 의무와 영광은 우리가 대표하는 국가와 같이 되는 것입니다. 그리고 저주는 물론이거니와 비판조차 일체 말하지 말고, 서로 어깨를 걸어 다가올 인류의 과제를 함께 끌어안고 모든 세상 사람들에게 자유의 길을 제시하는 것입니다.[18]

제16묘역에는 남부연합 추모비를 제작한 조각가 에스겔Moses J. Ezekiel이 안장되어 있다는 면에서 그 상징성의 무게가 더한다. 남부연합군으로 내전에 참전한 에스겔은 1917년 3월 로마에서 사망했다. 이탈리아에서 워낙 유명한 예술적 위상을 확보했던 터라 거기서 영면해도 될 만했지만 그는 고국으로 돌아와 고향 버지니아에 안장되기를 소망했다. 그는 자신이 제작한 남부연합군 추모비 옆에 묻힐 것을 바랐다. 1차 대전으로 송환이 연기되다가 1921년 2월 미국으로 돌아왔다. 장례는 1921년 3월 31일에 국립묘지 추모극장에서 국방부장관의 주관으로 거행되었는데, 극장 건립 후 최초의 장례의식이었다.

에스겔은 추모비를 '새로운 남부New South'로 명명했다. 추모비의 조형성과 의미는 왜 그와 같은 이름으로 불렀는지를 잘 보여주고 있다. 알링턴 국립묘지에서 가장 높은 32피트의 이 청동 기념비는 남부의 과거를 사죄하는 것이 아니라 정당화하고 있으며 남부의 새로운 미래를 향한 자세와 비전을 보여준다.

---

18) W. Wilson, *Address of President Wilson accepting the monument in memory of the Confederate dead at Arlington national cemetery* (BiblioLife, 2010)(reprinted).

413

추모비 대좌 위에는 올리브 관을 쓴 여성이 서 있다. '남쪽'을 향한 그녀의 왼손에는 월계관이, 오른손에는 쟁기가 들려 있다. 그녀는 남부의 알레고리다. 영웅적 크기의 여성상은 내전의 혼란 속에서 남부의 대의를 지키고 지역의 재건에 주도적인 역할을 한 존재들인 여성의 위대함을 그리고 있지만, 주인을 잃은 왼손의 월계관과 아래로 숙이고 있는 그녀의 머리는 전사한 남성들을 향한 남부여성들의 슬픔을 묘사하고 있다. 대좌 주위에는 4개의 납골묘가 조각되어 있는데 그것은 4년 동안의 내전을 상징한다. 그 아래는 성서의 경구가 새겨 있다.

무리가 그들의 칼을 쳐서 보습을 만들고 그들의 창을 쳐서 낫을 만들 것이며(이사야 2:4)

평화를 향한 의지와 열망을 담고 있는 메시지다. 경구 아래에 조각된 14개의 방패는 남부연합국으로 동맹한 13개의 주와 메릴랜드 주를 의미한다. 또한 추모비 대좌의 중앙에 새긴 여신과 일단의 무리를 볼 수 있다. 중앙의 여신은 전쟁과 지혜의 신 미네르바로, 쓰러지면서 방패에 의지해 있는 여성을 붙잡으려 하고 있다. 패배한 남부를 구원하는 의미이며, 그녀가 기대고 있는 방패는 남부의 헌법이다. 전쟁의 여신 미네르바는 사방으로 나팔을 불어 남부의 청년들을 불러 모은다. 쓰러져 가는 남부라는 어머니를 도우라는 메시지다. 그 양 옆과 뒤에 조각되어 있는 형상들, 예컨대 주인을 따르는 흑인 노예, 어머니의 팔에 둘러싸인 아이에게 이별의 키스를 보내는 군인, 대장간을 떠나는 대장장이, 홀로 고독하게 서있는 청년 장교들은 내전을 맞은 남부 사람들의 슬픈 이야기들이다. 그 아래에는 남부연합국의 인장과 남부 여성연합의 헌사가 조각되어 있다.

남부 여성연합의 이름으로 우리의 전몰 영웅들에게 — 승리한 대의는 신을 기쁘게 하지만 실패한 대의는 카토를 기쁘게 한다[19]

조각가는 '구 남부Old South', 즉 내전 이전의 남부를 찬양하는 정치적 기호들로 기념비 전체를 채웠다. 그런 면에서 이 추모비는 국민적 화해와 통합이 아니라 남부의 기억을 한층 공고히 하는 상징물로 보인다. 하지만 북쪽에서 보면 여성이 머리를 숙이고 있는 형상을 관찰할 수 있는데, 이는 곧 북부에 대한 남부의 패배를 인정하는 것으로 해석될 수 있다. 그리고 그녀가 쓴 올리브 관은 평화를 상징하는데, 그 맥락에서 패배한 남부는 평화를 위한 준비가 되어 있는 것으로 해독할 수 있으며, 그것이 '신남부'의 의미로 연결된다. 이 점에서 추모비가 드러내고 있는 복잡한 정치적 감성을 본다. 말하자면 북부와의 정치적 화해를 해야 하면서도 남부의 대의를 지켜야 하는 어려움인 것이다.[20]

이제 국민적 통합의 관점에서 7A, 35, 46, 48묘역으로 둘러싸인 새로운 '추모극장'을 살펴본다. 앞서 26묘역에 설립된 추모극장을 살펴보았다. 그야말로 연방의 승리와 남부에 대한 적대가 극단적으로 표출되는 공간이었다. 그런데 그 공간은 1920년 5월 새로운 추모극장이 건립되면서 자신의 기능을 내놓고 역사적 상징의 무대로 물러나야 했다.

새로운 추모극장을 건립한 직접적인 이유는 구 극장이 너무 협소하다는 이유 때문이었지만, 어떻게 보면 분열과 적대의 과거가 통합의 미래를 향해 자리를 내어주는 것으로 해석된다.

---

19) Stan Cohen and Keith Gibson, *Moses Ezekiel: Civil War Soldier, Renowned S culptor* (Missoula: Pictorial Histories Publishing Company, Inc., 2007), 107-108.
20) Neff, *Honoring the Civil War Dead*, 229.

새로운 극장 건립 운동은 당시 30만 명 이상의 회원을 거느리고 있던 최대의 참전용사 조직 '위대한 공화국 군대Grand Army of the Republic'가 1908년부터 주도했다. 조직의 지도부는 알링턴 묘지가 국민의 전당으로 영원히 남기 위해서 그 사업이 필요하다고 의회를 설득해 1908년 승인을 받았다. 의회는 새로운 추모극장 건립을 담당할 위원회를 조직했다. 일련의 법률적 절차들을 거쳐 1915년 10월 13일 윌슨 대통령이 주관하는 기공식을 개최했다. 추모극장은 고대 그리스 신전에 적용된 도리아 주식orders을 차용해 열주를 세운, 로마 원형경기장 형태의 신고전주의 양식neo-classicism 건물이다. 독립전쟁을 치르고 새로운 국가를 준비하면서 미국은 대통령 관저와 국회의사당 등 정치적 대표성을 갖는 건물들을 신고전주의 양식으로 건축했는데21), 이는 결코 우연이 아니다.

　　18세기 중반 프랑스를 중심으로 부상하기 시작한 신고전주의는 고전 고대 건축의 간결함과 웅장함의 미학을 전범으로 삼아 화려함을 특징으로 하는 절대왕정의 표준적인 건축양식인 바로크 양식에 도전했다. 그러한 점에서 신고전주의 양식은 이념적인 차원에서나 미학적인 차원에서나 구체제의 절대주의에 대한 도전과 저항을 표상하고 있었다.

　　정치적으로 해석할 때, 바로크가 군주로 대표되는 구체제의 영웅을 재현하는 양식이라면 신고전주의는 공화주의를 신봉하는 새로운 영웅들을 그리는 양식이었다. 신고전주의 양식이 프랑스 공화주의자들의 혁명미학에 충실히 조응할 수 있었던 것은 그러한 점에 기인한다. 신생국 미국이 새로운 공화국의 이념과 가치를 드러내기 위해 신고전주의 건축양식을 전범으로 삼은 것은

---

21) 캐롤 스트릭랜드, 양상현 외 옮김, 『클릭, 서양건축사』 (예경, 2003), 152-157.

이러한 사실에 비추어 충분히 이해할 수 있다.

새로운 추모극장은 그와 같은 건축미학에 부응할 다양한 정치적 상징들로 채워져 있다. 먼저, 미국 독립전쟁의 위대한 영웅 조지 워싱턴의 기억이 각인되어 있다. 1775년 6월 뉴욕의 의회에서 워싱턴이 한 "우리가 군인의 임무를 수행했을 때에도 결코 시민의 임무를 포기한 것은 아니었습니다"는 말이 극장 출입구 반원형 천정에 새겨 있으며, 극장 주 무대 아치 위에는 남북전쟁의 영웅 링컨의 게티즈버그 연설 중 "여기서 우리는 이 전사자들의 희생이 헛되지 않게 할 것임을 진심으로 다짐합니다"라는 말이 조각되어 있다. 그리고 아치를 떠받치는 두 기둥은 독립전쟁에서 미국-스페인 전쟁까지 활약한 각각 14명의 육군과 해군 지휘관의 이름을 새기고 있다. 또한 극장 외벽에는 독립전쟁에서 미국-스페인 전쟁까지 44개의 주요 전투명이 기록되어 있다. 영웅주의 건축미학을 표상하는 극장과 미국의 위대한 군사적 영웅들과 그들의 영웅성이 발휘된 전장은 의미론적으로 완벽하게 조응한다.

극장이 만들어내는 영웅주의는 단지 건물에 새겨진 글귀나 이름만으로 재현된 것은 아니다. 극장은 메모리얼 데이와 베테랑 데이 Veterans Day가 열리는 무대이고 1차 대전, 2차 대전, 한국전쟁, 베트남 전쟁에 이르기까지 국가를 위해 이름 없이 희생된 무명용사들의 장례식을 개최하고 그들의 유해를 안장하고 있는 곳(제48묘역)이며, 아울러 국가적 상징성을 지니고 있는 인물들의 장례식이 열린22) 곳이다. 1932년 4월 9일 대중에게 공개된 무명용사 묘 정면

---

22) 여기서 특히 두 사람에 주목할 수 있는데, 앞서 살펴본 남부 충성파 에스겔 (1921년 3월 30일)과 미국 육군사관학교 최초의 흑인 졸업생인 영Charles Young 장군(1923년 6월 1일)이다.

은 1차 대전 동맹국들의 정신을 추모하는 세 개의 부조들로 구성
되어 있고 다양한 상징적 형상들로 채워져 있다. "여기, 하느님만
이 아시는 미국의 전사들이 명예로운 영광 아래 잠들어 있다"는
추모 글은 미국 병사들의 애국주의를 잘 드러내고 있다.

2001년 9·11 사태로 희생된 군인들의 안장 공간으로 시작된
제60묘역은 테러 희생자들이 영면하는 장소이며, 제64묘역에는
9·11 사태 때 여객기 폭파와 국방성 공격으로 사망한 희생자들
이 합사되어 있다. 미래의 애국적 인물들이 안장될 공간으로 제
55묘역이 있다.

지금까지 묘역 구성, 안장자 그리고 추모비들을 중심으로 알
링턴 국립묘지를 살펴보았다. 관찰을 통해 알 수 있듯이 알링턴
국립묘지는 독립전쟁으로부터 2001년 9·11 사태에 이르기까지
미국이 겪은 '모든 전쟁'의 기억이 간직되어 있는 '유일한'
묘지다. 그 점에서 전쟁의 비극과 영광의 역사를 온전히 간직하
고 있는 국립묘지로서 국민적 통합과 애국을 표상하고 실천하는
중요한 무대로 자리 매김하고 있지만, 그렇게 되기까지는 많은
정치적 시간들이 흘러야 했다. 연방주의 당파성이 지배하는 이데
올로기의 공간 알링턴 국립묘지는 미국-스페인 전쟁의 기억을
매개로 남부와 북부라는 지역적 차이를 넘어 미국이라는 정치적
공동체의 공간으로 탈바꿈했다. 이후 지속적으로 이루어진 안장
의례는 국민적 통합의 공간으로 알링턴 국립묘지의 위상이 공고
화되는 중대한 계기가 되었다.

418

## 3. 국립 현충원, 반공군사주의와 권력주의 미학

프랑스 빵떼옹과 미국의 알링턴 국립묘지의 공간 분석은 하나의 공통점을 말해준다. 근대사의 전개 과정에서 발생한 정치적 분열과 갈등을 표상하는 공간으로 조형되었지만 점차적으로 화해와 통합의 기억을 표출하는—그 정도와 무게는 다르지만— 정치적 장소로 전환되는 모습을 보여주었다는 사실이다.

하지만 한국의 국립 현충원은 사뭇 다른 특성을 보여준다. 국립 현충원은 여전히 본래의 이념과 가치인 반공군사주의를 고수하면서 국민적 연대와 결속보다는 이데올로기적 강고함과 대립을 지속하고 있다.

국립 서울 현충원에 대한 관찰에서 시작해보면, 국립묘지법 제17조(국립묘지관리소의 설치) 1항은 다음과 같이 규정하고 있다.

> 국립묘지를 관리 · 운영하기 위하여 국가보훈처장 소속으로 국립묘지관리소를 둔다. 다만 제3조 1항제1호의 국립 서울 현충원을 관리 · 운영하기 위한 국립묘지관리소는 **국방부장관** 소속으로 둔다. (강조는 필자)

다른 국립묘지들이 모두 국가보훈처 소속인 반면, 국립 서울 현충원만은 여전히 '국방부'에 소속되어 있다. 다른 국립묘지들과 달리 알링턴 국립묘지가 국방부 관할로 남아 있는 것과 같은 맥락에서 국립 서울 현충원의 상징성과 이념적 기원을 반영하는 것으로 해석된다.

국립 서울 현충원에 내재된 반공군사주의의 이념적 성격은 여러 곳에서 관찰할 수 있는데 먼저, 묘역 구성을 보면, 숫자로 표시된 프랑스의 빵떼옹과 미국의 알링턴 국립묘지와는 달리 (고유 숫자를 포함해) '고유' 명칭이 부여되어 있다. 그 고유 명칭은

419

안장자의 정치군사적 위계를 보여주고 있다.

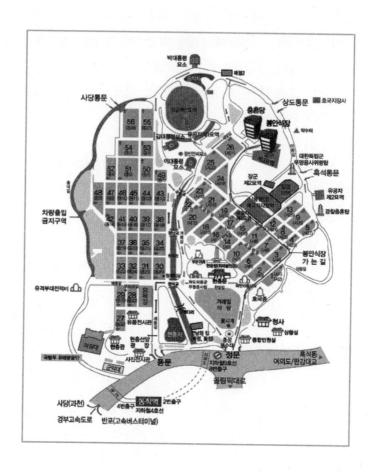

　1970년 12월 14일 개정된 국립묘지령 제6조는 국립묘지 묘역을 국가원수 묘역, 애국지사 묘역, 국가유공자 묘역, 군인·군속 묘역(장군 묘역, 장교 묘역, 사병 묘역), 경찰관 묘역, 일반 묘역, 외국인 묘역으로 구분하고 있다. 또한 같은 명령 제6조 2는 묘의

면적을 규정하고 있는데, 국가원수 묘는 264평방미터, 애국지사,
국가유공자(외국인 포함), 장관급 장교 및 그와 같거나 그 이상의
대우를 받는 자의 묘는 26,4평방미터, 영관급 이하의 군인·군
속 및 그와 같은 대우를 받는 자의 묘는 3,3평방미터로 제한하
고 있다. 아울러 제7조는 모든 묘는 평장으로 하지만, 국가원수
의 묘는 유족이 희망하면 봉분형태로 할 수 있다고 명시했다.[23]

한 연구자[24]의 평가에 따르면, 국가원수의 묘는 애국지사나
장군보다 열 배나 크며, 애국지사나 장군의 묘는 영관급 이하 군
인 묘의 8배다. 또한 묘비 크기도 장군 묘지의 경우 91cm, 영관
급 이하의 장교는 76cm, 사병은 60cm다. 묘 두름 돌도 장군급
은 2단이지만, 영관급 이하는 한 단만 쌓는다. 현충탑 아래 위패
봉안관에서도 장교의 위패는 봉안관 중앙을 차지하고, 사병의 위
패는 주변에 배치되어 있다. '세밀한 차별'이 시각적으로 구현
되고 있어 권력과 위신의 차이에 따른 위계와 군사주의 계급의
식이 관철되고 있다는 인상을 지울 수 없다.

앞서 살펴본 묘역 구분은 2005년에 제정된 '국립묘지의 설치
및 운영에 관한 법률'에서도 전혀 바뀌지 않고 있다. '법률'
제13조에서 일반 묘역을 소방관 묘역, 의사상자 묘역, 일반 공헌
자 묘역으로 세분한 것을 제외하면 모든 것이 동일하게 유지되
고 있다. 하지만 묘역의 크기에서는 중대한 변화를 관찰할 수 있
다. 법률 제12조는 대통령직을 수행한 경우 264제곱미터, 그 이
외의 사람은 3,3제곱미터로 제한하고 있다. 과거의 규정과 비교
하면 국가원수를 제외한 나머지 묘역의 크기를 균일하게 했다는

23) 「국립묘지령」(대통령령 제5403호), 국가법령정보센터.
24) 김종엽, 「동작동 국립묘지의 형성과 그 문화·정치적 의미」, 박영은,
『한국의 근대성과 전통의 변용』(한국정신문화연구원, 1999). 190-191.

면에서 계급주의 원칙을 넘어서려는 노력으로 보인다.[25]

하지만 문제는 '대통령 묘역'을 예외로 두고 있다는 사실이다. 국가원수 묘역의 크기가 지난 국립묘지령이 규정한 규모를 그대로 유지하고 있다는 면에서 정치적 예외성이 사라지지 않고 있을 뿐만 아니라 위계주의를 완전히 벗어나지 못하고 있는 것으로 판단할 수 있다. 대통령 묘역의 예외성을 인정하게 됨으로써 국립 현충원, 특히 서울 현충원은 권력의 열망이 유지되고 재생산되는 공간으로 여전히 남을 수밖에 없게 된다.

현재 국립 서울 현충원은 국립묘지의 설치 및 운영에 관한 법률에 따라 국가원수 묘역, 애국지사 묘역, 국가유공자 묘역, 장병 묘역(장군, 장교, 사병 묘역), 경찰관 묘역, 외국인 묘역으로 조성되어 있으며, 특별히 애국지사 묘역에는 대한민국임시정부 요인들을 안장한 임시정부요인 묘역을 포함하고 있다.

먼저 국가원수 묘역을 보면, 우리는 이곳에서 국립묘지에 투영되어 있는 권력의 열망을 인식할 수 있다. 이승만 대통령(영부인 포함), 박정희 대통령(영부인 포함), 김대중 대통령이 안장되어 있는데, 세 묘소 모두 그 규모와 화려함에서 여타의 묘소들이 필적할 수 없다.

봉분 형태의 이승만 대통령 묘소는 묘비, 기념비, 헌시 비로 장식되어 있는데, 예외 없이 대통령의 공적을 찬양하는 글귀와 시구

---

25) 이와 같은 변화와 관련해 우리는 신분별 차별 안장에 대한 인식이 매우 부정적임을 말해주는 여론조사에 주목해 볼 필요가 있다. 묘지 면적과 비석의 차이에 대한 응답자 2천12명 중에서 과반수(54.5%)가 불합리하다고 생각했으며, 특히 유가족과 안장대상자를 제외한 일반국민(500명)으로 제한하면 그 비율은 67.2%로 높아진다. 차별안장의 불합리 이유에 대해서는 평등해야 하기 때문에(34.1%), 죽은 뒤에는 계급이 소용없기 때문에(18.7%), 국가에 대한 충성은 모두 같기 때문에(17.2%) 등으로 나타났다. 정길호, 최광표, 김안식, 『국립묘지 운영실태 분석 및 발전방향 연구』(한국국방연구원 연구보고서 인01-1750, 2001).

로 채워져 있다. 묘비의 뒷면은 "독립운동에 헌신", "민족자결의 자율적 정부수립운동", "민주헌법 제정", "대통령 당선과 건국", "북한 공산집단의 남침 격퇴", "안보 공고화", "자유민주국가 창업" 등 한국 근대국가 수립의 결정적인 계기들에 관한 언어로 대통령의 공적을 찬미하고 있다. 기념비 또한 동일한 정치적 색채의 글귀를 새기고 있다. "모세와 같은 일꾼" 이승만 대통령은 "잃었던 나라를 다시 찾고 자유 민주국가를 창건하여 우리에게 건전한 생존과 원대한 발전의 터전을 마련해 주신 어른"으로 찬미되고 있다. 또한 "민족의 대동단결을 일깨우며 승전한 연합국에 우리의 완전독립과 38선 장벽 철폐, 신탁통치 반대와 임시정부 법통 계승 그리고 자유선거를 통한 민족자결을 요구하여 우리 민족의 통일과 건국 노선을 천명"하고, "민주주의 헌법을 제정, 대통령에 취임하여 오천 년 민족사상 처음으로 자유 민주국가 대한민국을 건국"했으며, "건국 초에 북한 공산집단의 남침을 격퇴하고 국가안보를 강화, 경제발전의 토대를 구축"해 "교육입국의 실현과 민족문화의 창달 민주제도의 시행으로 나라 발전의 대본을 확립하여 국가창건의 위업을 이룩"한 인물로 찬양하고 있다. 하와이 근해 바다에서 채취한 돌로 세웠다는 헌시 비를 보자.

   - 전면 -
배달민족의 독립을 되찾아
우리를 나라있는 백성 되게 하시고
겨레의 자유와 평등을 지켜
안녕과 번영의 터전을 마련해 주신
거룩한 나라사랑 불멸의 한국인
우리의 대통령 우남 이승만 박사

금수강산 흘러오는 한강의 물결
남산을 바라보는 동작의 터에
일월성신과 함께 이 나라 지키소서

앞의 묘비 및 기념비와 같은 방향에서 이승만 대통령의 정치적 위대함을 찬양하고 있지만, 여기서 "나라있는 백성되게 하시고"란 표현에 주목할 필요가 있다. 헌시 비가 언급하고 있는 "백성"은 전근대적인 개념으로서 '군주'가 그 대척점에 위치한다. 공화국의 원리와 양립할 수 없는, 전통적인 정치적 관념으로 채워진 찬사는 곧 이승만 대통령에 대한 절대적인 복종과 숭배의 의지를 드러낸다.

박정희 대통령 묘소 또한 봉분 형태이다. 우선 주목해야 하는 사실은 이승만 대통령 보다 '높은' 곳에 위치한다는 점이다. 국립 서울 현충원은 기능적인 관점에서만 적지로 선택된 곳은 아니다. 현충원의 지세를 설명하는 글에 따르면 군사적 위계주의를 반영하는 풍수지리가 고려된 곳이다. 국립 서울 현충원의 지세는 "늠름한 군사들이 여러 겹으로 호위하는 모양"이며, "군인들이 모여 아침 조회를 하는 것처럼 보이고", "장군이 군사를 거느리고 있는 듯한" [26] 형태다.

박정희 대통령은 묘지의 풍수지리를 대단히 중요하게 고려한 것으로 알려져 있다. 예컨대, 이승만 대통령 추모연설에서 그는 "또 박사에 대한 영원한 경의로 그 유택을 국립묘지에서도 가장 길지를 택하여 유해를 안장해 드리고자 합니다" [27]라고 말했고, 육영수 여사의 안장지와 관련해서도 명당을 찾았으며 "자신도 묻힐 자리를 정할 때 자신이 이승만보다 후임자임에도 이승만의 묘소보다 훨씬 높은 곳에 자신의 묏자리를 잡았다." [28] 묘역 배치도는 박정희 대

---

26) 국립 서울 현충원, 『민족의 얼』 제6집, 22.
27) 박정희, 「이승만 대통령 서거 대통령 조사」.

통령 묘소가 현충원의 가장 높은 곳을 차지하고 있음을 보여준다. 앞의 논리에 입각해 추론하자면, 그것은 권력의 영속성과 절대성을 향한 열망으로 읽힌다. 죽어서도 최고 권력자의 위치를 차지해야 한다는 정치적 열정이 감지되는 것이다.

묘비에서 박정희 대통령은 "5·16 혁명을 주도"하고, "조국 근대화의 기수로서 오천 년 이래의 가난을 물리치고" "자립경제와 자주국방의 터전을 닦"은 인물로 또한 "평화적 통일의 기틀을 마련"해 "민족중흥을 이룩한 영도자"로 추앙되고 있다. 그는 "민족사상 그 유례를 찾아볼 수 없는 위대한 업적을 남긴" 정치가로 그려지고 있다. 묘비 옆의 헌시 비를 보자.

－ 전면 －
박정희 대통령 영전에
태산이 무너진 듯 강물이 갈라진 듯
이 충격 이 비통 어디다 비기리까
이 가을 어인 광풍 낙엽지듯 가시어도
가지마다 황금열매 주렁주렁 열렸소이다.
오천년 이 겨레의 찌든 가난 몰아내고
조상의 얼과 전통 찾아서 되살리고
세계의 한국으로 큰 발자국 내디뎠기
민족의 영도자외다, 역사의 중흥주외다.
자유와 평화통일, 그게 님의 이상과 소원
착한 국민되라시고 억센 나라 만들다가
십자가 지신 오늘 붉은 피 흘리셔도
피의 값 헛되지 않아 보람 더욱 찾으리다.

---

28) 한홍구, 「국립묘지를 보면 숨이 막힌다」, 『한겨레 21』 576호 (2005년 9월 8일).

육십년 한평생 국민의 동반자였고
오직 한길 나라사랑 그 길에 바친 이여
굳센 의지 끈질긴 실천 그 누구도 못 지을 업적
민족사의 금자탑이라 두고두고 우러보리라.
우리는 슬기론 겨레 어떤 고난 닥쳐와도
끼치신 뜻을 이어 어김없이 가오리다.
몸 부디 편히 쉬시고 이 나라 수호신되어
못 다한 일 이루도록 큰 힘 되어 주소서

헌시 비를 쓴 이은상은 박정희 대통령과 인연이 깊다. 『충무공 발자국 따라 태양이 비치는 길로』(1973)라는 책을 집필해 박정 희의 친서를 받았으며, 절대 권력의 상징정치가 강하게 드러난 광화문 충무공 동상 좌대 뒷면 명문銘文을 쓰기도 했다. "만대의 겨레의 제사를 받으시라. 아! 임이 함께 계시는 이 나라여 복이 있 으리"29)라고 하면서 이순신 장군의 영웅주의를 찬양했던 것처 럼30), 그는 박정희 대통령의 영웅성을 찬미하고 있다. "가난 몰 아내고", "조상의 얼", "영도자", "중흥주", "십자가 지신", "국민의 동반자"와 같은 언어를 통해 박정희 대통령은 민족주의 와 근대주의를 실천한 위대한 희생적 정치가로 숭배되고 있다.31)
국립 현충원의 '높은 자리'를 차지하고 있는 이 두 대통령은 공히 반공주의와 군사주의를 표상하는 권력적 존재들이라는 면에 서 국립 현충원의 본래적 의미를 존속시키고 있다.
하지만 그 사이에 안장되어 있는 김대중 대통령은 최고 권력이 었다는 면에서는 같지만 반공군사주의와는 결코 양립하기 힘든

---

29) 박계리, 『충무공 동상과 국가이데올로기』, 『한국근대미술사학』 12집 (200
4), 165.
30) 하상복, 『광화문과 정치권력』, 232-233.
31) 이은상 또한 국립 서울 현충원 국가유공자 묘역에 안장되어 있다.

인물이다. 그 점이 심각한 남남갈등과 좌우 대립의 원인이었지만 그럼에도 그는 국립 서울 현충원에 안장되었다. 봉분 형태의 대통령 묘비에 기록된 그의 공적인 삶에 대한 묘사는 민주주의, 인권, 평화, 통일의 지도자였다는 사실에 초점을 맞추고 있다. 그런데 그 점을 강조하기 위해 흥미롭게도 묘비는 다음과 같은 내용으로 시작하고 있다. "5·16 군사정변에 의해 정치 활동을 금지당하셨다." 앞의 박정희 묘비에서 5·16은 혁명으로 서술되었다는 아이러니를 지적하지 않을 수 없다. "행동하는 양심"이자 "민주주의, 인권, 평화통일", "의회주의", "용서와 화해"를 실천한 대통령으로, "경제위기의 국난을 극복"하고 나라를 "민주주의와 인권국가, 경제와 사회복지 선진국, 정보화 강국", "남과 북이 화해와 협력하는 평화의 시대"를 이끈 지도자로 그리고 있다. 헌시 비 또한 같은 맥락으로 읽는다. 민주주의와 민족통일을 위해 헌신한 정치가다.

　-전 면-
　당신은 우리입니다
　당신은 민주주의입니다.
　어둠의 날들
　몰아치는 눈보라 견디고
　피어나는 의지입니다.
　몇 번이나 죽음의 마루턱
　몇 번이나 그 마루턱 넘어
　다시 일어나는
　목숨의 승리입니다.
　아 당신은
　우리들의 자유입니다.

우리입니다
당신은 민족 통일입니다.
미움의 세월
서로 겨눈 총부리 거두고
부르는 노래입니다.
그 누구도 막을 수 없는 것
그 누구도 바라마지 않는 것
마구 달려오는
하나의 산천입니다.
아 당신은
우리들의 평화입니다
우리입니다

당신은 이제 세계입니다.
외딴 섬 아기
자라나서 겨레의 지도자
겨레 밖의 교사입니다.
당신의 고난
당신의 오랜 꿈
지구의 방방곡곡 떠돌아
당신의 이름은
세계의 이름입니다.
아 당신은 우리의 내일입니다
이제 가소서
길고 긴 서사시
두고 가소서

한편 대한민국 임시정부 요인 묘역에는 아래와 같이 18인의 임시정부 요인들이 안장되어 있다.

| 성명 | 직위 | 성명 | 직위 |
|------|------|------|------|
| 박은식 | 2대 대통령 | 오영선 | 법무총장 |
| 홍진 | 국무령, 법무총장 | 박찬익 | 외무총장, 법무총장 |
| 이상룡 | 국무령 | 이유필 | 내무총장, 재무총장 |
| 양기탁 | 국무령 | 황학수 | 생계(生計)총장, 의정원 의원 |
| 신규식 | 외무총장, 국무총리 대리 | 지청천 | 군무총장, 정의부 총사령 |
| 노백린 | 군무총장 | 조경한 | 의정원 의원 |
| 김인전 | 학무총장, 의정원 의장 | 손정도 | 의정원 의장 |
| 김동삼 | 의정원 의원, 서로군정서 참모장 | 이강 | 의정원 의장 |
| 윤세용 | 의정원 의원 | 김성숙 | 국무위원 |

출처: 국립 서울 현충원, 『민족의 얼』 제6집, 52.

1993년에 조성된 대한민국 임시정부 요인 묘역은 특별한 정치적 의미를 지니고 있다. 그것은 김영삼 문민정부의 의지가 구현된 공간이다. 문민정부는 상하이 임시정부 요인 5위의 유해를 송환하기로 결정했다. 1993년 8월 9일로 예정된 유해 송환과 때를 맞추어 김영삼 대통령은 구 조선총독부 청사 해체 선언을 발표했다.

광복절을 앞두고 그리고 민주공화정의 법통을 최초로 세운 임시정부 요인들의 유해 봉안에 즈음하여 고뇌 속에 심사숙고해왔거니와 아무래도 우리 민족의 자존심과 민족정기 회복을 위해서는 조선총독부 건물을 가능한 한 조속히 해체하는 것이 바람직하다는 결론에 도달했으며 여기에는 국민적 공감대가 형성되어 있다고 생각한다.[32]

32) 문화체육부·국립중앙박물관, 『구 조선총독부 건물 실측 및 철거 보고서

429

임시정부 요인 유해 송환과 일제 식민권력의 중심 공간을 없애는 일은 동일한 역사적 코드로 읽힌다. 문민권력의 존재근거를 역사적 정통성 확립으로 삼는다는 의지의 실천인데, 임시정부 요인 묘역 조성 또한 그와 같은 정치적 맥락에서 이해할 수 있다.

임시정부 요인 묘역 옆의 애국지사 묘역은 1964년 김재근을 시작으로 구한말과 일제 치하에서 투쟁한 총 219명의 순국선열과 애국지사가 안장되어 있다. 국립 서울 현충원이 소개하고 있는 주요 안장자를 중심으로 살펴보면, 13도 의병사령관으로 서울 탈환작전을 진두지휘한 이인영, 서민출신 의병장 신돌석, 신흥무관학교 교관으로 독립군 양성에 전력을 기울인 신팔균, 1923년 1월 종로경찰서에 폭탄을 던진 김상옥, 1919년 9월 사이토 총독 부임 때 서울역에서 폭탄을 던진 강우규, 안중근과 함께 의병을 양성하고 이토 히로부미 주살사건에 참여한 우덕순, 한국 정부의 친일 외교고문으로 활동한 미국인 스티븐스를 암살한 장인환과 전명운 등이다. 또한 이종일, 이필주, 권병덕, 라인협, 유여대 등 3·1 독립운동의 지도적 참여자들과 독립협회를 창설한 서재필, 신사참배를 거부한 주기철 목사, 그리고 대한민국의 독립에 공로가 큰 인물로 평가되고 있는 프랭크 W. 스코필드가 안장되어 있다. 애국지사 묘역의 상단에는 '무후선열제단無後先烈祭壇'이 건립되어 있는데, 유해를 찾지 못했거나 후손이 없는 독립운동가의 위패를 봉안하고 있다. 1975년 8월 15일 광복 30주년 기념사업의 일환으로 '후손 없는 선열의 제단건립위원회'가 건립한 제단에는 유관순, 이위종, 이상설, 홍범도, 조소앙 등 133위패를 봉안하고 있다.[33]

---

(상)』(1997), 345.
33) 국립 서울 현충원, 『민족의 얼』 제6집, 49-50.

국가유공자 묘역은 3개로 조성되어 있는데, 제1묘역에는 1983년 미얀마 아웅산 폭파사건으로 사망한 정부관리들 및 장택상, 허정 등 40명의 유해가, 제2묘역에는 청산리 전투의 이범석, 독립운동가 김홍일, 한글학자 주시경, 조만식, 안익태 등 14명의 유해가, 제3묘역에는 한국전쟁에서 사망한 김만술 대위, 1968년 청와대 폭파기도 사건으로 희생된 최규식 경무관, 1971년 항공기 납치 사건에서 희생된 전명세 기장, 여군 창설의 공로가 큰 김현숙, 포스코 창업자 박태준 전 국무총리 등이 안장되어 있다.[34] 2012년 안철수 무소속 후보가 특별히 참배한 묘역이다.

장병묘역은 장군묘역, 장교묘역, 사병묘역으로 구분되어 있다. 2013년 12월 31일 현재, 제1, 2, 3묘역으로 이루어진 장군묘역에는 장성 356위가 안장되어 있고, 장교묘역에는 대령 이하 장교 4천488위가 안장되어 있으며, 사병묘역에는 병과 부사관 4만 6천525위가 안장되어 있다.[35] 사병묘역 안장자들 중 4만 명 이상, 즉 대부분이 한국전쟁에서 희생된 군인으로, 그 점에서 서울 현충원의 반공주의가 극적으로 드러난다.

앞에서 한국전쟁에 참전해 사망한 재일한국 유학생들 50위가 1963년 11월 국무회의의 의결을 거쳐 국립 서울 현충원에 안장되었음을 살펴보았다. 그들은 '재일학도의용군 묘역'에 안장되어 있다. 또 국립 서울 현충원에는 '육탄 10용사 묘역'이 있는데, 1949년 5월 4일 개성 송악산 전투에서 사망한 10명의 군인들이 안장되어 있다.

국립 서울 현충원에는 특별히 경찰묘역이 독립된 묘역으로 조

---

34) 국립 서울 현충원, 『민족의 얼』 제6집, 56-57.
35) 국립 대전 현충원 홈페이지-정보마당-통계정보(http://www.snmb.mil.kr/cop/graveStatus/selectGraveStatus.do?siteId=snmb&id=snmb_010800000000).

성되어 있어 전사, 순직한 경찰관 812위가 안장되어 있다. 경찰
묘역이 독립되어 있는 것은 한국 국립묘지의 탄생사 속에서 이해
할 수 있다. 앞서 관찰한 것처럼, 한국 국립묘지 탄생의 최초의
계기로서 여순사건에서 희생된 사람들 중 경찰관이 적지 않았기
때문이다. 여순사건으로 사망한 경찰관 69위가 안장되어 있으며,
또한 한국전쟁에서 전사한 경찰관 439위도 안장되어 있다. 국립
묘지로 승격된 이후 최초로 안장된, 무장간첩과의 교전 중에 사
망한 계용훈과 진덕수 경찰관도 안장되어 있다. 이와 같은 사실
역시 서울 현충원의 경찰묘역 역시 반공주의 색채를 진하게 드러
낸다는 점을 말해준다.

2011년 8월 안현태의 안장을 계기로 국립 현충원 안장 기준의
재성찰을 위한 공청회가 그해 9월 국회에서 개최되어 친일파로
명명되는 반민족주의자들, 12 · 12 군사반란 및 5 · 18 내란 사건
관련자들의 국립묘지 안장 실태 조사에 관한 발표가 있었다. 발
표에 따르면, 국립 서울 현충원의 장군묘역과 장교묘역에는 친일
파로 분류되거나 심지어는 '반민족행위자 규정'에 해당하는
군인들이 다음과 같이 안장되어 있다.

〈국립 서울 현충원에 안장된 반민족주의자 군인 명단〉

| 이름 | 일제 시 경력 (친일인명사전) | 해방 후 경력 | 반민족행위 자 규정 여부 | 친일 분류 | 해방 후 분류 |
|---|---|---|---|---|---|
| 강태민 | 만주국군 중위 | 육군소장 | | 군 | 군 |
| 김백일 (김찬규) | 만주국군 중위, 간도특설대 | 육군중장 | 반민족행위 자규정 | 군 | 군 |
| 김용국 | 만주국군 소위 | 해병소장 | | 군 | 군 |
| 김용기 | 만주국군 상위, 간도특설대 | 육군준장 | | 군 | 군 |
| 김응조 | 만주국군 중위 | 육군준장 | | 군 | 군 |
| 김일병 | 만주국 사무관 | 해군소장 | | 관료 | 군 |

| 김정렬 | 일본군 대위 | 국무총리 | | 군 | 군 |
| --- | --- | --- | --- | --- | --- |
| 김정호 | 만주국군 소좌 | 육군준장 | | 군 | 군 |
| 김준원 | 일본군 대위 | 육군준장 | | 군 | 군 |
| 김호량 | 일본군 중위 | 중령 | | 군 | 군 |
| 김홍준 | 만주국군 상위, 간도특설대 | 육군소령 | 반민족행위 자 규정 | 군 | 군 |
| 문용채 | 만주국군 상위 | 육군준장 | | 군 | 군 |
| 박범집 | 일본군 소좌 | 공군소장 | | 군 | 군 |
| 박성도 | 만주국군 소위 (사전) | 육군소령 | | 군 | 군 |
| 박춘식 | 만주국군 중위, 간도특설대 | 육군소장 | | 군 | 군 |
| 신응균 | 일본군 소좌 | 육군중장 | 반민족행위 자 규정 | 군 | 군 |
| 신태영 | 일본군 중좌 | 육군중장 | 반민족행위 자 규정 | 군 | 군 |
| 신학진 | 만주국군 중교 | 육군소장 | | 군 | 군 |
| 안광수 | 일본군 소위 | 육군대령 | | 군 | 군 |
| 안병범 | 일본군 대좌 | 육군준장 | | 군 | 군 |
| 양국진 | 만주국군 상위 | 육군중장 | | 군 | 군 |
| 윤태일 | 만주국군 중위 | 육군중장 | | 군 | 군 |
| 이응준 | 일본군 대좌 | 육군중장 | 반민족행위 자 규정 | 군 | 군 |
| 이종찬 | 일본군 소좌 | 육군중장 | 반민족행위 자 규정 | 군 | 군 |
| 이종태 | 작곡가, 조선음악협회 평의원, 경성 후생실내악단 전무이사 | 육군준장 | | | 군 |
| 임충식 | 간도특설대 준위 | 육군대장, 국방부장관 | | 군 | 군 |
| 정일권 | 만주국군 상위 | 육군대장, 국회의장 | | 군 | 군 |
| 채병덕 | 일본군 소좌 | 육군중장 | | 군 | 군 |
| 최복수 | 일본군 중위 | 육군대령 | | 군 | 군 |
| 최창언 | 만주국군 상위 | 육군중장 | | 군 | 군 |

출처: 박한용, 「친일파들의 국립묘지 안장실태」, 『친일·반민주 인사 국립묘지 안장반대 시민행동 발족식 겸 국립묘지법 개정 공청회』(2012), 6-9.

이와 같은 조사 결과는 국립 현충원의 역사적 기원이 군인묘지였다는 사실 속에서 해석할 수 있다. 즉, 군인묘지로 창설되면서 현역군인이나 퇴역군인으로 사망한 사람들에 대해서는 안장 결정에 상대적으로 관대한 기준을 적용해온 결과다. 1965년 3월 30일에 제정된 최초 국립묘지령 제3조에서 안장대상의 첫째와 둘째 범주는 모두 군인이었다. "1. 현역군인(무관후보생을 포함한다), 소집중의 군인 및 군속(종군자를 포함한다)으로서 사망한 자. 다만, 불명예스러운 사망자는 제외한다. 2. 전투에 참가하여 무공이 현저한 예비역군인 또는 퇴역이나 면역한 군인 중 사망한 자로서 국방부장관의 제청에 의하여 국무회의의 심의를 거쳐 대통령이 지정한 자"다. 현역군인의 경우 '불명예'의 문제만 없으면 모두 국립묘지에 안장되었고, 퇴역한 군인들은 '공을 세웠거나' '국방부 장관의 제청'을 통해 안장 가능성을 부여받았는데, 앞의 친일파로 분류된 장군들의 대다수는 군인으로 재직해온 인물이라는 점을 생각해 볼 필요가 있다.

그와 같은 상황은 국립 대전 현충원에서도 동일하게 관찰할 수 있다. 대전 현충원 또한 친일파와 반민족행위자로 분류되는 군인사들의 안장문제에서 자유롭지 않다.

〈국립 대전 현충원에 안장된 반민족주의자 군인 명단〉

| 이름 | 일제 시 경력 (친일인명사전) | 해방 후 경력 | 반민족행위자 규정 | 친일분류 | 해방 후 분류 |
|------|------|------|------|------|------|
| 김일환 | 만주국군 상위 | 육군중장 | | 군 | 군 |
| 김창룡 | 일본군 오장 | 육군중장 | | 군 | 군 |
| 박동균 | 만주국군 상위 | 육군소장 | | 군 | 군 |
| 박승훈 | 일본군 소좌, 만주국군 상교 | 육군소장 | | 군 | 군 |
| 박이순 | (사전) 군수, 중추원 서기관 | 육군대령 | | 관료 | 군 |
| 방원철 | 만주국군 상위 | 육군대령 | | 군 | 군 |
| 백홍석 | 일본군 중좌 | 육군준장 | 반민족행위자 규정 | 군 | 군 |
| 석주암 | 만주국군 상위 | 육군소장 | | 군 | |

| | | | | | |
|---|---|---|---|---|---|
| 송석하 | 만주국군 상위 | 육군소장 | 반민족행위자 규정 | 군 | 군 |
| 신상철 | 일본군 소위 | 공군소장 | | 군 | 군 |
| 신현준 (신봉균) | 만주국군 상위, 간도특설대 | 해병중장 | 반민족행위자 규정 | 군 | 군 |
| 윤수현 | 만주국군 중위, 간도특설대 | 육군중장 | | 군 | 군 |
| 이용 (이집룡) | 만주국군 소위, 간도특설대 | 육군소장 | | 군 | 군 |
| 이형근 | 일본군 대위 | 육군대장 | | 군 | 군 |
| 최주종 | 만주국군 중위 | 육군소장 | | 군 | 군 |
| 한용현 | 일본군 소위 | 공군대령 | | 군 | 군 |

출처: 박한용, 「친일파들의 국립묘지 안장실태」, 6-9.

이들은 공히 장군묘역과 장교묘역에 안장되어 있다. 그 사실은 곧 이들의 안장자격이 군인이었다는 점을 의미한다. 용맹스런 군인으로 표상되는 애국주의는 친일이라는 반민족주의만이 아니라 군사쿠데타라는 반민주주의마저 탈색해버린다. 국립 대전 현충원에는 안현태를 포함해 12·12 군사반란 및 5·18 내란 사건 관련자들이 안장되어 있기 때문이다. 김호영(대령, 전 2기갑여단 16전차 대대장), 유학성(대장, 전 국방부 군수차관보), 정도영(소장, 전 보안사 보안처장 역임), 정동호(준장, 전 청와대 경호실장 대리) 등 4명의 군인들이다. 특히, 유학성은 2심에서 징역 6년형을 선고받았지만 대법원에서 형이 확정되기 이전에 사망함으로써 공소 기각되어 대전 현충원 장군묘역에 안장되었다.[36)

앞서 살펴본 것처럼, 대전 현충원이 서울 현충원의 안장 공간 부족 때문에 창설된 곳이라는 역사적 사실은 두 국립묘지의 제도적, 공간적 유사성의 이유를 설명한다. 대전 현충원은 2006년 3월 6일 '국립 대전 현충원 경비대 발대식'을 가졌는데, 그

---

36) 주정립, 「12·12 군사반란자들의 국립묘지 안장 실태」, 『친일·반민주 인사 국립묘지 안장반대 시민행동 발족식 겸 국립묘지법 개정 공청회』(2012), 13.

전까지 경비는 서울 현충원과 마찬가지로 군부대가 담당했다.[37] 경비 인력의 변화는 국립묘지법에 따라 대전 현충원 소속이 국방부에서 국가보훈처로 바뀌었기 때문이다. 소속의 차이를 제외하면, 서울 현충원과 동일한 역사적 과정을 밟아 나간 것이다.

대전 현충원의 묘역 또한 '국가원수 묘역', '애국지사 묘역', '국가사회공헌자 묘역', '장군묘역', '장교묘역', '사병묘역', '경찰묘역', '의사상자/순직공무원 묘역'으로 조성되어 있어 서울 현충원과 다르지 않다. 또한 대전 현충원의 묘역 구성도 서울 현충원과 마찬가지로 권력의 위계를 재현하고 있다. '가장 중앙의 높은' 곳에는 국가원수 묘역(최규하 전 대통령 안장)이 위치하고 있고, 그 양 옆으로 나머지 묘역들이 배치되어 있다. 군사주의의 계급질서가 정확하게 투영되어 있는 모습이다.

2005년 2월 국가보훈처는 86주년 3·1절을 맞아 여운형을 비롯해 사회주의 또는 좌파 민족주의 계열 독립운동가 54명에게 훈·포장을 추서키로 결정했다. 이들은 좌파 또는 사회주의 계열이라는 이유로 독립유공자 서훈 대상에서 제외되어 오다가 노무현 정부에서 독립유공자로 공식 인정을 받았다.[38] 정부는 그해 광복절을 맞아 김철수, 김산 등 사회주의 계열 독립운동가 47인에게도 서훈을 추서했다.[39] 같은 해 8월 30일, 대전 현충원에서는 중대한 의미의 행사가 열렸다. 사회주의 독립운동가로서 훈장을 받은 조동호의 유해를 경기도 이천에서 현충원으로 이장하는 행사였다. 조동호는 임시정부 시절 임시의정원 제헌의원을 역임한 뒤 해방정국에서 조선공산당 중앙위원으로 활동하

---

37) 대전국립 현충원 홈페이지-공지사항 (2006년 3월 7일).
38) 『한겨레』 2005년 2월 27일.
39) 『프레시안』 2005년 8월 4일.

436

고 건국준비위원회와 근로인민당에 참여했다. 조동호 선생 기념
사업회는 애초 서울 현충원 애국지사 묘역 안장을 원했지만 국
가보훈처가 국무위원급(임시의정원의 경우 의장) 이상만 안장될 수
있다고 통보해옴에 따라 대전 현충원 애국지사 묘역으로 결정되
었다. 좌파 독립운동가로서 '최초'의 국립묘지 안장이라는 역
사적 의의를 지닌다.[40]

그와 같은 사실은 그 이전까지 국립 현충원의 애국지사 묘역
에는 좌파 혹은 사회주의 계열의 독립운동가가 안장되지 못했음
을 뜻한다. 그들은 노무현 정부 이전까지 이념적 차이 혹은 적
대성을 이유로 독립유공자의 자격을 부여받을 수 없었기 때문에
국립묘지 안장 자체가 가능하지 않았다. 이는 국립 현충원의 애
국지사 묘역 또한 반공주의라는 이념적 규율로부터 결코 자유롭
지 못하다는 사실을 알게 해준다.

아이러니한 사실은 국립 현충원의 애국지사 묘역이 반공주의
이념의 공고함과는 달리 민족주의적 기준에서는 엄격함을 유지
하지 못하고 있다는 점이다. 서훈이 취소된 독립유공자들, 즉 강
영석, 김응순, 김홍량, 박성행, 박영희, 유재기, 윤익선, 이동락,
이종욱, 임용길이 여전히 서울과 대전의 현충원에 안장되어 있으
며, 김정렬, 백낙준, 안익태, 조진만 등 친일인명사전에 포함된
인물들[41] 또한 애국의 공간을 차지하고 있다.

지금까지 국립 서울 현충원과 대전 현충원 안장자들과 안장
공간 분석을 통해 그 속에 투영되어 있는 이데올로기적 특성을
관찰했다. 반공군사주의와 권력주의로 요약되는 이데올로기는
두 국립묘지의 조형물들에서도 시각적으로 재현되어 있다.

---

40) 『한겨레』 2005년 8월 30일.
41) 친일인명사전편찬위원회, 『친일인명사전』(민족문제연구소, 2009).

내전 이후 한국사회에는 군사적 용맹성과 국가를 위한 희생을 미화하는 조형물이 일상의 공간 속으로 확산되기 시작했다. 그 운동은 1950년 중반부터 시작되어 1970년대 들어 활발하게 전개되었는데, 한 연구자는 "1970년대 통치자의 주도로 만들어지는 전쟁기념물은 전 국토의 전적지화와 호국관광 쟁정책의 결과로 세워진 것들" 이라는 분석을 내놓고 있다. 서울 현충원의 조형물은 1966년 박정희 대통령이 말레이시아를 방문해 국립묘지에 건립된, 반공군인들을 기리기 위한 군상에서 깊은 인상을 받아 만들어진 것으로 알려져 있다.[42]

　　서울 현충원 정문을 지나면 묘지를 대표하는 '현충문' 이 있다. 1968년에 착공해 1969년 4월 30일에 준공한 문으로 한국 전통양식으로 건립되어 있다. 1970년 6월 폭파 시도 사건의 기억을 간직하고 있다. 현충문을 통과하면 '현충탑' 을 만날 수 있다. 1년간의 공사를 마치고 1967년 9월 30일 준공한 높이 31m의 탑으로 다음과 같은 설명이 있다. "국가와 민족을 위해 산화하신 순국선열과 호국영령들의 충의와 희생정신을 추앙하면서 동서남북 4방향을 수호한다는 의미를 지닌 십자형으로 된, 국립 서울 현충원을 상징하는 탑" 으로 "탑의 좌우에는 화강암 석벽이 설치되어 있고, 좌측 석벽 끝에는 5인의 애국투사상이, 우측 석벽 끝에는 5인의 호국영웅상이 동상으로 세워져" 있다. 5인의 애국투사상은 "국권회복을 위해 몸과 마음을 바치신 순국선열을, 5인의 호국영웅상은 "국토방위와 자유수호를 위하여 용맹을 떨친 육해공군, 해병대, 경찰용사들을 상징" 한다. 현충탑 제단 앞의 향로는 "건국 20주년 기념사업

42) 김미정, 「1950·60년대 한국전쟁 기념물: 전쟁의 기억과 전후 한국국가체제 이념의 형성」, 『한국근대미술사학』 19 (2002), 301-302.

의 일환으로 국방부 주관으로 제작해 1968년 10월 1일(국군의 날) 국방부 장관이 각 군 참모총장, 해병대 사령관 및 고위 장성을 대동하고 이곳에 와서 헌납한 것"이며, 향로 위 원형 테두리에는 "국방부와 육해공군 및 해병대를 상징하는 마크가 조각되어 있다." 또한 현충탑 제단 뒤쪽에는 헌시가 새겨져 있는데— "여기는 민족의 얼이 서린 곳 / 조국과 함께 영원히 가는 이들 / 해와 달이 이 언덕을 보호하리라" — 이은상이 지었고, 박정희 대통령이 휘호했다.[43]

'충열대'를 보자. 1971년 11월 17일 후손 없는 선열의 제단건립위원회가 세운 탑으로 애국지사 묘역, 임시정부 요인 묘역, 무후선열제단에 안장된 인물들을 추모하는 제단의 기능을 한다. 제단 전면 상단에는 박정희 대통령이 휘호한 '민족의 얼'이란 글이, 제단 후면 상단에는 이은상의 헌시— "조국과 겨레는 나의 사랑 / 나의 영광 나의 힘 나의 생명 / 그를 위해 짧은 일생을 바쳐 / 그와 함께 영원히 살리라"—가 새겨 있다.[44]

박정희 대통령의 휘호는 '경찰 충혼탑'에서도 볼 수 있다. 경찰의 충성과 봉사정신을 표상하는 탑의 중앙에 새겨진 '경찰 충혼탑'이란 글귀는 박정희 대통령의 휘호다.[45]

서울 국립 현충원을 구성하는 다른 많은 조형물들은 한국전쟁의 기억을 간직하고 있다. 한국전쟁에서 사망한 학도의용군 48위가 안장되어 있는 '학도의용군의 묘' 위에는 '학도의용군 무명용사탑'이 있다. 3개의 아치문 중앙의 무명용사탑 전면에는

---

43) 국립 서울 현충원, 『민족의 얼』 제6집, 97.
44) 국립 서울 현충원, 『민족의 얼』 제6집, 102-103.
45) 국립 서울 현충원, 『민족의 얼』 제6집, 119.

'무명용사영현'이, 후면에는 '이곳에 겨레의 영광인 한국의 무명용사가 잠드시다'란 추모 글이 새겨 있다. 탑 아래에는 48위의 학도의용군 유해가 안장되어 있지만 그들만이 아니라 한국전쟁에서 사망한 7천여 명의 학도의용군 전사자를 추모하고 있다. 또한, 재일학도의용군 50위의 유해가 안장되어 있는 '재일학도의용군 전몰용사 위령비'를 볼 수 있는데, 재일본 대한민국 거류민단의 지원으로 건립되었다. 추모비 후면에는 50위의 명단이 기록되어 있으며 전면에는 추모시가 새겨 있다. "내 나라 구하려고 피를 뿌리신 젊은이들 / 역사의 책장 위에 꽃수를 놓으셨네 / 조국의 포근한 흙 속에 웃으며 잠드옵소서."

한편 한국전쟁 중 북한 지역에서 유격 작전을 수행하다 사망한 군인들을 추모하기 위한 조형물로 '유격부대 전적 위령비'를 볼 수 있다. 비 중앙에는 유격대원들의 전투 모습을 그린 부조가 있고, 부조 위에는 전투원들이 사용한 것과 동일한 철모와 소총이 걸려 있다. 비문에는 "한국전 중 자유와 평화를 위해 북한지역 곳곳에서 유격작전을 전개하다가 조국의 수호신으로 산화한 유격부대원들의 고귀한 희생과 빛나는 업적을 기리며 그 영령들을 길이 추모하기 위해 여기에 이 비를 세운다"는 추모 글이 새겨 있다.

위령비 위쪽에는 '육탄 10용사 현충비'가 서 있다. 한국전쟁 이전 개성 송악산 전투에서 희생된 군인들을 추모하기 위한 추모비에는 "THE TEN BRAVE WARRIORS"란 영문 글귀 아래 송악산 전투에 대한 설명과 함께 "[…] 적진을 분쇄하고 옥으로 부서지니 멸공전사상에 이룬 공과 그 용맹이 널리 세계에 퍼지다. 광음이 흘러도 잊음 없이 명복을 빌고 그 영령을 추모하고저, 이에 눈물과 정성으로 현충비가 서나니 이는 조국 수호의 정신을 청사에 새기고 만대에 전함이라. 10용사의 영혼 불멸하여 겨레와 함께 살며 길이 빛나리로다" 46)라는 추모 글이 새겨 있다.

그리고 한국전쟁에서 포병장교 340명이 전사했는데 그 중 88명을 제외한 나머지 유해는 찾을 수 없었다. 그들의 희생을 기리기 위해 '충혼비 건립위원회'가 조직되어 1964년 '포병장교 충혼비'가 건립되었다. 추모비의 중앙에는 "여기 포화를 뿜어 조국을 지킨 포병 용사들 고요히 잠드시라"는 추모 글이 새겨 있다. 47)

현충문과 현충탑을 중심으로 조성된 국립묘지의 공간 구성은 국립 대전 현충원에도 그대로 적용되어 있다. 대전 현충원의 현충탑 또한 이은상이 짓고 박정희가 휘호한, 서울 현충원의 현충탑에 새겨진 것과 동일한 헌시로 장식되어 있다. 또한, 호국, 충성, 희생, 봉사의 상징성을 표상하는 호국분수탑이 현충원 중앙에 서 있다. 48)

국립 현충원의 조형물들에는 한국전쟁이 만들어낸 반공군사주의가 정치권력의 의지와 공존하고 있으며, 그와 같은 조형미학을 바탕으로 국가와 민족에 대한 희생의 숭고함을 역설하고 있다.

46) 국립 서울 현충원, 『민족의 얼』 제6집, 113.
47) 국립 서울 현충원, 『민족의 얼』 제6집, 104-116.
48) 국립 대전 현충원-사이버투어-현충시설(http://www.dnc.go.kr/html/kr/medi/medi_0503.html).

# 국립묘지, 정치적 화해를 상상하다

물리적 세계에서 죽음은 육체의 소멸이지만 정치세계에서는 그렇지 않다. 죽음은 정치무대로 진입하는 순간 새로운 생명체로 거듭난다. 그리고 그 생명은 숭앙과 파괴라는 양 극단의 정치적 운명 속에 자리한다. 그렇다면 왜 정치는 죽음을 끌어들이려 하는가?

우리는 사자의 정치인류학에서 이 문제에 대한 일차적 답을 찾는다. 정치의 인류학적 보편성에 기댈 때, 정치와 죽음은 권력의 의지 속에서 교차한다. 전근대의 시공간에서 황제라 불리든 왕이라 불리든, 또는 다른 무엇으로 명명되든 최고 권력자는 죽음을 정치영역으로 끌어들이는 주권자다. 그는 자신의 권력을 정당화해주거나 강화해줄 사자에 대해서는 화려하고 장대한 죽음의 미학을 만들어낸다. 죽은 자의 육체적 존재성은 예외성으로 치장되고, 그의 몸이 담길 공간은 쉽게 범접할 수 없는 신성함으로 연출된다. 하지만 그 반대의 자리에 위치하는 죽음은 철저하게 부정되고 왜곡되고 망각된다. 왕조가 교체되는 시점, 혹은 권력의 주체가 바뀌는 순간, 정치적 망자들은 다시 '죽을' 준비를 해야 할 운명에 놓인다.

그렇게 살아있는 자는 권력의 이해관계 속에서 죽은 자를 정치적으로 이용한다. 그 지점에서 사자와 그가 안장되어 있는 곳은 정치적 연극의 소재와 배경이 된다. 사자와 그의 무덤은 추앙되거나 부인됨으로써 그 연극무대에 서 있는 권력자를 위대한 인물로 만들어낸다.

연극정치에서 가장 빈번하게 강조되는 것은 영웅의 신화다. 이 신화는, 놀랄만한 요소가 없기 때문에 평범할 수밖에 없는 권위보다 훨씬 더 화려하고 눈부신 권위를 창출해낸다. 영웅은 일상적인 권위의 존재로 평가되지 않는다. 그는 '가장 능력이 있는 존재'로 나타난다. […] 그는, 태어나면서 주어진 요소들이 아니라 그가 행사하는 연극적 힘에 의해 승인된다. 그는 모습을 드러내고, 행동하며, 자신에 대한 신봉을 촉구하면서 권력을 부여받는다. 놀라움, 행동, 성공은 영웅의 존재를 가능케 하는, 연극의 세 법칙이다.[1]

죽은 자를 매개로 전개되는 권력의 연출이 필요한 이유는 정치가 본질적으로 상징의 영역에 속하기 때문이다.

정치는 무엇보다 이익에 관한 일이 아니다. 만약 그렇다면 정치는 '경제'로 명명해야 한다. 또한 구조에 관한 일도 아니다. 만약 그렇다면 정치 영역은 사회학에 포섭될 것이다. […] 그렇다, 정치는 상징에 관계하는 일이다. 정치적 상징과 규칙과 표출방식을 말하는 것은 궁극적으로 정치의 장, 그 장의 경계와 폭을 정의하는 일이다. 왜냐하면 정치란 무엇보다 정당성에 관한 일, 말하자면 믿음과 정당

---

1) Georges Balandier, *Le Pouvoir sur scènes* (Paris: Balland, 1992), 17.

한 기억, 달리 표현하면 상징에 관한 일이기 때문이다.[2]

전근대가 보여준 사자의 정치학은 권력의 정당성에 대한 믿음이 결코 합리적 사고와 판단의 영역이 아니라는 점을 말하고 있다. 권력 주체는 자신의 정치적 존재성과 권위를 연출하기 위해 눈에 보이지 않는, 과학적으로 입증할 수 없는, 그렇기 때문에 믿음을 통해서만 접근할 수밖에 없는 죽음을 이용한다. 정치는 죽음의 상징적 동원을 통해 종교성의 영역과 관련을 맺는데, 우리는 그 맥락에서 정치신학political theology[3]이란 말을 쓴다.

그렇다면 죽음과 정치의 결합에 관한 정치신학은 전근대적 정치공동체에 국한된 현상인가? 베버Max Weber의 관점을 따른다면 '그렇다'고 말할 수 있다. 베버는 전통에서 근대로의 이행을 '합리화rationalization'가 보편적 원리로 실현되는 과정으로 이해했다. 그가 말하는 합리화는 다음과 같다.

원리적으로 볼 때 합리화란 양화될 수 없는 신비한 힘들에 의존하지 않고 모든 것들을 계산법을 통해 다룬다는 사실을 뜻한다. 합리화는 세계가 미몽에서 깨어났음을 의미한다. 신비로운 힘이 존재한다고 믿었던 야만인들이 신령들을 제어하거나 그들에게 간청하기 위해 의지한 마술적 수단들에 더 이상 의존할 필요가 없다. 기술적 수단과 계산법이 그러한 역할을 대신한다. 이것이 바로 합리화의 의미다.[4]

---

2) Lucien Sfez, *La Symbolique politique* (Paris: PUF, 1988), 3.
3) J. Marx, "Le Séminaire de Bruxelles: la sacralisatiion du pouvoir vue sous l'angle de l'anthropologie culturelle," in A. Dierkens et J. Marx (eds.), *La Sacralisation du Pouvoir: images et mises en scène* (Bruxelles: Editions de L'Université de Bruxelles, 2003), 9-10; 본래적 의미상, 정치신학이 다루는 종교 또는 종교성은 서구 기독교와 그 신에 연결되어 있지만, 이 연구와 관련해 우리는 신에 관한 동양적 관념을 포괄하는 보다 광범위한 관점에서 정치신학이란 용어를 사용하고자 한다.
4) H. H. Gerth and C. W. Mills(tr. and eds.), *From Max Weber: Essays in Sociology* (New York: Oxford University Press, 1946).

전통적 지배, 합리적 지배, 카리스마적 지배라는 세 유형의 정당한 지배양식에서 근대는 합리적 또는 법률적 지배의 시대라는 그의 생각 역시 같은 관점에 위치한다.[5]

하지만 사회학자 뒤르켐Emile Durkheim은 근대에 대해 베버와는 전혀 다른 생각을 지니고 있었다. 그는 근대에 대해서도 일견 미신에 근접하는 종교성과 연결해 이해하고자 했다. 그에 따르면 근대는 외견상 종교적인 것들과 근본적으로 단절되어 있는 듯하지만, 사실은 또 다른 양식의 종교성을 두르고 있다고 판단했다. 뒤르켐은 프랑스대혁명이라는 이성주의를 내건 혁명 속에서도 종교성이 두드러졌다고 말했다.

사실상 이 시기에는 전체적인 열광의 영향 하에서 성격상 순수하게 속된 사물들이 공공 여론에 의해서 성스러운 사물들로 변화되었다. 조국, 자유, 이성이 바로 그것이다. 종교는 그 자체가 교리, 상징, 제단, 축제일들을 가지는 형태로 확립되는 경향이 있다. 이성과 지고의 존재에 대한 숭배는 이러한 충동적인 열망들에게 일종의 공적인 만족감을 주려고 했다.[6]

뒤르켐의 사회학적 시각은 근대정치와 죽음의 관계를 이해하는 데 매우 유용해 보인다. 죽음을 정치적으로 동원하고 그것을 통해 정당성의 믿음을 만들어내는 일은 합리성과 이성의 시대로 간주되는 근대에서도 예외가 아니었고 또 아니기 때문이다. 우리가 관찰한 역사적 사례들에서 그 점을 잘 볼 수 있다.

프랑스혁명의 지도자들은 종교적 신성성의 원리가 작동하는 건물에 안치됨으로써 보통의 인간이 아니라 예외적이고 비범한 존

---

5) 베버, 박성환 옮김, 『경제와 사회I』 (문학과 지성사, 1997).
6) E. 뒤르케임, 노치준·민혜숙 옮김, 『종교생활의 원초적 형태』 (민영사, 1992), 306.

재, 즉 '인신'으로 부활했다. 근대를 향한 혁명의 열망은 그곳을 빵떼옹으로 바꿔 부름으로써, 그리고 당대 최고 정치예술가의 상상력을 통해 종교의례에 버금가는 안장의례를 연출함으로써 그 믿음에 확실성을 부여하고자 했다. 국민주의nationalism의 세례를 받아 그곳에 들어오는 죽은 자들은 국민적 신성의 존재로 다시 태어났다.

우리가 본 미국의 경우도 다르지 않다. 연방주의를 위해 그리고 이후 미국의 국가주의를 위해 희생된 '사적 개인들'은 알링턴 국립묘지에 안장됨으로써 국가적 영웅, 위대한 국민이라는 '공적 존재'로 새롭게 태어났다. 국가와 국민은 추모의례를 통해 그들을 주기적으로 불러내고 국가적·국민적 순교자로 전환해냈다. 벨라R. Bellah는 그것을 '미국의 시민종교civil religion in America'라고 불렀다.7)

그렇다면 한국의 국립묘지는 과연 다른가? 공동체의 이념과 가치를 위해 자신을 초월한 이들을 정치적 생명체로 다시 살아나게 하는 마법의 힘은 그곳에도 존재하고 있다. 정치가들이 그 죽은 자들과 대화함으로써 자신을 애국의 기호로 만들어내는 연출이 작동하는 곳이 한국의 국립묘지다. 그 국립묘지는 그러한 이미지의 원초적 정당성을 확고히 하기 위해 언제나 신성의 공간 미학을 열망한다. 빵떼옹과 알링턴 국립묘지가 앞서 그 정열을 보여주었다.

프랑스의 근대는 절대왕정과 가톨릭 권력으로 표상되는 구체제의 전복으로 발화되었다. 혁명적 근대는 인권, 자유, 평등, 애국의 구현체인 국민을 발명하고 새로운 정치공동체를 구상했다. 인

---

7) Robert N. Bellah, "Biblical Religion and Civil Religion in America," http://hirr.hartsem.edu/Bellah/articles_5.htm.

격적 실체성의 원리를 넘어 추상적이고 관념적인 체제로 주조된 만큼 근대국가의 이미지 욕망은 커지는 법이다. 묘지 빵떼옹을 건립하고 혁명의 몸과 정신을 안치함으로써 군주제와 종교성의 해체라는 정치적 상징성을 확보했다. 나아가 왕과 사제라는 구체제의 영웅들에 대비되어 혁명의 가치를 구현할 세속적 인물들이 애국적 영웅으로 등장했다. 절대군주제와 가톨릭이라는 구체제의 이념에 대한 반정립의 의지로 탄생한 건물이었기에 빵떼옹은 반혁명의 정치가 다시 생명력을 얻는 순간마다 부정되어야 했다. 프랑스 대혁명 이후 지속된 혁명과 반동의 격동기는 곧 빵떼옹의 비극적 운명으로 이어졌다. 혁명은 묘지를 지키기 위해, 반혁명은 성당으로의 복원을 위해 처절하게 싸웠다. 그 점에서 빵떼옹의 역사는 프랑스 근대정치에서 초래된 정치적 분열과 대립의 역사에 다름 아니다. 하지만 빵떼옹은 국민적 통합의 역사를 간직하고 있기도 하다. 관용과 화해 그리고 연대의 대정치가 위고를 받아들임으로써 빵떼옹은 백 년 동안 지속된 혁명과 반동의 싸움이 해소될 것임을 알리고 국민적 화해와 통합의 상징물로 거듭났다.

식민지 전쟁을 승리로 이끌면서 독립국가로 탄생한 미국은 국가건설과 국민건설의 프로젝트를 시작했다. 하지만 서로 다른 국가 이념과 제도를 꿈꾼 신생국의 구성원들은 연합과 연방의 가치로 분열했다. 분열은 국가건설을 어렵게 했을 뿐만 아니라, 적대하는 두 국가와 두 국민을 만들어냈다. 그 둘은 내전으로 충돌했으며, 중앙정부 위에 서는 연방국가가 미국적 근대국가의 이상이라고 믿었던 세력이 승리했다. 그들은 자신들이 수호하려 한 연방주의의 절대적 가치를 국민들에게 설득해야 했다. 그 이념을 수호하기 위해 자신을 희생한 군인들이 영면하는 국립묘지가 그 효과적인 장치로 등장했다. 특히 남부의 대의에 사로잡혀 연방을 배신한 군인의 기억이 각인된 땅 위에 서 있는 알링턴 국립묘지는 다른 어떤 묘지보다 더 큰 강렬함으로 연방의 가치를 사람들에게 설득했다. 그곳에 안장될 자격이 연방군에게만 부여됨으로써 그 설득효과는 한층 더 배가되었다. 연방군은 국립묘지와 추모의례를 통해 국민적 영웅으로 부활했지만, 남부군은 망각과 소멸의 존재가 될 운명에 처했다. 그런 연유로 남부주의자들은 알링턴 국립묘지의 존재를 부정하려 했다. 묘지를 둘러싼 소송은 그에 대한 의지를 보여주는 한편의 드라마였다. 그 점에서 알링턴 국립묘지는 그야말로 근대국가 수립을 향한 정치적 과정이 초래한 모순과 대립과 분열의 표상이다. 그렇지만 프랑스의 빵떼옹처럼 알링턴 국립묘지도 최초 제국주의 전쟁의 승리를 계기로 조성된 화해의 분위기를 따라 내전에서 사망한 남부 군인들의 유해를 끌어안고, 남부의 역사와 철학이 재현된 추모비를 받아들임으로써 분열된 지역의 통합을 제시하는 국민적 표상체로 탈바꿈했다.

프랑스와 미국의 국립묘지가 탄생하고 운동해나간 역사 속에서 우리는 하나의 공통 지점을 발견한다. 두 사례 모두 정치적 모순과 분열로 채워진 장소에서 화해와 통합의 공간으로 전환된 역사와 정치사를 보이고 있다. 그러한 역사적, 정치적 변환은 국립묘지의 공간 구성과 미학적 특성 속에 명확하게 표현되었다.

그렇지만 그 둘 사이에는 놓칠 수 없는 차이도 존재한다. 그 차이는 프랑스의 근대와 미국의 근대가 그 역사적, 이념적 궤적에서 서로 같지 않았다는 사실에 연결되어 있다. 빵떼옹은 세속성과 종교성을 대립의 축으로 전개된 프랑스의 근대를 간직하고 있고, 알링턴 국립묘지는 연방주의 대 연합주의를 갈등의 구조로 움직인 미국의 근대를 품고 있다. 프랑스의 빵떼옹이 미국의 알링턴 묘지처럼 군인묘지가 아니라는 사실에서 우리는 그 차이의 원리를 찾을 수 있다.

프랑스와 미국 국립묘지의 탄생과 진화의 역사는 이론과 실천의 차원에서 성찰해야 할 논점들을 우리에게 제공한다. 첫째, 한 나라의 정치적 근대가 형성되는 과정, 그 과정의 일반성과 특수성을 추적하는 일에서 국립묘지는 매우 흥미롭고 적절한 분석 공간이 될 수 있다는 점이다. 둘째, 정치적 근대화가 초래한 대립과 갈등을 통합으로 이끌어가는 길에서 국립묘지는 중요한 상징적 역할을 수행할 수 있다는 점이다. 정치적 화해와 통합이 상징적 동인과 절차만으로 이루어지는 것이 아님은 분명하다. 하지만 국립묘지가 연출하는 사자의 공존 미학은 정치적 화합을 향한 제도적, 물리적 과정의 결과물이면서 화합의 과정을 가속화하는 상징적 촉매제가 될 수 있다는 것을 프랑스와 미국의 사례가 보여주고 있다. 그와 같은 성찰적 내용들에 비추어 한국 국립묘지의 역사를 살펴볼 수 있다.

반식민지 투쟁 이후 근대국가 건설 과정을 진행한 한국은 이념과 노선을 달리하는 두 정치체제의 수립이라는 예상하지 못한 결과를 받아들여야 했다. 남북한의 적대적 긴장구조는 1948년에 여수와 순천에서 그리고 1950년에는 전국을 무대로 하는 비극적 대결로 이어졌다.

한국에서 국립묘지의 탄생은 그 두 사건을 배경으로 한다는 면에서 프랑스보다는 미국의 국립묘지와 유사한 역사적 궤적을 그리고 있다. 내전적인 상황과 그에 연관된 특정 이념이 투영된 군인묘지라는 점에서 그렇다. 오랜 시간 동안 국립묘지는 반공군사주의를 기반으로 하는 애국주의 공간이었다. 이후 두 최고 권력자의 안장으로 국립묘지는 권력의 위계공간으로 탈바꿈하면서 절대적 신성성을 부여받았다. 하지만 1990년대 초반부터 시작된 민주화 과정을 통해 국립 3·15, 4·19, 5·18민주묘지가 건립되면서 애국의 공간으로서 국립묘지의 유일함과 절대성의 위상은 흔들리기 시작했다. 그곳은 더 이상 보통명사 국립묘지가 아니라 국립 현충원으로 호명되어야 했다.

그 두 국립묘지는 단순히 명칭만이 아니라 역사와 이념에서 다르다. 첫째, 앞의 묘지가 독립과 호국의 가치로 공동체에 대한 절대적 희생과 충성이라는 국가주의 메시지를 전달하고 있다면, 뒤의 묘지는 민주의 이름으로 국가권력과의 정치적 긴장을 말해주고 있다. 둘째, 국립 현충원이 권력의 표상을 중심으로 사자들이 위계적이고 수직적인 계급 논리로 포섭되고 있는 반면, 민주묘지에는 자유와 민주를 지향한 사자들이 평등을 표상하는 공간에 잠들어 있다. 그와 같은 대립적 구조 속에서 또는 그 구조를 반영하면서 2000년대 초반부터 발생한 일련의 사자의 정치가 전개되고 있는 것이다. 프랑스와 미국이 19세기에 통과한 국립묘지와 사자의 정치가 현대 한국에서 재연되고 있는 것을 우리는 목격하고 있다.

현재 한국에서 벌어지고 있는 사자의 정치는 보수의 정체성이 뿌리내리고 있는 국립 현충원의 이념적 외벽을 진보가 흔드는 양상이다. 한국의 보수는 반공군사주의에 기초한 애국주의 그리고 그 이념을 체현하는 권력자의 공간인 국립 현충원에서 자신들의 정치적 정체성을 발견하고 있고, 그 정체성을 흔드는 일체의 정치적 의도와 행위를 부정하고 공격하고 있다. 2003년 전재규 연구원의 안장 문제가 여전히 견고한 군사주의의 벽을 느끼게 했다면, 2005년과 2009년에 발생한 서울 현충원을 둘러싼 스캔들은 반공주의의 강고한 이데올로기적 생명력을 인식하게 했다. 역으로, 한국의 진보는 민주묘지가 구현하고 있는 역사와 가치 속에서 자신들의 정치적 존재성을 찾고 있으며, 민족·민주의 이름으로 국립 현충원의 제도와 양상을 비판하고 있다. 2011년 안현태 안장을 놓고 벌인 일대 대결이 그 지점을 명확히 드러내고 있다.[8] 그리고 2012년 대통령 후보들이 경쟁적으로 연출한 참배의 정치 또한 그와 같은 현실에서 멀리 떨어져 있지 않다.

현대 한국에서 국가보훈의 대상은 '독립', '호국', '민주'를 위해 희생된 사람들이다. 보훈의 차원에서 그 세 주체들은 '같은' 범주에 속한다. 하지만 기억과 추모의 공간에서는 그렇지 않

---

8) 안현태의 안장은 궁극적으로 전두환과 노태우 두 전직 대통령의 안장 문제와 연결되어 있다는 면에서 사안의 중대성을 띠고 있다고 할 수 있다. 야당과 진보적 사회단체들이 안현태 안장의 심각성을 인식하고 있는 것 또한 그와 같은 맥락이다. 안현태의 안장과 동일한 경로를 밟게 된다면 전두환과 노태우 두 전직 대통령의 국립 현충원 안장 또한 가능해진다. 그들은 내란죄를 범했지만 사면·복권되었기 때문에 안현태의 경우와 마찬가지로 그들의 안장이 국립묘지의 영예성에 부합하지 않는가의 여부를 판단하기 위해 안장대상심의위원회를 개최할 수 있다. 안현태의 사례가 보여주듯이 안장대상심의위원회의 결정으로 두 전직 대통령의 현충원 안장이 가능해질 수 있다. 15명의 국회의원이 발의자로 참여(대표발의: 김성준)한 '국립묘지의 설치 및 운영에 관한 법률 일부개정 법률안'은 그와 같은 '사태'를 방지하기 위한 장치로 고안되었다. 제안 이유가 그 점을 말해준다. "현행법은 대한민국 국적을 상실하거나 형법상 특정한 범죄를 저지른 사람 등에 대하여 국립묘지에 안장될 수 없도록 명시하여 자격을 갖추지 못한 사람의 안장을 원천적으로 배제하고 있음. 또한 사면법에 따라 사면·복권을 받았다 하더라도 범죄사실이 말소되는 것이 아님에도 불구하고, 안장대상심의위원회가 사면·복권을 이유로 국립묘지의 영예성을 훼손할 수 있는 부적격자 일부를 일관성 없이 안장대상자로 결정하는 부적절한 사례가 발생하고 있으므로, 법률에 이를 명확히 규정할 필요가 있음."(「국립묘지의 설치 및 운영에 관한 법률 일부개정법률안」(의안번호 98: 2012년 6월 12일) 국회-의안정보시스템, http://likms.assembly.go.kr/bill/jsp/main.jsp). 발의안은 현행 국립묘지법 제5조의2(사면·복권을 받은 자의 안장 금지), 즉 "제5조제4항제3호의 본문— 조항의 내용은 "국가유공자 등 예우 및 지원에 관한 법률 제79조 제1항 제1호부터 제4호까지의 어느 하나에 해당하는 사람"이다 —에 해당하는 사람은 사면법에 따라 사면·복권을 받았더라도 안장대상자가 될 수 없다"는 조항을 신설할 것을 제안했다.

다. 독립과 호국을 위해 싸운 사자들은 서울과 대전의 국립 현충원에, 더 나아가서는 영천, 임실, 이천의 국립 호국원에 안장되어 있는 반면, 민주를 위해 자신을 희생한 사자들은 서울, 광주, 창원의 국립 민주묘지에 잠들어 있다.

그와 같은 이분법적 배치는 결코 자연스럽거나 조화로워 보이지 않는다. 이념적 다원성보다는 적대성이 그 두 정치적 공간 사이를 가로지르고 있는 모양새이기 때문이다. 한국의 근대를 조형한 역사적 과정에서 배태된 산업화 대 민주화, 분단 민족주의 대 통일 민족주의, 건국 대 결손, 보수 대 진보 등의 개념적 양극화가 그렇듯, 한국의 국립묘지 또한 그와 같은 이념 대립 위에서 서로 화해하지 못한 채 '기능적인 공존'만을 유지하고 있는 것처럼 보인다.

장기적으로 지속될 수 있는, 또는 지속되어야 할 정치적 평형상태로 그 현실을 받아들일 수 없다면 그에 대한 비판적 성찰이 필요하다. 그 지점에서 프랑스와 미국의 역사적 경험이 우리의 거울이 될 수도 있다. 결정적 계기는 각각 다르지만, 정치적 공존과 화합의 문을 여는 데 국립묘지가 차지하는 상징적 무게를 그 두 나라가 보여주고 있기 때문이다.

프랑스의 계기는 국립묘지를 놓고 벌인 백년의 정치적 대결을 일거에 해소해버릴 만큼 위대했던 대정치가의 죽음이었다. 미국의 경우, 지향한 이념이 서로 달랐기 때문에 적으로 맞서야 했던 남군과 북군이 함께 영면할 수 있게 한 정치적 결정이 그 계기였다. 그렇다면 우리의 정치적 계기는 어디에서 찾을 수 있을 것인가? 사자의 화해와 국립묘지의 통합이라는 문제에서 우리는 좀 더 복잡한 상황에 놓여 있는 것 같다. 왜냐하면 프랑스와 미국에서는 공화주의와 연방주의에 적대했던 정치세력들이 자신들 고유의 묘지를 지니지 못한, 또는 지닐 수 없는 상태에서 공화주의 묘지와 연방주의 묘지를, 자발적 의지든 불가피한 상황이든, 수용하는 문제에 초점이 놓여 있었다면, 한국의 경우는 대립하는 정치세력들이 자신들의 이념을 구현하고 있는 '독립적이고 공식적인' 국립묘지를 가지고 있는 현실 때문이다.

그 점에서 두 개의 이질적인 국립묘지를 하나로 통합하는 일은 대단히 어려워 보인다. 두 묘지 사이에서 정치적 교집합을 찾기 힘들다. 이 두 국립묘지의 이질성은 단순한 차이가 아니라 정치적 적대성으로 연결되어 있기 때문이다. 한국 사회가 남남갈등이란 이름으로 벌이고 있는 이념 대결 혹은 정체성의 정치는 두 국립묘지에 드리운 애국과 정당한 희생의 정의定意에서 그 모습을 드러내고 있다. 민주묘지를 지지하는 입장에서는 군사주의와 반공주의적 애국이 절대화된 국립 현충원이 초래하는 반민족주의와 반민주주의를 공격하고 있으며, 국립 현충원의 역사적 정통성을 믿는 사람들은 그곳에 투영된 그리고 그곳에서 실천되는 애국주의가 정치적 정체성의 본령이라고 생각하고 있고, 민주묘지를 국립 현충원의 반反정립으로 보고 있는 현실이다. 사정이 그렇다면, 프랑스와 같이 좌우의 존경을 한 몸에 받는 위대한 인물이 사망했다고 가정할 때 국립 현충원과 민주묘지 중 어느 곳에 그를 안장해야 하는가? 또는 미국처럼, 양쪽의 사자들이 함께 잠들도록 하는 것이 과연 가능할 것인가?

이러한 어려움 앞에서 하나의 대안을 상상해본다. 국립 현충원과 민주묘지 사이에 '새로운 묘지'를 건립하는 것, 그 묘지는 좌와 우, 진보와 보수 모두가 인정하는 애국적 인물을 받아들인다. 후보자는 이미 사망한 인물도 포함될 수 있다. 그리고 그 프로젝트를 위해서는 프랑스가 운영하고 있는 것처럼, 안장 후보자

453

의 공과를 국민적 차원에서 철저히 검증할 충분한 '유예의 시간' 이 필요하다. 혁명의 사도였으면서 왕당파의 일원으로 활동한, 두 얼굴의 '미라보' 를 안장할 수는 없기 때문이다. 그는 새로운 묘지와 호응할 수 없다.

하지만 여기서 하나의 문제가 제기될 수 있다. 좌파와 우파, 진보와 보수의 존경과 추앙을 받는 애국적 인물이 없다면 그 묘지는 어떤 유용함이 있는가? 사자가 없는 묘지가 무슨 소용인가?

하지만 우리의 답은 다르다. 만약 그 새로운 묘지가 어느 누구도 잠들어 있지 않은 '빈 공간' 으로 남아 있다면 그것이 바로 한국의 정치사회적 현실을 말해주는 상징이 될 것이기 때문이다. 그 빈 공간은 프랑스 루이 필립의 7월 왕정이 좌우 어느 쪽도 자극하지 않기 위해 단 한 건의 빵떼옹 안장식도 거행하지 않음으로써 만든 '소극적' 빈 공간이 아니라, 좌우의 화해를 가능하게 할 인물을 기다리는 '적극적' 빈 공간이기 때문이다.

참고문헌

## 1. 단행본 / 논문

강인철. 1999. 「한국전쟁과 사회의식 및 문화의 변화」. 정성호 외. 『한국전쟁과 사회구조의 변화』. 백산서당.

강희정. 2011. 「머라이언과 박물관: 싱가포르의 국가 만들기」. 『동아연구』. 제30권 1호.

『고종실록』 1900년 10월 27일, 11월 11일(조선왕조실록: http:sillok.history.go.kr).

국립 서울 현충원. 2007. 『민족의 얼』 제6집.

권상선. 1980. 「미국 남북전쟁에 대한 소고: 흑인노예제도를 중심으로」. 『역사와 경계』 4.

권용립. 2010. 『미국외교의 역사』. 삼인.

김갑식. 2007. 「한국 사회 남남갈등: 기원, 전개과정 그리고 특성」. 『한국과 국제정치』 제23권 2호.

김광식. 1985. 「미군정과 분단국가의 형성」. 최장집 편. 『한국현대사 I, 1945-1950』. 열음사.

김기정. 2009. 「미국 외교의 이념적 원형」. 이범준 외. 『미국 대외정책 : 이론과 실제』. 박영사.

김남식 외. 1982. 『한국현대사자료 총서: 1945-1948』. 돌베개.

김대중. 1998. 「제15대 대통령 취임사」. 대통령 기록관.

김대중. 2001. 「베를린선언」. 심지연. 『남북한 통일방안의 전개와 수렴: 1948-2001』. 돌베개.

김득중. 2009. 『'빨갱이'의 탄생: 여순사건과 반공 국가의 형성』. 선인.

김미정. 2002. 「1950·60년대 한국전쟁 기념물: 전쟁의 기억과 전후 한국국가체제 이념의 형성」. 『한국근대미술사학』 19.

김병로. 2011. 「3차 남북정상회담과 국내정치변화」. 『북한연구학회보』 15(1).

김영삼. 1994. 「우리 다 함께 신한국으로」. 대통령 비서실 엮음. 『김영삼 대통령 연설문집』.

김용민. 2003. 「루소의 정치철학에서 있어서 일반의지와 애국심」. 『정치사상연구』 8집.

김종엽. 1999. 「동작동 국립묘지의 형성과 그 문화·정치적 의미」. 박영은. 『한국의 근대성과 전통의 변용』. 한국정신문화연구원.

김현선. 2000. 「'현충일' 추념사의 내용과 상징화 의미 분석: 1961-1979」. 『청계논총』 제2집 15호.

김형기. 2010. 『남북관계변천사』. 연세대학교출판부.

노명식. 1987. 『프랑스혁명에서 파리꼼뮨까지: 1789-1871』. 까치.

노영기. 2003. 「여순사건과 육군의 변화」. 『역사학연구』 22권.

도거티, 제임스 E. 로버트 L. 팔츠그라프. 이수형 옮김. 1997. 『미국외교정책사: 루스벨트에서 레이건까지』. 한울아카데미.

뒤르케임, 에밀. 노치준·민혜숙 옮김. 1992. 『종교생활의 원초적 형태』. 민영사.

뒤보, 조르주. 김인중 역. 1993. 『1848년 프랑스 2월 혁명』. 탐구당.

드브레, 레지스. 정진국 옮김. 1994. 『이미지의 삶과 죽음』. 시각과 언어.

라더, 올라프. 김희상 역. 2004. 『사자와 권력』. 작가정신.

로크, 존. 강정인·문지영 옮김. 1996. 『통치론』. 까치.

루소, 장 자크. 최석기 옮김. 2012[1978]. 『인간 불평등 기원론/사회계약론』. 동서문화사.

루소, 장 자크. 김중현 옮김. 2003. 『에밀』. 한길사.

르페브르, G. 민석홍 역. 1984. 『프랑스혁명』. 을유문화사.

리비에르, 다니엘. 최갑수 옮김. 2000. 『프랑스의 역사』. 까치.

립셋, 세이무어 마틴. 문지영 외 옮김. 2006. 『미국 예외주의』. 후마니타스.

메예, 다니엘 외. 김경랑 옮김. 2000. 『프랑스 학교』. 창해.

모로아, 앙드레. 신용석 옮김. 1998. 『프랑스사』. 기린원.

문화체육부국립중앙박물관. 19997. 『구 조선총독부 건물 실측 및 철거 보고서(상)』.

박명규. 2000. 「한국전쟁과 민족주의」. 『아시아문화』 16호.

박명림. 1995. 「한국의 국가형성, 1945-48: 시각과 해석」. 『한국정치학회보』 29집 1호.

박상섭. 1996. 『근대국가와 전쟁: 근대국가의 군사적 기초, 1500-1900』. 나남.

박의경. 2005. 「루소에 나타난 애국심과 시민의식: 민주주의를 위한 공적의지의 두 가지 조건」. 『한국정치학회보』 39집 5호.

박정희. 2006. 『한국 국민에게 고함』. 동서문화사.

박찬표. 2002. 「남북한 단독정부의 수립」. 국사편찬위원회. 『한국사 52: 대한민국의 성립』.

박한용. 2012. 「친일파들의 국립묘지 안장실태」. 『친일·반민주 인사 국립묘지 안
장반대 시민행동 발족식 겸 국립묘지법 개정 공청회』.

베르, E. 유경찬 역. 2002. 『히로히토: 신화의 뒤편』. 을유문화사.

베버, 막스. 박성환 옮김. 1997. 『경제와 사회I』. 문학과 지성사.

베일린, 버나드. 배영수 옮김. 1999. 『미국 혁명의 이데올로기적 기원』. 새물결.

벨렌로이터, H. 2004. 「미국혁명」. 피터 벤데, 권세훈 역. 『혁명의 역사』. 시아
출판사.

볼테르. 송기형·임미경 옮김. 2001. 『관용론』. 한길사.

브링클리, 앨런. 황혜성 외 역. 2011. 『있는 그대로의 미국사 2: 하나의 미국 −
남북전쟁에서 제1차 세계대전 전까지』. 휴머니스트.

샤르띠에, 로제. 백인호 옮김. 1998. 『프랑스혁명의 문화적 기원』. 일월서각.

서중석. 2004. 『배반당한 한국 민족주의』. 성균관대학교 출판부.

세, 앙리. 나정원 옮김. 2003[2000]. 『18세기 프랑스 정치사상』. 아카넷.

손호철. 2004. 「남남갈등의 기원과 전개과정」. 『남남갈등 진단 및 해소방안』. 경
남대학교 극동문제연구소.

송남헌. 1990. 『해방3년사』. 까치.

송혜영. 2002. 「나폴레옹(1769-1821)의 선전초상화」. 『서양미술사학회 논문집』 17집.

스트릭랜드, 캐롤. 양상현 외 옮김. 2003. 『클릭, 서양건축사』. 예경.

스필만, 린. 2006. 「언제 집단기억이 지속되는가?: 미국과 호주의 건국 순간들」.
제프리 K. 올릭 엮음. 최호근 외 역. 『국가와 기억: 국민국가적 관점에서 본 집
단기억의 연속·갈등·변화』. 민주화운동기념사업회.

심지연. 1986. 『해방정국논쟁사』. 한울.

심지연. 2001. 『남북한 통일방안의 전개와 수렴: 1948-2001』. 돌베개.

아귈롱, 모리스. 전수연 옮김. 2001. 『마리안느의 투쟁: 프랑스 공화국의 초상과 상
징체계』. 한길사.

아레나스, 아멜리아. 정선이 옮김. 2002. 『명화는 왜? 유명할까』. 다빈치.

안호상. 1950. 『일민주주의의 본바탕』. 일민주의연구회.

앤더슨, 베네딕트. 윤형숙 옮김. 2003. 『상상의 공동체: 민족주의의 기원과 전파
에 대한 성찰』. 나남출판.

양희영. 1997. 「프랑스 혁명기 성직자들의 입헌선서에 대한 고찰」. 『서양사 연구』.
17집.

오광호. 1997. 「루이 나폴레옹의 쿠데타와 프랑스 제2공화정하 노동운동」. 『충북사

학』 제9집.

오향미. 2003. 「분할 점령통치와 분단과정 속에서의 남한의 국가건설」. 『국제정치 논총』 43집 4호.

웨슬러, 하워드 J. 임대희 옮김. 2005. 『비단같고 주옥같은 정치』. 고즈윈.

『여순사건자료집 I』. 2000. 선인.

유임하. 2007. 「정체성의 우화: 반공 증언수기집과 냉전의 기억 만들기」. 『겨레어 문학』 vol. 39.

윤선자. 2002. 「1790년 프랑스 연맹제: 국민적 통합의 축제」. 『서양사학연구』 제7집.

이삼성. 1993. 『현대미국 외교와 국제정치』. 한길사.

이승만. 1948. 「공산분자의 반란 정부가 책임질 수 없다. 국회의 내각개조 요구는 유감」. 공보실. 『대통령이승만 박사 담화집』.

이승만. 1953. 「국회개원축사」. 공보처. 『대통령이승만 박사 담화집』.

이승만. 1960. 「이승만 대통령 하야성명」. 대통령 기록관.

이영범. 1985. 「남북전쟁과 재건」. 『중앙사론』 제4집.

이종범·최용규 편. 1995. 『자료 한국 근현대사 입문』. 혜안.

이창신. 1998. 「남북 전쟁의 여성사적 접근: 남부 지방 여성들의 활동을 중심으 로」. 『미국사연구』 제8집.

이춘란. 1996. 「미국문화의 양면태에 대한 일고: 남북전쟁과 재건 시대를 중심으로, 1861-1877」. 『역사학보』 70호.

일민주의 보급회. 1949. 『일민주의 개술』.

임종명. 2005. 「여순사건의 재현과 공간(空間)」. 『한국사학보』 vol. 19.

임혁백. 1997. 「지연되고 있는 민주주의의 공고화」. 최장집·임현진 공편. 『한국 사회와 민주주의: 한국 민주화 10년의 평가와 반성』. 나남출판.

장상환. 「한국전쟁과 경제구조의 변화」. 정성호 외. 『한국전쟁과 사회구조의 변화』.

전상인. 2000. 「한국전쟁과 국가건설」. 『아시아문화』 제16호.

전수연. 1997. 「역사와 상징: 프랑스 현대사 속의 마리안느」. 『창작과 비평』 여름.

정경희. 2004. 『미국을 만든 사상들』. 살림.

정경희. 2008. 「미국 헌법의 제정과 연방공화국의 건국」. 『역사학보』 제198집.

정금희. 2004. 「근대미술에 나타난 프랑스 혁명 이미지 분석」. 『한국프랑스학 논집』 제47집.

정길호, 최광표, 김안식. 2001. 『국립묘지 운영실태 분석 및 발전방향 연구』. 한국 국방연구원 연구보고서 인01-1750.

정성호. 1999. 「한국전쟁과 인구사회학적 변화」. 정성호 외. 『한국전쟁과 사회구조의 변화』.

정영철. 2007. 「남북한 대립 상징의 구조와 변화」. 『북한연구학회보』. 11(1).

정재훈. 2010. 『조선의 국왕과 의례』. 지식산업사.

정진성. 2004. 『박물관의 탄생』. 살림.

조순승. 1982. 『한국분단사』. 형성사.

조승래. 1999. 「18세기 영국의 애국주의 담론과 국민적 정체성의 형성」. 한국서양사학회 편. 『서양에서의 민족과 민족주의』. 까치.

조지형. 2008. 『대통령의 탄생』. 살림.

조현연. 2007. 「한국 민주주의와 군부독점의 해체과정 연구」. 『동향과 전망』 69호.

주정립. 2012. 「12·12 군사반란자들의 국립묘지 안장 실태」. 『친일·반민주 인사 국립묘지 안장반대 시민행동 발족식 겸 국립묘지법 개정 공청회』.

지영임. 2004. 「한국 국립묘지 전사자 제사에 관한 일고찰」. 『비교민속학』 27집.

진덕규. 2000. 『한국 현대정치사 서설』. 지식산업사.

체룹바벨, 에비아타. 2006. 「달력과 역사: 국가 기억의 사회적 조직화에 관한 비교 연구」. 제프리 K. 올릭 엮음. 『국가와 기억: 국민국가적 관점에서 본 집단기억의 연속·갈등·변화』.

최갑수. 1989. 「1830년의 7월 혁명: '잊혀졌던 혁명'의 발견」. 『서양사론』 33권.

최갑수. 1999. 「프랑스 혁명과 '국민'의 탄생」. 한국서양사학회 편. 『서양에서의 민족과 민족주의』. 까치.

최명·백창재. 2000. 『현대미국정치의 이해』. 서울대학교 출판부.

최장집. 1993. 『한국 민주주의의 이론』. 한길사.

최종렬. 2007. 「뒤르케임주의 문화사회학」. 최종렬 엮고 옮김. 『뒤르케임주의 문화사회학: 이론과 방법론』. 이학사.

쾨르너, 악셀. 2004. 「1830년 7월 혁명: 프랑스와 유럽」. 『혁명의 역사』.

토크빌, Alexis de. 임효선·박지동 옮김. 2011[1997]. 『미국의 민주주의I』. 한길사.

파우스트, 드루 길핀. 박현숙·안혜원 옮김. 2008. 『시련에 맞선 여성들: 미국 남북전쟁 시대 남부 특권계급 여성들의 이야기』. 솔과학.

폰태너, 데이비드. 최승자 옮김. 1998. 『상징의 비밀』. 문학동네.

프라이스, 로저. 김경근·서이자 옮김. 2001. 『혁명과 반동의 프랑스사』. 개마고원.

피어슨, 크리스토퍼. 박형신·이택면 옮김. 1997. 『근대국가의 이해』. 일신사.

하상복. 2005. 「빵떼옹과 상징정치」. 『한국정치학회보』. 39집 1호.

하상복. 2007. 『빵떼옹: 성당에서 프랑스 공화국 묘지로』. 경성대학교 출판부.

하상복. 2010. 『광화문과 정치권력』. 서강대학교 출판부.

하상복. 2012. 「이명박 정부와 '8·15' 기념일의 해석: 보수의 위기의식과 담론 정치」. 『현대정치연구』 제5권 제2호.

하상복. 2013. 「남남갈등과 장소의 정치: 국립현충원의 사례」. 『민주주의와 인권』 13권 3호.

하상복·형시영. 2013. 『국립묘지와 보훈: 추모와 기억의 상징성』. 필코in.

한국미국사학회. 2006. 『사료로 읽는 미국사』. 궁리.

한배호. 1993. 『한국의 정치과정과 변화』. 법문사.

한종기. 2001. 『햇볕정책의 정치동학: 남북관계의 국내정치화와 정책연계』. 세종연구소.

한홍구. 2005. 「국립묘지를 보면 숨이 막힌다」. 『한겨레 21』 576호(9월 8일).

헌트, 린. 조한욱 옮김. 1999. 『프랑스 혁명의 가족로망스』. 새물결.

험프리, 캐롤린. 비뎁스키. 피어스. 김정우 옮김. 2005. 『신성한 건축』. 창해.

헤밀턴, 알렉산더. 제임스 메디슨. 존 제이. 김동역 역. 1995. 『페더랄리스트 페이퍼』. 한울.

홉스, 토마스. 1986. 『리바이어던』. 삼성출판사.

홍영기. 2000. 『여순사건자료집 I』. 선인.

홍태영. 2004. 「프랑스혁명과 프랑스 민주주의의 형성(1789-1884)」. 『한국정치학회보』. 38집 3호.


*A Century of Lawmaking for a New Nation: U. S. Congressional Documents and Debates, 1774-1875.* http://www.loc.gov/teachers/classroommaterials/connections/lawmaking/ (검색일: 2012년 10월 20일).

Amalvi, Christian. 1984. "Le 14-juillet: Du Dies irae à Jour de fête". Pierre Nora(dir.). *Les Lieux de mémoire* tome I: la République. Paris: Gallimard.

Ansart, Pierre. 1983. *La Gestion des passions politiques.* Lausanne: L'Age d'homme.

Apostolidès, J.-M. 1981. *Roi-machine: spectacle et politique au temps de Louis XIV.* Paris: Les Editions de Minuit.

*Arlington National Cemetery – Master Plan.* 1998. Washington, D.C. US Army Corps of Engineers.

Auguier, Gérard. 1989. "La coupole du baron Gros". Caisse nationale des monuments historiques et des sites. *Le Panthéon: symbole des révolutions – de l'Eglise de la nation au temple des grands hommes.* Paris: Picard Editeur.

460

Balandier, Georges. 1992. *Le Pouvoir sur scènes*. Paris: Balland.

Bellah, Robert N. "Biblical Religion and Civil Religion in America". http://hirr.hartsem.edu/Bellah/articles_5.htm(검색일: 2012년 2월 20일).

Ben-Amos, Avner. 1984. "Les Funérailles de Victor Hugo". *Les Lieux de mémoire* tome I.

Bergdoll, Berry. 1989. "Le Panthéon/Sainte-Geneviève au XIXe Siècle: la monumentalité à l'épreuve des révolutions idéologiques(1806-1885)". *Le Panthéon: symbole des révolutions*.

Bonnet, Jean-Claude. 1976. "Naissance du Panthéon". *Poétique* n° 33.

Bonnet, Jean-Claude. 1986. "Les formes de célébration". J.-C. Bonnet(dir.). *La Mort de Marat*. Paris: Flammarion.

Bonnet, Jean-Claude. 1986. "Les morts illustres: oraison funèbre, éloge académique, nécrologie". Pierre Nora(dir.). *Les Lieux de mémoire* tome II: la nation. Paris: Gallimard.

Bonnet, Jean-Claude. 1998. *Naissance du Panthéon: essai sur le culte des grands hommes*. Paris: Fayard.

Bright, David W. 2001. *Race and Reunion: The Civil War in American Memory*. Cambridge, Massachusetts and London: The Belknap Press of Harvard University Press.

Brown, Thomas J. 2004. *The Public Art of Civil War Commemoration*. Boston and New York: Bedford/St. Martin's.

Bougeart, Alfred. *Marat, l'Ami du peuple*. http://membres.lycos.fr/jpmarat/bougeart/marat45.html (검색일: 2006년 9월 10일).

Buck, P. H. 2010. *The Road to Reunion: 1865-1900*. Boston, Toronto: Little, Brown And Company.

Caisse nationale des monuments historiques et des sites. 1989. *Le Panthéon: symbole des révolutions – de l'Eglise de la nation au temple des grands hommes*. Paris: Picard Editeur.

Cecil V. Crabb, Jr. 1986. *Policy-Makers and Critics: Conflicting Theories of American Foreign Policy*. New York: Praeger.

*Cent ans de République*. 1978. Paris: Archives nationales.

Centre des Monuments Nationaux. 1998. *La Basilique cathédrale de Saint-Denis*.

Chase, Enoch Aquila. 1929. "The Arlington Case: George Washington Custis Lee against the United States of America". *Virginia Law Review* vol. 15 No. 3.

Chase, Enoch Aquila. 1932. "The Restoration of Arlington House". *Records of the Columbia Historical Society* Vol. 33/34.

Chaudonneret, Marie–Claude. 2000. "Le décor inachevé pour le Panthéon". Marie–Claude Chaudonneret(dir.). *Paul Chenavard(1807–1895): le peintre et le prophète*. Paris: musée des Beaux–Arts de Lyon.

Chevalier, Jean–Jacques. 1985. *Histoire des institutions et des régimes politiques de la France de 1789 à nos jours*. Paris: Dalloz.

Cleveland, G. "Annual Message of the President of the United States(7 December 1896)". Richard H. Miller. 1970. *American Imperialism in 1898: The Quest for National Fulfillment*. New York, London, Sydney, Toronto: John Wiley and Sons, Inc.

Cobert, Harold. 2002. *Mirabeau: le fantôme du Panthéon* tome 1: la moralité obscène(le Panthéon orphelin). Paris: Séguier.

Cohn, Bernard S. and Teri Silvio. 2002. "Race, Gender and Historical Narrative in the Reconstruction of a Nation: Remembering and Forgetting the American Civil War". Brian Keith Axel (ed.). *From the Margins: Historical Anthropology and its Futures*. Duke University Press.

Cooling, Benjamin F. 1971/72. "Defending Washington during the Civil War". *Records of the Columbia Historical Society*.

Coq, Guy. 1995. *Laïcité et République: le lien nécessaire*. Paris: Editions du Félin.

Cox, Karen L. 1999. *Dixies Daughters: The United Daughters of the Confederacy and the Preservation of Confederate Culture*. Gainesville: University Press of Florida.

Cox, Karen L. 2003. *Dixies Daughters: The United Daughters of the Confederacy and the Preservation of Confederate Culture*. Gainesville: University Press of Florida.

Dallek, Robert et al. 1985. *The Great Republic: A history of the American people* vol. 1. D C Heath, Co.

Daniel, Christine, Carole Tuchszirer. 1999. *L'Etat face aux chômeurs*. Paris:

Flammarion.

Daudet, Léon. 1992. *Souvenirs et polémiques*. Paris: Robert Laffont.

Dayan D. et E. Katz. 1996. *La Télévision Cérémonielle: Anthropologie et Histoire en Direct*. Paris: PUF.

deButts, Jr. Robert E. L. 2001. "Mary Custis Lee's 'Reminiscences of the War". *The Virginia Magazine of History and Biography* vol. 109 No. 3.

de Waresquiel, Emmanuel (dir.). 2001. *Dictonnaire des politiques culturelles de la France depuis 1959*. Paris: CNRS Editions-Larousse.

Decraene, Jean-François. 2005. *Petit dictionnaire des grands hommes du Panthéon*. Paris: Editions du patrimoine.

Deming, Mark K. 1989. "Le Panthéon révolutionnaire". *Le Panthéon: symbole des révolutions*.

Department of Veteran Affairs. "History and Development of the National Cemetery Administration". http://www.cem.va.gov/cem/docs/factsheets/history.pdf(검색일: 2011년 7월 20일).

Department of Veteran Affairs. 2010. "History of Government Furnished Headstones and Markers". http://www.cem.va.gov/hist/hmhist.asp(검색일: 2011년 7월 20일).

Dodge, George W. 2006. *Images of America: Arlington National Cemetery*. Chicago and San Francisco: Arcadia Publishing.

Dunning, William A. 1886. "The Constitution of the United States in Civil War". *Political Science Quarterly* 1(2).

Edelman, Murray. 1985. *The Symbolic Uses of Politics*. Urbana and Chicago: University of Illinois Press.

Edelman, Murray. 1988. *Constructing the Political Spectacle*. Chicago and London: The University of Chicago Press.

Farhang, M. 1981. U. S. *Imperialism: The Spanish-American War to the Iranian Revolution*. Boston: South End Press.

Fénelon, François. 1994. *Dialogues des morts*. Paris: Actes Sud.

Fénelon, François. 1995. *Les Aventures de Télémaque*. Paris: Gallimard.

Friedman, Michael Jay. "Path to the White House: Abraham Lincoln from 1854". *Abraham Lincoln: a Legacy of Freedom* (http://photos.state.gov/libraries/korea/49271/dwoa_122709/lincoln.pdf)(검색일: 2011년 1월 20일).

Foster, Gaines M. 1987. *Ghosts of the Confederacy: Defeat, the Lost Cause and the Emergence of the New South.* New York: Oxford University Press.

Gallagher, Gary W. 2000. "Jubal A. Early, the Lost Cause and Civil War History". *The Myth of the Lost Cause and Civil War History.* Bloomington and Indianapolis: Indiana University Press.

Garcia, Patrick. 2001. "Exercices de mémoire? les pratiques commémoratives dans la France contemporaine". *Cahiers français: la mémoire entre histoire et politique* n° 303.

Garcia, Patrick. 2001. "Panthéonisation". *Dictionnaire des politiques culturelles de la France depuis 1959.*

Gerth, H. H. and C. W. Mills(tr. and eds.). 1946. *From Max Weber: Essays in Sociology.* New York: Oxford University Press.

Gillis, John R. 1984. "Memory and identity: the history of a relationship". J. R. Gillis (ed.). *Commemorations: the politics of national identity.* Princeton University Press.

Gould, Lewis L. 1982. *The Spanish-American War and President McKinley.* The University Press of Kansas.

Greene, Meg. 2006. *A History of American Cemeteries.* Menneapolis: Twenty-First Century Books.

Greenfeld, Liah. 1992. *Nationalism: Five Roads to Modernity.* Cambridge and London: Harvard University Press.

Hill, H. D. 1866. *The Land We Love: a Monthly Magazine devoted to Literature, Military History and Agriculture* 1(1) (Google Books 검색: 2012년 9월 10일).

Hofstadter, Richard. *The Paranoid Style in American Politics and Other Essays.* Miller. American Imperialism in 1898.

Jacob. K. A. 1988. *Testament to Union: Civil War Monuments in Washington D. C.* Boltimore: The Johns Hopkins University Press.

Kantorowicz, Ernst H. 1951. "Pro Patria Mori in Medieval Political Thought". *The American Historical Review* vol. 56 no. 3.

Kantorowicz, Ernst H. 1997. *The King's Two Bodies: Study in Mediaeval political theology.* Princeton University Press.

Kertzer, David. 1988. *Rituals, Politics & Power.* New Haven and London:

Yale University Press.

Krowl, Michelle A. 2003. " ⟨In the Spirit of Fraternity⟩ : The United States Government and the Burial of Confederate Dead at Arlington National Cemetery" . *The Virginia Magazine of History and Biography* vol. 111 No. 2.

Lamizet, Bernard. 1998. *La Médiation politique*. Paris: L'Harmattan.

Lavaud, Laurent. 1999. *L'Image*. Paris: GF flammarion.

Lebeurre, Alexia. 2000. *The Pantheon: temple of the nation*. Paris: Editions du patrimoine.

Lee Memorial Association. 2010. *Ceremonies Connected with the Inauguration of the Mausoleum and the Unveiling of the Recumbent Figure of General Robert Edward Lee*. General Books.

Lemaistre, Isabelle. 1989. "De Sainte-Geneviève au Panthéon: les différents programmes de sculpture à la lumière des récentes découvertes" . *Le Panthéon: symbole des révolutions*.

MacCloskey, Monro. 1968. *Hallowed Ground: Our National Cemeteries*. New York: Richards Rosen Press, Inc.

Macé de Lépinay, François. 1997. *Peintures et sculptures du Panthéon*. Paris: Editions du Patrimoine.

Marin, Louis. 1993. *Des Pouvoirs de l'Image*. Paris: Editions du Seuil.

Marin, Louis. 2005. *Politiques de la Représentation*. Paris: Editions KIME.

Martin, Jean-Clément. 2007. "Introduction: Représentation et Pouvoir à l'époque révolutionnaire(1789-1830)" . *Représentation et Pouvoir: la Politique Symbolique en France(1789-1830)*. Rennes: Presses Universitaires de Rennes.

Marx, J. 2003. "Le Séminaire de Bruxelles: la sacralisatiion du pouvoir vue sous l'angle de l'anthropologie culturelle" . A. Dierkens et J. Marx (eds.). *La Sacralisation du Pouvoir: images et mises en scène*. Bruxelles: Editions de L'Université de Bruxelles.

Maurice, Agulhon. 1989. *Marianne au pouvoir*. Paris: Flammarion.

Maurice, Agulhon. 1997. *Coup d'État et République*. Paris: Presses de Sciences Po.

McKinley, William. 1897. "Annual Message of the President of the United States(6 December 1897)" . Miller. *American Imperialism in 1898*.

McKinley, William. 1900. "Speech before the Legislature in Joint Assembly at the State Capitol, Atlanta, Georgia, December 14, 1898" . *Speeches and Addresses of William McKinley from March 1 1897 to May 30 1900.* New York.

*Memorial Ceremonies at the National Cemetery, Arlington, Virginia.* 1868. Washington D.C.: McGill & Witherow, Printers and Stereotypers.

Merk, Frederick. 1970. *Manifest Destiny and Mission in American History. American Imperialism in 1898: The Quest for National Fulfillment.*

Metzler, John C. 1960/62. "Arlington National Cemetery" . *Records of the Columbia Historical Study* vol. 60/62.

Miers, Earl Schenck. 1960. *The Last Campaign: Grant Saves the Union.* Philadelphia & New York: J. B. Lippincott Company.

Montesquieu. 1979. *L'Esprit de la Loi* Tome 1. Paris: GF–Flammarion.

Nationlal Geographic Society. 2007. *Where Valor Rests: Arlington National Cemetery.* Washington D. C.

Neff, John R. 2005. *Honoring the Civil War Dead: Commemoration and the Problem of Reconciliation.* The University Press of Kansas.

Nelson, Robert S. and Margaret Olin (eds.). 2003. *Monuments and Memory, Made and Unmade.* Chicago and London: The University of Chicago Press.

Nolan, Alan T. 2000. "The Anatomy of the Myth" . *The Myth of the Lost Cause and Civil War History.*

O'Brien, David. Jeanne Bouniort(tr.). 2006. *Antoine–Jean Gros: peintre de Napoléon.* Paris: Gallimard.

O'Connell, Lauren M. 1995. "Redefining the past: revolutionary architecture and the Conseil des Bâtiments Civils" . *The Art Bulletin* June.

Ozouf, Mona. 1984. "Le Panthéon: L'école normale des morts" . *Les Lieux de mémoire* tome I.

Peters, J. E. 2008. *Arlington National Cemetery: Shrine to America's Heroes.* Bethesda: Woodbine House, Inc.

Poirrier, Philippe. 2002. *Les Politiques culturelles en France.* La Documentation française.

Poole, Robert M. 2009. *On Hollowed Ground: The Story of Arlington National Cemetery.* New York: Walker Publishing Company.

466

Portier-Kaltenbach. Clémentine. 2007. *Histoires d'os et autres illustres abattis.* Paris: JC Lattès.

Poulot, Dominique. 1997. *Musée, nation, patrimoine(1789-1815).* Paris: Gallimard.

Poulot, Dominique. 2001. *Patrimoine et musée: institution de la culture.* Paris: Hachette.

*Proclamations and Orders(jan. 1 1945 - jan. 20 2001).* National Park Service(Legislative and Congressional Affairs).

Rawski, Evelyn S. 1988. "The Imperial Way of Death: Ming and Ch'ing Emperors and Death Ritual" . James L. Watson and E. S. Rawski. *Death Ritual in Late Imperial and Modern China.* Berkeley, Los Angeles, London: University of California Press.

*Revised Report made to the Legislature of Pennsylvania relative to the Soldiers' National Cemetery at Gettysburg.* 1867. Harrisburg: Singerly & Myers, State printers.

Rouquié, Alain. 1986. "Demilitarization and the industrialization of military-dominated politics in Latin America" . G. O'Donnell, G. Schmitter and L. Whitehead(eds.). *Transition from Authoritarian Rule: Perspectives for Democracy* vol. 3. Baltimore: The Johns Hopkins University Press.

Rousseau, Jean-Jacques. 1986. *Considerations on the Government of Poland and on its Proposed Reformation.* Frederick Watkins(tr.). *Jean-Jacques Rousseau, Political Writings.* The University of Wisconsin Press.

Schirch, Lisa. 2005. *Ritual and Symbol in Peacebuilding.* Bloomfield: Kumarian Press, Inc.

Schnapper, Dominique. 1991. *La France de l'intégration.* Paris: Gallimard.

Sfez, Lucien. 1988. *La Symbolique politique.* Paris: PUF.

Shaftesbury. 1999. *Characteristics of Men, Manners, Opinions, Times.* Lawrence E. Klein (ed.). Cambridge University Press.

Silber, Nina. 1993. *The Romance of Reunion.* Chapel Hill & London: The University of North Carolina Press.

Simpson, Brooks D. "Continuous Hammering and Mere Attrition: Lost Cause Critics and the Military Reputation of Ulysses S. Grant" . *The Myth of the Lost Cause and Civil War History.*

Slap, Andrew L. 2006. *The Doom of Reconstruction: The Liberal Republicans in the Civil War Era*. New York: Fordham Unversity Press.

Smith, A. D. 1986. "State–making and nation–building" . J. A. Hall(ed.). *States in History*. Oxford: Blackwell.

Stan, Cohen and Keith Gibson. 2007. *Moses Ezekiel: Civil War Soldier, Renowned Sculptor*. Missoula: Pictorial Histories Publishing Company, Inc.

Steere, Edward. 1953. "Early Growth of the National Cemetery System" . *Quartermaster Review* March/April.

United States Army. 1971. *The Last Salute: Civil and Military Funeral, 1921–1969*. Washington: U. S. Government Printing Office.

Vaisse, Pierre. 1989. "La Peinture monumentale du Panthéon sous la 3e République" . *Le Panthéon: symbole des révolutions*.

*Vive la République(1792–1992)*. 1992. Paris: Archives nationales.

Voltaire. 2004. "Éloge funèbre des officiers qui sont morts dans la guerre de 1741" . Voltaire Foundation. *Les OEuvres complètes de Voltaire(1746–1748)*. Oxford: Alden Press.

Vovelle, Michel. 1986. "La Marseillaise: La guerre ou la paix" . *Les Lieux de mémoire* tome Ⅱ.

William A. Williams. *The Contours of American History*. Miller. *American Imperialism in 1898*.

Williams, T. Harry. 1960[1941]. *Lincoln and The Radicals*. Madison: The University of Wisconsin Press.

Wilson, Charles Reagan. 1982. *Baptized in Blood: the Religion of the Lost Cause, 1865–1920*. University of Georgia Press.

Wilson, W. 2010. *Address of President Wilson accepting the monument in memory of the Confederate dead at Arlington national cemetery*. BiblioLife(reprinted).

Zola, Émile. 1996. "Letter to M. Félix Faure, president of the Republic(J'accuse)" . Émile Zola, Alain Pages(eds.). Eleanor Levieux(tr.). *The Dreyfus Affairs: "J'accuse and other writing"* . New Haven: Yale University Press.

## 2. 기타 자료(법령, 연설, 문서, 기사 등)

감사원. 2012. 『감사결과보고서: 고 안현태 전 대통령 경호실장의 국립묘지 안장
　　심의·의결 실태』. http://josetongsin.com/upimages/updata/201205/25-13014.hwp(검
　　색일: 2012년 9월 10일).

국가재건최고회의. 1997. 「혁명공약」. 김삼웅. 『민족·민주·민중선언』. 가람기획.
　　국방부. 1952. 「국군묘지 설치에 관한 건의서」(1월 9일). 국가기록원.

국방부. 2005. 「국립묘지 기본법 입법예고」. 국방부 홈페이지(www.mnd.go.kr)-열
　　린마당(5월 3일).

과학기술인연합. 2003. 「고 전재규 연구원의 국립묘지 안장을 촉구한다」. 과학기술인
　　연합 홈페이지(www.scieng.net)-공식논평/성명(12월 13일)(검색일: 2012년 9월
　　10일).

「국립묘지령」(대통령령 제15543호). 국가법령정보센터.

「국립묘지법 및 보훈기본법 공청회 자료」(2005년 4월 19일), http://blog.daum.net/mtchoi/7100881
　　(검색일: 2013년 4월 10일).

「국립묘지의 설치 및 운영에 관한 법률」. 국가법령센터.

「국립묘지의 설치 및 운영에 관한 법률 시행령」. 국가법령정보센터.

「국립묘지의 설치 및 운영에 관한 법률 일부개정법률안」(의안번호 98: 2012년 6월 12
　　일) 국회-의안정보시스템(http://likms.assembly.go.kr/bill/jsp/main.jsp)(검색일:
　　2013년 4월 10일).

「국립 4·19묘지 규정」. 국가법령정보센터.

「국립 5·18묘지규정」. 국가법령정보센터.

「국무회의록: 애국지사의 유해 군묘지 안장의 건」(1964년 3월 10일). 국가기록원.

「국무회의록(제21회)」(1964년 3월 10일). 국가기록원.

「국무회의록: 국가유공자 군묘지 안장: 애국지사 김광진」(1964년 6월 23일). 국가
　　기록원.

「국무회의록 (안건 227호)」(1965년 3월 23일). 국가기록원.

「국무회의록: 고 이승만 박사의 시체 국립묘지 안장의 건」(제745호: 1965년 7월
　　20일). 국가기록원.

「국무회의록: 국무회의 의결안건 제출」(1965년 7월 20일). 국가기록원.

「국무회의록: 국무회의 의결안건 제출」(1966년 7월 28일). 국가기록원.

「국립묘지법 제정에 대한 소회-전병헌 의원」. 『노컷뉴스』. 2007년 7월 30일.

「국민행동본부」. 위키백과사전(검색일: 2011년 7월 20일).

「국장(國葬) 거부운동을 선언한다」. 국민행동본부 홈페이지 게시판(검색일: 2009년 8월 19일).

「군묘지령」 (1956년 4월 13일). 국가기록원.

「김대중 국장과 현충원 안치 결정 취소 소송」. 프리존(www.freezone.co.kr) 종합 게시판(검색일: 2010년 2월 20일).

「남북정상회담 개최 합의서 및 의제」. 2001. 심지연. 『남북한 통일방안의 전개와 수렴: 1948-2001』.

노무현. 2003. 「제16대 대통령 취임사」. 대통령기록관.

노무현. 2004. 「제주 4·3 사건 관련 말씀」. 대통령 비서실 엮음. 『노무현 대통령 연설문집』 제1권.

노무현. 2005. 「제59주년 광복절 경축사」. 대통령 비서실 엮음. 『노무현 대통령 연설문집』 제2권.

「민족문제연구소 인터뷰」. (조세열 사무총장)(2013년 8월 28일).

박정희. 1961. 「이승만 대통령 서거 대통령 조사」. wikipedia(검색일: 2012년 3월 20일).

법제처. 「국무회의 부의안건 제출의뢰」 (1965년 3월 15일). 국가기록원.

「베트남전쟁」. http://www.imhc.mil.kr/imhcroot/upload/resource/V27.pdf(검색일: 2012년 8월 20일).

「세종 기지 전재규 연구원 등 의사자, 대전 현충원 안장」 (국립 대전 현충원 보도 참고자료)(2007년 10월 10일)(http://download.mw.go.kr/front/modules/download.jsp?BOARD_ID=140&CONT_SEQ=42316&FILE_SEQ=21420)(검색일: 2013년 4월 10일).

이승만. 1956. 「제3대 대통령 취임 연설문」. 대통령기록관(www.pa.go.kr).

이승만. 1960. 「이승만 대통령 제3대 대통령 취임사 연설문」. 대통령기록관.

이승만. 「사임서 송부에 관한 건」. 1960. 대통령 기록관.

이승만. 2001. 「이 대통령의 반란경고문」. 『여순사건자료집 I』.

「의사상자예우에 관한 법률」. 국가법령정보센터.

『자료대한민국사 제8권, 제9권』. 1998. (국사편찬위원회 한국사데이터베이스)(검색일: 2011년 9월 10일).

「제1회 – 제19회 현충일 추념사」. 대통령 기록관(검색일: 2010년 8월 20일).

「제310회 국회(임시회) 정무위원회 회의록 제1호」. www.namgu21.com/upload/assembly/310tb0001b.pdf(검색일: 2012년 12월 5일).

조갑제. 2013. 「이승만 장례식을 국장으로 한 번 더 해야」. 조갑제닷컴(검색일: 2013년 1월 6일).

470

「5·18 민주화운동 등에 관한 특별법」. 국가법령정보센터.

「8·15 북측 대표단 국립 현충원 참배 발표문」, 「8·15 행사 북측대표단 국립 현충원 참배 설명자료」(2005년 8월 12일). http://www.unikorea.go.kr/CmsWeb/tools/board/downAttachFile.req?fileId= FI0000080731(검색일: 2011년 5월 20일).

Assemblée Nationale. "La Constitution française". http://www.assem-blee-nationale.fr/Connaissance/constitution.asp) (검색일: 2006년 9월 10일).

"Blue and Gray to Greet Him". The New York Times Dec. 17, 1898.

Bonnet, Jean-Claude. "Le temple de mémoire". Le Monde le 13 Déc. 1989.

"Confederate States of America". wikipedia(검색일: 2011년 8월 18일).

"Concordat of 1801". wikipedia(검색일: 2006년 9월 10일).

"Constitution du 4 septembre 1791". wikipedia(검색일: 2006년 9월 10일).

"De l' Elysée au Panthéon". Le Monde le 21 Mai 1981.

"Décret du 4 août 1789". www.cercle-du-barreau.org/media/00/02/136098329.pdf (검색일: 2011년 4월 20일).

Headquarters Grand Army of the Republic. "General Orders No. 11". http://www.usmemorialday.org/order11.htm(검색일: 2012년 9월 20일).

Johnson, Andrew. "Amnesty Proclamation". http://www.sewanee.edu/fac-ulty/Willis/Civil_War/documents/AndrewJ.html(검색일: 2012년 8월 20일).

"Joseph Roswell Hawley". Biographical Directory of the United States Congress(검색일: 2011년 10월 21일).

"La Création du Panthéon". http://www.dumaspere.com/pages/oeu-vre/anthologie/pantheon.html(검색일: 2006년 11월 15일).

"La Déclaration des Droits de l'Homme et du Citoyen". www.legifrance.gouv.fr/html/constitution/const01.htm(검색일: 2007년 10월 20일).

"La signature du décret". http://www.dumaspere.com/pages/pantheon/sign-ture.html(검색일: 2006년 12월 27일). '

Lincoln, A. "A Proclamation". Civil War Preservation Trust(검색일: 2011년 8월 20일).

Lincoln, A. "Proclamation of Amnesty and Reconstruction 1863". TeachnigAmericanHistory.org(검색일: 2011년 8월 20일).

"Louis-Philippe of France". Wikipedia(검색일: 2006년 4월 20일).

"National Personification". http://en.wikipedia.org/wiki/National_personification(검색일: 2012년 7월 20일).

"Panthéon de Paris". Wikipedia (검색일: 2006년 12월 27일).

"Pendule de Foucault". Wikipedia(검색일: 2006년 4월 20일).

Permigier, André. "Sainte-Geneviève avant le Panthéon". Le Monde le 21 Mai 1981.

"President Visits Alabama". The New York Times. Dec. 17, 1898.

"President Wears a Confederate Badge". The New York Times. Dec. 20, 1898.

Ryan, Abram J. "The March of the Deathless Dead". University of Michigan Humanities Text Initiative American Verse Project. http://quod.lib.umich.edu/a/amverse/BAD9548.0001.001/1:23?rgn=div1;view=full-text(검색일: 2012년 9월 15일).

"The French Concordat of 1801". http://www.newadvent.org/cathen/04204a.htm (검색일: 2006년 9월 10일).

"The Paris Peace Treaty of 1783". Wikipedia(검색일: 2011년 2월 20일).

"The right way the best way" (June 3 1865) http://blackhistory.harpweek.com (검색일: 2011년 5월 23일).

"United States House of Representatives Election 1866", "United States Senate Election 1866", "United States House of Representatives Election 1874". Wikipedia(검색일: 2011년 8월 5일).

"Wade-Davis Bill". Civil War Preservation Trust(검색일: 2011년 8월 20일).

"Washington DC: Jewish burials, Arlington National Cemetery". http://tracingthetribe.blogspot.kr/2008/06/washington-dc-jewish-burials-arlington.html(검색일: 2012년 6월 20일).

## 3. 신문과 방송

『경향신문』, 『기호일보』, 『국방일보』, 『뉴스와이어』, 『노컷뉴스』, 『동아일보』, 『독립신문』, 『세계일보』, 『서울신문』, 『오마이뉴스』, 『조선일보』, 『주간불교』, 『중앙일보』, 『평화일보』, 『프레시안』, 『한겨레』, 『한국일보』, 『MBC 9뉴스』, 『오마이뉴스』, 『미디어오늘』, 『Press 25』, New York Times, Washington Post, Harper's Weekly.

찾아보기

# 죽은 자의 정치학

프랑스·미국·한국 국립묘지의 탄생과 진화

펴낸날　초판 1쇄 2014년 2월 15일

지은이　하상복
펴낸이　양미자
펴낸곳　도서출판 모티브북

등록번호　제313-2004-00084호
주소　전북 전주시 덕진구 동부대로 787, 4-1204
전화　063-904-1706,　팩스　063-242-1707
이메일　motivebook@naver.com

© 하상복, 2014
ISBN 978-89-91195-55-4　93340

*이 책은 2007년 정부(교육부)의 재원으로 한국연구재단의 지원을 받아 수행된
연구임(NRF-2007-812-B00010).

이 도서의 국립중앙도서관 출판시도서목록(CIP)은 서지정보유통지원시스템 홈페이지
(http://seoji.nl.go.kr)와 국가자료공동목록시스템(http://www.nl.go.kr/kolisnet)에서 이용하실 수
있습니다.(CIP제어번호: CIP2014002783)